EDITION
Directeurs de collection et auteurs : Dominique AUZIAS et Jean-Paul LABOURDETTE
Avec la collaboration de : Laetitia GRANGE
Auteurs : Anthony SEREX, Nadyne BENSADOUN, Jean-Paul LABOURDETTE, Dominique AUZIAS et alter
Directeur Editorial : Stéphan SZEREMETA
Rédaction France : Briséis CREAC'H-MENUT, Mélanie COTTARD, Audrey VEDOVOTTO, Nicolas WODARCZAK
Rédaction Monde : Laure CHATAIGNON, Morgane VESLIN, Pierre-Yves SOUCHET, Natalia COLLIER

FABRICATION
Maquette et Montage : Romain AUDREN, Julie BORDES, Delphine PAGANO
Iconographie et Cartographie : Anne DIOT, Julien DOUCET

WEB ET NUMERIQUE
Directeur Web : Louis GENEAU DE LAMARLIERE
Développeurs : Guillaume BARBET, Adeline CAUX et Roland SPOUTIL
Intégrateur Web : Mickael LATTES, Antoine DION
Webdesigner : Caroline LAFFAITEUR
Community Traffic Manager : Alice BARBIER, Mariana BURLAMAQUI et Noémie LE SAUX

DIRECTION COMMERCIALE
Directeur commercial : Guillaume VORBURGER
Coordinatrice des Régies commerciales : Manon GUERIN assistée de Jonas HESOL
Account Manager Marketplace : Leila ROUGEOT assistée de Lola FAVRE-MOT
Responsable Régies locales : Michel GRANSEIGNE
Responsables Développement régie inter : Jean-Marc FARAGUET et Guillaume LABOUREUR et Camille ESMIEU
Chefs de Publicité Régie nationale : Caroline AUBRY, François BRIANCON-MARJOLLET, Perrine DE CARNE MARCEIN, Jonathan TOUTOUX et Amélie NOEL

DIFFUSION ET PROMOTION
Directrice des Ventes : Bénédicte MOULET assistée d'Aissatou DIOP
Responsable des ventes : Jean-Pierre GHEZ assisté de Nelly BRION
Relations Presse-Partenariats : Jean-Mary MARCHAL

ADMINISTRATION
Président : Jean-Paul LABOURDETTE
Directrice des Ressources Humaines : Dina BOURDEAU assistée de Sandra DOS REIS et Eva BAELEN
Directrice Administrative et Financière : Valérie DECOTTIGNIES
Comptabilité : Guillaume PETIT, Aminata BAGAYOKO, Jeannine DEMIRDJIAN
Recouvrement : Fabien BONNAN assisté de Sandra BRIJLALL
Responsable informatique : Elie NZUZI-LEBA

PETIT FUTÉ GRENOBLE
LES NOUVELLES EDITIONS DE L'UNIVERSITE
18, rue des Volontaires - 75015 Paris.
✆ 01 53 69 70 00 - Fax 01 42 73 15 24
Internet : www.petitfute.com
SAS au capital de 1 000 000 € - RC PARIS B 309 769 966
Couverture : © Franck Teillard
Impression : IMPRIMERIE CHIRAT - 42540 Saint-Just-la-Pendue
Achevé d'imprimer : octobre 2022
Dépôt légal : 23/11/2022
ISBN : 9782305073439

Pour nous contacter par email, indiquez le nom de famille en minuscule suivi de @petitfute.com
Pour le courrier des lecteurs : info@petitfute.com

IMPRIMÉ EN FRANCE

GRENOBLE

TRADITION ET INNOVATION

Réputée ville la plus plate de France (si vous êtes déjà monté à la Bastille, difficile de le croire...) malgré les hauts sommets visibles au bout de chaque rue, Grenoble offre bien plus de reliefs qu'il n'y paraît. Des reliefs fabriqués au fil des années par des habitants qui sont à la fois d'ingénieux pionniers dans toutes les matières, notamment la science et la culture, et des gens amoureux de la nature. Des reliefs constitués par la diversité d'une population venue de tous les horizons au gré des vagues migratoires, au gré des emplois proposés dans une des villes les plus innovantes au monde où l'avenir se réinvente en permanence dans un écosystème privilégié. Un esprit d'innovation qui a permis à Grenoble de voir se construire le premier écoquartier de France, l'écoquartier de Bonne, suivi de bien d'autres comme les écoquartiers Flaubert, Cambridge ou Bouchayer-Viallet. Entre passé et modernité, urbanisme et nature, gens d'ici et d'ailleurs, Grenoble est une ville où les contrastes se mêlent pour explorer de nouvelles voies.

Explorer de nouvelles voies en parcourant la ville, l'agglomération et les territoires autour pour mieux les (re) découvrir, c'est exactement ce que vous propose ce *Petit Futé Grenoble Escapades en Isère*. Plutôt que de rester sur les clichés, nous vous invitons à pousser les portes d'une ville qui abrite des artisans d'exception dans bien des domaines, des métiers de bouche aux coiffeurs, des restaurateurs aux derniers gantiers qui perpétuent un artisanat local... Grenoble a du goût, et pas seulement pour l'innovation. Grenoble a du relief, et pas seulement au bout de ses rues.

Un immense merci à toute l'équipe de Grenoble Alpes Tourisme, Raphaëlle et Magali en tête, sans qui ce guide n'aurait ni la même saveur ni la même qualité. Merci à tous les Grenobloises et Grenoblois qui ont partagé leur amour de leur ville.

PEFC
10-31-1895
Certifié PEFC
Ce produit est issu de forêts gérées durablement et de sources contrôlées.
pefc-france.org

SOMMAIRE

© PIERRE JAYET

Téléphérique de Grenoble Bastille.

© POOKIE COOKY STUDIO

Bouillon A.

© EMMANUEL SPASSOF

La Talemelerie.

SOMMAIRE

© LOUIS FAYOLLE

Salon Inspirations.

© ESPACES ATYPIQUES GRENOBLE

Espaces atypiques.

© PASCAL FLAMANT

Les Caves de la Chartreuse.

Écoutez
PHARE FM
La radio autrement
GRENOBLE
MONS 89.3 dab+
LA LOUVIÈRE dab+
VALENCIENNES dab+
CHARLEROI dab+
HAUTE-NORMANDIE 94.9
METZ dab+
HAGUENAU 92.5
WISSEMBOURG dab+
LE MANS dab+
PARIS dab+
MULHOUSE 95.3
TROYES dab+
BÂLE dab+
LYON 107.0
DAUPHINÉ dab+
MONTAUBAN 92.0
GRENOBLE 96.6
NICE dab+
MARSEILLE dab+
Disponible dans l'App Store
DISPONIBLE SUR Google Play
Radioplayer FRANCE
www.pharefm.com

© ANTHONY SEREX

LE PIÉTON EST ROI

Impossible d'ignorer les immenses panneaux annonçant qu'ici, au cœur de Grenoble, le piéton est roi ! La zone piétonne s'étend donc des petites rues commerçantes en direction d'axes où, jusqu'alors, trams, voitures et piétons cohabitaient de façon pas toujours très pacifique. Désormais, les rues autour des places Sainte-Claire et Notre-Dame sont des espaces où il fait bon flâner en toute sérénité.

GRENOBLE ALPES PASS

© GRENOBLE ALPES TOURISME

Le principe n'est pas nouveau et reste toujours aussi avantageux. En achetant un pass, d'une journée à trois jours, vous bénéficiez d'un accès libre à une sélection de sites touristiques à Grenoble. Vous visitez et vous économisez. La nouveauté qui a bougé, c'est que ce pass est maintenant dématérialisé. Désormais, il vous suffit de présenter votre QR pour accéder aux transports et aux activités incluses.

© VILLE DE GRENOBLE 2022

PLACE VICTOR HUGO

Elle est le cœur battant de la ville. Fermée pour travaux, la place a rouvert aux piétons depuis un peu plus d'un an. Nous n'avions pas eu encore l'occasion de mettre en avant les nouveautés qui rendent cette place centrale plus agréable à vivre : rénovation des sols, végétalisation avec de nouvelles pelouses, nouveaux massifs fleuris et nouveaux arbres, des bancs pour profiter de l'ensemble…

ÉCO-PÂTURAGE EN VILLE

Ce n'est pas nouveau, puisque la ville de Grenoble utilise depuis de nombreuses années – près de dix ans – des animaux pour entretenir naturellement des sites comme certains espaces verts de la Bastille. Ce qui est nouveau, c'est que le troupeau de brebis appartient désormais à la mairie. Installées au parc Bachelard, les brebis pourraient faire des transhumances citadines pour changer de pâturage.

© AURIANE POILLET, VILLE DE GRENOBLE 2022

Y.SPOT, INNOVATION COLLABORATIVE

Grenoble est une ville innovante dans bien des matières, notamment dans les nouveaux quartiers comme celui de la Presqu'île. Un tout nouvel immeuble de 9 000 m² abrite dans ses murs futuristes une communauté d'industriels, de start-up, de centres de recherche, d'acteurs institutionnels et culturels qui peuvent collaborer entre eux à Y.Spot. Et ils peuvent aussi bien manger au nouveau Bouillon A !

© FRANCK ARDITO

À VÉLO SUR LA V63

Dans sa totalité, cette belle véloroute (Voie Verte) qui chemine en suivant la vallée de l'Isère sur 122 km passe aussi par la Savoie (au départ de Chanaz) pour arriver dans la Drôme (à hauteur de Pont-de-l'Isère, où l'Isère finit sa course dans le Rhône et la V63 rejoint la ViaRhôna). Au départ de Grenoble, parcours aménagé le long de l'Isère, direction les noyeraies en direction de Vinay.

© THOMAS REPELLIN

© DORIAN LABBEZ

DOTT MODES DOUX

Parmi les modes doux de déplacements urbains, les vélos et les trottinettes électriques connaissent un succès grandissant. À Grenoble, a lieu un grand déploiement d'une flotte de 2 100 trottinettes et autant de vélos électriques à la location par la société Dott. En complément des transports publics, trottinettes et vélos assureront vos déplacements jusqu'en zone périurbaine vers Sassenage ou Montbonnot.

BRÛLEURS DE LOUP

On ne s'en lasse pas. Même si ça fait la huitième fois qu'ils remportent le titre (la dernière fois en 2019) de Champions de France (la Coupe Magnus), les

© FABIEN BALDINO

Brûleurs de Loup continuent de faire vibrer les amoureux du sport grenoblois et les supporters des rouge et bleu. Une bonne raison d'aller à Polesud, la patinoire de Grenoble, et de s'abonner pour la saison à venir avec un nouveau titre en vue ?

© GRENOBLE-ALPES MÉTROPOLE-LUCAS FRANGELLA

MÉTROPOLE APAISÉE

C'est un sujet clivant, mais c'est un sujet qui concerne tous les Grenoblois, automobilistes bien sûr, mais aussi tous les autres utilisateurs d'un espace public plus apaisé. Commencée en 2016 à Grenoble, la démarche engage désormais 45 communes de Grenoble Alpes Métropole où la vitesse est limitée à 30 km/h. Chacun respecte le « code de la rue » pour éviter les accidents et mieux vivre ensemble.

GRENOBLE CAPITALE VERTE

Ce titre de Capitale Verte Européenne 2022 a été l'un des grands événements qui a traversé toute l'année 2022 sur le territoire. Pionnière en matière de transitions sociales et environnementales, Grenoble Alpes Métropole a accompagné tout un programme d'événements et de rencontres pour sensibiliser tous les publics à ses enjeux qui nous concerne tous au quotidien. A nous de bouger avec Grenoble.

© PIERRE JAYET

© HAUT-BOIS

LE HAUT-BOIS

Pionnière dans bien des matières, Grenoble invente l'habitat de demain, social, durable et responsable. Dans l'écoquartier Flaubert, c'est l'immeuble Haut-Bois qui a été inauguré cette année. Un immeuble dédié à l'habitat social qui a la particularité d'être entièrement en ossature bois. Une première en France, une prouesse architecturale dans une zone classée 4/5 sur l'échelle du risque sismique.

PARCOURS DES ARTS GRENOBLE

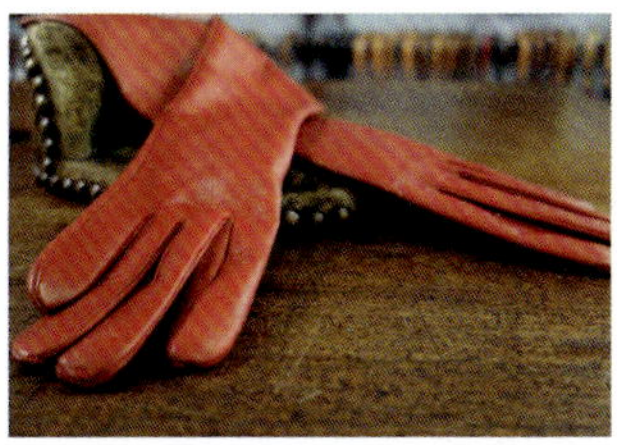
© S JULIEN OTG

Grenoble est une ville pleine de talents ! Pour les découvrir, l'association Symp'art a créé un parcours découverte à travers la ville – notamment dans les quartiers des Antiquaires, Très-Cloîtres, Notre-Dame et Saint-Laurent (pour la plupart récemment piétonnisés) – pour vous inviter à pousser la porte de trente ateliers d'artistes et galeries prêts à vous recevoir et à partager leur savoir-faire.

www.parcours-des-arts-grenoble.com

LES PERSONNALITÉS

Préserver les savoir-faire, innover dans toutes les matières, viser l'excellence en s'adressant à tous les publics, autant de points communs aux 5 personnalités choisies par le Petit Futé pour cette nouvelle édition. Agriculture urbaine avec Hamid Sallani et Maxime Boniface, les dirigeants de Champiloop et art urbain avec Jérôme Catz, le créateur du Street Art Festival. Sciences et techniques pour aiguiser notre curiosité et mieux comprendre notre monde ; conservation du patrimoine et acquisition de nouvelles œuvres pour établir un dialogue passionnant au Musée de Grenoble grâce au travail de Guy Tossato. Enfin, Grenoble, terre de nombreux grands sportifs, voit naître un jeune champion, Gabriel Debru, relève du tennis français. 5 personnalités, 5 histoires qui font la richesse de Grenoble.

HAMID SALLANI MAXIME BONIFACE

PRODUCTEURS URBAINS

Avec leur entreprise Champiloop et ses deux champignonnières urbaines, Hamid Sallini et Maxime Boniface nous montrent qu'un monde moins gourmand en énergie – grâce à une économie circulaire – et plus gourmand en saveurs – pleurotes et shiitakes bio et frais sont délicieux – est possible. Deux jeunes entrepreneurs porteurs de belles valeurs humaines et environnementales récompensés par de nombreux prix.

© LOIC WACZIAK / FFT

© LA CASEMATE

GABRIEL DEBRU

LA RELÈVE DU TENNIS FRANÇAIS

Un Français vainqueur de Roland Garros ? A 16 ans, le grand Grenoblois (1,94 m) Gabriel Debru a remporté en juin 2022 le tournoi junior sur la terre battue du court Simonne-Mathieu, soutenu par un public entièrement acquis à sa cause. Licencié au Grenoble Tennis, classé 698e à l'ATP après ce tournoi, le jeune lycéen peut déjà imaginer remporter un jour prochain le tournoi pro. Talent local à suivre.

JEANY JEAN-BAPTISTE

SCIENCES POUR TOUS

Grenoble, ville de l'innovation scientifique par excellence, met la science à la portée du plus grand nombre à la Casemate sur les hauteurs de la Bastille. Un Centre de culture scientifique et industrielle dirigé depuis 5 ans par la Grenobloise Jeany Jean-Baptiste qui a réussi, dans un lieu rénové, à faire de la science un sujet abordable par tous les publics. Prochain défi, l'ouverture de Cosmocité.

© ANDREA BERLESE

© VILLE DE GRENOBLE/MUSÉE DE GRENOBLE - J.L. LACROIX

JÉRÔME CATZ

STREET-ART MODE GRENOBLOISE

Cet ancien snowboarder professionnel est connu des Grenoblois pour être le créateur de Spacejunk Art Center, lieu d'exposition pour des artistes issus des cultures émergentes, mais surtout pour être à l'origine du Grenoble Street Art Festival, devenu en 8 éditions le plus grand festival de street art d'Europe. Son guide mode d'emploi sur le street art est aussi une référence pour découvrir cet univers.

GUY TOSATTO

CONSERVATEUR MODERNE

Directeur du musée de Grenoble depuis 20 ans, Guy Tosatto a donné une nouvelle dimension aux collections. Attaché à préserver le caractère exceptionnel des collections, tant d'art ancien que contemporain, d'un des premiers musées français, Guy Tosatto a mené une politique d'acquisition ambitieuse grâce au soutien des collectivités locales et de l'État, mais aussi aux mécènes qu'il a su intéresser.

LES RESTAURANTS

Pour les Coups de cœur, le Petit Futé s'est montré fidèle à quelques adresses qui nous semblent incontournables. Parce qu'un coup de cœur pour la Maison Aribert, la Maison Badine, Et Si..., L'Inattendu ou Lo Zafferano s'inscrit naturellement dans la durée. Des chefs qui ont comme point commun de cuisiner avec les meilleurs produits de saison, souvent locaux, et de rendre la cuisine gastronomique – ou bistronomique – accessible au plus grand nombre. Pour les entrées dans ce classement des Tops Restaurants, même vision, même philosophie pour les nouveaux venus : de la sincérité et de la passion dans la démarche, des approvisionnements en fonction du marché de saison, une cuisine mêlant savoir-faire et créativité, sans oublier l'envie de partager tout ça dans un lieu chaleureux et convivial.

MAISON ARIBERT

AU PLUS PRÈS DE SA NATURE

Installée dans l'écrin naturel d'Uriage-les-Bains, la Maison Aribert s'intègre parfaitement dans son environnement préservé. Un restaurant multi-titré - deux étoiles au *Guide Michelin*, une étoile verte, quatre toques au *Gault & Millau* - qui se distingue non seulement par la qualité exceptionnelle de la cuisine du chef Christophe Aribert, enfant du cru, mais encore par son engagement écoresponsable. ▶▶ *Page 175*

© MAISON ARIBERT

© YANN TANNEAU

BISTROT LOUISE

ESCAPADE GOURMANDE

C'est au pays de la noix, au pied du Vercors, que l'on a retrouvé avec bonheur le chef Yann Tanneau. Breton d'origine, ce passionné de cuisine, formé aux plus grandes tables du monde, a ouvert son « bistrot » dans le charmant petit village d'Albenc. Dans cette maison en pierre à l'agréable terrasse, le tatoué Yann Tanneau nous propose une cuisine pleine de sincérité et de savoir-faire artisanal. ▶▶ *Page 76*

© HUGO BIJAOU

LE ROUSSEAU

L'HISTOIRE CONTINUE

Comme nous, vous avez adoré Le Rousseau version centre-ville. L'une des meilleures adresses de Grenoble, récompensée d'un Bib Gourmand, déménage vers Pont-de-Claix pour voir un peu plus grand, sans sacrifier à la qualité d'une cuisine composée des meilleurs produits du marché de saison. Fraîcheur et simplicité dans les assiettes par le chef Élie Michel-Villaz. Très belle carte des vins. A suivre.

▶▶ Page 54

© DR

AU METS-CLICHÉS

MATHIEU MÉLO DÉCLENCHE NOTRE GOURMANDISE

Victime d'un AVC qui l'a rendu hémiplégique, Mathieu Mélo a surmonté cette épreuve grâce à une incroyable volonté et à ses deux passions : la cuisine et la photographie. Avec Laetitia, sa compagne musicienne, elle aussi passionnée de cuisine, le chef nous régale Au Mets-Cliché d'une gastronomie traditionnelle soignée composée de produits d'excellence. Belles assiettes où l'on voit l'œil du photographe.

▶▶ Page 53

© JESSICA CALVO

MAISON BADINE

LA MAISON DU BONHEUR

Dans sa belle maison de La Tronche, salle chaleureuse et terrasse parmi les plus convoitées de la métropole, le chef Florian Poyet joue la carte de la simplicité pour que chacun puisse accéder au monde, parfois trop fermé, de la gastronomie. Le chef nous propose une cuisine inspirée par ses racines provençales, notamment une soupe de poissons de roche, mais aussi par les produits du terroir régional.

▶▶ Page 43

© PIERRE-FRANÇOIS COUDERC

ET SI...

TOUJOURS SE FAIRE PLAISIR

Parce que le plaisir est la chose la plus intime et la plus partagée, il est essentiel de connaître les meilleures adresses gourmandes pour se faire plaisir dans un lieu de grande convivialité. Côté convivialité et gourmandise, Christian en connaît bien plus qu'un rayon ! Et Si... n'en finit pas de nous surprendre par son décor atypique et sa carte qui change toutes les semaines. Amour sans condition.

▶▶ Page 47

COUPS DE CŒUR TOP 10

© ANTHONY SEREX

JEANETTE

UN ENGAGEMENT SIMPLE ET SINCÈRE

Les Jeanette passent directement de nos Graines de Vainqueur au Top 10 de nos coups de cœur. Ajoutons qu'elles ont aussi obtenu un très mérité Bib Gourmand... Tantôt en salle, tantôt en cuisine, Thaïs et Manon ont la même démarche engagée pour l'environnement, réalisant une cuisine de saison faite de produits issus des circuits courts. Surprenantes saveurs, assiettes colorées et vins naturels.

▶▶ *Page 47*

© LOUIS FAYOLLE

L'AUGUSTE

AUGUSTE, IMPÉRIAL ET SANS CHICHI

Impérial, parce que L'Auguste s'impose naturellement comme l'adresse incontournable du quartier Championnet et au-delà. Christophe Martin nous reçoit à bras ouvert, à de larges horaires, sur une terrasse cosy et dans une salle chaleureuse pour boire un cocktail maison, un verre de vin de producteur sélectionné par un passionné, comme pour savourer une cuisine à base de produits régionaux de saison.

▶▶ *Page 46*

© EMMANUEL SPASSOFF

L'INATTENDU

DÉROUTANT ET RASSURANT

Fidèle du *Petit Futé*, vous vous demandez pourquoi l'Inattendu revient dans notre Top 10 ? C'est que vous n'avez pas encore goûté à la cuisine d'Alexis Busso qui ne cesse de nous surprendre chaque année. Dans une salle rénovée, le chef nous propose une cuisine inspirée par les saisons évoluant vers une gastronomie travaillée, du choix des produits locaux au dressage de l'assiette. Adresse unique.

▶▶ *Page 43*

© ELISE CUENOT-HODISTER

LO ZAFFERANO

MAISON ITALIENNE INSPIRÉE

Chez Lo Zafferano, ce sont toutes les saveurs de l'Italie dans de merveilleuses assiettes gourmandes pas vues ailleurs. Au cœur de Grenoble, le chef Erik Noto nous transporte de l'autre côté des Alpes pour un voyage inédit. Ici, tout est fait maison – des pâtes fraîches au pain en passant par les sauces – à partir de produits venus directement d'Italie, tout comme les vins. Tradition et créativité.

▶▶ *Page 65*

INTERVIEW

FLORIAN POYET, MAISON BADINE

GASTRONOMIE ACCESSIBLE

Grenoblois aux racines provençales, Florian Poyet est le chef de cuisine et le gérant de la Maison Badine à La Tronche. A 33 ans, ce jeune chef expérimenté rend accessible au plus grand nombre sa cuisine gastronomique.

Comment avez-vous eu l'idée de devenir cuisinier ?

Alors que ma famille n'était pas du tout dans la restauration, la cuisine est devenue une passion depuis un stage effectué en classe de 3e. Cette découverte du milieu culinaire a été une révélation. Ensuite, j'ai fait mon apprentissage et je n'ai jamais quitté cette voie.

Et comment votre cuisine a-t-elle évolué ?

A travers la rencontre de chefs et mon expérience personnelle, ma passion pour la cuisine ne fait que grandir de jour en jour. Les magazines et les livres m'inspirent, mais aujourd'hui ce sont aussi les réseaux sociaux qui permettent de voir ce qui se fait partout dans le monde.

Vous utilisez les réseaux sociaux ?

C'est incontournable. J'ai une page personnelle, mais surtout une page professionnelle bien suivie par une communauté de curieux et de passionnés de cuisine.

Pourquoi s'installer à La Tronche ?

Après avoir repris le restaurant où j'étais second de cuisine à Grenoble, au bout de quelques années j'avais besoin de changement. Il y a 3 ans, j'ai saisi une belle opportunité de m'installer à La Tronche avec une clientèle qui a découvert ma cuisine. Des clients fidèles et des nouveaux venus qui apprécient une cuisine qui ne cesse de monter en gamme. La Maison Badine est un lieu chaleureux, convivial, gourmand où l'on vient partager de bons moments.

Quelle est votre vision de la cuisine ?

La simplicité. Je veux que le client comprenne tout de suite ce qu'il a dans son assiette. La complexité va se jouer dans les cuissons, avec des doubles ou des triples cuissons, les saveurs. Je réalise une cuisine de saison qui suit les produits au fil du temps. Je cuisine le produit quand il est à son apogée. La carte du soir, essentiellement composée de produits issus de circuits courts, change tous les mois et la formule du midi toutes les semaines selon les arrivages.

Des plats signatures ?

La soupe de poissons de roche de ma grand-mère qui revient à la carte tous les étés. J'aime bien la truite du Vercors, la noix de Grenoble, toutes les manières de travailler les légumes. Il y a beaucoup d'engagement avec mon équipe et j'ai envie que ce travail soit découvert, compris et reconnu par un maximum de personnes.

› LA MAISON BADINE

2, rue du Pont Prouiller - **LA TRONCHE**
✆ 04 76 01 03 33 - www.maison-badine.com

© AGENCE FX COMUNIK

© AGENCE FX COMUNIK

© AGENCE FX COMUNIK

LES INSOLITES

Grenoble est une ville insolite par nature. La nature, c'est elle qui permet de pratiquer des activités insolites au cœur de la ville : visites en canoé ou via ferrata à la Bastille. C'est elle qui a façonné les parois de Chartreuse d'où s'envolent les participants à la Coupe Icare. C'est elle qui a créé les paysages du lac de Monteynard et de la Matheysine, lieux où l'homme a créé d'incroyables passerelles et une voie de chemin de fer parcouru par le Petit Train de la Mure. Nature encore avec les jardins du Musée Dauphinois qui accueillent un festival électro. Nature reconstituée version jungle au Pachamama. Naturelles, les glaces de Banquiz. Nature défendue par les artistes engagés du Street Art Festival. Et pour vivre au quotidien avec la nature, les biens dénichés par Espaces Atypiques.

BANQUIZ

PETIT LOCAL, GRANDES GLACES

Comment faire rentrer un glacier dans le Top des adresses insolites ? On pourrait vous répondre : parce que ce glacier artisanal propose des glaces bio fabriquées à la ferme dans le massif de Belledonne ou parce qu'il propose des parfums pas goûtés ailleurs comme cet incontournable ananas rôti ! Mais ce qui le rend vraiment insolite, c'est qu'il est installé dans la plus petite boutique de Grenoble, 4 m² ! ▶▶ Page 92

© ANTHONY SEREX

© ANTHONY AUBRY POUR EDEIS

PETIT TRAIN DE LA MURE

VOYAGE MYTHIQUE ET INSOLITE

Le parcours ferroviaire le plus insolite des Alpes. A bord du Petit Train de la Mure, tout de rouge vêtu, découvrez les richesses de la Matheysine au fil d'un trajet de 45 min – 5 tunnels et 3 viaducs impressionnants – qui vous amènera au Musée de la Mine Image – visite souterraine insolite – et au belvédère du Grand Balcon pour contempler le paysage majestueux et les eaux turquoise du lac de Monteynard. ▶▶ Page 36

© O. HUMEAU MATHEYSINE TOURISME

LAC DE MONTEYNARD

60 ANS DE LOISIRS ET DE SENSATIONS

Retenue d'eau artificielle sur le Drac, le lac de Monteynard-Avignonnet a été créé en 1962, il y a tout juste 60 ans. Dans un merveilleux décor de montagnes, ce lac est non seulement le paradis local de la planche à voile et du kitesurf, mais il ouvre aussi des passerelles vers d'autres aventures. Unique en Europe : 2 passerelles himalayennes relient les rives du lac à plus de 50 m au-dessus des eaux. ▶▶ Page 36

© STREET ART FEST

STREET ART ET ÉCOLOGIE À VÉLO

MURS ENGAGÉS POUR L'ENVIRONNEMENT

Parmi les visites insolites à faire à Grenoble Alpes Métropole, une thématique vraiment originale, qui vous emmènera de fresque en fresque à travers la métropole. Un parcours street art, dont Grenoble est la capitale européenne avec son festival, et écologique - avec des artistes engagés pour l'environnement - à faire à vélo. ▶▶ Page 34

© FRANGELLA LUCAS GRENOBLE-ALPES MÉTROPOLE

BALADES EN CANOË

GRENOBLE SUR L'ISÈRE

Quand vous vous dites « Je visiterai bien Grenoble d'une autre manière », vous vous imaginez à vélo, mais pas à bord d'une embarcation en train de traverser la ville ! Parce qu'on oublie parfois que Grenoble est aussi une ville d'eau, l'été la ville se visite aussi en canoé. 4 parcours de navigation, dont un nocturne encore plus insolite, pour avoir un autre point de vue et découvrir la ville autrement. ▶▶ Page 34

© JACQUES ROBERT

MUSÉE ÉLECTRONIQUE

DANCEFLOOR SOUS LES ÉTOILES

Danser au son des meilleurs DJ français de la scène électro dans les jardins du Musée Dauphinois, vous n'y pensez pas ! Et bien si. C'est même la promesse tenue chaque printemps par l'insolite Musée Electronique Festival organisé par Le Périscope, aux couleurs d'Alpes IsHere. Dans un cadre magique sur les hauteurs de Grenoble, un plateau musical exceptionnel pour chiller et kiffer sous les étoiles. ▶▶ Page 25

© ESPACES ATYPIQUES GRENOBLE

ESPACES ATYPIQUES

L'AGENCE DE VOS RÊVES

Et si le plus insolite, c'était votre propre logement ? Parce qu'on rêve tous d'avoir un chez-soi qui ne ressemble pas aux autres, mais qui nous correspond vraiment, découvrez les biens insolites proposés par Espaces Atypiques Grenoble. Véronique et Xavier, tout à votre écoute, pistent et proposent des appartements et des maisons, pas forcément hors de prix, qui sortent des sentiers battus.

▶▶ Page 146

© ALAIN DOUCÉ

COUPE ICARE

50 ANS DE VOL LIBRE

Pour les habitants de la métropole grenobloise, la Coupe Icare n'est plus vraiment insolite. En effet, l'événement fête sa 50e édition en 2023. Pourtant, il est difficile de s'habituer à voir se lancer dans les airs toutes sortes d'ailes volantes, certaines très insolites, tourbillonnant au-dessus de la vallée du Grésivaudan. La Coupe Icare, c'est la plus grande manifestation de vol libre au monde !

▶▶ Page 130

© REY-JOLLY FABRICE

PACHAMAMA

GOLFEZ DANS LA JUNGLE URBAINE

En passant dans cette rue, plutôt dédiée au *street-art*, rien ne laisse présager du voyage que vous allez faire en passant la porte de ce qui pourrait ressembler à un vaste hangar. À l'intérieur, décor insolite, visuel et sonore, d'une jungle exubérante au milieu de laquelle on pratique le golf *indoor* avec un parcours 18 trous lui aussi unique dans son genre. Bar immersif pour continuer l'aventure.

▶▶ Page 135

© OT GRENOBLE

VIA FERRATA DE LA BASTILLE

LES PRISES DE LA BASTILLE !

Unique, insolite, sensationnelle ! La via ferrata de la Bastille est la seule via ferrata urbaine en France ! Le point de départ, équipement obligatoire, se trouve à 100 m de la Porte de France, derrière l'Esplanade, 22 route de Lyon. 400 m en falaise et 550 m de chemin pour jouer à Spiderman.

▶▶ Page 32

INTERVIEW

MÉLINA HÉRENGER

AIMER GRENOBLE

Vice-présidente de Grenoble Alpes Métropole, en charge du tourisme, de l'attractivité, de l'innovation, de l'université et de la qualité de vie, présidente de Grenoble Alpes Tourisme, première adjointe au maire de Meylan, Mélina Hérenger nous explique pourquoi et comment aimer Grenoble.

Quels sont les atouts du tourisme à Grenoble Alpes ?

Les Grenoblois ont l'esprit pionnier. Avec une université dynamique, ils innovent dans de nombreux domaines. L'attractivité et le tourisme grenoblois en résultent, puisque 80 % de notre tourisme est lié au tourisme d'affaires.

Grenoble Alpes a-t-elle d'autres atouts que l'innovation en matière de tourisme ?

Plus important bassin de vie de l'arc alpin, Grenoble Alpes Métropole est pleine de richesses et chaque jour il est possible de s'émerveiller de nouvelles choses à découvrir. Près de 865 km de sentiers balisés nous emmènent de la plaine à la montagne. À chaque bout de ligne de tram, il y a des balades incroyables. Des sports habituellement réservés aux stations se pratiquent en ville. On peut faire du canyoning, du canoë, de la via ferrata dans Grenoble.

Grenoble est riche de son environnement, mais encore ?

Au niveau culturel de deux scènes nationales, mais aussi de nombreux acteurs associatifs, Grenoble ressemble à un cairn. Elle cumule les pépites de toutes tailles. À Grenoble, on peut être sportif et/ou urbain, on peut aimer l'insolite et/ou le classique. Le tourisme n'est pas qu'un temps de consommation, c'est aussi un temps de bien-être.

En quoi Grenoble Alpes est un modèle d'écotourisme ?

Par la facilité d'accès aux sites. Première ville du vélo pour le trajet domicile-travail, Grenoble offre des parcours vélo pour les travailleurs comme pour les visiteurs. Il est possible de monter en transports en commun dans les stations de ski toutes proches. L'écotourisme joue d'abord sur la mobilité en favorisant les modes doux. Il faut changer notre regard sur Grenoble Alpes qui, plus qu'une cuvette, est un écrin vert ouvrant un horizon sur les montagnes.

Les Grenoblois sont-ils conscients de cette chance ?

Pas suffisamment, même si les confinements leur ont ouvert les yeux. À l'image de leur ville, les Grenoblois sont multifacettes et ne s'inscrivent pas dans un parcours touristique linéaire. Ils sont heureux de pouvoir monter à la Bastille pour le point de vue, mais aussi pour y pratiquer différentes activités sportives comme du trail, de l'accrobranche ou encore du yoga. Grâce aux visites théâtralisées proposées par Grenoble Alpes Tourisme, ils peuvent redécouvrir leur ville différemment. De plus, le label « Capitale verte européenne 2022 », venu récompenser un état d'esprit et un positionnement grenoblois qui existent depuis longtemps, a pour vocation de s'inscrire dans la durée.

TIEN BURET - HANS LUCAS HD

LES GRAINES DE VAINQUEUR

Les Graines de Vainqueur, c'est l'essence verte que l'on met dans le moteur de notre guide. Parce que nous passons notre temps à arpenter les rues de Grenoble à la recherche de nouvelles adresses, nous sommes heureux de vous les présenter et de mettre en avant celles qui nous semblent les plus prometteuses. Des adresses essentiellement tournées vers les métiers de bouche, si l'on excepte l'hôtel Rocky Pop. Ville à qui l'on reproche souvent son manque d'audace culinaire, Grenoble abrite désormais le Bouillon A du chef Aribert et MadaM version Alexandre Zdankevitch, le Tohu Bohu de Guillaume et Paulo, Zou de Lara et Amandine, Zeit d'Andrea, la Brasserie Neptune de Michel et Nicolas, Bianca et La Fée Tuccini parce que le terreau italien a toujours fait pousser de belles plantes à Grenoble.

TOHU BOHU

DU BRUIT DANS LA CUISINE

Un Tohu Bohu qui devrait faire du vacarme aux palais des gourmands. Guillaume et Pauline, Savoyards d'origine et habitants de la populaire rue Chenoise, aidés de Paulo (passé par Aribert où il rencontra Guillaume), ont ouvert un restaurant qui a tout compris de nos envies. Carte hypercourte, produits ultrafrais, plats relevés pour émoustiller nos papilles jusqu'aux desserts et aux vins naturels. ▶▶ *Page 48*

© ANTHONY SEREX

© EMMANUEL SPASSOFF

MADAM

LE GRAND RETOUR DE MADAM

Les Grenoblois savent-il la chance qu'ils ont d'avoir un restaurant aussi élégant et gourmand que MadaM ? Une graine de vainqueur qui repart avec le meilleur fertilisant possible : la cuisine gastronomique d'Alexandre Zdankevitch. Beauté remarquable des lieux, décor exceptionnel pour savourer une cuisine actuelle inspirée par les produits de saison. Cocktails et tapas à partager sous la verrière. ▶▶ *Page 45*

© @POOKIECOOKIE

BOUILLON A

CUISINE SAINE ET POPULAIRE

Bien avant la restauration rapide version américaine, les Français avaient inventé la restauration rapide continue de qualité accessible au plus grand nombre : le bouillon. Entre écoquartier et Synchrotron, le chef Christophe Aribert s'approprie avec brio ce concept populaire en proposant des plats traditionnels revisités, des assiettes composées de produits de saison à de très larges horaires.

►► *Page 50*

© BIANCA

BIANCA

UNE NOUVELLE AVENTURE POUR BIANCA

Quand on sait le nombre de restaurants italiens à Grenoble, on se dit qu'il faut oser pour ouvrir un restaurant italien à côté de la Halle Sainte-Claire. Ce qui fait la différence ? Le décor et les assiettes, peintes à la main, ainsi qu'une cuisine faite de bons produits du pays : pizza aux titres joyeusement décalés, antipasti et pasta uniquement le soir. Très belle carte de vins, Italie et France.

►► *Page 64*

© SIMONE BOSSI

YOUJUNG

CONVIVIALITÉ ET GOURMANDISE À LA CORÉENNE

Si la cuisine coréenne était déjà présente en ville, jusqu'alors pas de barbecue traditionnel coréen pour nous mettre autour d'une table et partager du bon temps entre amis. Cuisine de partage par excellence, le barbecue coréen signé YouJung propose de belles grillades et marinades traditionnelles avec d'excellentes viandes. Bonheur de se retrouver autour d'une table aux saveurs venues d'ailleurs.

►► *Page 67*

© DR

ZOU

SANDWICH LOVERS

Zou, c'est une invitation à bien manger dans une sandwicherie qui a tout compris à nos envies. Que l'on ait le temps de s'arrêter ou que l'on soit pressé d'emporter son sandwich, Zou c'est l'assurance de se régaler d'un ou plusieurs... sandwiches – appelés des Zou – faits maison, garnis de bons produits locaux de saison. Wraps et pitas, brunch le dimanche. Vegan compatible. Allez chez Zou, craquage garanti.

►► *Page 73*

© ROCKYPOP

ROCKY POP

CHAMBRES AVEC STYLE AU COEUR DE LA VILLE

Un nouvel hôtel au cœur de la ville, dans le quartier particulièrement gourmand de la rue de Strasbourg, qui a le bon goût d'être actuel et décalé comme on aime ! Un hôtel nouvelle génération qui a tout compris à nos envies en bousculant les codes tout en assurant notre confort. Nombreuses références à la pop culture, terrasse extérieure, activités ludiques, fitness, mais encore bar et restaurant. ▶▶ Page 39

© PASCAL FLAMANT

CAVES DE LA CHARTREUSE

DE NOUVELLES EXPÉRIENCES CHARTREUSE

Si l'histoire de la liqueur de Chartreuse remonte au XVIIe siècle (et bien avant avec l'installation des moines en Chartreuse en 1084), c'est un nouveau musée, inauguré le 24 juin 2022, qui permet de découvrir l'univers de la fameuse liqueur. Des visites uniquement guidées qui se terminent autour d'une dégustation. Bar à cocktails et boutique Chartreuse. ▶▶ Page 188

© MARINA GODINO - @MARINAGODINOPHOTOGRAPHE

ZEIT

LE TEMPS EST À LA PÂTISSERIE DE SAISON

Les becs sucrés sont aux anges avec Zeit (qu'il faut bien prononcer à l'allemande, hommage à la grand-mère d'Andrea). Formée à bonne école, notamment dans les palaces parisiens, Andrea est revenue à Grenoble pour nous régaler de pâtisseries de saison sur une carte courte pour assurer une qualité constante. Il ne reste plus qu'à s'installer en salle ou en terrasse et prendre sont temps pour se régaler. ▶▶ Page 91

© BRASSERIE NEPTUNE

BRASSERIE NEPTUNE

SOURCE DE BONNES BIÈRES ET DE BIEN MANGER

Toutes les planètes sont alignées pour faire de la Brasserie Neptune une Graine de Vainqueur pleine de vigueur ! Un lieu étonnant dédié à la mer (ou à l'amer si l'on aime la bière) avec une incroyable exposition de véritables objets de collection, notamment en provenance du paquebot *France*. Bières brassées sur place et cuisine privilégiant les circuits courts. Embarquement pour une croisière gourmande. ▶▶ Page 103

INTERVIEW

CAVES DE LA CHARTREUSE

DE NOUVELLES EXPÉRIENCES CHARTREUSE

Si l'histoire des moines Chartreux, installés depuis 1084 en Chartreuse, s'inscrit dans un temps qui nous dépasse, l'histoire de leur célèbre liqueur aux 130 plantes s'inscrit plus que jamais dans notre présent grâce à l'ouverture d'un nouveau Site touristique et culturel des Caves de la Chartreuse à Voiron.

Pourquoi avoir transformé le site historique de Voiron ?

Jusqu'en 2018, Voiron abritait à la fois un site de production et un site d'accueil du public. Pour des raisons réglementaires, il a fallu séparer les deux activités. Aujourd'hui, la distillerie se trouve à Aiguenoire, alors que le site de Voiron a été entièrement repensé pour accueillir le grand public et lui faire découvrir les liqueurs Chartreuse, leur histoire mais aussi leur environnement exceptionnel.

Que peut-on découvrir sur ce nouveau site des Caves de Chartreuse ?

Tout d'abord, le site dans son ensemble a été revégétalisé. L'extérieur se compose de 3 jardins, recréant une forêt en Chartreuse, plongeant le visiteur dans une nature sauvage propice à la biodiversité. A l'intérieur des bâtiments, l'espace muséographique conduit les visiteurs, accompagnés d'un guide, à travers 7 espaces qui retracent les grandes périodes de l'histoire des liqueurs Chartreuse avec plus de 1 200 objets inédits. Un parcours où le végétal est présent à chaque instant, notamment avec l'exposition de 200 plantes - sous forme de menus, d'herbiers, d'inclusions dans des bouteilles - dont nous pouvons supposer que certaines d'entre elles font partie de la recette, toujours secrète, des liqueurs jaune et verte.

Quels sont les autres espaces intégrés dans ce site de « spiritourisme » ?

Les espaces de dégustation offrent le final de chaque parcours de visite. Les visiteurs peuvent aussi prolonger leur découverte au bar à cocktails. Une salle d'exposition temporaire accueille des œuvres d'artistes partageant les valeurs de la Chartreuse. Sur la terrasse ouverte aux beaux jours, les visiteurs profitent d'une vue dégagée sur les jardins et l'environnement naturel. Un espace entreprise permet d'accueillir touristes d'affaires et séminaires dans un cadre remarquable. A la boutique, chacun peut retrouver l'ensemble des produits de la gamme des moines Chartreux, dont la liqueur du Foudre 147, cuvée vendue exclusivement à Voiron.

› CAVES DE LA CHARTREUSE
10, boulevard Edgar-Kofler
VOIRON
✆ 04 76 05 81 77
www.chartreuse.fr

© PASCAL FLAMANT

© PASCAL FLAMANT

© PASCAL FLAMANT

petit futé
2023
GRENOBLE

JE VISITE MA VILLE

Visiter Grenoble, ce n'est pas seulement se balader dans les montagnes qui entourent la ville. Visiter Grenoble, c'est se balader dans les rues à la découverte d'un patrimoine souvent méconnu des Grenoblois. Pour aimer Grenoble, il faut la visiter sans idées reçues. Cette rubrique, la première de notre guide, s'adresse aux visiteurs venus d'ailleurs qui veulent voir les « incontournables », mais surtout aux Grenoblois afin qu'ils poussent la porte des musées et réservent une des nombreuses visites guidées proposées par l'office de tourisme. Dans Grenoble Alpes Métropole, la partie Alpes des massifs entourant la ville mérite largement que l'on prenne son temps pour la sillonner, du château de Vizille au monastère de la Grande Chartreuse. Mais il ne faut surtout pas négliger Grenoble, ses musées, ses parcs, ses quartiers et ses « expositions » de street art dont la ville est l'une des capitales européennes. Plaisir de voir la forme d'une ville depuis les hauteurs de la Bastille. Plaisir de comprendre le fonctionnement du premier écoquartier de France. (Re) trouver le plaisir de visiter Grenoble.

CINÉMA

FESTIVAL DU FILM COURT EN PLEIN AIR

www.cinemathequedegrenoble.fr

En juillet 2023.

Créé en 1978, se tenant la première semaine de juillet, le Festival du Film court en plein air de Grenoble est le plus ancien rendez-vous du court métrage en France ! Gratuit et ouvert à tous, ce festival organisé par la Cinémathèque de Grenoble est rythmé par des projections quotidiennes en salle et en plein air (au Jardin de Ville). Compétition internationale avec des œuvres de tous les genres (l'an passé, c'est le court métrage *Planète Triste* qui l'a emporté), ainsi qu'une compétition jeune public. Séances scolaires pour sensibiliser les plus jeunes au cinéma.

EXPOSITION

STREET ART FEST GRENOBLE ALPES

www.streetartfest.org

En juin 2023.

Un événement incontournable puisque le Street Art Fest Grenoble Alpes est le plus grand festival de street art d'Europe avec plus d'un mois, entre fin mai et fin juin, de créations, expositions, visites, rencontres, conférences, ateliers, dévoilements, innovations, projections, concerts... 9e édition à venir pour ce festival qui s'étend dans une dizaine de villes en Isère avec, chaque année, une cinquantaine de nouvelles réalisations à découvrir sur l'appli et des visites guidées. Un festival pérenne puisque les œuvres embellissent le quotidien des Grenoblois.

CINÉMA

FESTIVAL DU FILM POUR ENFANTS

VIZILLE

www.festivaldufilmpourenfants.fr

Du 24 octobre au 2 novembre 2022.

Il n'y a pas d'âge pour aller au cinéma et participer à un festival ! Réunissant 14 000 spectateurs, le Festival du film pour enfants propose de découvrir des trésors de cinéma (et bien plus encore lors de la 24e édition en 2023). Pendant ces 10 jours du festival dédié au jeune public le plus fréquenté de l'Isère, pas moins de 40 films projetés – dont 8 films en compétition – dans 6 salles entre Vizille (Jeu de Paume) et Villard-Bonnot (Espace Aragon). De nombreuses animations et des ateliers, un programme riche, des moments forts et légers à vivre en famille.

FÊTE

DESCENTE DES ALPAGES

4, rue de Strasbourg

www.la-descente-des-alpages.fr

En octobre.

Elles descendent en ville, convergeant vers la place de Metz ! Elles, ce sont les vaches qui descendent à l'automne des alpages. Une tradition qui perdure à travers les Alpes et particulièrement à Grenoble du côté de la rue de Strasbourg. 12e édition en 2022 pour cet événement festif et gourmand où petits et grands s'émerveillent à entendre le tintement des sonnailles en approchant les bêtes. Les producteurs de produits du terroir sont également présents pour une fête dédiée à la gastronomie locale animée par de grands chefs – ne pas manquer le fameux « Combat des Chefs » organisé en amont – et des M.O.F. bleu blanc rouge, le fromager Bernard Mure-Ravaud en tête.

CINÉMA

LES RENCONTRES CINÉ MONTAGNE

www.grenoble-montagne.com

Du 8 au 12 novembre 2022.

La montagne grandeur nature, c'est à Grenoble. Les montagnes du monde entier, c'est au Palais des Sports qu'il faut venir les admirer sur grand écran. Les Rencontres Ciné Montagne, ce sont 5 soirées thématiques autour des plus beaux films de montagne. La montagne dans toute sa diversité, toutes ses pratiques, toutes ses disciplines avec des séances ouvertes à tous les publics. 24e édition en 2022, plus de 20 000 spectateurs attendus pour un événement sport et culture incontournable, le plus important du genre en Europe. Du spectacle et des surprises.

FÊTE

MARCHÉ DE NOËL

Place Victor-Hugo

Du 24 novembre au 24 décembre 2022.

Parce que la magie de Noël revient chaque année, on a hâte de retrouver l'un des plus grands marchés de Noël de France au centre-ville de Grenoble sur la place Victor Hugo. L'ambiance montagnarde crée un climat particulier et la ville se pare de chalets qui amènent leur lot d'idées cadeaux à déposer au pied du sapin. De fin novembre au 24 décembre, Grenoble est en fête. Une centaine de cabanes abritent des artisans, des détaillants proposant des objets artisanaux originaux ou des gourmandises à partager. Les petits et les grands espèrent croiser un gros bonhomme rouge à la barbe blanche dans son village et découvrent des animations gratuites. Ambiance festive.

FOIRE

FOIRE DE GRENOBLE

Avenue d'Innsbruck
✆ 04 76 39 66 00
www.foiredegrenoble.com
Du 4 au 13 novembre 2022.

A l'entrée de l'hiver, un événement incontournable depuis plus de 90 ans qui rythme la vie des Grenoblois, mais aussi de nombreux habitants de la région. Organisée par Alpexpo, labellisée Foires de France - certification de qualité -, la Foire de Grenoble offre pendant 10 jours la possibilité de découvrir de nouveaux produits et de faire de belles affaires dans les allées. Dans la plus grande vitrine éphémère de l'Isère : habitat intérieur et extérieur, ameublement, automobile, shopping avec les incontournables démonstrateurs, artisanat du monde, multimédia, tourisme, gastronomie et restauration pour aller à la découverte de nos terroirs. Nombreuses animations.

LIVRE

PRINTEMPS DU LIVRE DE GRENOBLE

www.printempsdulivre.bm-grenoble.fr
En avril 2023.

À Grenoble, les premières feuilles du printemps poussent dans les pages des livres. Le Printemps du Livre, un événement organisé par la Ville de Grenoble et les bibliothèques municipales en partenariat avec les librairies. Pour la 21e édition, de nombreux auteurs seront au rendez-vous pour des lectures, des tables rondes, des spectacles, des expositions urbaines et des dédicaces... Toutes les manifestations, toutes les rencontres à retrouver sur le site Internet avec le programme en ligne. Immense plaisir de lire, à partager lors de cet événement.

MUSIQUE

CABARET FRAPPÉ

✆ 04 76 00 76 85
www.cabaret-frappe.com
En juillet.

Comme de nombreux festivals, le Cabaret Frappé a dû s'adapter et faire preuve de résilience pour continuer d'exister. En juillet 2021, il a dû changer exceptionnellement de nom – Cabaret Frappé Autrement – et de lieu pour déménager sur la scène de l'Anneau de Vitesse. De retour au Jardin de Ville en 2022, le public est resté fidèle à cet événement organisé par la ville de Grenoble. Ce qui ne change pas, c'est un festival estival 100% gratuit avec une programmation mêlant artistes locaux confidentiels et artistes grand public. De quoi étancher sa soif de musique et de concerts, notamment autour des musiques actuelles. Un festival plein de belles surprises à partager.

MUSIQUE

DETOURS DE BABEL

17, rue Bayard ✆ 09 67 49 51 37
https://musiques-nomades.fr
De mars à avril 2023.

Un festival ouvert sur le monde qui a retrouvé, depuis l'an dernier et sa 12e édition, son rythme printanier. Propulsé par le Centre International des Musiques Nomades, il invite des musiciens, des artistes de tous horizons, à partager leurs musiques libres et nomades dans plus de 30 lieux à Grenoble et un peu partout en Isère. De beaux moments musicaux, des rencontres merveilleuses, inattendues, souvent envoûtantes. Des Détours de Babel particulièrement enrichissants où l'on découvre des instruments insolites, des voix extraordinaires, des chants et des musiques d'ailleurs qui résonnent intensément. Voyage sonore avec une programmation inédite qui fait du bien aux oreilles et à l'âme.

MUSIQUE

MUSÉE ÉLECTRONIQUE FESTIVAL

30, rue Maurice Grignoux
En juin 2023.

Attention, festival pas ordinaire dans un lieu extraordinaire. Un festival de musiques électroniques qui se tient dans les jardins du Musée Dauphinois. C'est le début de l'été, il fait chaud (attention, pas de vestiaire, il faut se vêtir en conséquence) et vous avez envie de danser sur les sons des DJ sets qui s'enchainent jusqu'à la tombée de la nuit. Sur place, on peut boire et se restaurer, danser et s'amuser sur un dancefloor installé dans un cadre incroyable au pied de la Bastille. A vite retrouver pour une troisième édition de folie avec une programmation inédite.

PARADE

FÊTE DES TUILES

www.grenoble.fr
En juin 2023.

Créée en 2015 par la ville de Grenoble, la Fête des Tuiles lance l'été en ville par des festivités qui réunissent les Grenoblois dans des espaces préservés, rues piétonnisées ou parcs de la ville l'an passé. Une fête qui doit son nom à la journée des Tuiles (le 7 juin 1788), première révolte populaire annonciatrice de la Révolution française. Aujourd'hui, cette fête populaire réunit les habitants avec comme ambition de leur donner l'envie de mieux vivre ensemble. Cortèges festifs et participatifs, déambulations dans les rues, temps de partage, brunchs locavores... Que nous réservera l'édition 2023 ? A vous d'apporter votre contribution à cette manifestation collective.

OFFICE DE TOURISME

ALPES IS [H] ERE

www.isere-tourisme.com

Prenez de la hauteur avec Alpes Is (h) ere, la marque locale et internationale du département de l'Isère. En Isère, chacun se ressource toute l'année en profitant d'un environnement exceptionnel dans le Dauphiné et le Pays viennois : la nature, les grands espaces, les grottes de La Balme, le lac de Paladru avec son nouveau musée archéologique, mais aussi le patrimoine romain de Vienne ou les sites médiévaux de Crémieu, Morestel ou Saint-Chef. Evasion à toutes les altitudes, balades et randonnées, ski et thermalisme, histoire et patrimoine... Le choix est large. En toute saison, à vous de découvrir une partie de cet ensemble magique dans ce guide *Autour de Lyon*.

VISITE

ISÈRE ATTRACTIVITE

44, quai de France
✆ 04 76 00 33 82
www.isere-tourisme.com

L'Isère est un territoire naturellement attractif. Pour faire connaître tous les atouts d'un département où habitants et touristes ont la certitude de se ressourcer, se retrouver dans un cadre de vie exceptionnel, la marque Alpes IsHere, portée par l'agence Isère Attractivité, présente toutes les richesses d'un territoire aux multiples facettes. Montagnes abritant les plus belles stations de ski, stations 4 saisons avec de nombreuses pratiques outdoor, mais encore monuments, sites naturels et historiques, large offre d'hébergements et de restauration... Toutes les bonnes idées pour découvrir l'Isère sur le site Internet. Pour partager sur les réseaux, entrez dans la communauté #alpesishere.

OFFICE DE TOURISME

GRENOBLE ALPES PASS

14, rue de la République
✆ 04 76 42 41 41
www.grenoblepass.com
Pass 1 jour 19 €. Pass 2 jours 33 €. Pass 3 jours 48 €.

Parce qu'on a tous envie de se faire plaisir, de tout visiter, mais aussi de faire des économies, la solution, c'est le Grenoble Alpes Pass. Pour savoir combien vous allez économiser pendant votre prochain séjour, faites une simulation sur le site Internet ! Tous les incontournables – Téléphérique de Grenoble, Musée de Grenoble, Museum de Grenoble, Musée Stendhal, château de Sassenage, grottes de Choranche, cuves de Sassenage, Mine Image, couvent Sainte-Cécile, musée de l'Eau, grand séchoir, Musée de la Grande Chartreuse... –, sans oublier les transports en commun, la location de vélo ou le petit train touristique. Visites guidées de l'OT incluses et offres avantages. Indispensable.

SITE DE DÉCOUVERTE

MAISON DE LA MONTAGNE

14, rue de la République ✆ 04 57 04 27 00
www.grenoble-montagne.com
Ouvert du lundi au vendredi de 9h30 à 12h30 et de 13h à 18h, samedi de 10h à 13h et de 14h à 17h.

La Maison de la Montagne à Grenoble, c'est le camp de base des loisirs de montagne au cœur de la ville. Car si tous les Grenoblois ont leur « coin de montagne » privilégié, toutes les montagnes qui entourent Grenoble et toutes les montagnes du monde restent à découvrir. Dans cette maison, hébergeant aussi le Bureau des Guides et Accompagnateurs de Grenoble, on trouve toutes les bonnes adresses des clubs et des professionnels pour guider nos pas, toutes les informations sur les sites de ski de randonnée, de raquettes, de randonnée pédestre, alpinisme, d'escalade, de via ferrata... Cartes et plus de 2 500 topo-guides couvrant toutes les montagnes du monde ! Lieu d'accueil et de conseils.

SITE NATUREL

PARC NATUREL RÉGIONAL DE CHARTREUSE

Place de la Mairie
SAINT-PIERRE-DE-CHARTREUSE
✆ 04 76 88 75 20
www.parc-chartreuse.net

Naturel et culturel, le patrimoine de Chartreuse est particulièrement riche. Partagé entre l'Isère et la Savoie, le Parc Naturel Régional de Chartreuse offre d'abord des paysages fantastiques. D'immenses forêts, de grandes falaises blanches, la Chartreuse possède également de hauts sommets à plus de 2 000 m, comme la pointe de Chamechaude en Isère, point culminant du massif. Nombreuses randonnées tous niveaux, trails et sports outdoor. A la maison du Parc naturel régional de Chartreuse, vous trouverez toutes les informations utiles pour découvrir un territoire envoûtant.

SITE NATUREL

PARC NATUREL RÉGIONAL DU VERCORS

255, chemin des Fusillés
LANS-EN-VERCORS
✆ 04 76 94 38 26
www.parc-du-vercors.fr

Terre de nature sauvage à la biodiversité remarquable, terre d'histoire et de découverte, le Parc Naturel Régional du Vercors, partagé entre l'Isère et la Drôme, offre une grande diversité invitant à la contemplation comme à l'aventure. Des paysages à couper le souffle à découvrir au long des 4 600 km de sentiers de randonnée. La variété des reliefs fait du Vercors le terrain idéal pour la pratique des sports outdoor aux 4 saisons. Amoureux de nature et de patrimoine, toutes les informations sont à retrouver dans les offices de tourisme du territoire.

OFFICE DE TOURISME

GRENOBLE ALPES TOURISME

14, rue de la République ✆ 04 76 42 41 41
www.grenoble-tourisme.com
Septembre à juin : lun 13h-18h, mar-ven 10h-18h, sam 10h-13h/14h-18h. Juillet et août : lun-sam 10h-19h, dim 10h-13h.

Visiteurs à Grenoble ? Rendez-vous à Grenoble Alpes Tourisme, situé en plein centre-ville, ou dans les bureaux d'information touristique de la Bastille, du Sappey-en-Chartreuse ou de Vizille. Les conseillers en séjour vous informent et vous orientent en fonction de la couleur que vous souhaitez donner à votre séjour. Labellisée Ville d'Art et d'Histoire et nichée dans un cadre naturel exceptionnel, la capitale des Alpes se révèle dynamique et surprenante ! Elle offre de nombreuses possibilités pour un subtil mélange d'urbain et/ou de nature. Pour découvrir tout Grenoble et ses environs en composant librement votre programme et vous déplacer facilement, procurez-vous un Grenoble Alpes Pass.

© LUCAS FRANGELLA

MUSÉE DÉPARTEMENTAL

MAISON BERGÈS [MUSÉE DE LA HOUILLE BLANCHE]

40, avenue des Papeteries, Lancey - **VILLARD-BONNOT**
✆ 04 38 92 19 60 - 15 km au nord-est de Grenoble. Sortir de Grenoble par la D 523 en direction de Domène ou par l'autoroute en direction de Chambéry (sortie 24.1 Villard-Bonnot). Dans le village de Lancey : aux feux de signalisation, prendre la rue en montée vers La Combe-de-Lancey et l'ancienne papeterie. Parking à l'entrée de la propriété. - musees.isere.fr

Du 1/04 au 31/10 mer à ven 13h-18h, we 10h-18h. Du 1/11 au 31/03 mer à ven 13h30-17h30, we 10h-17h30. Gratuit

© DR

A l'image de l'hydroélectricité utilisée en 1869 par Aristide Bergès pour sa papeterie, ce musée est une source inépuisable – et gratuite ! – d'émerveillement. Un musée à (re) découvrir avec une amélioration du parcours permanent à faire avec un audioguide dans un lieu de mémoire exceptionnel où se mêlent les arts – Art nouveau et symbolisme –, les sciences et les innovations techniques dans l'industrie. Une Maison Bergès dont il faut surveiller l'agenda pour ne pas manquer un événement, comme cette exposition intérieur/extérieur intitulée Jardins. La Belle Époque !

MUSÉE DÉPARTEMENTAL

MUSÉE ARCABAS EN CHARTREUSE

Église de Saint-Hugues-de-Chartreuse
SAINT-PIERRE-DE-CHARTREUSE ✆ 04 76 88 65 01
www.saint-hugues-arcabas.fr

Ouvert tous les jours, sauf le mardi, le 1er janvier et le 1er mai, de 10h à 13h et de 14h à 18h. Gratuit.

L'église de Saint-Hugues-en-Chartreuse abrite un trésor : l'œuvre monumentale du peintre et sculpteur Arcabas. Un fleuron de l'art sacré, un trésor éblouissant de tendresse et de vitalité. Le visiteur est ébloui par le foisonnement des œuvres qui ceinturent en trois bandeaux superposés l'intérieur de l'édifice. Peintures chatoyantes, prédominance des ors et des rouges, sculptures, vitraux déroulant une multitude de petites histoires bibliques. Flamboyant et réjouissant. Les enfants apprécient particulièrement les nombreux tableaux avec des animaux.

MUSÉE

ARHOME, MUSÉE DE L'INNOVATION INDUSTRIELLE

113, cours Berriat ✆ 04 76 33 49 01
www.araymond-museum.com

Ouvert du 1er septembre au 30 juin. Visites 1er et 3e mercredis du mois 10h-12h et 14h-18h. Gratuit.

Ouvert en 2005, à l'occasion du 140e anniversaire de l'entreprise ARaymond, le musée ARhome de la fixation et de l'innovation raconte bien plus qu'une saga familiale. La saga, c'est celle d'Albert Raymond qui inventa le bouton pression et d'une société familiale devenue multinationale. Parcours ludique et interactif des plus innovants. Un parcours qui met les sens en émoi pour nous faire découvrir tous les aspects de cette industrie liée d'abord à la ganterie grenobloise (collection unique), puis au développement de l'automobile. Une visite surprenante.

MUSÉE DÉPARTEMENTAL

MUSÉE DE LA RÉVOLUTION FRANÇAISE

Place du Château - **VIZILLE** ✆ 04 76 68 07 35
www.domaine-vizille.fr

Ouvert tous les jours, sauf le mardi. Horaires selon périodes. Gratuit.

Au musée citoyens ! Le musée de la Révolution française se trouve dans le cadre exceptionnel du Domaine de Vizille. Magnifique parc, jardins labellisés, environnement de montagnes, le cadre naturel est fantastique mais il ne doit pas faire oublier le cadre historique. C'est au château de Vizille que s'est déroulé un épisode important de la Révolution française : la réunion des trois ordres du Dauphiné en 1788. Pour mieux comprendre la Révolution française, le musée retrace de manière ludique et pédagogique la période. Visites guidées, contées et ateliers pour les scolaires.

MUSÉE DÉPARTEMENTAL

MUSÉE DAUPHINOIS

30, rue Maurice-Gignoux ✆ 04 57 58 89 01
www.musee-dauphinois.fr

Ouvert le lundi et du mercredi au vendredi de 10h à 18h, le week-end de 10h à 19h. Gratuit. Boutique.

Le Musée Dauphinois est installé à la Bastille (petite montée avec escaliers à prévoir, accès aux PMR sauf certains espaces), dans l'ancien couvent de Sainte-Marie d'En-Haut et son étonnante chapelle baroque aux peintures murales. Ce musée témoigne, avec une impressionnante collection de plus de 100 000 objets – des premiers silex aux coiffes traditionnelles –, de la très longue histoire des Alpes dauphinoises. Cet espace met en valeur toutes ses richesses par des expositions permanentes : « Gens de l'Alpe » et « Le Rêve blanc ». Expositions temporaires avec Egyptomania qui nous tiendra en haleine jusqu'en novembre 2023. Ne pas manquer les ateliers, rencontres, visites guidées et concerts.

MUSÉE

MUSÉE DE GRENOBLE

5, place de Lavalette ✆ 04 76 63 44 44
www.museedegrenoble.fr

Ouvert tous les jours, sauf le mardi, de 10h à 18h30. Adulte 8 € (collections et expositions). Gratuit -26 ans.

Grenoble abrite en son cœur l'un des plus prestigieux musées d'art de France. Dans ce magnifique espace qui capte la lumière du jour, toutes les époques sont représentées, toutes les écoles, tous les courants de peinture et toutes les disciplines. La collection relative au XXe siècle est impressionnante. Elle est la plus riche de France après celle du musée national d'Art Moderne à Paris. Il constitue une étape incontournable pour tous les amoureux d'art et les curieux, même les plus jeunes. Chaque mercredi, des ateliers réveillent l'âme créative des enfants (réservation en ligne, gratuit). Chaque saison, le musée accueille 2 expositions temporaires. Un grand bol d'air culturel.

MUSÉE DÉPARTEMENTAL

MUSÉE DE LA RÉSISTANCE ET DE LA DÉPORTATION DE L'ISÈRE

14, rue Hébert ✆ 04 76 42 38 53
www.resistance-en-isere.fr

Ouvert 7j/7. Lundi, mercredi, jeudi et vendredi 9h-18h. Mardi 13h30-18h. Samedi, dimanche et fériés 10h-18h. Gratuit.

Musée d'histoire, ce musée départemental a pour vocation de donner à comprendre l'histoire des années 1939-1945 à partir des faits et des vécus locaux et transmettre les valeurs au nom desquelles des hommes et des femmes ont combattu l'occupant nazi et l'État français du maréchal Pétain. La collection exceptionnelle d'objets, photographies, documents audiovisuels et témoignages est mise en valeur par une muséographie moderne où émotion et réflexion sont tour à tour sollicitées. Expositions temporaires. Visite guidée gratuite le premier dimanche du mois à 14h30.

MUSÉE

MUSÉE DE LA VISCOSE

27, rue du Tremblay - **ECHIROLLES**
✆ 04 76 33 08 28
www.le-trace.fr

Ouverture 1er et 3e dimanches du mois 14h-18h. Pour les groupes, sur réservation. Fermeture au mois d'août. Gratuit.

En 1989, le dernier fil de viscose sortait des métiers de l'usine de Grenoble, dernière filature de soie artificielle dans une région qui fut le berceau de cette invention à la fin du XIXe siècle. Sur le site industriel fermé en 1989, le musée retrace l'histoire de 60 ans de viscose. Le visiteur découvre successivement, l'histoire de l'invention de la soie artificielle, le procédé de fabrication, le travail dans l'usine, la vie des ouvriers dans la cité et l'histoire de l'usine de Grenoble qui, de 1927 à 1989, a accueilli des hommes et des femmes de plus de 40 nationalités différentes. Une collection unique de plus de 3 000 machines, objets, photos... Unique en France.

MUSÉE DÉPARTEMENTAL

MUSÉE CHAMPOLLION

45, rue Champollion - **VIF**
✆ 04 57 58 88 50
musees.isere.fr

Ouvert tous les jours, sauf lundi. Entrée gratuite. Réservation recommandée.

© DÉPARTEMENT DE L'ISÈRE / MUSÉE CHAMPOLLION / JEAN-SÉBASTIEN FAURE

© DÉPARTEMENT DE L'ISÈRE / MUSÉE CHAMPOLLION

Installé dans le Domaine Les Champollion à Vif, le musée présente une exposition permanente sur la vie et l'œuvre des frères Champollion. À partir de l'univers familial et de l'histoire individuelle, le parcours montre le travail de recherche qui mène au déchiffrement. De l'Isère jusqu'aux rives du Nil, le visiteur assiste à la redécouverte de l'Égypte et à la naissance d'une nouvelle science, l'égyptologie. Un espace d'exposition temporaire permet de prolonger la visite. Enfin, un parc champêtre et un jardin vivrier offrent un cadre privilégié de détente et de découverte et contribuent à recréer l'ambiance des « ombrages » qu'affectionnaient les frères Champollion.

MUSÉE DÉPARTEMENTAL

MUSÉE ARCHÉOLOGIQUE SAINT-LAURENT

Place Saint-Laurent ✆ 04 76 44 78 68
www.musee-archeologique-grenoble.fr
Ouvert tous les jours de 10h à 18h sauf le mardi. Gratuit. Boutique.

© LOUIS FAYOLLE

© LOUIS FAYOLLE

Unique en France. Sur les contreforts de la Bastille, montez dans un vaisseau de pierre pour voyager à travers 2 000 ans d'histoire ! Une histoire retracée sous vos yeux dans une église et sa crypte révélant un incroyable site de fouilles archéologiques. Des origines du christianisme, avec la nécropole du IVe siècle, à l'église du XIXe siècle, Saint-Laurent expose ses secrets au moyen de technologies numériques. Site fascinant avec ses 1 503 sépultures et ses squelettes qui nous interrogent sur la condition humaine. Un bond dans le temps et une réflexion sur le présent.

MUSÉE DÉPARTEMENTAL

MUSÉE DE SAINT-ANTOINE-L'ABBAYE

Le Noviciat - **SAINT ANTOINE L'ABBAYE** ✆ 04 76 36 40 68
www.musee-saint-antoine.fr
Ouvert tous les jours, sauf le mardi. Horaires selon les saisons, se renseigner. Gratuit.

Saint-Antoine-l'Abbaye fait partie de nos coups de cœur. L'église gothique, unique en son genre, renferme le trésor des chanoines composé d'objets précieux finement travaillés. Dans l'ancien noviciat des XVIIe et XVIIIe siècles, le musée abrite sur 2 étages une exposition intitulée *Chroniques d'une abbaye*, permettant aux visiteurs de remonter le temps. Les outils multimédias rendent l'histoire plus attractive. L'exposition *Parfums d'Histoire* propose une découverte originale du rôle des parfums à travers l'histoire. Village et site abbatial à visiter absolument !

MUSÉE

MUSÉE DES TROUPES DE MONTAGNE

Site sommital du Fort de la Bastille ✆ 04 38 37 44 05 - Accès par le téléphérique et par les sentiers pédestres de la Bastille. Possibilité de venir en voiture, parking aménagé.
www.museedestroupesdemontagne.fr
Fermé en janvier. Ouvert tous les jours, sauf lundi, de 9h à 19h. Adulte : 3 €. TR : 1,50 €. Gratuit -18 ans.

Ce musée installé il y a plus de 30 ans dans les fortifications au sommet de la Bastille nous rappelle que Grenoble fut une ville de garnison et que l'histoire du site de la Bastille est liée à celui des troupes militaires de montagne. Une épopée humaine retracée à travers des collections uniques, une scénographie spectaculaire et un parcours audioguidé. De nombreuses scènes réalistes montrant l'évolution des troupes de montagne dans des conditions climatiques et topographiques extrêmes. Exposition temporaire « Le mulet : conquérant des montagnes ». Visite passionnante.

MUSÉE

MUSÉE GÉO CHARLES

1, rue Géo-Charles - **ECHIROLLES** ✆ 04 76 22 58 63
www.le-trace.fr
Du mercredi au vendredi de 14h à 17h30, samedi et dimanche de 14h à 18h. Gratuit. Sur réservation pour les groupes.

Désormais inscrit dans le TRACé (Territoire Ressource, Arts et Culture Echirolles), le musée Géo Charles est un lieu né de la rencontre du sport, de l'art et de la littérature. Un lieu fidèle à la mémoire de Géo Charles, sans doute l'un des champions olympiques français dans une discipline les plus étonnantes, puisqu'il fut couronné en1924 en littérature ! Un lieu unique mettant en lien le sport et l'art contemporain. A la croisée des disciplines, le musée retrace l'histoire de la modernité à Paris dans les années 1920 et 1930, mais c'est aussi un lieu de promotion et de diffusion de l'art contemporain. Exposition *Tout se rêve sur terre* (Bernard Bizon) à ne pas manquer.

© LOUIS FAYOLLE

© LOUIS FAYOLLE

MUSÉE DÉPARTEMENTAL

MUSÉE DE L'ANCIEN ÉVÊCHÉ

2, rue Très-Cloîtres ✆ 04 76 03 15 25
www.ancien-eveche-isere.fr

Ouvert tous les jours. Lundi, mardi, jeudi, vendredi 9h-18h. Mercredi 13h-18h. Samedi, dimanche 11h-18h. Gratuit.

Un musée qui met en lumière l'histoire de Grenoble et de sa région. Installé sur un site archéologique où furent découverts une crypte et un baptistère remarquables sous la place Notre-Dame, le musée offre aux visiteurs une plongée au IVe siècle dans les premiers temps de la chrétienté. Exposition permanente sur l'Isère en histoire. Pendant les vacances, le musée organise des ateliers ouverts à tous les enfants souhaitant s'initier aux gestes et techniques du passé : enluminure, vitrail, poterie et bien d'autres thématiques. Autres points forts de ce musée, les expositions temporaires avec *Vivre le Cubisme à Moly-Sabata* jusqu'en octobre 2022. Culture et histoire accessibles à tous.

© LOUIS FAYOLLE

© LOUIS FAYOLLE

© LOUIS FAYOLLE

MUSÉE DÉPARTEMENTAL

MUSÉE HÉBERT

Chemin Hébert - **LA TRONCHE** ✆ 04 76 42 97 35
www.musee-hebert.fr

Ouvert tous les jours, sauf mardi, de 10h à 18h. Jusqu'à 19h les dimanches du 1er juin au 30 septembre. Gratuit.

En pénétrant dans le grand domaine où est abrité le musée Hébert, le visiteur a la curieuse impression que le temps s'est arrêté. Un lieu hors du temps avec un jardin imprégné des souvenirs italiens du peintre et une maison de famille qui a su conserver l'esprit de son époque, le XIXe siècle. Le musée retrace la carrière de l'artiste à travers ses œuvres et celles de ses amis. Des œuvres académiques qui permettent de mieux comprendre les mouvements esthétiques du XIXe siècle. Exposition temporaire Contemplations, Ji-Young Demol Park. Les jardins anciens du musée sont aussi remarquables et abritent des concerts gratuits en été. Visite recommandée pour toute la famille.

MUSÉE DÉPARTEMENTAL

MUSÉE HECTOR-BERLIOZ

69, rue de la République - **LA CÔTE-SAINT-ANDRÉ**
✆ 04 74 20 24 88 - Le musée est accessible depuis Lyon et Grenoble. Compter 50 min au départ des deux villes par l'A48 (sortie Rives) - www.musee-hector-berlioz.fr

Ouvert tous les jours, sauf mardi. Horaires selon saison. Gratuit. Festival Berlioz (août), tous les jours 10h-20h.

Quel bonheur de (re) venir dans ce musée-maison installé dans la maison natale du génial compositeur Hector Berlioz ! Ça ne coûte rien d'être curieux, puisque l'accès est gratuit et la visite ouverte à tous. Sur 3 niveaux, chaque pièce de cette maison bourgeoise dévoile une facette de vie de Berlioz dont la voix guide le visiteur. Parcours passionnant pour découvrir tous les talents d'un musicien, compositeur, chef d'orchestre, mais aussi écrivain. Auditorium pour entendre du Berlioz, expositions et animations enrichissant l'offre culturelle toute l'année. Pendant le festival, au mois d'août, de nombreux concerts sont programmés au jardin « sous le balcon d'Hector ».

MUSÉE

MUSÉUM D'HISTOIRE NATURELLE DE GRENOBLE

1, rue Dolomieu ✆ 04 76 44 05 35
www.museum-grenoble.fr

Du mardi au vendredi 9h15-12h15 et 13h15-18h, week-end 14h-18h. Adulte 5 €. Gratuit 1er dimanche du mois et -26 ans.

Une des merveilles de Grenoble. Le Muséum d'histoire naturelle de Grenoble met en lumière et en action, à travers une scénographie contemporaine, des collections exceptionnelles. Les expositions présentent des spécimens uniques mis en scène avec l'appui de jeux de lumières, de séquences sonores, de bornes interactives… Face à la disparition de la biodiversité, les collections de plantes et animaux présentent un intérêt croissant afin de prendre conscience de l'extinction qui menace. Expositions temporaires et événements culturels dans un musée plus que jamais d'actualité.

OUVRAGE D'ART

TÉLÉPHÉRIQUE GRENOBLE-BASTILLE

Quai Stéphane-Jay ✆ 04 76 44 33 65
www.bastille-grenoble.com

Ouvert tous les jours de mai à septembre. A/R : 9 €, enfant 4,80 €.

Transportant plus de 320 000 voyageurs chaque année, les « bulles » du téléphérique montent vers la Bastille depuis 1934, parcourant 260 m de dénivelé en 6 minutes. Emblèmes de la ville, elles permettent d'accéder à des panoramas fantastiques, à de nombreuses activités et animations, notamment en été (projections films, cours de yoga et Pilates…). Musée, centre d'art, Acrobastille, via ferrata, restaurants… Accès pour les PMR. Des instants magiques à partager avec ceux que l'on aime. Gentillesse du personnel d'accueil, efficacité des services. Incontournable.

BATIMENT HISTORIQUE - MILITAIRE

FORT DE LA BASTILLE

✆ 04 76 54 90 85
www.bastille-grenoble.fr

Téléphérique : horaires complets sur Internet. A/R 9 €/adulte, 4,80 €/enfant, AS 6 €. Musée des troupes 3 € et 1,50 €.

Le plus beau point de vue sur Grenoble et les montagnes environnantes, mais aussi un lieu mêlant nature, patrimoine et culture à découvrir grâce au téléphérique – un des premiers téléphériques urbains au monde construit en 1934 – et ses fameuses bulles survolant l'Isère. Fort militaire édifié au XIXe siècle sur une colline qui lui a donné son nom, La Bastille déroule ses remparts, ses casemates et ses escaliers sur près de 300 m de dénivelé surplombant l'agglomération grenobloise. Sentiers, parcours sportifs, activités outdoor, musée, centre d'art, restaurants… Des visites guidées du site permettent de mieux cerner ce lieu emblématique. Un site à prendre d'assaut.

CHÂTEAU

CHÂTEAU DE SASSENAGE

Allée du Château - **SASSENAGE** ✆ 04 38 02 12 04
www.chateau-de-sassenage.com

Parc ouvert en accès libre et gratuit. Visites guidées du château. Différents horaires selon les périodes.

À quelques minutes de Grenoble, le château de Sassenage offre à la fois un merveilleux voyage dans l'histoire de France et des moments de détente dans un décor enchanteur. Un cadre féerique au sens littéral du terme, puisque la fée Mélusine représentée sur la façade du château veille depuis des siècles sur la famille Bérenger-Sassenage. Toute la famille est donc plongée au cœur de la légende dans une maison qui réserve bien des surprises. Des visites guidées toute l'année, mais encore des visites théâtralisées avec la marquise et des visites enchantées pour les enfants. Autre merveille, le parc paysager du château de Sassenage est le cadre parfait pour des balades romantiques.

EDIFICE RELIGIEUX

CATHÉDRALE NOTRE-DAME

2, place Notre-Dame

La cathédrale se situe sur la place du même nom où se trouve aussi la fontaine des Trois Ordres. La cathédrale quant à elle date du XIIIe siècle, même si le nom de Notre-Dame est déjà mentionné en 902. En 1885, elle reçut un plaquage en ciment fort laid. Heureusement, elle a récupéré son ancienne allure. Les travaux débutèrent en 1986, lors de la découverte du baptistère pendant les travaux d'aménagement du tramway. Dans le chœur, on admirera un remarquable ciborium de style gothique flamboyant en pierre de Voreppe peinte en rouge qui date de 1455. Un certain abbé Henri Grouès, plus connu sous le nom d'Abbé Pierre, fut nommé vicaire à la cathédrale de Grenoble en 1942.

MONUMENTS & ÉDIFICES

ANCIEN HÔTEL DE LESDIGUIÈRES

1, rue Hector-Berlioz ✆ 04 76 00 76 85
www.grenoble.fr
Ouvert du lundi au jeudi de 14h à 17h30 ; le vendredi de 13h à 17h. Fermé en août et pendant les vacances de Noël.

Cet imposant bâtiment fut la résidence des anciens ducs de Lesdiguières. Bâti sur l'emplacement d'une partie de l'enceinte gallo-romaine entre 1600 et 1650, il s'appuie contre l'une de ses tours, appelée tour de la Trésorerie. L'hôtel est vendu à la municipalité en 1719. Il abritera l'hôtel de ville jusqu'en 1967. Rebaptisé Maison de l'International, l'ancien Hôtel des Lesdiguières fait l'objet d'une complète réhabilitation pour informer les Grenoblois dans le domaine de l'international : mobilité, solidarité, associations.... C'est aussi un lieu d'expositions.

EDIFICE RELIGIEUX

COLLÉGIALE SAINT-ANDRÉ

Place Saint-André
✆ 04 76 44 03 55
www.collegiale-saint-andre.fr
Accès libre.

C'est l'une des plus anciennes églises de Grenoble, située en face de l'ancien Palais du parlement du Dauphiné. Cette église fondée en 1228 par le dauphin Guigues-André est une ancienne collégiale, chapelle particulière de la Maison des Dauphins. Plusieurs d'entre eux y ont été inhumés, mais le tombeau des Dauphins fut détruit en 1562. Elle renferme également les restes de Bayard, le chevalier sans peur et sans reproche. Une statue de bronze de ce grand chevalier occupe le centre de la place Saint-André. L'église, bâtie en brique, est composée d'une large nef simple. Son clocher en brique et en tuf argenté s'élève à 56 mètres de hauteur et abrite la première horloge publique de la ville.

MONUMENTS & ÉDIFICES

LA CASAMAURES

58, alllée de la Casamaures - **SAINT-MARTIN-LE-VINOUX**
✆ 04 76 47 13 50 - https://casamaures.org
Visites guidées tous les 1ers samedis du mois de 14h à 17h. Groupes sur rdv. Tarif adulte 9 €, enfant 5 €.

En arrivant à Grenoble par la Porte de France, qui n'a pas aperçu cette étrange maison qu'est la Casamaures ? Premier bâtiment réalisé en béton moulé, « l'or gris », qui plus est dans un style oriental très en vogue au milieu du XIXe siècle, cet étrange palais de style mauresque est mis à l'honneur par une association de sauvegarde comme le véritable chef-d'œuvre qu'il est. Visites guidées en compagnie de passionnés qui vous expliqueront les prouesses des artisans de l'époque et l'incroyable modernité de l'édifice. Rêves d'exotisme dans des jardins magnifiques à l'ombre d'arbres remarquables. Expositions dans l'orangerie et ateliers créatifs. Une idée de visite originale.

PALAIS

ANCIEN PALAIS DU PARLEMENT DU DAUPHINÉ

2, place Saint-André ✆ 04 76 42 41 41
www.grenoble-tourisme.com
Ouvert toute l'année, uniquement pour les groupes sur réservation. Visite guidée avec l'OT.

Ce fleuron du patrimoine de Grenoble – actuellement en cours de rénovation et de réaménagement – fut pendant plus de 5 siècles le siège de la justice. Édifié en 1453, l'Ancien Palais du Parlement offre derrière son imposante façade ornée de blasons et d'animaux des parties anciennes de style gothique, comprenant la porte d'entrée avec le couloir voûté et la chapelle. L'entrée est décorée de sujets satiriques : des chiens se disputant un os représentent les plaideurs tandis que des escargots symbolisent la lenteur des procédures. Boiseries réalisées par Paul Jude.

SITE DE DÉCOUVERTE

LA CASEMATE

2, place Saint-Laurent ✆ 04 76 44 88 80
www.lacasemate.fr
Ouvert du lundi au vendredi de 9h à 12h et de 13h30 à 17h30, samedi de 14h à 18h.

Le CCSTI – Centre de Culture Scientifique, premier du genre créé en France en 1979 – est un lieu qui permet au commun des mortels, petits et grands, de tout savoir et de tout comprendre sur les nouvelles technologies, la science, la robotisation ou encore Internet. Une véritable fabrique de curiosités qui donne, à tous les publics, même les plus éloignés de ces domaines, le goût des sciences et des techniques. Des expositions permanentes et ponctuelles y sont organisées. On y met aussi régulièrement en place des ateliers de découvertes scientifiques qui sont ouverts à tous les publics, dirigés pas à pas par un animateur professionnel (sur réservation). Agenda à suivre sur le site Internet.

VISITE GUIDÉE
LES BALADES EN CANOË

✆ 04 76 42 41 41
www.grenoble-tourisme.com

Oui, vous avez bien lu, on peut faire des balades en canoë à Grenoble ! Alors, bien sûr, on peut pas faire ça toute l'année (l'Isère est un peu froide en hiver...), mais en juillet et août, c'est parti pour des balades sur l'eau qui vont nous offrir un nouveau point de vue sur la ville. Vous pouvez commencer par le parcours initiation, encadré par un moniteur, de l'Ile Verte jusqu'au Pont d'Oxford. Ensuite, lancez-vous sur le parcours découverte en autonomie ou pour une descente nocturne absolument magique. Une Balade culturelle est proposée tous les samedis de l'été avec l'office de tourisme pour allier sport et culture. Des visites rafraîchissantes à partir de 10 ans.

VISITE GUIDÉE
LES INCONTOURNABLES DE GRENOBLE

✆ 04 76 42 41 41
www.grenoble-tourisme.com

Comme toutes les grandes villes, Grenoble a ses incontournables qu'il faut avoir vus et visités pour dire : je connais Grenoble. Et pourtant, encore beaucoup de Grenoblois ne connaissent toujours pas vraiment leur ville... Trois visites guidées indispensables pour découvrir toutes les facettes d'une ville méconnue : Grenoble 2 000 ans d'histoire, dans le centre-ville ; Le Fort de la Bastille, des sites insolites sur les hauteurs ; Les Secrets de Grenoble pour pousser les portes les plus discrètes de la ville et se laisser surprendre par de fabuleux décors.

VISITE GUIDÉE
LES BALADES THÉÂTRALES

✆ 04 76 42 41 41
www.grenoble-tourisme.com

Une visite guidée ? Pas pour vous. Et encore moins pour vos enfants qui trouvent le temps long. Changez d'idée sur les visites guidées en réservant une Balade Théâtrale proposée chaque été par l'Office de Tourisme de Grenoble Alpes Métropole. Toute la saison estivale, une création inédite à mi-chemin entre théâtre et découverte pour voir la ville autrement. Des comédiens, personnages excentriques qui ne passent pas inaperçus dans la rue, vous guident à travers les lieux historiques, dont certains fermés habituellement au grand public. L'an passé, dans le cadre de Grenoble Capitale Verte Européenne, les comédiens nous ont proposé de planter les Racines du Futur.

VISITE GUIDÉE
STREET ART ET ÉCOLOGIE À VÉLO

✆ 04 76 42 41 41
www.grenoble-tourisme.com

Ville où s'organise chaque année le Street Art Festival, Grenoble voit ses murs se recouvrir de fresques gigantesques, mais aussi des graffs plus discrets. Pour mieux découvrir ce patrimoine artistique du XXIe siècle, l'Office de Tourisme Grenoble Alpes Métropole, en partenariat avec Spacejunk Art Centers, propose une visite guidée Découverte du Street Art nous donnant des clés de compréhension des œuvres sélectionnées, et un parcours Street Art et écologie à faire à vélo à travers Grenoble et la métropole sur les traces d'artistes engagés pour l'environnement.

VISITE GUIDÉE
ÉCOQUARTIER DE BONNE

✆ 04 76 42 41 41
www.grenoble-tourisme.com

Comme dans beaucoup de domaines, Grenoble fut pionnière dans la création d'écoquartiers. Des quartiers actuels conçus afin de minimiser leur empreinte sur l'environnement et assurer un développement durable en assurant une meilleur gestion des déplacements avec limitation de la voiture, la réduction des consommations énergétiques et des consommations d'eau, la limitation de la production de déchets et la favorisation du développement de la biodiversité. Des critères auxquels répond l'écoquartier de Bonne, premier écoquartier de France, primé en 2009. Une visite guidée au cœur d'une ville qui agit concrètement, avec ses habitants, pour la transition écologique.

VISITE GUIDÉE
LES VISITES EN FAMILLE

✆ 04 76 42 41 41
www.grenoble-tourisme.com

Tous les parents en sont bien conscients, un enfant n'aime pas toujours visiter un site. Alors si vous lui parlez de visite guidée, il se dit qu'il va s'ennuyer pendant que vous écouterez. Heureusement, les guides conférenciers ont plus d'un tour dans leur sac (à dos) pour passionner les plus jeunes tout en intéressant aussi les parents ! Trois visites guidées adaptées aux familles : Énigmes et secrets, Alerte Verte ! – une visite écoresponsable dans le quartier de Bonne – ; Énigmes et secrets, Street Art – à la recherche d'une œuvre disparue – ; Contes et légendes des créatures fantastiques du Dauphiné, à la découverte d'animaux magiques égarés dans les rues de Grenoble.

PARCOURS PATRIMOINE

Et si l'on (re)découvrait Grenoble ? Bien sûr, nous monterons à la Bastille en empruntant les bulles. Mais Grenoble mérite aussi qu'on sillonne ses rues à la découverte d'un patrimoine d'une richesse insoupçonnée. Cet itinéraire, qui suit les traces du Parcours Patrimoine proposé par l'Office de Tourisme Grenoble Alpes Métropole, ne s'arrête pas aux plus de 60 points d'intérêt qui le composent, mais invite à prendre son temps lors d'une dizaine d'étapes, notamment des musées départementaux (visites gratuites).

Ce parcours est long de 8,3 km pour une durée d'environ 2h de marche. De nombreux parcs pour faire une halte, bars et restaurants sur le parcours.

Le parcours urbain commence à **l'Office de Tourisme** en prenant la rue Jean-Jacques Rousseau où séjourna le philosophe des Lumières et où naquit Stendhal. Avant la place Victor Hugo, la **place Grenette** (1) est l'un des cœurs battants de la ville avec sa belle fontaine en pierre. Rue des Bergers, Grenoble montre un autre visage, plus contemporain, celui des œuvres de **street art** (2) qui redessinent la ville. Nous voilà arrivés dans le premier éco-quartier de France, le **quartier de Bonne** (3). À la suite, Grenoble ville verte par excellence, nous fait parcourir le magnifique parc Mistral. Passage devant la Vasque Olympique, souvenir des JO de 1968 qui marquèrent l'histoire de Grenoble, et au pied de la **Tour Perret** (4), première tour de béton armé construite au monde. Fraîcheur et douceur au Jardin des Plantes avant d'arriver au **Museum de Grenoble** (5), lieu incontournable pour découvrir les secrets de la nature. Place de Verdun, Couvent Sainte-Cécile restauré par les éditions Glénat, visite du **Musée de l'Ancien Evêché** (6) pour mieux connaître l'histoire des Isérois et du **Musée de Grenoble** (7), un des plus prestigieux musées d'art moderne d'Europe. De l'autre côté de l'Isère, deux autres musées : le **Musée Archéologique Saint-Laurent** (8), unique en France avec sa nécropole et sa crypte, et le **Musée Dauphinois** (9). Montée à **la Bastille** (10) pour admirer la vue, mais aussi pour visiter les différents sites. Après avoir traversé le Jardin de Ville, dernière halte sur la place Saint-André devant **l'Ancien Palais du Parlement** (11).

SITE NATUREL
LES CUVES DE SASSENAGE
Place Louis Reverdy - **SASSENAGE** ✆ 04 76 27 55 37
www.sassenage.fr
Ouvert de juin à octobre. Visites tous les après-midi en juillet et août. Tarifs : 8 €/adultes, 5 €/enfants 6 à 14 ans.

Si le drame qui s'est déroulé ce printemps lors d'une visite scolaire nous rappelle que la spéléologie est une pratique à risque en fonction de la météo, la visite des Cuves de Sassenage par le grand public ne présente aucun danger, offrant l'occasion de percer les secrets du monde souterrain. Parcours ludique et pédagogique qui permet de comprendre, par exemple, comment la mer autrefois présente à Sassenage est devenue montagne au fil des millénaires. Le spectacle des grottes reste saisissant. Avec l'Accrogrotte®, faites une balade spéléologique sur un parcours aménagé. Deux événements à ne pas manquer aux Cuves de Sassenage : Halloween et Noël pendant la période des vacances scolaires.

SITE NATUREL
LAC DE BELLEDONNE
Lac de Belledonne
ALLEMOND

Tout naturellement, vos pas vous emmènent en direction des massifs qui entourent Grenoble de leurs sommets longtemps enneigés. Cette année, direction Belledonne avec une belle balade – accessible en famille et sans trop de difficultés – vers un des plus célèbres sites naturels pour se rafraîchir dès que Grenoble surchauffe : le lac de Belledonne. Si vous n'avez pas encore fait cette sortie, il est temps de chausser de bonnes chaussures et de prévoir une journée pour faire l'aller-retour entre le parking de Coteyssart et ce lac situé à 2 140 m d'altitude. Magnifiques points de vue sur le Grand Pic de Belledonne, mais aussi sur les Grandes Rousses tout au long du parcours.

SITE NATUREL
LAC DE MONTEYNARD
Lac de Monteynard
TREFFORT
www.lac-monteynard.com

Une balade absolument fantastique qui émerveillera toute la famille. Surtout que sur et autour du lac de Monteynard, les activités ne manquent pas et pourront satisfaire toutes les envies. Entre ciel et eau, ce lac est une vaste retenue d'eau née de la construction d'un barrage en 1962. Si la baignade est interdite sur la totalité du lac, c'est le paradis des véliplanchistes et des kytesurfeurs. Tout autour d'un lac impressionnant, d'autres sensations avec deux passerelles himalayennes, accessibles toute l'année, permettent de franchir le Drac et l'Ebron au cours d'une balade, sportive ou plus tranquille, qui vous fera suivre un itinéraire forestier à sensations de 12,5 km de long.

SITE NATUREL
LAC DE PALADRU
VILLAGES DU LAC DE PALADRU
www.lacpaladru.com

Balade au lac de Paladru ou lac bleu pour ses eaux cristallines. Modelé à l'époque glaciaire par le puissant glacier du Rhône, il mesure 6 km de long pour une largeur de 1,2 km. C'est le cinquième plus grand lac naturel de France et il se situe à une altitude de 500 m. Ses eaux affichent une température fraîche et idéale pour la baignade en plein été. Il doit une partie de sa renommée aux importantes découvertes archéologiques faites sur le site de Colletière. Espace exceptionnel et fragile, le lac de Paladru offre toute une palette d'activités de détente et de loisirs. Quand patrimoine naturel et historique se trouvent mêlés, que l'on peut se rafraîchir et s'amuser, il faut en profiter !

VISITE GUIDÉE
LE PETIT TRAIN DE LA MURE
35, boulevard Fréjus Michon
LA MURE
✆ 04 11 62 62 62
https://lepetittraindelamure.com

Tous à bord de ce petit train mythique – et électrique – qui nous emmène sur une ligne de 15 km au pied des Alpes ! Des paysages à couper le souffle, à découvrir sur l'un des plus spectaculaires parcours ferroviaires d'Europe dont l'histoire a commencé en 1888. Après avoir traversé viaducs et tunnels, arrivée au terminus de Monteynard avant de rejoindre à pied le Belvédère du Grand Balcon et le restaurant panoramique avec vue panoramique sur les eaux turquoise du lac. Au retour, arrêt au Musée de la Mine-Image avec site minier souterrain. Voyage inoubliable.

EDIFICE RELIGIEUX
SANCTUAIRE DE NOTRE-DAME-DE-LA-SALETTE
Standard du Sanctuaire - **CORPS** ✆ 04 76 30 00 11
http://lasalette.cef.fr
Ouvert toute l'année. Possibilité de résider sur place dans un confort sommaire.

Parmi les lieux de pèlerinage en France et dans le monde, Notre-Dame-de-la-Salette tient une place à part, ne serait-ce que pour son emplacement, sa situation juste au-dessus des nuages, un peu plus près du ciel, dans un environnement de montagne préservé. Le site est majestueux, en lisière du Parc national des Ecrins. L'arrivée au sanctuaire à 1 800 m a quelque chose d'irréel, tout comme dut l'être la vision de la Vierge Marie à deux enfants, Mélanie et Maximim, alors qu'ils gardaient leur troupeau le 19 septembre 1846. Balade dans un lieu où le sacré côtoie le sublime.

HÔTEL

1924 HÔTEL***

2, rue Gabriel-Péri ✆ 04 76 46 18 92
www.1924hotel.com

37 chambres. Small Room à partir de 69 €. Chambre double à partir de 81 €. Petit déjeuner inclus. Wifi gratuit.

Un hôtel profondément humain où l'on se sent tellement bien. Idéalement situé entre la gare toute proche et le centre historique, le 1924 offre le charme et la douceur d'une maison de famille où l'on séjourne en toute sérénité. Thomas et son équipe vous reçoivent avec bienveillance dans ce lieu de vie où l'on prend plaisir à savourer un goûter dès son arrivée et un verre en soirée dans un salon personnalisé. Chambres confortables, claires et épurées, comme des cocons au cœur de la ville. Pour bien commencer la journée, produits artisanaux locaux de qualité au petit déjeuner. Possibilité de coworker. De belles nuits pour vivre Grenoble sous son meilleur jour.

HÔTEL

CHÂTEAU ET SPA DE LA COMMANDERIE***

17, avenue d'Echirolles ✆ 04 76 25 34 58
www.commanderie.fr

Les Collectionneurs. 42 chambres. Chambre double à partir de 132 €. Restauration. Hammam, bain bouillonnant, sauna.

Mieux qu'un camp de base pour visiter Grenoble et sa région, le Château de la Commanderie est un véritable refuge de charme pour goûter au bonheur de vivre au cœur des Alpes. Une demeure de caractère, ancienne résidence hospitalière des Chevaliers de Malte, tenue par la même famille depuis 1870, qui a su marier tradition et modernité. Ilot de verdure avec son parc, détente au bord de la piscine, relaxation et bien-être au spa, beauté et confort des chambres : enchantement assuré ! Restaurant dans le même esprit. Séminaires et événements privés.

HÔTEL

LE GRAND HÔTEL****

5, rue de la République ✆ 04 76 51 22 59
www.grand-hotel-grenoble.fr

68 chambres. Chambre double à partir de 120 €. Animaux acceptés. Wifi gratuit.

Standing 4-étoiles pour ce Grand Hôtel qui profite d'un emplacement « hyper central », à quelques mètres de la fameuse place Grenette, de l'office de tourisme et du parking Lafayette, au cœur des rues animées de Grenoble. Si vous voulez profiter des restaurants, faire du shopping, visiter la ville tout en bénéficiant du confort d'un hôtel luxueux, aux prestations haut de gamme, le Grand Hôtel vous ouvre ses portes. Literie de grande qualité, climatisation et chauffage individualisés, télévision HD et VOD en illimité gratuit, Internet haut débit, triple vitrage pour une insonorisation parfaite, sans oublier le service voiturier et bagagiste. Salles équipées pour séminaires et réunions.

HÔTEL

HÔTEL D'ANGLETERRE***

5, place Victor-Hugo
✆ 04 38 88 40 40
www.hotel-angleterre-grenoble.com

60 chambres : simple dès 65 €. Parking, se renseigner. Garage vélos (VAE en location), cour intérieure pour motos.

© HÔTEL ANGLETERRE

© HÔTEL ANGLETERRE

Le cœur de Grenoble se trouve à l'Hôtel d'Angleterre. Au sens géographique, puisque l'hôtel profite d'un emplacement idéal sur la place centrale d'une ville qui ouvre l'horizon sur les montagnes. Ensuite c'est avec le cœur et beaucoup de bienveillance que vous serez accueilli – avec vos animaux de compagnie – dans cette maison de tradition. Beauté du décor, tranquillité assurée et confort des chambres – les supérieures ont une baignoire hydromassante – pour récupérer d'une journée de visite ou de shopping. Chambres familiales. Produits régionaux au petit-déjeuner. Boutique de souvenirs. Partenariat avec parking proche. Local à vélos avec matériel d'entretien et location de VAE. Coup de cœur.

HÔTEL

HÔTEL EUROPOLE***

29, rue Pierre-Semard
✆ 04 76 49 51 52
www.hoteleuropole.com

71 chambres. Chambre double à partir de 95 €. Petit déjeuner inclus. Animaux acceptés. Wifi gratuit.

L'atout numéro 1 de cet hôtel, c'est son emplacement central dans le quartier d'affaires Europole, face à la gare SNCF et un arrêt de tramway, sans oublier le parking pour ceux qui viendront en voiture sur la route des vacances à la montagne. Car si l'hôtel Europole s'adresse d'abord aux séjours d'affaires – nombreuses salles de séminaires et possibilité de télétravailler en chambre climatisée –, l'adresse peut aussi être une halte agréable pour découvrir la ville et sa région. De beaux espaces pour se détendre, Le Jardin et Honesty Bar, et un service de massage/réflexologie pour se relaxer après une journée bien remplie. Restaurant Quai 29 avec cuisine maison.

HÔTEL

OKKO HOTELS****

23, rue Hoche ✆ 04 85 19 00 10
www.okkohotels.com

138 chambres. Chambre double à partir de 68 € (aperitivo et snacking compris). Wifi gratuit.

Quand la générosité et la convivialité en rajoutent au luxe contemporain. L'hôtel 4-étoiles sans aucun nuage. L'hôtel haut de gamme qui a tout compris de nos attentes en matière d'accueil, de design, de prix, de confort, de prestations : Okko ! Dans cet écoquartier au cœur de la ville, Okko est parfaitement intégré à l'environnement. Proposant tout à la fois un espace de vie, un lieu de rencontre, de détente et de travail aux lignes actuelles, Okko ouvre des chambres modernes et reposantes. Formule tout compris, du petit déjeuner à l'apéritif tous les soirs, en passant par la VOD, le sourire du personnel et les nombreux services. Okko, c'est un état d'esprit que l'on aime.

HÔTEL

HÔTEL MERCURE GRENOBLE CENTRE ALPOTEL****

12, boulevard Maréchal-Joffre ✆ 04 76 87 88 41
www.mercure.com

88 chambres. Chambre double à partir de 95 €. Garage. Animaux acceptés. Séminaires. Wifi gratuit. Restauration.

Sur une grande artère au sud de l'hypercentre grenoblois, ce Mercure compense largement sa situation légèrement excentrée, à 10 min à pied des quartiers historiques, par une excellente accessibilité doublée d'un parking (payant sur demande). Autre atout et de taille, la douceur et le confort d'une adresse tournée vers le bien-être. Les chambres décorées avec goût disposent de tout le confort (climatisation et insonorisation). Nouveau restaurant A l'Epicerie ouvert en semaine pour savourer les produits provençaux Aix & Terra. Organisation de séminaires et réunions.

HÔTEL

PARK HÔTEL****

10, place Paul-Mistral
✆ 04 76 85 81 23
https://all.accor.com

40 chambres. Chambre double à partir de 129 €. Restauration.

Tous les sens sont en éveil dans cet hôtel intégré à la MGallery du groupe Accor. Une centaine de maisons exceptionnelles à travers le monde et une à Grenoble ! Le Park Hôtel profite d'abord d'un cadre remarquable, puisqu'il se trouve adossé au parc Mistral, offrant un espace de verdure et de promenade pour voir Grenoble autrement. Ensuite, parce que le bâtiment est magnifique, intégralement rénové dans un style design entre antiquité et modernité. Chambres comme de douillets cocons, literie de qualité, service personnalisé, hammam et fitness. Cocktails au lounge bar Le Zèbre. Possibilité d'organiser dans les meilleures conditions des séminaires et réunions.

NEW

HÔTEL

MAISON BARBILLON***

10, rue Barbillon ✆ 04 58 00 52 43
www.maisonbarbillon.com

Ouvert toute l'année. Accueil 24h/24. Chambre double à partir de 80 €. Animaux acceptés. Wifi gratuit.

A deux pas de la gare, dans une petite rue paisible, une adresse confidentielle qui a connu une véritable renaissance. Tout le charme d'autrefois d'une élégante maison de famille où l'on se sent vite chez soi. Décor comme nulle part ailleurs par une architecte d'intérieur qui a marié objets chinés et design actuel pour créer une atmosphère cosy hyper chaleureuse. Douceur, intimité, le temps et l'agitation semblent s'arrêter à la porte de la Maison Barbillon. Chambres apaisantes parfaitement équipées, de la single à la quadruple pour les familles. Petit déjeuner, pause gourmande, plats cuisinés en bocaux. Service de conciergerie. Salle de séminaires pouvant accueillir jusqu'à 40 personnes.

NEW

HÔTEL

POMO****

16, avenue de Kimberley - **ECHIROLLES** ✆ 04 76 33 60 60
www.pomo.fr

67 chambres. Chambre double à partir de 107 €. Animaux acceptés. Wifi gratuit. Hammam, bain bouillonnant, sauna.

La preuve que l'on peut faire du neuf avec de l'ancien rénové, puisque PoMo s'est installé à Echirolles, à côté de l'hôpital sud, à la place du Dauphitel. Impossible de manquer sa façade anthracite d'où se détache une enseigne un peu énigmatique. Et vous n'avez pas fini d'être étonné avec sa piscine extérieure chauffée à la belle saison, sa salle de fitness et son spa. De quoi se détendre, même si vous êtes venu pour un séjour d'affaires (5 salles de séminaire et possibilité d'organiser vos événements sur mesure). Chambres modernes et confortables. Restaurant tout aussi surprenant avec la plus grande table à raclette du monde l'hiver et des soirées braséro en été ! Surprenez-vous chez PoMo !

HÔTEL
ROCKY POP****

9, rue de Strasbourg
✆ 04 58 00 82 28
www.rockypop.com/grenoble
109 chambres. Chambre double à partir de 99 €. Wifi gratuit.

Déjà que la rue de Strasbourg était l'épicentre des boutiques gourmandes de Grenoble, avec l'ouverture du RockyPop elle devient un lieu de séjour parmi les plus agréables de la Métropole. RockyPop, c'est un concept original qui s'adresse autant aux millenials nostalgiques, retour vers le futur des années 1980 et 1990, ambiance rock et pop, qu'aux visiteurs en quête d'originalité. Entrée et décor grandioses, dignes d'un film, chambres confortables adaptées à toutes les tribus (c'est quoi ce téléphone à cadran ?), penthouse tout équipé pour 6 et des activités à partager (gratuitement). Un petit creux ? RockyPop répond pizzas maison. Salles de séminaires. Bon séjour plein de fun !

RÉSIDENCE HÔTELIÈRE
LE HÜB***

25, avenue Doyen Louis Weil ✆ 09 70 72 08 86
www.lehub-privilodges.com
122 appartements. Studio à partir de 90 €. Dortoir à partir de 27 €. Wifi gratuit. Restauration.

Toutes les tribus se retrouvent au Hüb by Privilodges. A proximité de la gare, dans le quartier d'Europole, le Hüb offre plusieurs solutions d'hébergement courtes ou longues durées. Un « hostel » avec dortoir pour poser son sac à dos et des appartements récents tout confort pour se sentir bien comme à la maison. Du studio au T4, tous les logements sont climatisés et équipés pour vivre en toute autonomie. Mais le Hüb, c'est aussi un lieu de vie et de rencontres – essentiel de nos jours –, un lieu de « co-living » et de co-working où l'on crée du lien dans des espaces ouverts et chaleureux. Pétanque, Môlkky, terrasse, bar et restaurant le Spöt. Label Accueil vélo. Hébergement nouvelle génération.

RÉSIDENCE HÔTELIÈRE
RÉSIDHOME CASERNE DE BONNE****

21, rue Lazare-Carnot ✆ 04 76 86 88 88
www.myresidhome.com
100 chambres. Studio à partir de 88 €/nuit. Appartement à partir de 132 €/nuit. Animaux acceptés. Wifi gratuit. Sauna.

L'historique caserne de Bonne a été transformée en une élégante résidence hôtelière d'une centaine de studios 2 et 3 pièces climatisés. Les hôtes profitent d'un sauna et d'une salle de fitness. Résidence Prestige avec ses chambres d'une belle modernité, au parquet clair, lumineuse, disposant d'un équipement ménager dernier cri, d'une connexion Internet haut débit... Bref, tout ce qu'il faut pour rendre notre séjour autonome et confortable dans le cadre ravissant de cet écoquartier attenant à un centre commercial disposant de plusieurs points de restauration.

RÉSIDENCE HÔTELIÈRE
APPART'CITY GRENOBLE INNOVALLÉE***

75, rue Blaise-Pascal - **MONTBONNOT-SAINT-MARTIN**
✆ 04 76 15 13 50 - www.appartcity.com
90 appartements. Studio ou appartement à partir de 70 €. Petit déjeuner. Parking fermé inclus. Sauna. Wifi inclus.

Chez Appart'City, vous êtes libre de faire comme chez vous. Si l'emplacement, dans le secteur d'Innovallée à 15 min du centre de Grenoble, peut être idéal pour les séjours d'affaires, il peut aussi se montrer très agréable pour les séjours touristiques, courts ou longs. Entre Chartreuse et Belledonne, les stations de ski et les sentiers de randonnée sont à proximité immédiate. 90 appartements climatisés, label Famille, piscine extérieure en été et toute l'année espace détente avec sauna et salle de sport. Restaurant Le Quartier Gabriel. Salles de séminaires.

GÎTE
GÎTES DE FRANCE ISÈRE

40, avenue Marcelin-Berthelot
✆ 04 76 40 79 40
www.gites-de-france-isere.com

La garantie d'un séjour réussi en Isère commence par la réservation d'une des 700 locations et 100 chambres d'hôtes proposées par les Gîtes de France. Choisissez votre destination – montagne, campagne, ville... –, votre séjour à thème – au pied des pistes, villes historiques, au bord des lacs ou télétravail... – et réservez en toute tranquillité sur le site officiel avec des versions adaptées pour smartphones et tablettes. Dans la métropole grenobloise, les offres City Break permettent de séjourner en ville à des niveaux de confort élevés pour des prix tout doux. Chacun trouve son bonheur et peut choisir son gîte selon ses envies d'évasion. Coups de cœur et promotions pour découvrir l'Isère.

CAMPING
LES 3 PUCELLES

58, rue des Allobroges - **SEYSSINS** ✆ 04 76 96 45 73
www.camping3pucelles-grenoble.fr
Ouvert toute l'année. 64 emplacements. Emplacements à partir de 14 €/nuit. Mobil-homes à partir de 215 €/semaine.

De l'autre côté du Drac, au pied du Vercors auquel son nom rend hommage, les 3 Pucelles est un « petit » camping familial dans la périphérie immédiate de Grenoble : 15 minutes du centre-ville, à proximité du centre commercial Grand-Place et de la patinoire Polesud. Une cinquantaine d'emplacements pour tentes, caravanes et camping-cars, ainsi qu'une vingtaine de mobil-homes disponibles à la location toute l'année (idéal comme camp de base pour aller skier). En été, on apprécie la piscine avec ses 2 bassins – un pour adultes, l'autre pour les enfants – ou le terrain de jeux pour les enfants. Bar et snack. Rapport qualité-prix imbattable pour un séjour grenoblois.

JE ME RÉGALE

Se régaler à Grenoble, c'est de plus en plus facile grâce aux chefs qui redonnent du goût à une ville longtemps délaissée des cuisiniers. Des chefs qui, après avoir retrouvé une certaine liberté pour nous accueillir dans les meilleures conditions (pourvu que ça dure), retrouvent le plaisir partagé de faire une cuisine mêlant les inspirations entre terroir dauphinois et plats d'ailleurs, des traditionnelles pizzas à la street food asiatique, en passant par les recettes du Maghreb et du Moyen-Orient. Si Grenoble n'a qu'une étoile, brillant sur le Fantin Latour de l'Alpin Stéphane Froidevaux, elle offre une multitude de « petites » adresses grandes par le talent de celles et ceux qui les animent avec la même passion. Tendance vers une gastronomie accessible avec la Maison Badine à La Tronche ou Madam au centre-ville. Tendance vers la bistronomie de qualité avec Jeanette, le Tohu Bohu ou le Rousseau. Tendance vers une cuisine de qualité pour tous avec le Bouillon A du chef Christophe Aribert. Se régaler à Grenoble, c'est tous les jours en découvrant les bonnes adresses du Petit Futé.

NOUVEAU !

VOTRE GUIDE DEVIENT

INTERACTIF

TAPEZ **PETITFUTE.APP** DANS LE NAVIGATEUR DE VOTRE SMARTPHONE.

PRENEZ UNE PHOTO DE LA PAGE DÈS QU'ELLE A CE PICTO !

PATRICK
FONT
JUS DE DÉGUSTATION
www.patrick-font.com
PATRICK FONT
PUR JUS
POMME REDLOVE®
REDLOVE® APPLE
PURE JUICE
8.4 fl.oz - 250ml
JUS
APPLE RASPBERRY
JUICE
8.4 fl.oz - 250ml
PATRICK FONT
PUR JUS
APPLE GINGER
PURE JUICE

GASTRONOMIQUE

L'AMELYSS

3, boulevard Gambetta
✆ 04 76 42 35 84
Ouvert du lundi au vendredi midi, du mardi au vendredi soir. Formule midi 25 €. Menu carte 42 €.

Une adresse qui ne fait pas de bruit, et encore moins sur les réseaux où elle est à peine présente, mais qui poursuit son chemin gourmand depuis 9 ans. Située à cette entrée de Grenoble, la discrète Amélyss fait dans la cuisine passion. Héloïse Pelletier et Gabriel Utecht proposent une cuisine contemporaine réalisée avec les meilleurs produits de saison. Peu de couverts – il vaut mieux réserver – dans cette salle spacieuse pour savourer des associations de saveurs au rythme d'un marché ouvert sur le monde : cochon noir de Bigorre, effilochée de porc au piment vert, délicatesses, coulis de piquillos au thym. Excellente carte des vins et conseils avisés. A (re) découvrir.

GASTRONOMIQUE

CHEZ LE PÈR'GRAS

90, chemin de la Bastille - **LA TRONCHE** ✆ 04 76 42 09 47
http://pergras.com
Ouverture mi-mars. Ouvert du lundi au samedi le soir, du mardi au dimanche à midi. Formule midi 32 €. Menu 65 €.

Le Pèr'Gras, c'est toute une histoire gourmande qui a commencé il y a plus de 125 ans sur les hauteurs de la Bastille. De là-haut, vue imprenable sur la métropole et panorama dégagé sur les Alpes. Cadre absolument splendide pour un repas romantique en diable. Mais ce qui est bien Chez le Pèr'Gras, c'est que la cuisine est à la hauteur du paysage. Laurent Gras représente la cinquième génération de cuisiniers dans cette maison comme « suspendue ». Savoir-faire traditionnel marié aux techniques modernes, produits locaux de la ferme, recettes de famille (dont un fameux gratin dauphinois), fromages sélectionnés par Bernard Mure Ravaud... Entre tradition et modernité, un bonheur en apesanteur.

GASTRONOMIQUE

LA MAISON BADINE

2, rue du Pont Prouiller - **LA TRONCHE** ✆ 04 76 01 03 33
www.maison-badine.com
Ouvert du mardi au samedi le soir, du mardi au vendredi le midi. Formule midi 27 €. Menus soir de 45 à 68 €.

Toute la beauté d'une adresse sur une place de village, à quelques minutes du centre-ville de Grenoble, au pied de la Chartreuse. Magnifique terrasse, salle chaleureuse du meilleur goût avec vue sur les cuisines ouvertes du chef Florian Poyet qui nous régale d'une cuisine moderne pleine de passion et de savoir-faire. Dans des assiettes dressées avec une élégance rare, le chef met tout simplement à l'honneur les produits frais de saison en leur apportant une touche personnelle de créativité qui prend volontiers des accents méditerranéens. Végétariens bienvenus. Belle carte des vins de vignerons indépendants. La gastronomie contemporaine comme on l'aime. Coup de cœur.

GASTRONOMIQUE

L'INATTENDU

52, avenue Félix-Viallet
✆ 04 76 47 29 64
www.restaurant-linattendu.fr
Ouvert du lundi au vendredi midi et soir. Formule midi 25 €. Menus de 55 € à 85 €.

© EMMANUEL SPASSOFF

© EMMANUEL SPASSOFF

Confiance totale au chef Alexis Busso pour une promenade gourmande dans un Inattendu qui porte bien son nom. Une agréable terrasse sur une avenue paisible proche de la gare. Une salle et une mezzanine refaites pour une ambiance plus cosy. L'Inattendu sait nous recevoir et nous mettre dans les meilleures dispositions pour savourer une cuisine raffinée réalisée à partir des meilleurs produits locaux clairement identifiés. Vrai engagement d'un chef qui met autant de soin à sélectionner ses produits qu'à dresser des assiettes inspirées par les saisons. Savoir-faire remarquable et créativité en mouvement pour un Inattendu qui n'a pas fini de nous surprendre. Coup de cœur ininterrompu.

GASTRONOMIQUE

CHÂTEAU ET SPA DE LA COMMANDERIE

17, avenue d'Echirolles ✆ 04 76 25 34 58
www.commanderie.fr

Ouvert du mardi au samedi le soir, du mardi au vendredi à midi. Formules du midi de 30 € à 35 €. Menus de 54 à 80 €.

Au Château de la Commanderie, le dépaysement n'est pas seulement dû à l'environnement exceptionnel. Le cadre magique de salons du XVIIIe siècle revus au bon goût de notre époque et la grande terrasse ombragée au jardin participent à notre bonheur. Mais le meilleur reste à venir avec la cuisine du chef Rui Rouxinol. Un véritable artiste composant des plats colorés aux saveurs de saison. Formule du midi abordable, carte courte pour une qualité maximale, menu Découverte en soirée. Chambres prolongeant le plaisir. Idéal pour un dîner romantique ou un déjeuner d'affaires.

CUISINE VISUELLE

Envie de faire vos propres sushis ou de devenir un pro du poulet yassa ? L'appli Cuisine visuelle devrait vous y aider ! Elle permet d'apprendre une multitude de recettes de cuisine du monde grâce à des cours vidéo. C'est assez simple et même les débutants aux fourneaux devraient s'y retrouver. Il suffit d'un peu de concentration et de rassembler tous les ingrédients, puis le tour est joué.

GASTRONOMIQUE

LA CORNE D'OR

159, route de Chartreuse - **CORENC** ✆ 04 38 86 62 36
www.cornedor.com

Ouvert du mercredi au samedi le soir, du mercredi au dimanche le midi. Formule midi 36 €. Menus de 48 à 72 €.

A 5 km du centre-vile de Grenoble, venez changer de point de vue tout en vous régalant d'une cuisine tournée vers la nature. Direction Chartreuse pour s'installer derrière les grandes baies vitrées de ce restaurant d'exception orienté vers les sommets de Belledonne. Et si la vue est à couper le souffle, la cuisine ne l'est pas moins. Le chef Gérard Borrel travaille en circuit court les produits de saison, sans s'interdire de belles échappées vers d'autres horizons, l'Asie notamment. Herbes cueillies en montagne, champignons à l'automne... Il faut découvrir le menu du moment qui change très régulièrement. Excellent menu végétarien. Autre plaisir à partager, la carte des vins nature.

GASTRONOMIQUE

L'ECLAT DE SEL

1, rue de Venise - **VOIRON** ✆ 04 76 06 35 76
https://leclatdesel.fr

Ouvert le mardi et du jeudi au samedi le midi, du mardi au samedi le soir. Menu du marché. Menus soir 38 € et 45 €.

Une adresse éclatante de sincérité et de gourmandise ! En saison, une magnifique terrasse pour profiter de la douceur de vivre à Voiron. Une salle aussi belle que chaleureuse pour une cuisine qui ne cesse de nous surprendre au fil des saisons. Aux commandes de L'Éclat de Sel, le chef Jérémy Chavasse-Frette et son épouse Andreea, passionnée de vins et véritable soleil en salle. Le chef se laisse guider par les meilleurs produits de saison en réalisant une cuisine gourmande faite de sincérité et d'une belle technicité. Viandes d'exception pour les carnivores, mais végétariens bienvenus. Incontournable balade au monastère des Pères Chartreux. Carte des vins à la hauteur. Révélation.

GASTRONOMIQUE

LE FANTIN LATOUR

1, rue Général-Beylié ✆ 04 76 01 00 97
www.fantin-latour.net

1 Michelin. Ouvert du mardi au samedi le soir. Menus de 90 € à 130 €. Accueil des groupes.*

L'étoile est bien installée sur la maison du chef Stéphane Froidevaux. Un Alpin qui a tracé son chemin des Hautes-Alpes au centre-ville de Grenoble, des plantes sauvages de nos montagnes à ce magnifique hôtel particulier du XIXe siècle avec jardin. Le Fantin Latour, avec sa bassecour et ses ruches, c'est de la nature partout dans un décor chic. De la nature au rythme des saisons dans nos assiettes colorées, parfumées, remplies de saveurs étonnantes. Au printemps, on craque pour la cueillette du chef : ail des ours, lierre terrestre, primevère, pimprenelle... Cuisine tournée vers le végétal, chacun trouve son bonheur à cette adresse « épanouie ». Flacons bien choisis et service adorable.

GASTRONOMIQUE

L'ESCALIER

6, place Lavalette ✆ 04 76 54 66 16
www.restaurant-escalier.com

Ouvert du lundi au samedi le soir, du mardi au vendredi le midi. Menus de 49 € à 79 €. Formule du midi 32 €.

Une véritable référence depuis plus de 40 ans au cœur de la ville. Face au musée de Grenoble, profitant d'une terrasse abritée de l'agitation, l'Escalier fait partie du patrimoine gourmand local. Un Escalier qui renouvelle le plaisir d'une cuisine qui s'appuie sur les « classiques » – avec l'incontournable menu Cuillère créé par Alain Girod en 1995 où un même produit de saison est proposé de deux manières différentes dans deux cuillères en argent – tout en renouvelant la carte grâce à la créativité de l'excellent Alexandre Aymard. Repas au top pour un rapport qualité-prix remarquable. Ambassade de la Chartreuse (baba flambé à la chartreuse...), cave exceptionnelle pour des harmonies parfaites

© EMMANUEL SPASSOFF

© EMMANUEL SPASSOFF

GASTRONOMIQUE

MADAM

34, rue Thiers ✆ 04 76 50 12 50
www.restaurant-madam.fr

Ouvert du mardi au samedi le midi et le soir. Brunch dimanche 10h-14h. Formule midi 29 €. Menu de Madam 62 €.

C'est le grand retour de Madam. Un lieu unique, une ancienne villa du XIXe siècle entièrement réaménagée en un superbe restaurant, qui rouvre ses portes avec le chef Alexandre Zdankevitch, bien connu des Grenoblois. Ce qui n'a pas changé, c'est l'élégance d'une salle aux lignes superbes, complétée à l'étage d'une salle à privatiser et de salles de réunion. Ce qui a changé, c'est l'atmosphère plus chaleureuse, la cuisine actuelle d'un chef respectant le rythme naturel des saisons, mêlant produits d'ici et d'ailleurs. Cocktails maison d'un authentique mixologue et tapas à partager sous la verrière, Madam se montre actuelle et décontractée tout en restant chic. Et le dimanche, c'est brunch.

© EMMANUEL SPASSOFF

© EMMANUEL SPASSOFF

© EMMANUEL SPASSOFF

BISTRONOMIE

L'AUGUSTE

6, rue de Turenne
✆ 04 76 47 58 66

Ouvert du mardi au samedi midi et soir. Plat du jour à l'ardoise. Tapas en soirée.

© LOUIS FAYOLLE

© LOUIS FAYOLLE

Dans le quartier de Championnet, Christophe Martin sait nous faire partager ses coups de cœur et ses coups de gueule toujours bien sentis. Il sait surtout nous faire partager du plaisir autour d'un verre, avec une belle carte de bar – plus de 30 références de vins de producteurs sélectionnés par un passionné, des bières pression, des cocktails... – et un petit salon en terrasse pour en profiter. Autre bonheur de l'Auguste, une cuisine bistronomique gourmande avec des produits de qualité. Au rythme des saisons, l'ardoise de l'Auguste offre des plaisirs simples servis avec générosité. Tapas en soirée autour d'un verre de vin ou d'un cocktail maison. L'Auguste, c'est de l'amour à partager.

BISTRONOMIE

LE BISTRONOME

64, boulevard Maréchal Foch
✆ 09 81 20 01 87

Ouvert du lundi au vendredi le midi, vendredi soir. Formule midi 22,70 € (2 plats 19,40 €).

Ce qui compte en matière de bistronomie, c'est avant tout de cuisiner avec des produits frais, de qualité, si possible locaux et de petits producteurs, et d'engager un vrai travail de cuisinier dans une assiette « faite maison ». Critères tenus pour ce Bistronome qui a le bon goût de nous montrer qu'il n'y a pas qu'en hyper centre que l'on peut se régaler. Terrasse protégée par un large trottoir pour un restaurant familial où règne, dans une salle lumineuse (et climatisée en été), une ambiance conviviale. Marie et son équipe proposent à midi une carte courte (2 entrées, 2 plats, 2 desserts) avec des classiques remis au goût du jour. Rapport qualité-prix méritant de découvrir le Bistronome.

BISTRONOMIE

LE BISTROT PARISIEN

34, avenue Alsace-Lorraine
✆ 04 76 46 10 16
https://bistrotparisien.fr

Ouvert du lundi au vendredi le midi et le soir. Formule 24 €.

Qui se souvient du Grill Parisien est grenoblois depuis... longtemps. L'adresse existe depuis bientôt 55 ans ! Et si elle est restée en partie dans son « jus », c'est pour le plus grand bonheur des amoureux des bistrots d'autrefois. Depuis 2 ans entre les mains du chef Guillaume Patin et d'Andrea Schnedecker, le Bistrot Parisien a su conserver son charme d'antan, des plats de tradition tout en s'inscrivant dans une belle modernité. Excellent rapport qualité-prix dans un esprit bistrot du meilleur goût : œufs mayo au caviar Mujol, poisson du jour à la provençale ou poulet fermier rôti, pour finir avec une tarte au citron pralinée. Belle carte des vins. Du bon abordable au cœur de Grenoble.

BISTRONOMIE

LE BON LABEL

39, rue Humbert II ✆ 04 76 95 42 28
https://lebonlabel.com

Ouvert du mardi au samedi de 9h à 23h. Plat du jour 14 €. Tapas en soirée.

Le Bon Label, installé à un carrefour stratégique du quartier animé de Championnet, a tout bon du matin à la fin de soirée. Profitant de larges horaires, le lieu évolue au fil de la journée. C'est là, sur la belle terrasse, qu'il faut venir boire un vrai café de barista, de la tasse Cortado au mug Chemex. Au bar, sélections de bières locales et vins de producteurs récoltants, sans oublier les cocktails qui prolongent le plaisir des tapas en soirée. Le midi, dans une démarche écologique sincère, engagée, cette Ecotable propose une cuisine de saison à base de produits issus des circuits courts, avec des producteurs locaux clairement identifiés. Autre plaisir du Bon Label, la cave à café.

BISTRONOMIE
JEANETTE

3, rue Genissieu ✆ 09 54 61 61 54
www.jeanette-restaurant.fr
Ouvert lundi, vendredi et samedi le soir, du mercredi au samedi le midi. Formule midi 31 €. Le soir, carte à partager.

Jeanette est montée d'un cran. Mais ce n'est pas parce qu'elle a décroché un très mérité Bib Gourmand que le *Petit Futé* l'a « surclassée » dans la catégorie Bistronomie. C'est tout simplement que Manon et Thaïs, les Jeanette formées à bonne école qui se relaient en salle et en cuisine chacune leur tour, poursuivent leur chemin gourmand en proposant une cuisine sincère faite de bons produits issus de circuits courts, d'une agriculture vertueuse et durable. Dans un lieu chaleureux et convivial façon bistrot d'aujourd'hui, des plats de saison ultra frais et savoureux de l'entrée au dessert. Plats de partage en soirée. Carte des vins dans le même esprit respectueux de la nature. Un bonheur total.

BISTRONOMIE
POPPA

3, place aux Herbes ✆ 04 76 15 20 20
www.lepoppa.com
Ouvert mardi au samedi de 10h à 1h. Formule midi 21 €. Brunch samedi.

On ne peut pas manquer le Poppa. Au Poppa, on peut se faire plaisir à de très larges horaires, du café du matin à l'ombre d'une petite place animée au cocktail du soir dans une salle chaleureuse. Le Poppa, c'est du bonheur à tous les instants de la journée. Simon, Brice et leur équipe adorable ont reboosté le quartier, mais aussi la restauration grenobloise. Produits frais, cuisine 100 % maison, des plats savoureux de saison avec un menu midi qui change toutes les semaines. Le soir, plats à partager du croque-truffe à la salade de poulpe en passant par les gambas marinées. Brunch le samedi. Excellente sélection de vins et cave intimiste à privatiser. Le Poppa, le pouvoir de se faire plaisir.

BISTRONOMIE
LE TABLIER BARIOLÉ

48, rue Francois blumet - **SASSENAGE** ✆ 04 76 56 34 54
www.xn--letablierbariol-pnb.com
Ouvert du mardi au vendredi et dimanche à midi ; mardi et du jeudi au samedi le soir. Menu midi 26 €. Menus 38 et 52 €.

Comme vous, le *Petit Futé* aime se laisser surprendre en découvrant régulièrement de « nouvelles » adresses. Celle-ci, vous ne tomberez pas dessus par hasard, sauf si vous allez au Complexe sportif de Sassenage. Suivez-nous avec gourmandise jusqu'à ce délicieux Tablier Bariolé. Grand parking, superbe terrasse avec pergola bioclimatique, salle chaleureuse, la gentillesse de l'accueil de Corinne et la cuisine bistronomique de Gérald Carbone pour nous régaler. Plats composés de produits locaux, cuisine de tradition revisitée avec goût comme pour ce tataki de bœuf mariné, vinaigre à l'échalote et noisettes torréfiées. Saveurs d'ici et d'ailleurs mêlées. Belle sélection de vins. A vite découvrir.

BISTRONOMIE
ET SI...

16, rue de Strasbourg
✆ 09 83 91 55 95
www.etsi-restaurant.com
Ouvert du lundi au vendredi le midi et le soir. La carte change toutes les semaines.

© LOUIS FAYOLLE

© LOUIS FAYOLLE

C'est sans condition que l'on passe chez Christian. Bientôt 5 ans que le tatoué Christian, qui a la restauration dans la peau, et la talentueuse cheffe Maïwenn Feron nous régalent au quotidien dans un décor très personnel et très attachant. Une adresse qui ne cesse de nous surprendre, puisque la carte, courte et délicieuse, change tous les lundis pour se laisser inspirer par une sélection des meilleurs produits de saison. Une vraie créativité dans des assiettes qui ne ressemblent à aucune autre, toujours pleines de couleurs et de saveurs d'ici et d'ailleurs. Plat végétarien inspiré. Desserts maison faits avec la même passion. Et Si... est la réponse à toutes nos interrogations gourmandes.

BISTRONOMIE

LE SEIZE

16, rue de Strasbourg
✆ 04 76 27 03 32
www.restaurant-le-seize.fr

Ouvert du mardi au samedi midi et soir. Vendredi et samedi soir jusqu'à 22h30. Menu jour 20,50 €. Carte.

© EMMANUEL SPASSOFF

© EMMANUEL SPASSOFF

Bientôt 5 ans que Kevin et Solène sont installés au Seize de une rue de Strasbourg. Agréable terrasse et salles ravissantes refaites avec goût dans un style alliant convivialité cosy et modernité arty pour un numéro, Le Seize, réussi. C'est encore meilleur quand on savoure la cuisine bistronomique du chef Lionel Novat. De superbes assiettes composées de produits de qualité et de saison, avec des fournisseurs locaux et régionaux, s'autorisant de belles escapades notamment maritimes. Desserts à la hauteur et carte des vins dans le même esprit d'accès au plaisir. Possibilité d'organiser des repas de famille ou de groupes. Un Seize indispensable pour se régaler à Grenoble.

BISTRONOMIE

LE TATONE

168, cours Berriat ✆ 04 76 21 95 33
www.le-tatone.fr

Ouvert du lundi au samedi le midi, du mercredi au samedi le soir. Formule midi 20 €. Menus de 35 € à 65 €.

Dans cette partie du cours Berriat, face au Magasin et à Bouchayer-Viallet, cette adresse est vouée depuis un certain temps à l'art de nous régaler. Une maison discrète avec sa belle terrasse ombragée par la glycine, alors que la salle mériterait sans doute plus de chaleur dans son décor. Mais c'est dans l'assiette que l'on découvre la vision gourmande du chef Tony Bousquet, accompagné au service par son épouse Nathalie. Produits frais de qualité pour composer des plats qui dépassent volontiers les frontières, alliant fraîcheur et saveurs. Coup de cœur particulier pour les desserts maison. Bières et vins bien sélectionnés. Formule déjeuner très intéressante.

BISTRONOMIE

TOHU BOHU

16, rue Chenoise ✆ 06 69 04 85 51
www.tohubohu-grenoblerestaurant.com

Ouvert du mardi au samedi le midi, du mardi au vendredi le soir. Formule midi 23 €. Le soir, carte à partager.

Dans le chaos du monde, ce Tohu Bohu nous a fait un bien fou ! La meilleure chose qui pouvait arriver rue Chenoise, au cœur historique de Grenoble, l'ouverture d'un restaurant qui met la cuisine d'aujourd'hui à portée de tous. Petite terrasse sur la rue apaisée, salle chaleureuse aux chaises d'école et aux luminaires contemporains, cuisine ouverte sur Guillaume et Paulo, croisés chez Christophe Aribert, travaillant des produits bruts de saison. Pauline, attentive et souriante, apporte des assiettes qui nous ont mis une vraie claque ! Carte courte, des produits respectés, des cuissons à la flamme, des pointes d'originalité, une harmonie parfaite. Vins naturels. Coup de cœur.

FOODVISOR

Vous êtes au régime et ne savez plus quoi avaler au restaurant ? Pas de panique, l'application Foodvisor le fait pour vous. Elle reconnaît les nutriments de vos aliments en un simple scan grâce à l'objectif de votre smartphone. L'appli calcule même les calories à votre place ! Pour éviter de renvoyer un plat en cuisine, prenez-le en photo chez votre voisin de table et « foodvisorer-le » avant de commander.

LA BARATTE

6, place Championnet
✆ 04 76 43 86 48
www.restaurant-la-baratte.fr
Ouvert du mardi au samedi midi, du jeudi au samedi soir. Formule midi 22 €. Le soir, menu 35 €.

Mais cela ne ferait pas déjà 10 ans que la Baratte a joyeusement rebattu les cartes de la restauration grenobloise en proposant une cuisine du marché pleine de fraîcheur et de saveurs ? Dans un quartier Championnet qui ne cesse de nous étonner par ses nouveautés, la Baratte continue son chemin fait de produits frais et locaux, en direct des producteurs fermiers, pour une cuisine de saison du meilleur goût. Une « cuisine amicale » qui nous invite à savourer des plats de tradition réinterprétés par la maison. La carte des vins ne manque pas d'originalité et de qualité, avec un nombre incroyable de références, notamment en vins nature. Tout sonne juste à cette Baratte.

LE BÉGUIN

15, rue Montorge
✆ 04 76 46 06 04
Ouvert du lundi au samedi le midi. Formule midi 24 €.

A Grenoble, tu peux avoir le béguin en allant au Béguin ! Un bistrot de quartier jazzy, un bar à vin, une « guinguette urbaine » où l'on vient autour de midi pour se détendre en toute convivialité sur la terrasse et reprendre des forces en savourant un bon plat maison dans une salle chaleureuse. Cuisine maison à base de bons produits pour se réchauffer l'esprit et le corps. Menu du jour bien réalisé, belle cuisine de tradition française façon brasserie et, pour accompagner le tout, une sélection remarquable de vins de petits propriétaires. Petit plus : le matin, le café du Béguin fait partie des bons plans pour commencer la journée du bon pied. Agréable bande-son.

LA BELLE ÉLECTRIQUE

12, esplanade Andry-Farcy
✆ 04 69 98 00 37
www.la-belle-electrique.com
Ouvert du lundi au vendredi le midi. Formule midi 19 €.

© DR

La Belle est gourmande. Sur le site historique de Bouchayer-Viallet, donnez du sens (et du bon son...) à tous vos repas en prenant le temps de vous faire plaisir. La Belle Electrique, c'est une scène musicale où se croisent toutes les musiques amplifiées dans un superbe bâtiment composé de matériaux naturels, mais encore une terrasse en bois aux airs de vacances et une salle chaleureuse pour nous régaler en toute convivialité à l'heure du déjeuner. Cuisine maison faite de produits de saison, frais et locaux, inspirant des plats au goût du jour pour toutes les envies, véganes ou carnivores. Vins nature et bières bio. Réservations conseillées pour se faire La Belle.

LE CAFÉ CURIEUX

2, rue Lakanal
✆ 04 38 02 93 32
Ouvert du lundi au samedi midi et soir. Brunch samedi midi. Formule 17 €.

La curiosité étant le meilleur atout des gourmands, et des lecteurs de notre guide, il serait curieux que vous n'ayez pas encore testé cette adresse ouverte depuis 2010. Si ce n'est pas le cas, ou que vous venez d'arriver à Grenoble, n'hésitez pas à vous installer à la terrasse, mieux encore dans la belle salle, de ce Café Curieux. Ardoise de saison qui mêle les saveurs d'ici et d'ailleurs avec, cet été, un millefeuille de légumes du soleil au pesto de roquette servi avec un taboulé d'épeautre ou un tataki de bœuf aux légumes sautés et nouilles de blé, sans oublier les déclinaisons de burgers et leurs frites maison. Parfait glacé à la chartreuse. Végétariens et végétaliens bienvenus.

NEW CAFÉ SUZON

14, rue du Lieutenant Chanaron
✆ 04 56 24 54 21
www.cafesuzon.com
Ouvert du mardi au dimanche le midi. Ouvert de 12h à 19h vendredi et samedi. Formule midi 23 €.

Allons chez Suzon nous régaler d'une cuisine faite de produits de saison ! Dans ce quartier qui connaît une belle dynamique, une ouverture qui fait du bien à l'heure du déjeuner. Une agréable terrasse et une salle charmante, véritable havre de paix au style épuré. Du bon goût à retrouver dans les assiettes composées par Catherine Campillo qui nous livre sa vision d'une cuisine authentique composée d'une sélection de produits locaux. L'après-midi, c'est goûter dans le même esprit gourmand – pâtisseries, gâteaux, thés du Jardin du Thé – et dimanche c'est brunch à prix toujours raisonnable. Confiseries maison à emporter pour prolonger le plaisir. C'est très chouette Chez Suzon.

BOUILLON A

5, place Nelson Mandela
www.bouillon-a.com
Ouvert tous les jours de 11h à 23h. Service continu. Carte : 24 € environ. Plats à partir de 12 €.

Ça bouillonne dans le quartier de la Presqu'île. Connaissez-vous les « bouillons » ? Ces restaurants populaires parisiens où l'on sert des plats généreux et de qualité à prix raisonnables. Christophe Aribert, le chef 2 étoiles d'Uriage, a respecté le cahier des charges en lui apportant sa touche de créativité et sa sensibilité écoresponsable. Bouillon A, c'est du bien-manger pour tous autour des grands classiques de la gastronomie française revisités : œuf mimosa bio aux herbes de nos montagnes, blanquette de truite dauphinoise, ravioles en ramen, bouillon de champignons et riz au lait de notre enfance. Vin à la verse dans une salle animée. Une nouveauté qui rend la vie plus gourmande.

LA CUISINE DES TONTONS

9, rue Bayard
✆ 04 76 25 25 00
Ouvert du mardi au samedi midi et soir. Formule du midi 16 €. Plat du jour 10 €. Menus de 26 € à 32 €.

Avec un plat du jour dont le prix et la qualité feraient perdre le sens commun au plus rigide des comptables, les Tontons Flingueurs continuent leur route pleine de bons mots et de bons plats. Bien sûr, les amoureux d'Audiard et des dialogues mythiques de ce film légendaire se régaleront même avant de franchir la porte. A l'intérieur, c'est encore mieux. Et devant l'assiette, c'est le paradis. Une cuisine qui ne fait pas dans le régime hypocalorique végan, mais plutôt dans le genre « flingueurs de tartare » – tous au même prix, c'est pratique, avec un terrible « Spécial double pontage du chef » – et dans le Parmentier de pot-au-feu de bœuf. Desserts et alcools dans le même esprit de générosité.

ÉCO'MUSÉE LE MONT RACHAIS

2, place de la Cimaise
✆ 04 76 49 25 32
Ouvert tous les jours le midi ; du jeudi au dimanche le soir. Tous les soirs en été. Express midi : 11,50 €.

Si le mont Rachais, au-dessus de la Bastille, culmine à plus de 1 000 m d'altitude, arrêtons-nous prendre des forces sur les quais de l'Isère, au pied de la montagne. La superbe terrasse de l'Éco'Musée citadin du Mont Rachais nous invite à la détente. A l'intérieur, hommage au terroir, des vignes aux noyers, et aux bons produits locaux. Une joyeuse équipe réalise une cuisine à base de produits issus de l'agriculture iséroise ou des Alpes : caillette de la Mûre, ravioles de la Mère Maury, burger... Cadre et décor authentiques pour une table aux saveurs régionales.

L'ENVIE DES METS

7, rue Génissieu
✆ 04 76 47 32 56
Ouvert du lundi au samedi midi, du mardi au samedi le soir. Formule midi 24 €. Menus de 35 à 45 €.

L'Envie des Mets fut un précurseur dans cette rue de Génissieu qui multiplie les bonnes adresses gourmandes. Installé depuis bientôt 15 ans, le chef Florent Breyton nous livre sa recette du bonheur, continuant de nous proposer l'un des meilleurs rapports qualité-prix de Grenoble dans sa catégorie. Élégance d'une salle en toute convivialité où le chef vient partager sa passion avec les gourmands après le service. Cuisine raffinée qui revisite la tradition culinaire française, mettant à l'honneur d'excellents produits avec un tournedos de filet de bœuf aux morilles. Belle carte des vins pour des associations réussies. Parfait pour un dîner en amoureux ou un repas de famille.

LE GARAGE

134, chemin de l'Etoile
MONTBONNOT-SAINT-MARTIN
✆ 04 76 25 62 56
Ouvert du lundi au vendredi le midi, du mercredi au samedi le soir. Formule midi 22 €.

Ce que l'on répare dans ce Garage de Montbonnot, ce ne sont pas nos voitures cassées, mais notre appétit qui a bien besoin de bons produits et du savoir-faire d'un vrai cuisinier. Lieu insolite que ce Garage installé dans un ancien... garage, mêlant le vintage d'un fourgon Citroën et des lignes contemporaines en salle. Côté cuisine, carte courte pour une fraîcheur maximale et des plats alliant simplicité et qualité. Salades de saison faites maison, viandes sélectionnées avec goût – notamment des viandes maturées –, un burger du Garage devenu un classique, un risotto du moment avant une crème brûlée. C'est plus raffiné en soirée. Si vous êtes en panne de bonnes idées, vous savez où aller !

LE GOÛT DES AUTRES

6, rue Dominique-Villars
✆ 04 76 25 40 33
www.goutdesautres.com
Ouvert du mardi au samedi le soir, mardi, jeudi et vendredi le midi. Formule midi 25 €.

Ouverte il y a 15 ans, cette adresse a fait son chemin mettant en avant son concept de restaurant à vins. Attention, qui dit bons vins, plus de 230 références en cave, dit aussi bonne cuisine par d'authentiques passionnés des bons produits. Des produits de saison sur une carte relativement courte (6 entrées, 6 plats et 6 desserts) qui n'oublie pas les végétariens. Incontournable foie gras du GDA mariné au jurançon. Et puisqu'on parle de vin, les accords mets et vins sont la spécialité d'une maison qui nous emmène à la rencontre des terroirs et des vignerons. Au service du vin, Régis propose des bouteilles pour tous les budgets et toutes les envies. Confiance totale au Goût des Autres.

INTERVIEW

CHRISTOPHE ARIBERT

BOUILLON A : LOCAL, PAS CHER ET BON

Dauphinois d'origine, arrière petit-fils d'un maraîcher agriculteur du Vercors, le chef Christophe Aribert, doublement étoilé dans sa maison d'Uriage - une étoile verte également -, est particulièrement attaché au terroir isérois et pleinement engagé dans une gastronomie durable et responsable. C'est à Grenoble, dans un nouveau quartier en pleine mutation, qu'il a choisi d'ouvrir son Bouillon A.

Quelle est votre philosophie de la cuisine ?

C'est d'abord d'avoir un ancrage local fort. L'ensemble des produits que j'utilise est en circuit-court, proche de moi. Je ne travaille que des produits de saison, locaux, offrant une traçabilité exemplaire. Les maraîchers, pisciculteurs, éleveurs avec lesquels je collabore doivent être aussi en connexion avec la terre, la respecter. Il y a une cohérence sur le territoire à travailler avec des personnes qui font les choses bien pour faire à mon tour les choses bien. J'aime beaucoup l'Isère et j'essaye, à travers ma cuisine -au restaurant gastronomique comme au bouillon-, de mettre en avant les traditions et les savoir-faire de notre terroir.

Rappelez-nous ce qu'est un « bouillon » et pourquoi avoir choisi d'ouvrir le vôtre à Grenoble ?

Bouillon, c'est la plus vieille chaîne de restauration en France. C'est à Paris qu'a été créé le premier bouillon par un boucher dans les années 1850. Le bouillon servait à nourrir les gens de manière saine avec de bons produits pour un prix accessible à tous. Je me suis inscrit dans cette histoire-là en utilisant les bons produits de saison du Dauphiné en proposant une bonne cuisine avec un rapport qualité/prix imbattable. La carte change très régulièrement, mais on retrouve les classiques des anciens bouillons, comme les œufs mayo ou le paleron de bœuf, toujours réalisés à partir de produits issus des circuit-court. J'ai créé Bouillon A pour ma région, le Dauphiné, pour ma ville, Grenoble.

Quelle est l'ambiance que vous avez créée au Bouillon A ?

Bouillon A, c'est une ambiance très conviviale, joyeuse et festive. Le bouillon réunit tout le monde, accueillant aussi bien la famille, l'étudiant avec peu de moyens financiers, que l'homme d'affaire ou l'ingénieur qui veut manger bien et rapidement dans une atmosphère détendue. Le bouillon brasse les couches sociales et c'est important d'avoir un lieu comme celui-ci. Dans ce nouveau quartier, qui va faire le lien entre l'ancien et le nouveau Grenoble, Bouillon A est un lieu ouvert qui offre une vue sur les montagnes, faisant aussi le lien entre la ville et la nature.

› BOUILLON A
5, place Nelson Mandela
www.bouillon-a.com

KARACTÈRES

4, rue Montorge
✆ 04 76 01 96 09
karacteres-bar-restaurant.eatbu.com
Ouvert du lundi au samedi le midi et le soir. Formule 2 plats : 14 €.

© JESSICA CALVO

© JESSICA CALVO

Grenoble est une ville qui a du caractère. C'est aussi une ville qui a la chance d'avoir Karactères pour mettre en valeur un de ses plus beaux atouts : le Jardin de Ville. S'installer à la terrasse de Karactères, c'est profiter d'un havre de paix ombragé de grands arbres, comme une bulle de bonheur où l'on est accueilli par le plus sympathique des patrons. Chez Karactères, on oublie ses soucis pour se régaler d'une cuisine faite maison avec beaucoup d'amour. Carte courte et de saison, des plats du jour qui aiment autant les classiques de la gastronomie française que les plats inspirés par les voyages. Le soir, planches, tapas et cocktails à partager. Karactères : parmi nos bonnes adresses.

L'INSTANT

48, boulevard Gambetta
✆ 04 56 85 36 43
https://chezmarco-restaurants.com
Ouvert du lundi au samedi. Restauration midi. Formule midi 21,50 €.

Prenez un moment pour savourer l'Instant. Ouvert à de larges horaires, l'Instant offre sa belle terrasse ouverte sur l'écoquartier de la Caserne de Bonne, au cœur du centre commercial, pour une agréable pause déjeuner. Petite carte pour se faire plaisir avec des plats qui regardent volontiers vers le sud, notamment l'Italie. Bien sûr, il y a les pizza maison avec la Chez Marco' – une base tomate, mozzarella fior di latte, champignons, feta, jeunes pousses d'épinard et jambon de Serrano –, mais encore des toasts d'houmous sur une focaccia maison, un bo bun végétarien ou un tataki de bœuf avec sa sauce maison « leche de tigre ». Du fait maison jusqu'aux desserts. Un Instant à partager.

LES JARDINS DE SAINTE CÉCILE

18, rue de l'Alma
✆ 04 76 24 85 85
www.lesjardinsdesaintececile.com
Ouvert du mardi au samedi midi et soir. Formule midi 28 €. Menus de 38 à 88 €.

Quand la beauté d'un lieu s'allie à la cuisine d'un chef pour nous livrer le meilleur de Grenoble, c'est que nous sommes aux Jardins de Sainte-Cécile. Dans le quartier des Antiquaires, un couvent du XVIIe siècle réaménagé avec goût dans un style contemporain abrite l'une des plus belles terrasses de la ville et une salle incroyable. Écrin au service de la cuisine du chef Romaric Pessey. Une cuisine créative et originale mêlant les saveurs. Aux beaux jours, l'espace cosy permet de partager des tapas avec un bon verre de vin. Privatisation. Jardins extraordinaires.

MAL ASSIS

9, rue Bayard
✆ 04 76 54 75 93
Ouvert du jeudi au samedi le soir. Formule unique à 24,90 €. Carte.

Bientôt 50 ans que le Mal Assis garde sa place (pour combien de temps ?). Trois soirs par semaine, la petite salle de la rue Bayard ouvre ses portes pour nous proposer sa cuisine de tradition. Une expérience gourmande qui nous plonge dans un autre temps, dans une salle et des assiettes ne faisant aucun compromis avec une quelconque modernité. Ici, c'est une fameuse canette aux pêches parfumée aux épices douces, l'aïoli de cabillaud aux petits légumes ou l'andouillette lyonnaise au vinaigre de framboise qui tiennent la vedette. Spécialités : raviolis de ricotta, quenelles de volaille à la crème et bourride provençale à la cannoise. Marquise au chocolat noir sauce café. Pourvu que ça dure !

LA PASSOIRE

47, avenue de Vizille
✆ 04 85 02 98 92
Ouvert du lundi au vendredi le midi, du lundi au samedi le soir. Plat du jour.

Cela fait dix ans que le café La Passoire s'est installé dans un immeuble devant lequel tu ne serais jamais passé si tu n'avais pas lu cet article. A l'entrée du quartier de Saint-Bruno, le long de la voie de chemin de fer, l'avenue de Vizille n'est pas la plus attractive de la ville. Et pourtant, La Passoire cache bien son jeu en proposant une terrasse nichée dans une cour intérieure entre les immeubles. C'est un peu à la bonne franquette dans ce café cantine, mais la convivialité se partage à l'heure du déjeuner et encore plus en soirée en savourant des tapas. Plat du jour de saison réalisé à partir de produits frais en direct du producteur. Une Passoire joyeusement décalée.

AU METS-CLICHÉ

10, rue Bayard
✆ 09 83 35 27 77
www.aumetscliche.com
Ouvert du jeudi au dimanche le midi, du jeudi au samedi le soir. Formules 20 € (2 plats) à 32 € (3 plats et fromage).

© DR

Comme le *Petit Futé* depuis de nombreuses années, vous allez aimer Aux Mets-Cliché, un restaurant classé parmi nos Tops adresses qui nous permet de faire de belles rencontres, celles de Mathieu Mélo, le chef, et sa compagne Lætitia, la cheffe d'orchestre que l'on retrouve en salle. Passionné de photographie et de cuisine, deux arts complémentaires qui ont permis à Mathieu Mélo de surmonter un AVC handicapant, le chef réalise de superbes assiettes composées de produits locaux de saison pour éveiller tous nos sens. Cuisine gastronomique raffinée, assiettes dressées avec art, un superbe et délicieux repas à partager en salle ou en terrasse, dimanche compris. Chapeau les artistes !

L'ODACE

9, place de Metz
✆ 04 76 03 06 31
Ouvert du lundi au vendredi le midi, du mercredi au samedi le soir. Carte 30 €.

Il n'y a pas que les audacieux qui doivent découvrir cette adresse située sur une belle place de Metz offrant une terrasse des plus agréable au cœur de la ville. Tous les gourmands doivent goûter à l'Odace du chef Alexandre Casa. Un chef qui ose parler avec ses clients, chose rare pour une table de ce niveau, et qui ose organiser des événements magiques – on vous laisse découvrir... – dans son restaurant. Côté cuisine, de délicieuses associations de produits frais de saison, souvent régionaux, pour nous régaler d'un magret de canard pané au pain d'épices, jus caramélisé aux oignons. Incontournable foie gras maison. Desserts remarquables. Excellent rapport qualité-prix-service.

CHEZ NOUS

2, rue Condorcet
✆ 04 76 26 72 60
Ouvert du mardi au samedi de 9h à 18h30. Ouvert vendredi soir. Burger de saison 18 €.

Comme on est bien Chez Nous, un restaurant que le *Petit Futé* a déjà récompensé, mais qui mériterait de l'être chaque année. Car Chez Nous, une des figures de proue de ce quartier Championnet, c'est l'adresse parfaite pour se régaler d'une cuisine composée de produits frais et locaux, le plus souvent bio et issus des circuits les plus courts possible. Petite terrasse d'angle ouverte sur la place, salle chaleureuse à l'image d'un service absolument adorable. La cheffe Charlotte est dans une démarche sincère et engagée pour une cuisine que l'on pourra qualifier de saine et responsable. Chaque saison offre ses plats, dont un burger maison. Limonades et bières locales. On aime être Chez Nous.

LE PETIT BOUCHE

16, rue du Docteur-Mazet
✆ 04 76 43 10 39
Ouvert du lundi au vendredi midi. Plats du jour.

Le Petit Bouche a profité de cette année pour se refaire une beauté. Bien sûr, impossible de pousser les murs, mais l'ambiance bistrot de ce restaurant de quartier s'est renforcée en beauté et l'espace semble agrandi. Ce qui n'a pas changé, c'est la cuisine de Doudou qui nous propose chaque jour des assiettes inspirées par les produits du marché de saison. Impossible de vous dire ce que l'ardoise vous réservera comme plat du jour, mais on peut s'en faire une idée sur les réseaux sociaux et attendre le retour du couscous, une des spécialités. Les desserts sont maison et les chocolats sont aussi préparés par Doudou. De quoi se faire plaisir à l'heure du déjeuner.

LA PETITE IDÉE

7, cours Jean-Jaurès
✆ 04 76 47 52 95
www.la-petite-idee.fr
Ouvert du mardi au dimanche le midi ; du mardi au samedi le soir. Formule 22 €. Menus 26 € et 38 €.

C'est une bonne idée que de s'installer à cette petite terrasse du cours Jean Jaurès pour profiter d'une cuisine traditionnelle maison à base de bons produits. Jouer la carte de la simplicité n'est pas chose aisée, mais c'est un pari réussi par un restaurant qui, en toute simplicité, réalise ses plats à partir de produits de qualité, le plus souvent locaux, dont la provenance est clairement indiquée. Des produits de saison, des produits du marché du jour et de quelques commerçants qui travaillent directement avec les producteurs. Rien à cacher, tout à savourer. P'tite Idée pour savourer une truite entière sauce à la grenobloise. Une Petite Idée qui a tout d'une grande.

LE REPÈRE

386, chemin des Peupliers
VIZILLE
✆ 04 27 83 50 00
https://hotellerepere.fr
Ouvert tous les jours le midi et le soir. Carte : 40 € environ.

Ce Repère pourrait bien devenir le vôtre. Comme souvent à Vizille, le cadre est superbe, la demeure magnifique pour abriter cet hôtel-restaurant. Décor apaisant qui prend volontiers des airs de vacances dès que les premiers rayons du soleil baignent la terrasse avec piscine et bande-son des plus agréables. Dehors, on « chille » midi et soir, pendant qu'à l'intérieur on profite aussi de beaux espaces, le tout parfaitement adaptés pour organiser tous vos événements privés. Cuisine de saison par le chef Didier, aussi à l'aise pour nous préparer un bon risotto aux Saint-Jacques qu'un tartare original. Fromages des alpages, les meilleurs, et douceurs maison. Adresse repérée avec gourmandise.

POINT BAR

31, rue de Servan
✆ 04 76 14 91 28
Ouvert du mercredi au vendredi de 8h à 18h, samedi de 10h à 18h, dimanche de 10h à 15h. En été, fermeture à 15h. Brunch.

Dans un quartier, celui des Antiquaires, où culture et cuisine se mêlent volontiers, le Point Bar de Laura et Violaine nous régale depuis 6 ans. Un lieu de vie où l'on est toujours reçu, à de très larges horaires, avec le sourire et des attentions adorables. Ici, l'humain retrouve toute sa place et chacun se plaît à bien manger du petit déjeuner aux brunchs du week-end. En terrasse ou dans une salle adaptée à toutes les tribus, cuisine maison réalisée à partir de produits frais et de saison avec des plats du jour proposés à l'ardoise mêlant les saveurs d'ici et d'ailleurs. Expositions, jeux, musique et beaucoup de bonne humeur pour de délicieux moments à partager.

LE ROUSSEAU

3, rue Jean-Jacques-Rousseau
✆ 04 76 14 86 75
https://lerousseaugrenoble.fr
Ouvert du lundi au vendredi midi et soir. Formule midi : 26 € (3 plats). Menu soir 35 € (3 plats), 52 € (5 plats).

On savait que Rousseau, philosophe des Lumières, aimait voyager. En janvier 2023, quelques mois après la parution de ce guide, ce sera au tour du restaurant Le Rousseau de bouger, quittant le cœur de Grenoble pour le cours Saint-André à Pont-de-Claix. Si la cuisine du marché inspirée par les produits locaux du chef Élie Michel-Villaz manquera aux Grenoblois du centre, elle fera le bonheur des habitants du sud de la métropole qui découvriront aussi Hugo en salle. Bons goûts et saveurs de saison dans les assiettes, vins d'auteur dans les verres. Beau travail sur les légumes, végétariens bienvenus. Une page se tourne pour Le Rousseau qui garde son nom et restera une de nos adresses préférées.

LE PRESSOIR

1bis, rue des Bourelles - **DOMÈNE**
✆ 04 76 77 63 10
http://restaurantpressoir.com
Ouvert du lundi au vendredi le midi, vendredi et le samedi le soir. Plat du jour 12 €.

Pressé de sortir de la ville ? Même si c'est dans une zone industrielle, le décor est radicalement différent dans la vallée entre Chartreuse et Belledonne quand on voit les montagnes. Situation originale pour ce Pressoir, restaurant qui fait aussi dans l'événement quand c'est possible. Aux commandes, le chef Matthieu Recorbet nous propose une cuisine au goût du jour dans un cadre très actuel, version lounge. A midi, le plat du jour est une aubaine pour tous les travailleurs du secteur. Un plat fait maison à base de produits frais de saison, une assiette savoureuse et de qualité. Le soir en fin de semaine, tapas, carte courte et ambiance festive avec musique live. Groupes bienvenus.

SAINT VINCENT...

54, quai Perrière
✆ 04 76 56 22 21
www.restaurant-saintvincent.com
Ouvert du mardi au samedi soir, vendredi et samedi midi. Plat bistrot 12,50 €. Formule 21 €. Brunch dimanche.

Sur les quais de l'Isère, mais aussi du côté de la gare, c'est au Saint Vincent que l'on vient partager du bon temps autour d'une table de qualité en toute convivialité. Créé par l'excellent Vincent Dolezon, à qui l'on doit d'autres belles adresses, le Saint Vincent dénote déjà par sa déco joyeusement décalée de tuyaux inox sur pierres apparentes, par ses expos, ses animations et ses plats généreux à partager... ou pas. Produits de saison et de qualité pour une cuisine canaille de classiques revisités nous proposant des travers de porc confits marinés au paprika, cuits 7h à basse température. Plats veggie changés chaque semaine. Carte des vins dans le même esprit. Culture du bon goût.

UNE SEMAINE SUR DEUX

3, rue Condorcet
✆ 04 76 27 13 75
Ouvert du lundi au samedi midi et soir. Formules 29 €/2 plats, 35 €/3 plats.

Ce n'est pas une semaine sur deux que l'on doit tester ce restaurant, où nous n'étions pas revenus depuis deux ans malheureusement, mais tous les jours ! Encore une pépite du quartier Championnet avec, derrière les fourneaux, le chef Pierrick Vasseur qui nous régale au quotidien, et à l'ardoise une formule efficace sur une carte courte pleine de fraîcheur. Dans une salle rafraichie depuis notre dernière visite, ou sur une agréable terrasse, excellent foie gras maison (à retrouver pendant les fêtes), un œuf truffier gourmand ; à suivre, un plat signature avec du poulpe cuit à basse température pendant 7h et son risotto vénéré ; sans oublier les desserts. Cuisine créative.

LA TABLE DU 20

20, avenue Jean-Jaurès
EYBENS
✆ 04 76 24 76 93
www.latabledu20.fr
Ouvert du lundi au vendredi midi et soir. Formule midi 26 €.

T'es sûr que c'est là ? Dans le cadre d'un hôtel Kyriad rénové, découvrez la Table du 20 imaginée par les excellents Franck Barbier, le cuisinier, et Luc Brunner, le sommelier. Si l'environnement est surprenant, la terrasse abritée offre un havre de paix pour se plonger dans l'ardoise de saison. Esprit bistrot de salles chaleureuses, dont un Caveau. La cave est remarquable avec environ 150 références et quelques grandes bouteilles en réserve. Côté cuisine, l'ardoise met à l'honneur d'excellents produits – foie gras, homard bleu de Bretagne, côte de bœuf... – préparés et travaillés avec soin. Inutile de préciser que les accords mets et vins tutoient les sommets. Vraie surprise.

ZAKHANG

5, quai Créqui
✆ 04 76 95 01 61
www.zakhang.fr
Ouvert du mercredi au dimanche soir, dimanche midi. Menu Esprit Zakhang 35 €.

© DAVID DARIEL

Comment ne pas tomber amoureux du Zakhang ? Un nom qui sonne comme celui d'un pays lointain pourtant ancré sur les quais de l'Isère. Dans un lieu où règne une grande sérénité, oubliez tous vos problèmes (et votre smartphone...) en compagnie d'une cheffe exceptionnelle, l'excellente Audrey. Au Zakhang, les gourmands se reconnectent avec les nourritures terrestres en toute spiritualité. Carte de saison ouverte sur le monde où chaque plat est composé des meilleurs produits. Harmonie parfaite, chaque assiette offre un paysage à déguster avec les yeux avant de le savourer pleinement. Plats végans et végétariens tout aussi délicieux. Zakhang, le plus beau des voyages gourmands.

LE TAKE OFF

Aérodrome de Grenoble
✆ 04 76 52 09 48
Ouvert toute l'année, du lundi au samedi à midi. Carte et suggestions. Accueil groupe. Privatisation.

Le Take Off nous met sur la bonne piste et nous allons pouvoir profiter de la vue sur les montagnes depuis notre table au restaurant de l'aérodrome du Grésivaudan. Environnement privilégié, salle chaleureuse et terrasse ouverte sous le ciel qui nous invite à prendre du bon temps en regardant les avions et les montagnes tout autour. Aux commandes, Mathieu pour vous recevoir pendant que le chef officie derrière les fourneaux. Belle cuisine de tradition avec des suggestions de saison, des salades estivales, un burger du Mess ou une cassolette de ravioles morilles et parmesan. Desserts maison avec une délicieuse mousse au chocolat. Changez d'air pour un bon rapport qualité-prix.

BISTROT - BRASSERIE

292

95, rue Saint-Laurent
✆ 04 76 29 22 92
www.le292.fr
Ouvert du mardi au samedi soir. Carte 40 €.

Le temps passe vite, cela fera bientôt 15 ans que la cheffe Nathalie Coranti a ouvert le Deux Neuf Deux (c'est ainsi qu'il faut le prononcer) dans le quartier de Saint-Laurent, dans le but de travailler les meilleurs produits dans un esprit de créativité. En soirée seulement, une carte courte au rythme des saisons, cuisine maison pour nous surprendre à chaque bouchée d'associations délicieuses d'ici et d'ailleurs, comme pour cette truite du Vercors et son sabayon au pastis. Sélection de vins naturels pour des accords remarquables. Les ateliers culinaires permettent de prolonger ces moments gourmands. Cuisine vivante et passionnante à cette adresse de haute convivialité.

BISTROT - BRASSERIE

LE 5

5, place Lavalette
✆ 04 76 63 22 12
www.le5.fr
Ouvert tous les jours le midi, du lundi au samedi le soir.

En plus de 20 ans, Pierre Pavy a fait du 5 une des adresses incontournables de Grenoble. Et pourtant, à l'heure où nous écrivons ces lignes – et depuis le mois de mars 2022 –, le 5 est fermé, ne rouvrant ses portes que fin septembre... C'est donc avec regret que nous n'avons pas pu tester ce « nouveau » 5 qui a été contraint (c'est l'un des nombreux feuilletons municipaux de l'année si vous l'avez suivi...) de s'éclipser pour quelques travaux de rénovation. A notre tour d'être solidaires avec cet établissement qui montre l'exemple en la matière. Intégré au Musée de Grenoble, le 5 continuera de nous régaler d'une cuisine composée de bons produits locaux et de saveurs du monde. A vite retrouver.

BISTROT - BRASSERIE

AU BON MOMENT

43, avenue Alsace-Lorraine
✆ 04 76 46 31 75
Ouvert du mardi au samedi midi et soir. Menu du jour 18,90 €. Sur place et à emporter.

Le bon moment, c'est vous qui le choisissez puisque ce restaurant est ouvert à de larges horaires. Idéalement situé sur l'axe piéton entre gare et hypercentre, voilà la terrasse rêvée dès les beaux jours et une grande salle contemporaine pour prendre le temps de savourer de bons plats faits maison. Accueil et service adorables chez Michaël et Marion qui nous servent des plats 100 % élaborés sur place, réalisés avec des produits de qualité. A commencer par les spécialités maison que sont les pâtes, fabriquées sur place, et les pizzas. Alléchante formule du jour avec, cet été, des pâtes sauce ribs de bœuf relevée au piment d'Espelette, un régal. Du plaisir à partager à tous les moments.

BISTROT - BRASSERIE

BRASSERIE CHAVANT

2, cours Lafontaine ✆ 04 76 87 61 83
www.brasserie-chavant.fr
Ouvert tous les jours midi et soir (dernier service minuit vendredi et samedi). Plat du jour 13,90 €. Carte 55 €.

Qui ne connaît pas le nom de Chavant n'est pas gourmand. La maison de Bresson s'est installée au cœur de Grenoble, profitant d'une terrasse agrandie cette saison pour nous recevoir dans les meilleures conditions à l'extérieur comme à l'intérieur. Salle claire, élégante, service soigné, Chavant sait s'occuper de ses hôtes. Ne pas manquer les plats du jour qui changent... chaque jour. Quelques incontournables avec les ravioles de langoustines, truffes et foie gras, le tartare de bœuf charolais coupé au couteau ou les « penne des enfants gâtés ». A l'étage, tables plus intimistes pour événements privés. Carte des vins qui ne laisse pas indifférent. Brasserie haut de gamme.

BISTROT - BRASSERIE

BRASSERIE CHOUX

82, rue de Stalingrad
✆ 04 76 47 57 66
Ouvert du lundi au mercredi de 6h30 à 17h, jeudi et vendredi de 6h30 à 23h, samedi de 8h à 15h. Formule midi 17,50 €.

Ce qui est chou, c'est parfois de sortir de l'hypercentre grenoblois pour découvrir d'autres adresses. Et c'est encore mieux quand celle-ci se trouve non loin d'un parc et qu'elle possède une agréable terrasse fermée en retrait de l'agitation de la ville. Avec ses larges horaires, la Brasserie Choux s'adresse non seulement à celles et ceux qui veulent faire une bonne pause déjeuner, mais aussi aux pauses du petit-déjeuner au goûter. Convivialité pour une cuisine maison généreuse et savoureuse qui se décline sur l'ardoise. Bon rapport qualité-prix pour des lasagnes maison ou des tripes à la mode « Choux », voire un plateau de fruits de mer. Carte des vins de même qualité. Trop Choux !

BISTROT - BRASSERIE

LA BRASSERIE DES ARCHERS

2, rue du Docteur-Bailly ✆ 04 76 46 46 60
www.labrasseriedesarchers.fr
Ouvert tous les jours le midi, du lundi au samedi le soir. Plat du jour 14,50 €. Terrasse.

Cible gourmande pour cette véritable institution historique du centre-ville de Grenoble. Une brasserie qui doit son nom au fait que les archers du roi venaient s'y restaurer au XVIIe siècle ! Aujourd'hui, c'est à vous de profiter d'une terrasse ombragée et abritée de l'agitation urbaine. Accueil et service remarquables pour nous proposer une carte de saison avec de belles salades estivales, un jarret de porc rôti et frites maison ou un poisson entier grillé selon la pêche. Plats végétariens avec des produits issus de producteurs locaux. La nouveauté de la saison, c'est la carte à partager avec des formules apéritives, des bruschettas et des pizzas. Belle carte des vins. Indémodable.

BISTROT - BRASSERIE

LA BRASSERIE DU FANTIN

5, rue de l'Abbé-de-la-Salle
✆ 04 76 01 00 97
www.fantin-latour.fr
Ouvert du mardi au samedi le midi. Menu du jour 36 €. Terrasse.

Un peu comme dans les montagnes des Hautes-Alpes si chères au chef étoilé Stéphane Froidevaux, la brasserie du Fantin Latour offre une belle marche d'approche vers le monde de la gastronomie. Proche de la nature, le chef travaille des produits du marché de saison, des produits le plus souvent locaux, composant des plats pleins de fraîcheur et de saveurs parfois inédites à base d'herbes, de plantes et de racines. Toujours un excellent travail, même en version brasserie, avec un menu unique imposé (une seule alternative pour l'entrée et le plat). Ambiance champêtre pour une brasserie orientée vers la gastronomie qui nous régale à travers les plus beaux paysages gourmands.

BISTROT - BRASSERIE

LE CAFÉ DE LA TABLE RONDE

7, place Saint-André
✆ 04 76 44 51 41
www.restaurant-tableronde-grenoble.com
Ouvert tous les jours de 9h à 0h. En hiver fermeture dimanche soir et lundi. Plat brasserie 17 €.

Pour raconter l'histoire de cette Table Ronde, il faudrait bien plus d'un livre ou d'un guide. L'histoire du deuxième plus vieux café de France, après le Procope à Paris, commence en 1739, il y a 284 ans. Sur la place en face de l'ancien Palais du Parlement du Dauphiné, voici l'une des plus belles et des plus accueillantes terrasses de la ville. Les salles historiques restent à découvrir. Large carte de brasserie, de la tête de veau à l'ancienne au demi-homard grillé. Plateaux de fruits de mer et huîtres. Pour boire un verre ou bien manger, un immanquable.

BISTROT - BRASSERIE

LE COUSINE

53, avenue Jeanne d'Arc
✆ 09 87 37 31 33
Ouvert du lundi au vendredi de 9h30 à 14h30, du mercredi au vendredi de 18h30 à 22h30. Formule du jour 15 €.

Pas de faute de genre, il s'agit du Cousine et pas de la Cousine. Pas de faute non plus côté prix, vous avez bien lu celui de la formule du jour, sans doute la formule plat du jour, dessert du jour et café la plus économique et surtout l'une des meilleures de la ville ! Une raison supplémentaire de découvrir sans tarder ce restaurant situé au-delà du parc Mistral. Tenu par Jean-Jacques et Jérôme, Le Cousine réalise une cuisine de saison maison avec des produits frais. 3 entrées, 4 plats et 3 desserts, c'est suffisant pour satisfaire toutes les envies. Même les végans sont à la fête. Assiettes aussi savoureuses que bien dressées, desserts remarquables aussi. Un Cousine emballant.

BISTROT - BRASSERIE

LE CAFFÈ FORTÉ

4, place Lavalette ✆ 04 76 03 22 83
www.caffeforte.fr
Ouvert du lundi au vendredi le midi ; du lundi au samedi le soir. Formule midi 24 €. Le soir, à l'ardoise.

La terrasse côté cour du Caffè Forté est à l'image de l'établissement, un peu cachée. Pourtant, cette terrasse fait partie de celle où l'on adore se retrouver, tout comme dans cette salle incroyable d'un hôtel particulier du XVIIe siècle. Du comptoir en zinc aux banquettes en bois en provenance d'un train italien en passant par les tables en marbre de Carrare, c'est un plaisir pour les yeux. A midi et en soirée, cuisine réalisée à partir de bons produits en circuits courts. Bonheurs variés avec un bobun de papi Thô, un bar de ligne sauce vierge, un tartare au couteau et un moelleux au caramel au beurre salé. Carte des vins et alcools tentante. Lieu unique qu'il faut absolument découvrir.

BISTROT - BRASSERIE

GAUDI CAFÉ

5, cours Berriat
✆ 04 80 38 39 11
Maître Restaurateur. Ouvert du lundi au samedi à midi ; du mardi au samedi le soir. Formule midi 25 €.

Si la terrasse du Gaudi Café compte parmi les plus agréables de la ville pour faire une pause fraîcheur à de larges horaires, il ne faut surtout pas négliger la partie restauration de ce café qui cache bien son jeu. Comme le dit Laurent Ibanez, Maître Restaurateur depuis 2014, « ça bouillonne d'imagination et de générosité à l'intérieur ». Salle chaleureuse, accueil vraiment adorable, il ne reste plus qu'à découvrir une carte inspirée par les origines espagnoles du propriétaire des lieux, pour ce tartare de bœuf au couteau préparation à l'espagnole par exemple, mais aussi par les meilleurs produits de saison. Belle carte des vins, cocktails à savourer avec des « grignotages ». Épatant !

BISTROT - BRASSERIE

LA CÔTELETTE

5, rue Renauldon ✆ 04 76 62 52 84
www.restolacotelette-grenoble.fr
Ouvert du mardi au samedi midi et soir. Plat du jour 12 €. Planches 22,80 €.

15 ans que cette Côtelette régale celles et ceux qui poussent la porte d'une maison parmi les plus étonnantes de Grenoble. De l'extérieur, vous voyez bien que notre guide recommande cette adresse et vous vous installez en terrasse. Mais entrez pour voir et vous ne serez pas déçu ! Par l'accueil d'abord, adorable, et par le formidable décor d'un ancien couvent avec sa chapelle et ses caves voûtées à privatiser en toute occasion. Murs de pierre, ambiance chaleureuse et cuisine de tradition pleine de fraîcheur, réalisée à partir de bons produits, comme cette belle côte de bœuf. Plats du jour du marché à ne surtout pas manquer. Carte des vins à partager. Le plaisir d'être ensemble.

BISTROT - BRASSERIE

LE GRATIN DAUPHINOIS

52, avenue Félix-Viallet ✆ 04 56 17 75 47
www.jaimelegratindauphinois.com
Maître Restaurateur. Ouvert du lundi au vendredi midi et soir. Menu midi 2 plats 17 €. Carte.

Avec une enseigne proche de la gare qui met en avant la spécialité régionale, le Gratin Dauphinois ne manque pas d'attirer les visiteurs de passage. Si la carte proposée par le chef Olivier Mondolini propose bien une déclinaison de gratins – dauphinois ou de ravioles avec divers accompagnements et sauces –, elle propose bien d'autres plats adaptés à toutes les saisons. Salade végétarienne aux ravioles et aux noix, gaspacho de tomates anciennes cet été, viande et poisson du marché accompagnés de légumes, burger avec frites maison et, certains soirs de fin de semaine, des cuisses de grenouilles. Accueil sympathique et service efficace. Un Gratin Dauphinois d'une belle simplicité gourmande.

BISTROT - BRASSERIE

ICI GRENOBLE

8, rue du Vieux-Temple ✆ 04 76 51 82 80
www.ici-grenoble.com
Ouvert du mardi au samedi le midi et le soir. Formule midi 16 €. Vente à emporter.

Ici, on est ailleurs et fiers d'être grenoblois. Ici, on mélange les styles dans un ancien atelier d'ébéniste réaménagé avec goût et des objets en provenance d'un troquet parisien ou des anciennes usines Fiat de Turin. Sans oublier la terrasse sur le parvis de la salle Olivier Messiaen... Drôle d'endroit pour la plus gourmande et la plus solidaire (de belles actions pour aider les plus démunis) des rencontres avec une carte bien ancrée dans la région, mais ouverte sur tous les horizons. Un fameux homard/frites, d'incontournables burgers, un exceptionnel tartare de bœuf au couteau et une « grosse pouffe » pour terminer. A emporter et livraisons avec Sicklo. Ici, c'est tout bon.

BISTROT - BRASSERIE

O'TONNEAU

661, route de Chambéry - **SAINT-ISMIER** ✆ 04 76 77 05 96
www.o-tonneau.fr
Ouvert du mardi au samedi le midi et le soir. Formule : 30 €. Formule midi 16,50 €.

C'est O'Tonneau que l'on vient se désaltérer et se régaler à Saint-Ismier. Vue imprenable en terrasse sur la chaîne de Belledonne pour ce restaurant où l'on ne se met pas la pression, mais où l'on peut en boire de bonnes avec des bières de la région. Plats plaisir sur une carte qui met à l'honneur les produits du coin, mais pas seulement, avec un gratin de ravioles Saint-Jean au saint-marcellin, un burger maison, de belles salades ou des spaghettis aux aubergines rôties pour les veggies. A surveiller, les suggestions du chef, notamment des grenouilles en persillade servies le soir et le samedi midi. Desserts maison, dont une crème brûlée à la Chartreuse. Convivialité et bien manger.

BISTROT - BRASSERIE

CHEZ MAGUY

2, place de Metz
✆ 04 76 87 55 89
Ouvert du lundi au samedi le midi ; le vendredi et le samedi le soir. Plat du jour : 11,50 €.

Installée sur la place de Metz, Maguy est l'association de Matthieu et de Guy, le cuisinier, qui nous reçoivent dans ce café-restaurant à la cuisine sincère et bistrotière. Rien à cacher pour de savoureux plats bistrot affichés à l'ardoise au rythme des saisons. Incontournable burger CBO au poulet croustillant, cheddar, bacon, oignons et buns maison, une vraie salade Caesar avec son poulet pané maison, la pièce du boucher, le poisson du jour ou un poulpe grillé en persillade, et des desserts toujours maison. Des suggestions pour toutes les envies, notamment des envies italiennes, avec des prix abordables. Sélection de vins des plus sympathiques. Une adresse qui fait du bien.

BISTROT - BRASSERIE

LE PETIT JARDIN

6, rue Montorge
✆ 09 67 89 80 59
Ouvert du lundi au samedi le midi et le soir. En hiver, du lundi au samedi à midi et du jeudi au samedi le soir.

Toute la fraîcheur du Jardin de Ville associée aux saveurs d'un Petit Jardin. Terrasse ombragée où les soirées estivales se prolongent volontiers. L'hiver, la véranda s'ouvre vers l'extérieur et la salle cosy offre un refuge chaleureux. Accueilli par Andy Flickinger, ancien coureur cycliste professionnel et directeur sportif, chacun se sent à l'aise dans ce jardin. Ambiance conviviale pour savourer une cuisine composée essentiellement de produits locaux et de saison. Excellente entrecôte bio, burger du chef, gravlax, escargots maison et, en hiver, des plats canailles comme les rognons ou la tête de veau. Belle carte de vins naturels et bio. Un Petit Jardin à cultiver avec gourmandise.

BISTROT - BRASSERIE

NULLE PART AILLEURS

20, avenue Felix Viallet
✆ 04 76 53 43 02
www.npacafe.fr
Ouvert du lundi au vendredi le midi et le soir. Carte : 25 € environ.

Restauration à midi, bar à vin avec dîner et/ou grignotage en soirée, NPA c'est tout ça et un peu plus. Avec une enseigne qui évoquera aux... pas très jeunes une émission culte, Nulle Part Ailleurs s'adapte à nos envies tout au long de la journée. Le midi, c'est restauration avec des assiettes de saison. Des classiques du bistrot avec un burger façon NPA Café aux saveurs du sud ou un tartare de dorade royale façon thaïe pour varier les plaisirs. Nougat glacé maison. Le soir, c'est apéro autour d'un verre de vin de producteur avec une sélection intéressante. Pour prolonger la soirée, Mojito comme Nulle Part Ailleurs. Adresse conviviale où l'on se plaît à rester et faire des rencontres.

BISTROT - BRASSERIE

VERTIGE D SENS

18, rue Saint-Joseph
✆ 04 76 19 00 35
Ouvert du mardi au samedi midi et soir, sauf mercredi soir. Plat du jour 12,50 €. Tapas en soirée.

Envie de sensations gourmandes ? Vous voudriez avoir le Vertige D Sens ? Entre la place de l'Étoile et Chavant, direction une adresse centrale assez discrète de l'extérieur, mais qui se révèle lumineuse avec sa fresque colorée et joyeuse avec un service sympathique et efficace. Accueil agréable pour une adresse où deux passionnés de restauration, Éric, Grenoblois d'origine, et son épouse Monica, nous accueillent dans une ambiance festive, surtout en soirée lors des concerts, pour savourer une cuisine de saison sur une carte courte de suggestions : parmigiana maison, burger maison et des desserts à ne pas manquer. Tapas en soirée. Grande convivialité et sensations gourmandes à partager.

SAVOIE

À CONFESSE

27, rue Saint-Laurent
✆ 04 76 54 11 60
Ouvert du mercredi au lundi le soir. Fondue (2 pers. mini) à partir de 16,90 €/pers.

Bientôt 50 ans que l'on vit dans le péché à se régaler de « crêpes d'enfer et de fondues du diable » ! Dans le quartier de Saint-Laurent, À Confesse est réputé pour ses spécialités aux fromages fondus et sa bonne humeur contagieuse. Recettes maison qui n'ont rien à cacher, puisque les cuisines sont ouvertes, avec un large choix de fondues pour toutes les envies dans cette adresse pleine de joie de vivre et de saveurs ! Est-ce raisonnable de vous demander de garder une place pour la fondue au chocolat en dessert ? Crêpes et galettes pour varier les plaisirs. Nouveauté à ne pas manquer avec une nouvelle version d'À Confesse - burgers et raclette bowls - au 23 rue de Turenne.

SAVOIE

LA FERME À DÉDÉ

39, avenue de Romans - **SASSENAGE**
✆ 04 76 53 28 27
www.restaurantlafermeadede.com
Maître Restaurateur. Ouvert tous les jours le midi et le soir.

Dédé, il descend de la montagne pour partager avec les gens de la ville les bons plats de nos campagnes, la cuisine savoyarde et dauphinoise. Trois belles adresses au décor pittoresque et rustique qui nous ramène vers la Ferme à Dédé. A Sassenage, belle terrasse, objets d'autrefois et cuisine de tradition réalisée par un authentique Maître Restaurateur, gage de qualité. Spécialités fromagères des Alpes, Murçon artisanal de la Mure ou truite de chez Murgat, la carte permet de satisfaire toutes les envies avec la bonne cuisine de chez nous. Croque-monsieur à la raclette, salades repas, ravioles artisanales à emporter pour se faire plaisir sur un banc au soleil. Un agréable retour aux sources.

CUISINE RÉGIONALE

LE DAUPHINOIX

11, rue Bayard
✆ 04 76 25 38 38
Ouvert du lundi au samedi le midi et le soir. Carte : 30 € environ.

À Rome, fais comme les Romains. À Grenoble, mange comme les Dauphinois. Enfin, mange au DauphinoiX. Habile jeu de mots entre un terroir réputé pour sa cuisine gourmande, le Dauphiné, et ses produits de qualité, à commencer par la célèbre noix AOP. Au cœur du quartier des Antiquaires, une adresse nous présente toutes les merveilles du Dauphiné dans un cadre sympathique et une ambiance élégante et conviviale. Carte courte garantissant une belle fraîcheur avec une terrine de foie gras maison et son chutney groseille et oignons rouge, un incontournable poulet aux écrevisses, les traditionnelles ravioles, pour terminer avec un délicieux vacherin chocolat chartreuse maison. À découvrir.

SAVOIE

LA FONDUE

5, rue Brocherie
✆ 04 76 15 20 72
www.lafonduegrenoble.fr
Lundi-vendredi 12h-13h30/19h-1h. Samedi 12h-14h/19h-1h. Formule midi à partir de 10 €. Fondue savoyarde 16,80 €.

© EMMANUEL SPASSOFF

© JESSICA CALVO

La Fondue, c'est notre refuge en toute saison, notre « chouchoute » pour nous réchauffer, nous réconforter et manger les meilleurs plats savoyards toute l'année ! L'adresse qu'il faut connaître pour être à fond dans la fondue tous les jours, même le dimanche ! Bientôt 20 ans que l'adorable Sandie nous régale de ses spécialités de fromages fondus dans un décor refait, façon chalet savoyard, où l'on se sent tellement bien. Sur la carte, les fondues se déclinent en 17 versions – 15 au fromage – qu'il faut toutes goûter ! Autres plaisirs à partager avec les raclettes, tartines, gratinées ou un steak tartare des Montagnes. Fondue des Pères Chartreux pour terminer en beauté. Grandiose Fondue !

JE ME RÉGALE

CUISINE DE NOS RÉGIONS

CUISINE RÉGIONALE

LA MARMITE DAUPHINOISE

1, place Hubert-Dubedout
✆ 04 76 53 09 01

Ouvert du mardi au samedi le midi, du jeudi au samedi le soir. Formule midi 18 €. Menus de 23,50 € à 37 €. Terrasse.

A l'entrée de Grenoble, côté Porte de France, à deux pas de la Bastille, la Marmite Dauphinoise se trouve à un carrefour de saveurs où l'on défend le goût de la cuisine régionale de tradition. L'été, on s'arrête en terrasse et toute l'année on découvre une salle lumineuse et des arches de pierres apparentes, ainsi que quelques objets – dont une marmite bien sûr ! – rappelant les fermes dauphinoises. La cuisine, derrière ses vitres, n'a rien à cacher aux gourmands installés en salle. Ici, tout est fait maison et la cuisine réalisée avec des produits de qualité. A commencer par les cuisses de grenouilles à la persillade avec gratin dauphinois. Des instants de plaisir.

ALSACE

L'AUBERGE DU RHIN

13, rue Saint-Joseph ✆ 04 76 46 66 49
www.auberge-rhin.com

Ouvert du lundi au vendredi midi, du mardi au samedi soir. Formule midi 17,50 €. Menu soir 18,50 €. A emporter.

L'Auberge du Rhin, c'est l'Alsace à Grenoble depuis plus de 30 ans ! Une institution tenue par Alain Lehman qui perpétue dans sa maison, discrète mais reconnue, la tradition d'une cuisine à la fois généreuse et savoureuse. Ambiance conviviale d'autrefois dans cette auberge où la vedette s'appelle choucroute, mais il y a encore le gratin de munster, le jarret de porc braisé ou les lasagnes à la strasbourgeoise. L'autre spécialité des lieux, ce sont les tartes flambées, mais attention, elles ne sont préparées que quelques soirs dans l'année (dates communiquées sur la page Internet). A midi, plats du jour parfaitement réalisés à prix abordables. Vins et bières d'Alsace bien entendu.

CRÊPERIE

SUZETTE FAIT DES CRÊPES

16, rue de Strasbourg
✆ 09 87 72 03 95

Ouvert du mardi au samedi le midi et le soir.

Une crêperie à Grenoble doit-elle ressembler à l'idée que l'on se fait d'une crêperie bretonne ? La réponse est non ! Et Suzette – enfin Assia – nous le prouve avec cette crêperie qui ressemble plus à un ravissant salon de thé british qu'à un restaurant sur le port de Lorient. C'est cosy, vraiment tout mignon, et l'on est accueilli avec des fleurs qui nous suivent jusque sur la mezzanine. Le décor n'est pas la seule réussite, car ici on fait des crêpes. Des galettes et des crêpes réalisées maison avec de bons produits frais. Craquage garanti pour la Marguerite et la Suzette bien entendu. Gaufres aussi, bières artisanales encore et cidre bio. Suzette assure.

CRÊPERIE

ROUGE DÉLICE

2, rue Blanc Fontaine ✆ 04 76 46 97 27
http://creperierougedelice.fr

Ouvert tous les jours midi et soir. Formule midi bio 14,20 € (hors week-ends et jours fériés).

Qu'il est bon de voir la vie en Rouge Délice ! Magnifique surprise cette saison estivale avec une superbe terrasse arborée où il fait si bon se poser midi et soir à l'abri de l'église Saint-Louis. Autres grands plaisirs de ce Rouge Délice, la gentillesse de l'accueil et la qualité d'une cuisine maison faite sous vos yeux gourmands. Produits pour la plupart bio et locaux pour des galettes de sarrasin breton et des crêpes de froment bio garnies selon de nombreuses recettes toutes délicieuses (il faudra revenir souvent pour tout goûter, même si vous êtes végétarien ou végan !). Des salades également, dont une végane. Cocktails, bières et cidre bio artisanal. Concerts et événements.

RESTAURANT

AU MOULFRITE

36, avenue Alsace-Lorraine
✆ 04 76 46 23 01

Ouvert du mercredi au dimanche le midi et le soir. Formule midi 16,90 €.

Entre les montagnes, l'air marin vous manque. Idéalement situé entre la gare et l'hypercentre, profitant d'une large terrasse protégée et d'une grande salle des plus agréables, Au Moulfrite est une invitation à prendre le large. Unique dans son genre à Grenoble, ouvert le dimanche pour nous régaler aussi le week-end, devinez quelle est la spécialité de cette enseigne ? Des moules – en provenance de Bretagne ou de Normandie, dès que la saison le permet – qui se déclinent en une dizaine de saveurs (marinière, champignons, carbonara, fromages, citron…) et des frites maison cuites, comme il se doit, à la graisse de bœuf. Belle carte de boissons et service adorable.

IGOURMAND

Vous avez décidé de devenir végétarien mais vous ne savez pas quoi cuisiner ? L'appli iGourmand pourrait vous redonner goût à la cuisine car elle va vous apprendre à préparer de plats 100 % végétariens. Vous allez même découvrir que la cuisine veggie peut être savoureuse, variée et parfumée. Voilà une belle façon de surprendre vos amis carnivores en les invitant à dîner !

VÉGÉTARIEN
L'AIGUILLAGE

14, rue Abbé-Grégoire ✆ 04 38 12 87 05
https://aiguillage.fr
Ouvert du lundi au vendredi le midi, jeudi et vendredi le soir. Assiette végétale 15 €.

Un Aiguillage qui a pris la bonne voie. Celle d'une cuisine naturelle réalisée à partir de produits issus des circuits courts, le plus souvent isérois, parfois bio. Celle d'un restaurant tenu avec conviction par deux passionnés qui n'ont de cesse de faire évoluer l'Aiguillage dans le bon sens : Natacha et Elodie. Et si la cuisine n'est pas 100 % végétarienne, avec des propositions de viande et de poisson, il y a toujours sur la carte hebdomadaire une entrée et un plat végétariens remplis des saveurs de saison. On aime aussi les petites pousses et autres fleurs qui font plus qu'orner nos assiettes en leur donnant du goût. Vins bio, et en biodynamie pour certains, pour cette cuisine nature.

VÉGAN
LA BOUCHE'RIT

8, avenue de Valmy
✆ 09 83 33 40 00
Ouvert du mardi au samedi le midi et le soir. Menu burger 13,90 €.

Pied de nez (et pas de cochon) aux traditionnelles boucheries, puisque ce restaurant est 100 % végan. Dans un quartier paisible, à deux pas du Stade des Alpes, La Bouch'Rit nous accueille dans un espace chaleureusement décoré, disposant d'une terrasse ombragée à l'arrière qui fait la différence aux beaux jours. La différence, elle se fait tous les jours avec une cuisine 100 % maison réalisée à partir de produits frais, bio et locaux de préférence. Le chef varie les plaisirs en composant de nouveaux burgers maison, à base de seitan, de galette végétale ou de « fauxmage », le tout accompagné d'une salade coleslaw. Assiettes généreuses et gourmandes avec de belles surprises.

VÉGÉTARIEN
AU CLAIR DE LUNE

54, rue Très-Cloîtres ✆ 04 76 24 61 17
www.au-clair-de-lune.fr
Ouvert du mardi au samedi midi, du jeudi au samedi soir. Plat végétarien 13 €. Formules soir 27 €.

Que de belles et bonnes choses au Clair de Lune qui a toujours autant d'éclat. Un restaurant qui n'est pas exclusivement végétalien, mais où le chef prépare avec soin une cuisine adaptée aux régimes spécifiques, à commencer par les intolérants au gluten. Dans une rue sympathique, petite terrasse ombragée confidentielle, décor un peu rêveur des plus réussis, cuisine ouverte pour ne rien cacher, accueil charmant pour découvrir des recettes étonnantes et délicieuses. Les plats, réalisés à partir de produits locaux et bio, varient au rythme du marché de saison. En soirée, l'offre est encore plus savoureuse. Les pâtisseries végétales sont bluffantes. Régalez-vous au Clair de Lune.

VÉGAN
FIT & GOURMANDE

22, boulevard Maréchal Foch ✆ 06 13 86 78 24
https://fit-et-gourmande.com
Ouvert du lundi au vendredi le midi. Formule de 13 € à 14 €. Lunch box 11,50 €.

Fit & Gourmande, c'est bien plus qu'un restaurant, puisque c'est un atelier de création culinaire où Mathilde Descot propose de partager sa passion pour une nourriture saine et équilibrée. Pour vous faire une idée des plats gourmands, sans gluten et sans lactose, de Mathilde, vous pouvez même vous procurer son livre de recettes. Vous pouvez aussi acheter les produits maison, notamment des granola et des pâtes à tartiner irrésistibles. Bien sûr, il y a les cours de cuisine, mais aussi une *lunch box* et un plat du jour, toujours sain et composé de produits frais. Desserts remarquables. Pour faire plaisir aux gourmands, offrez des cartes cadeaux, produits et accessoires signés Fit & Gourmande.

VÉGAN
GUSTAVO

11, rue Thiers
✆ 04 38 86 67 16
Ouvert du mardi au samedi le midi et le soir. Formule : 11,90 €.

A priori, kebab et végan sont deux mots qui ne vont pas très bien ensemble. Et si ! Et Gustavo d'ajouter à « vébab », d'autres spécialités comme les falafels et même, ô mon dieu, le tacos ! ! Gustavo, c'est de la haute restauration rapide, un lieu délicieux à l'image des personnes qui lui donnent vie pour goûter à tous les plaisirs végans de la vie. Sur place ou en livraison, Gustavo a déjà ses incontournables, avec le fameux BabDeGus, kebab végan au seitan maison. Sandwichs, mais aussi bols pour se régaler en personnalisant son plat avec une sauce maison au choix. Mookie végan et sans gluten ou barre de crème cacahuète et fleur de sel pour terminer en beauté. Originalité et bien manger.

VÉGAN
LOCAFE

31, rue d'Alembert ✆ 04 56 45 22 22
www.locafegrenoble.com
Ouvert du mardi au samedi de 9h à 23h. Formule : 20 € (3 plats). Formule 4 plats/24 €, 5 plats/28 €.

Si vous êtes végan, vous connaissez déjà le Locafé. Si vous n'êtes pas végan, allez vite découvrir ce restaurant pas comme les autres ouvert à tous ! Installé dans le quartier Saint-Bruno, le Locafé s'est sincèrement engagé dans une démarche de réduction de son impact environnemental, ne proposant que des produits issus de l'agriculture biologique et de circuits les plus courts possibles. Les adorables Claire et Michel nous étonnent surtout avec leurs assiettes de saison qui changent chaque semaine. Des produits respectés, de superbes dressages et des saveurs merveilleuses qui nous ont enchantés. Vins et bières bio, cafés de spécialité bio. Végan ou pas, vous allez aimer le Locafé.

BIO

À L'ENVERS

3, rue d'Alembert ✆ 04 76 48 62 83
www.a-lenvers.com

Ouvert du lundi au vendredi le midi et du mercredi au vendredi le soir. Bowl 15 €. Plat à partir de 16 €.

A l'Envers fait les bonnes choses au bon endroit. Dans ce quartier d'affaires où l'on aime trouver de nouveaux repères, A l'Envers offre à la fois un bistrot pour bien manger bio, un bar, une boutique et un lieu de spectacles et d'événements. Produits bio, locaux, de saison cuisinés de manière douce pour préserver saveurs et nutriments. Cuisine maison de saison au déjeuner, le soir tapas dînatoires, du bio et du naturel pour les boissons, vins et bières, Lieu éclectique où l'on aime se retrouver, papoter et pourquoi pas travailler dans des espaces chaleureux. Bons produits à la boutique épicerie. Événements surprenants, programmation à suivre. Espaces privatisables pour les groupes.

FRUITS DE MER - POISSONS

SACREBLEU

Place Condorcet ✆ 09 81 18 17 90
www.sacrebleu-huitre.com

Ouvert du mardi au samedi midi et soir. Dimanche en hiver. Livraison plateau. A emporter.

Au milieu des montagnes, la mer nous manque parfois. Au cœur de la ville, Sacrebleu nous propose une cuisine iodée pour savourer les meilleurs produits en provenance de nos côtes. En terrasse ou dans une salle chaleureuse, bonne pêche de spécialités de fruits de mer, avec 8 plateaux qui peuvent être personnalisés – et une cuisine autour des produits de la mer. La spécialité de la maison, ce sont les huîtres avec tous les « grands crus » de nos côtes (Marennes-Oléron, Normandie, Bretagne, Méditerranée), avec des « perles » comme l'huître Tarbouriech. Moules-frites, poissons frais et fish and chips pour varier les plaisirs. Qualité, fraîcheur dans les filets, un régal !

FRUITS DE MER - POISSONS

LES TROIS DAUPHINS

24, boulevard de la Chantourne - **LA TRONCHE** ✆ 04 76 54 49 73
https://les3dauphins.eatbu.com

Ouvert du lundi au samedi le midi, du mardi au vendredi le soir. A la carte 35 € environ.

C'est le restaurant incontournable de ce secteur du CHU Grenoble Alpes. Si vous n'êtes ni soignant ni patient, vous apprécierez aussi les Trois Dauphins comme un restaurant familial proposant une cuisine de tradition. A la tête de cette adresse qui sait aussi se montrer originale, Norbert Sage a su conserver les classiques d'une maison qui possède son vivier et fait son marché pour une cuisine à base de produits frais. Salade de poulpe maison cet été, pâté en croûte Richelieu. Coquillages, fruits de mer avec de jolis plateaux, poissons pour nager vers la grande bleue. Les suggestions changent au rythme des saisons. Des plats à savourer sur la belle terrasse. Repas de groupe, séminaires.

INSOLITE

LA CHAPELLE

5, rue des Bains ✆ 04 76 86 30 20
www.lachapellegrenoble.com

Ouvert du mardi au samedi le midi et le soir. Formule du midi : 16 €.

Ne pas se faire prier pour rentrer dans cette Chapelle afin d'y commettre le péché de gourmandise. Une authentique chapelle ornée d'une riche décoration – portail à colonnes ioniques, vitraux et magnifique escalier à double courbure – dans laquelle s'est installée l'équipe d'Ici Grenoble avec, aux commandes, Flore et Fernando. Le tarot est très présent, mais pas besoin de se faire tirer les cartes pour faire un « tour du monde » en cuisine. Plats aux saveurs d'ailleurs (bò bún, ceviche, tataki de bœuf, empanadas…) et un excellent burger Empereur. La pavlova reste une référence de la maison à vite retrouver. Terrasse aux beaux jours et excellent choix de boissons. Un petit paradis.

INSOLITE

O2 RESTAURANT

5, Fort de la Bastille ✆ 04 76 25 48 60
www.o2-restaurant.fr

Ouvert tous les jours à midi, du mercredi au samedi le soir. Menu 39 €. Menu enfant 15 €.

Point de vue exceptionnel depuis ce restaurant à terrasse panoramique sur les hauteurs de la Bastille. L'impression légère de manger suspendu au-dessus de la ville avec les montagnes à l'horizon. Grande bouffée d'air pur pour savourer un accueil sympathique, pas simple de gérer salle et terrasse avec un grand nombre de couverts, et une cuisine de brasserie au goût du jour : rillettes de truite de la maison Murgat ou croquetas de pomme de terre sur une planche à partager, Burger O2 au bleu du Vercors et ses frites ou filet de de veau aux morilles. Déclinaison de ravioles en spécialité et fromage du moustachu Bernard Mure-Ravaud. Bulle O2 pour le dessert. Respiration gourmande.

VIANDE

TXULETA

8, rue du Docteur Schweitzer - **SEYSSINS** ✆ 04 76 21 62 61
https://txuleta.fr

Ouvert du mardi au samedi soir, du mardi au vendredi midi. Carte 40 € environ. Carte midi et soir avec suggestions.

100 % viandes d'exception. Txuleta (à prononcer à la basque « tchouleta ») est le restaurant des amoureux de la viande de la métropole grenobloise. Il est même l'un des très rares en France certifiés à servir le fameux bœuf de Kobe. Chez Txuleta, ce sont des passionnés de viande qui sont en cuisine et leur seul but, c'est de mettre ces pièces exceptionnelles au devant de l'assiette. La vitrine annonce la couleur dès l'entrée avec des viandes maturées, l'autre spécialité de cette maison de qualité. Belle terrasse et salle cosy, excellente carte des vins pour accompagner. Dans cette zone d'activités, le parking du restaurant se remplit vite et il est conseillé de réserver sa table.

ZOOM

LES TERRASSES DE GRENOBLE

Dans un pays en voie de tropicalisation, il est certain que nous allons passer de plus en plus de temps en terrasse ! Grenoble, ville au climat plutôt rude les longs mois d'hiver, n'était pas trop connue pour ses grandes terrasses. Mais ces dernières années, elles ont fleuri, en partie à cause de la pandémie quand il ne fallait pas s'enfermer, en partie à cause du réchauffement climatique, en partie grâce à un nouvel art de vivre fait de convivialité et de partage dans une ville qui a de nombreux points communs avec l'Italie. Notre sélection concerne à la fois l'hypercentre de Grenoble, où il n'est pas toujours aisé de trouver de belles terrasses, et les environs avec des adresses en altitude proposant de superbes terrasses avec vue.

MADAM

La reprise de Madam nous permet de profiter d'une terrasse sous verrière pour savourer un cocktail et quelques tapas en attendant l'aménagement des jardins.

LA MAISON BADINE

À quelques minutes du centre-ville de Grenoble, à La Tronche, Florian Poyet nous propose une magnifique terrasse abritée pour goûter à sa cuisine gastronomique.

LES JARDINS DE SAINTE-CÉCILE

Une oasis de fraîcheur cachée juste ce qu'il faut pour être à l'abri de l'agitation du quartier des Antiquaires. Terrasse verdoyante et jardins arborés. Une belle parenthèse.

O2 LA BASTILLE

La terrasse ultime. Un véritable nid d'aigle perché sur la Bastille avec vue panoramique sur Grenoble et les montagnes autour. Incontournable.

BRASSERIE DES ARCHERS

Une institution à la hauteur de sa réputation. Une incontournable terrasse ombragée en plein cœur de ville avec larges horaires.

KARACTÈRES

Magnifique terrasse naturellement ombragée dans le Jardin de Ville. Le spot rêvé pour profiter de la douceur grenobloise.

LA BELLE ÉLECTRIQUE

Pour terminer en affirmant que « les terrasses, c'est la vie », direction la grande terrasse animée de La Belle Électrique.

CHÂTEAU DE LA COMMANDERIE

Exceptionnel. Si l'on s'éloigne un peu de Grenoble, le cadre de la terrasse dans le parc du château mérite largement ce petit écart. Un écrin de verdure pour une cuisine elle aussi exceptionnelle.

CORNE D'OR

Parmi les terrasses d'exception de Grenoble Alpes Métropole, celle de la Corne d'Or à Corenc, abritée d'une pergola, offre une vue somptueuse sur la vallée et les montagnes.

MAISON ARIBERT

Dans le cadre du parc de verdure d'Uriage-les-Bains, la terrasse du Bistrot A du chef doublement étoilé Christophe Aribert offre un havre de paix et de gourmandise.

ITALIEN ET PIZZERIA

BASILIC & CO

44, cours Jean Jaurès
✆ 04 38 86 28 60
www.basilic-and-co.com
Ouvert tous les jours midi et soir. Pizza à partir de 10,90 €.

Si la pizza est d'origine italienne, elle se marie volontiers avec les produits de nos terroirs. Ce mariage, c'est l'excellente idée proposée par Basilic & Co, mêlant tradition artisanale de pizzas maison et de produits du terroir, avec à chaque saison un terroir français différent (Pays basque cet été), le tout composant de délicieuses pizzas réalisées sous vos yeux gourmands. Plusieurs tailles et catégories au choix : les Terroirs, les Audacieuses, les (re) Découvertes pour les incontournables avec la Chorizana et la Royale di Bufala. Focacce de terroirs, salades à composer dans le même esprit accompagnée d'un petit pain et desserts artisanaux, des glaces et sorbets bio Terre Adélice.

ITALIEN ET PIZZERIA

LA CHANDELLE

24, avenue Félix-Viallet ✆ 09 83 70 84 20
https://lachandellepizzeria.fr
Ouvert du mardi au samedi midi et soir. Pizzas à partir de 11,50 €. Vente à emporter.

Parmi les meilleures pizzerias de Grenoble, la Chandelle continue d'allumer notre flamme pour ses pizzas traditionnelles. Pâtes superbes faites avec du levain, craquantes dessus, fondantes dedans, garnies d'ingrédients de qualité, comme cette Tartufo : crème de truffe, cèpes, mozzarella, speck, tomates fraîches, burrata, parmesan, crème de balsamique ou la Gorgonzonoix mettant en valeur la noix de Grenoble. Une carte qui s'étend vers d'autres spécialités avec des pâtes aux sauces maison, une traditionnelle escalope milanaise ou un moins connu thon mariné à la pistache et au citron servi avec des *penne* au pesto maison. Tiramisu maison de même qualité. Une Chandelle qui éclaire nos repas.

ITALIEN ET PIZZERIA

BIANCA

9, place Sainte-Claire
✆ 04 76 44 78 80
Ouvert du mardi au samedi le midi et le soir. Carte.

Une nouveauté qui fait du bien sur une place Sainte-Claire qui doit prendre vie dans cette « nouvelle » zone piétonnisée autour de la Halle. Fini le bleu du Boho, place à la sobriété tout en blancheur de la bien nommée Bianca. Agréable terrasse, mais la salle ne manque pas de charme avec sa tapisserie fleurie façon palais italien, ses banquettes blanches et ses sièges colorés. Mention particulière pour les assiettes peintes à la main en Italie. Le grand bonheur de Bianca se trouve justement dans les assiettes avec des plats, antipasti, pizzas et pâtes d'une gourmandise exquise et d'une qualité digne des meilleurs restaurants italiens. On se damnerait pour les *Mafalde Tartufo*. Délicieux voyage.

ITALIEN ET PIZZERIA

CIAO A TE

2, rue de la Paix
✆ 04 76 42 54 41
Ouvert du mardi au samedi midi et soir. Réservation impérative. Formule midi 18 €. Plat du jour 12 €.

Quand on demande qui est « le meilleur italien » de Grenoble, une réponse revient : Ciao a Te. Une véritable institution que cette adresse « dans son jus » (et c'est très bien comme ça) où l'on fait son entrée par les cuisines avant de découvrir une salle italienne pour le moins pittoresque. Gentillesse et convivialité en salle un peu bruyante (mais ça fait partie du décor) pour savourer des plats typiques sur une carte dont on voudrait qu'elle ne change jamais (mais qu'il faut se faire expliquer par le serveur). Spécialités des Pouilles, lasagnes *alla calabrese* et incontournable escalope de veau maison, tout comme le tiramisù. Réservation conseillée pour le plus beau des voyages.

ITALIEN ET PIZZERIA

LA BOCCA FELICE

9, rue Hauquelin ✆ 09 84 02 64 25
www.laboccafelice.com
Ouvert du mardi au dimanche le soir, du mardi au vendredi le midi. Formule midi 18 €. Menus de 31 € à 33 €.

Cette délicieuse Bocca Felice est née de la complicité de drôles de dames aux origines italiennes, passionnées par la cuisine et l'idée de transmettre le savoir-faire de leur *mamma*. Murs de pierres apparentes avec un décor plutôt simple et chaleureux pour un *ristorante italiano* qui mise plus sur la qualité de l'assiette que sur l'apparence, et ça, on aime beaucoup. Ne pas hésiter à se faire aider pour comprendre la carte en italien et choisir ses plats selon ses envies du moment. Une carte qui suit les saisons avec des recettes traditionnelles maison préparées à base de produits italiens de qualité. Tiramisù al caffé bien entendu pour terminer. Authentique restaurant italien certifié.

ITALIEN ET PIZZERIA

LA FLORENTINE

66, quai Perrière
✆ 04 76 43 12 66
Ouvert du mardi au samedi le soir. Pizzas à partir de 12 €. Salades à partir de 12 €.

Franchir l'Isère pour manger une authentique pizza italienne à Grenoble, voilà une tradition à respecter. Direction La Florentine qui n'est ouvert qu'en soirée. Italien installé depuis plus de 30 ans, M. Martines propose une cuisine entièrement faite maison et des pizzas cuites au feu de bois (c'est tellement meilleur à notre goût). Décoration pittoresque pour un beau voyage gourmand, cadre ravissant avec ces pierres apparentes dans une lumière tamisée, la grille de fer forgé pour accéder à la cave à vins, une ambiance feutrée et conviviale. Enfin, on adore parce qu'il suffit de goûter une pizza, un plat de pâtes, un risotto, un carpaccio ou des lasagnes cuites au four pour être en Italie.

ITALIEN ET PIZZERIA
L'OSTERIA

9, rue Colonel-Denfert-Rochereau ✆ 04 76 47 02 47
www.losteria-restaurant.com
Ouvert tous les jours, sauf mercredi, midi et soir. Plat du jour 11,50 €. Le soir, à la carte.

La cuisine italienne comme nulle part ailleurs. Sans doute parce qu'à l'Osteria, Thomas et son chef italien proposent une cuisine 100% maison réalisée à partir d'une sélection des meilleurs produits. Dans un décor chaleureux aux pierres apparentes, sur une carte courte permettant de varier les plaisirs entre terre et mer : délicieux antipasti maison, déclinaison de pâtes fraîches aux sauces savoureuses, viandes et poissons de qualité, ainsi que des plats végétariens. Carte réduite de pizzas pour garantir une meilleure qualité. Assiette de fromages italiens, desserts maison et carte des vins mêlant terroirs français et italiens. Réservation conseillée les fins de semaine.

ITALIEN ET PIZZERIA
LA MAISON DE LA PIZZA SANA

7, rue de Brotterode
SAINT-MARTIN-LE-VINOUX
✆ 04 58 17 36 61
https://pizzasana.fr
Ouvert tous les jours le midi et le soir. Pizza à partir de 10,50 €. Sur place et à emporter.

Soyez curieux pour vous aventurer dans cette zone d'activités et découvrir la Maison de la pizza Sana, sa terrasse installée au jardin, une salle ravissante et fleurie, ainsi qu'un accueil adorable. Ce qui nous fait tout oublier, c'est la qualité d'une cuisine italienne qui respecte les fondamentaux en défendant les valeurs d'aujourd'hui, favorisant les produits bio et locaux. Délicieuses pizzas à base de farine de blés ancestraux et garnies de produits de qualité. Plats du jour et plats tout court dans le même esprit. Belle carte de vins et bières.

ITALIEN ET PIZZERIA
LA FELICITA

34, quai Perrière
✆ 04 76 16 81 39
https://la-felicita-grenoble.eatbu.com
Ouvert du lundi au mercredi, le vendredi et le samedi le midi et le soir. Calzones 16 €. Pâtes à partir de 12,50 €.

© LA FELICITA

Felicita ou le bonheur de se retrouver de l'autre côte des Alpes sur les quais de l'Isère à la terrasse d'un ristorante et pizzeria fraîchement rénové. Saveurs d'une authentique cuisine italienne faite maison à partir de produits de qualité. Accueil chaleureux, ambiance conviviale pour partager du plaisir autour des nombreuses spécialités d'un cuisinier passionné : gratin du chef, pizzas bufala, calzones (tout cuit au feu de bois), des pâtes fraîches en 9 façons, une superbe salade italienne... Sans oublier les desserts, avec l'incontournable tiramisu du chef ou la terrible panna cotta à la mangue. Belle carte de vins italiens. Le bonheur, c'est simple comme La Felicita.

ITALIEN ET PIZZERIA
LO ZAFFERANO

4, rue Marius-Gontard ✆ 09 82 29 37 86
www.restaurant-lozafferano.fr
Ouvert du mardi au samedi le midi et le soir. Formule midi 27 €. Carte 40 € environ.

Une adresse classée dans cette rubrique italienne, mais pour combien de temps ? Car Lo Zaffareno mériterait largement de passer dans notre rubrique gastronomique grâce au talent d'Erik Noto, chef talentueux formé à de grandes tables. Cadre charmant et service attentionné et adorable pour savourer une cuisine ancrée dans le terroir italien avec des produits frais, rigoureusement sélectionnés, et dans la tradition des recettes originales, mais sublimée par la modernité et la créativité des plats. Les pâtes maison sont d'authentiques chefs-d'œuvre de gourmandise. Cet été, merveilleux travail autour du poulpe. Desserts maison au top et carte des vins elle aussi inspirée. Fantastico !

ITALIEN ET PIZZERIA
PIZZERIA DES HALLES

2, rue Auguste Gaché ✆ 04 76 54 06 23
https://lapizzeriadeshalles.com
Ouvert du mardi au dimanche le midi, du mardi au samedi le soir. Pizzas à partir de 11 €.

Grenoble et l'Italie, c'est une histoire de famille. Un savoir-faire culinaire transmis de génération en génération. Dans cette rue piétonnisée, permettant l'installation d'une nouvelle et agréable terrasse, la Pizzeria des Halles est tenue par Gaëtan La Greca depuis 34 ans. Son savoir-faire, il le tient de son père Angelo, arrivé de Sicile. Ici, c'est toute une famille qui vous accueille chaleureusement dans une Italie qui s'affiche sur les murs. Deux plats incontournables de la maison : les pizzas à la pâte formidable et aux garnitures de haute qualité, les pâtes aux sauces maison. Autres spécialités avec une salade de poulpe ou des raviolis à la truffe. Desserts délicieux. Vins italiens.

ITALIEN ET PIZZERIA

TANTI SAPORI

123, avenue Jean-Jaurès - **EYBENS** ✆ 04 76 14 94 53
www.restaurant-tantisapori.fr

Ouvert du mardi au vendredi le midi, du jeudi au samedi le soir. Formule midi 19 €. Vente à emporter.

Depuis Grenoble, les routes qui mènent à l'Italie partent dans toutes les directions. Les plus gourmands arriveront à Eybens chez Tanti Sapori. Toutes les saveurs de l'Italie dans un décor aux tons apaisants, relevés de quelques touches vertes, même sur la petite terrasse ombragée en cour intérieure ou dans la salle avec balcon à privatiser. Chez Karen Cerantola, la trattoria renoue avec l'authentique cuisine italienne, celle de plats réalisés à partir de produits importés d'Italie : pâtes fraîches artisanales, tagliata di carne, duo d'arancini, salade de poulpe, filet de dorade royale aux citrons confits accompagnée de caponata sicilienne... Carte des vins aux couleurs du pays.

ITALIEN ET PIZZERIA

LA TOSCANA

46, quai Perrière ✆ 04 76 87 33 88
www.toscanagrenoble.com

Ouvert du mercredi au dimanche le soir, du vendredi au dimanche le midi. Carte 30 € environ.

Installée depuis 15 ans sur les quais de l'Isère, la Toscana fait partie des incontournables de la cuisine italienne à Grenoble. Une adresse tenue par des passionnés qui savent partager leur amour pour les bons produits italiens et une cuisine pleine de saveurs. A commencer par les pizzas réalisées comme à Naples avec une farine... napolitaine, une pâte lentement levée et cuite dans un four à bois... napolitain. Un savoir-faire transmis à Cécilia par un maître en la matière et une certification Vera Pizza Napoletana. Des ingrédients de qualité et des recettes toutes tellement gourmandes. Des antipasti aux desserts maison, c'est un festival de grands bonheurs. Carte des vins remarquable.

CUISINE D'AFRIQUE DU NORD

LA BELLE ÉTOILE

2, rue de Lionne
✆ 04 76 51 00 40

Ouvert du mardi au dimanche midi et soir. Couscous à partir de 12,90 €. Couscous à emporter.

Pister la Belle Étoile au centre de Grenoble pour faire le plus beau des voyages par-delà la Méditerranée. Les spécialités tunisiennes comptent parmi les meilleures et la réputation des couscous et tagines maison n'est plus à faire depuis plus de 35 ans. Salade *méchouia*, omelette tunisienne, gambas grillées, nourrissante *chorba* (soupe tunisienne) ou une surprenante *tchakchouka* à l'œuf. Couscous maison, du Princier au Royal ; sans oublier les variations, dont un chiche-kebab. Côté tagines, on se régale avec du poulet, de l'agneau, des boulettes et un tagine aux légumes pour les végétariens. Accueil adorable, carte de vins ensoleillée. Une Belle Étoile à ne pas perdre des yeux.

ITALIEN ET PIZZERIA

LA TAVOLA CALDA

10, rue Brocherie ✆ 04 76 54 67 25
www.la-tavola-calda-grenoble.fr

Ouvert du mardi au samedi le midi, du mardi au vendredi soir. Pizzas à partir de 10,20 €.

Grenoble et l'Italie, c'est une histoire qui remonte à... longtemps. En ce qui concerne la Tavola Calda, elle peut affirmer sans crainte être l'une des plus anciennes pizzerias familiales de Grenoble, puisque 3 générations se sont succédé depuis bientôt 50 ans à cette adresse du centre-ville. Voyage vers l'Italie et notamment Naples, avec des recettes qui se transmettent de père en fils. Ici, les gourmands se régalent d'aubergines marinées, de *mozzarella fritta* ou *fazzoletto*, de délicieuses pâtes au four aux aubergines. D'autres spécialités avec des spaghettis maison *Polpete* ou *Braciola* (sur commande). Pizzas cuites au feu de bois, tiramisù à se damner et sélection de vins italiens.

CUISINE D'AFRIQUE DU NORD

GRAINES & CO

3, rue des Clercs
✆ 04 76 59 01 79

Ouvert tous les jours midi et soir. Sur place, à emporter, en livraison. Couscous 14 €.

Ce qui a changé, depuis plus d'un an (mais nous n'avions pas eu l'occasion de vous l'écrire...), c'est le nom. 1001 graines est devenu Graines & Co. Tout le reste est à l'identique. A commencer par l'équipe composée de Yannick, Thibaut et Victor qui ont eu la bonne idée de décliner en box à composer, facile à emporter, le plat préféré des français : le couscous. Choix de plusieurs graines (produites en Savoie), de légumes cuisinés, de sauces, d'accompagnements (les viandes) et les toppings (pois chiches, noix, pistaches...). Et si tu ne veux pas te lancer, des recettes de couscous sont à ta disposition. Falafels et yaourt du moment. Un grain de folie dans le couscous !

COREÉN

YOUJUNG

1, rue Auguste Gaché
✆ 04 76 25 93 00
Ouvert du mardi au samedi le midi et le soir. Plats à partir de 15 €. Carte environ 50 €.

Parmi les nouveautés, un restaurant coréen qui pourrait s'intégrer dans notre rubrique des insolites puisqu'il propose une méthode de cuisson et une gastronomie inédites à Grenoble : le BBQ coréen. D'abord, saluons le décor de cette maison entièrement refaite par une équipe de choc composée de 4 amis réunis autour d'une même passion pour la restauration. Ambiance chaleureuse, cadre superbe, et des tables où sont encastrées de grandes plaques chauffantes sur lesquelles on fera cuire de délicieuses viandes marinées, émincé de bœuf ou poulet aux légumes à la sauce soja. Quelques viandes d'exception, comme ce persillé de Black Angus. Agréables cocktails. Découverte gourmande.

CUISINE ASIATIQUE

MY LITTLE WARUNG

16, place Notre-Dame
✆ 04 76 59 03 69
www.mylittlewarung.com
Ouvert tous les jours midi et soir en continu. Formule 15 €.

Pas de plage à Grenoble, mais My Little Warung. Le *warung* est une échoppe traditionnelle de bord de plage en Indonésie. Un type d'établissement exotique qui a donné, à trois amis surfeurs, l'idée d'ouvrir un *warung* version grenobloise. Il faut franchir la porte pour se projeter dans l'ambiance des îles et ouvrir ses horizons culinaires en découvrant une cuisine maison réalisée sur place par un chef asiatique. Huit destinations pour varier les plaisirs de Bali à Hanoï. Atterrissage avec un gâteau de maman au chocolat pour une addition particulièrement légère. Promotions, nouveaux plats et infos de dernière minute sont communiqués via la page Facebook. Une adresse pour se ressourcer.

INDIEN

LANKA

49, cours Jean-Jaurès ✆ 09 74 56 88 96
www.lanka-restaurant-indien.com
Ouvert tous les jours midi et soir. Menu jour 12,50 €. Menu du mois 23 €. Menu découverte (2 pers.) 55 €.

Pas une, mais deux terrasses, dont une à l'arrière du Lanka. Une terrasse ombragée par les feuilles de bananier, histoire de nous faire voyager en plein cœur de Grenoble. Accueil souriant du patron qui sera aux petits soins pendant tout notre séjour au Lanka. Les parfums d'épices indiennes nous transportent vers le Sri Lanka, qui a donné son nom au restaurant, et l'Inde du Sud dont on découvre quelques plats atypiques. *Futé* recommande les spécialités du chef – en plus de tout le reste – que sont le poulet Lanka ou l'agneau Lanka. Autres spécialités de la maison, les biryanis et les kottu avec leur galette. Choix de légumineuses pour végétariens. Service à emporter efficace.

INDIEN

LE BOMBAY

60, cours Jean-Jaurès
✆ 04 76 87 71 80
www.restaurantbombay.fr
Ouvert du mardi au dimanche midi et soir. A la carte. Vente à emporter.

© LOUIS FAYOLLE

© LOUIS FAYOLLE

En 2023, cela fera 30 ans que le Bombay nous régale d'une cuisine indienne raffinée qui nous emmène en voyage gourmand. Au fil des années, ce qui n'a pas changé c'est la gentillesse de l'accueil, la qualité du service et les saveurs uniques de plats tous plus envoûtants. Au Bombay, tout est fait maison à partir de produits frais et locaux, mais aussi de mélanges d'épices qui donnent un goût exceptionnel à des plats merveilleusement parfumés. Pains, curry, spécialités tandoori et masala – nos préférés –, tout est préparé avec passion. Salle au décor grandiose qui se décline en version plus intimiste pour manger en tailleur à l'indienne. Végétariens et végans bienvenus. La référence.

SAVEURS D'ASIE

INDIEN

RAJAH RESTAURANT

3, boulevard Gambetta
✆ 04 76 47 68 03
Ouvert du lundi au samedi midi et soir. Menus de 15 à 46 €. Formule midi 10 €.

Ce Rajah règne près des quais de l'Isère depuis bientôt 30 ans. Un restaurant traditionnel indien offrant un décor agréable, des tableaux aux murs, un plafond décoré et un éclairage particulier. Décor typique pour goûter la raïta ou encore les brianis – spécialité de plats indiens cuits au four avec du riz, noix de cajou, raisins secs et épices –, sans oublier le cajou au chocolat en dessert (spécialité sri-lankaise : noix de cajou, chocolat noir), vos papilles n'en reviendront pas ! La cuisine nous vient du sud de l'Inde, l'ambiance est très agréable, le service charmant : que demander de plus ? Accueil parfait, toujours de bonne humeur, pour un voyage Rajah-issant.

TIBÉTAIN - NÉPALAIS

KATMANDOU

4, rue Condorcet
✆ 09 54 71 40 26
www.katmandou-restaurant-grenoble.com
Ouvert du lundi au samedi midi et soir. Menus de 19,50 à 28 €.

Katmandou, capitale du Népal au pied de l'Himalaya, est venue à nous par l'intermédiaire de deux Népalaises qui ont eu envie de partager les spécialités culinaires de leur pays. Des objets typiques, une ambiance sereine flotte dans la salle pour goûter aux saveurs de l'Himalaya. Côté cuisine, le dépaysement est complet. L'une des grandes spécialités de la cuisine de l'Himalaya, ce sont les *momos*, savoureux raviolis fourrés à la viande de bœuf, mais aussi au poulet ou aux légumes. Les végétariens seront ravis de leur menu dédié. Autre spécialité, un fameux Aloo Chop et des plats à base de lentilles, comme cette *Dal soupe* ou ce *Dal ko tarkari* (lentilles au curry). En route pour Katmandou !

VIETNAMIEN

Ô BO BUN

17, rue Saint-Jacques ✆ 04 76 01 94 81
www.obobun.fr
Gluten free friendly. Ouvert du lundi au samedi midi et soir. Bo bun à partir de 7,50 €. A emporter.

Les meilleurs bò búns, salades vietnamiennes particulièrement équilibrées, de Grenoble ont deux adresses au centre-ville. Ô Bo Bun, ce sont des passionnés qui lavent, épluchent, coupent, taillent, cuisinent en direct des produits frais choisis avec amour (bœuf charolais français, batavia et carottes françaises...). Le bò bún est une salade de bœuf (*bo* en vietnamien) et de vermicelle de riz (*bun*). Il ne vous reste plus qu'à modifier votre bò bún à chacune de vos visites gourmandes. La base reste la même (salade, soja, carottes, nouilles froides sans gluten), on ajoute un ou plusieurs ingrédients chauds et des assaisonnements à volonté. Service adorable et super efficace

NEW JAPONAIS

MITSUBA

2, rue Auguste Gaché
✆ 04 76 89 09 59
www.restaurantmitsuba.com
Ouvert du mardi au samedi le midi et le soir. Carte 25 € environ.

Entre les Halles Sainte-Claire et le quartier des Antiquaires, en plein cœur de ville un peu caché, la rue Auguste Gaché retrouve une nouvelle vie en partie grâce... à la cuisine asiatique. De ce côté-ci de la rue, c'est un restaurant typiquement japonais qui a ouvert ses portes dans un décor boisé du plus bel effet (un « effet » chalet que les Alpins apprécieront). Excellent rapport qualité-prix pour Mitsuba, spécialisé dans les nouilles japonaises, les udons. Sur de grandes tables ou au comptoir pour mieux voir les cuisiniers au travail, on savoure des plats traditionnels d'une cuisine populaire pleine de saveurs. Accueil adorable pour quelques explications nécessaires aux novices.

JAPONAIS

SHUN BUN

4, cours Lafontaine ✆ 09 83 95 57 41
www.grenoble-sushi.fr
Ouvert du lundi au samedi midi et soir. Midi, menus à partir de 12,50 €. Menus de 15 à 23 €. Vente à emporter.

En japonais, Shun Bun désigne l'équinoxe de printemps. Un temps où l'on célèbre traditionnellement la fête de la vie, de la nature. Une terrasse pleine de vie ouverte sur un large cours, une salle décorée avec goût laissant la part belle aux matières naturelles. En cuisine, même sensation de raffinement avec des assiettes bien présentées et des plats réalisés à partir de bons produits. La spécialité maison, ce sont les déclinaisons autour du maki (classique, california, rolls) avec, régulièrement, de nouvelles créations. Shun Bun est aussi Sushi restaurant et les sushis y sont particulièrement réussis. Si vous voulez manger chaud, des brochettes dans le même esprit de qualité.

JAPONAIS

YUMMY SUSHI

1, place Vaucanson ✆ 04 76 47 44 74
www.yummysushi.fr
Ouvert du mardi au samedi le midi et le soir. Plateaux à partir de 15,50 €.

En plein cœur de Grenoble, dans un cadre ultra-contemporain où la zénitude est de mise, cet établissement réinvente la manière de savourer des sushis d'une fraîcheur toujours impeccable. Confectionnés sous vos yeux, les sushis sont amenés jusqu'à vous par de petits wagonnets glissant sur un tapis. Masami, formateur de l'équipe de Yummy Sushi, représente la 3e génération de cuisiniers, initié dès son plus jeune à l'art de la découpe du poisson et au dressage des sushis. Sa dextérité est remarquable et les préparations présentées de pures merveilles qui se déclinent selon nos envies : sushis bien entendu, mais encore sashimi, california rolls, maki et pokebowl. Yummy Yummy (miam, miam).

ARGENTIN

MATERIA

2, rue Doudart de Lagrée ✆ 06 59 82 22 06
https://materia-01.webself.net
Ouvert du mercredi au samedi le soir, du jeudi au dimanche le midi. Tapas pour 2 à partir de 38 €. Brunch 25 €.

Pour voyager vers l'Amérique du Sud, pas besoin de prendre l'avion quand le vélo peut suffire à se rendre dans le quartier de Championnet, triangle d'or de la restauration grenobloise. Direction l'Argentine dans ce restaurant immanquable avec sa façade noire, sa petite terrasse estivale et la chaleur amicale de sa salle où l'on s'attend à danser le tango. Commençons par commander un maté, la boisson nationale, préparé par une passionnée, Veronica. Pour accompagner un bon verre de vin argentin, des empanadas, mais encore une entrecôte Angus et d'autres spécialités comme ce Choripan ou cette Fugazzeta, sorte de pizza végétarienne. Espace de travail pour rester concentré à l'aide du maté.

CUISINE D'AMÉRIQUE ET CARAÏBES

COLIMBA

6, place de Lavalette
✆ 09 71 50 43 77
https://restaurant-colimba.fr
Ouvert du mardi au samedi le soir, du mercredi au samedi le midi.

Envie de retrouver la chaleur des rythmes sud-américains, d'une cuisine latino qui rassemble du Mexique à l'Argentine sans bouger du centre-ville ? Direction cette place discrète à deux pas du musée de Grenoble. Chez Edwin et Juan Colimba, le partage est important. Un partage qui commence par une ambiance conviviale, un accueil souriant, et qui se poursuit naturellement dans l'assiette. Une cuisine qui nous emmène en voyage culinaire avec des plats qui méritent d'être racontés par des passionnés. Des ceviches pour débuter, puis des plats pour toutes les envies, des carnivores aux végétariens, et de délicieux desserts maison. Bières et vins dans le même esprit de partage et de voyage.

MAURICIEN

L'ILE MAURICE

39, rue Humbert-II ✆ 04 76 87 32 82
www.lilemaurice-grenoble.eatbu.com
Ouvert du mardi au samedi le soir. Menu Rose Hill 20 €. Menu Promenade 23 €.

Ça fait sans doute un peu cliché de dire que la cuisine mauricienne est pleine du soleil que Grenoble n'a pas toute l'année. Ça fait sans doute un peu sourire de dire que l'accueil qui nous est réservé dans ce restaurant réchaufferait les coeurs les plus glacés. Mais L'Île Maurice, restaurant depuis plus de trente ans près de la place Championnet (et de la caserne de Bonne), nous propose une vraie carte postale gourmande. Découverte en sirotant un cocktail maison : beignets d'aubergine, gâteaux aux piments, crêpe maison fourrée à la viande de bœuf, achards de légumes, samoussas… Choix de viandes, poissons et crustacés préparés au massala. Crêpe Zozo pour terminer. Soleil, bonheur et saveurs.

CUISINE AFRICAINE

LE DOS ARGENTÉ

9, rue de Turenne
✆ 04 76 27 20 22 - Voiture, bus, train.
www.lamaison-ledosargente.fr
Ouvert tous les jours le soir, du mardi au dimanche le midi. Formule midi 19 €. Le soir de 39 € à 52 €. Brunch.

© LE DOS ARGENTÉ

© LOUIS FAYOLLE

À deux pas de la place Championnet, Le Dos Argenté fait un trait d'union entre Grenoble et l'Afrique. Notre guide, c'est le chef Didier Ndagijimana. Rwandais d'origine, Grenoblois de cœur, il nous propose une cuisine inédite inspirée par deux cuisines de tradition, française et africaine. Dans une salle chaleureuse, ouverte à de larges horaires du petit déjeuner au dîner, en passant par les brunchs de fin de semaine et l'happy hour au comptoir, chacun se régale de plats faits maison à partir de produits, souvent locaux, toujours éthiques et de qualité. Ne pas manquer le *smoked soulfood*, viande marinée aux épices et sa sauce divine. Belle carte de boissons dans le même esprit de partage.

LIBANAIS

LE PHÉNICIEN

64, cours Berriat
✆ 04 76 87 45 01
www.restaurant-lephenicien.com
Ouvert du lundi au samedi le midi et le soir. Fermé lundi soir. Assiette du jour 11,50 €. Menus de 26 € à 31 €.

© JESSICA CALVO

© LOUIS FAYOLLE

Embarquez à bord du Phénicien pour le plus gourmand des voyages sur les eaux bleues de la Méditerranée. Aucun nuage à l'horizon, seulement du bonheur à partager dans une ambiance de grande convivialité. Depuis près de 30 ans, Sam et Babeth vous font découvrir les saveurs d'une cuisine libanaise faite maison réalisée à partir de bons produits frais. Parfums envoutants de mezze traditionnels aussi généreux que délicieux. Sandwichs incontournables, assiette phénicienne, grillades mixtes et des émincés de poulet ou de bœuf rôtis à la broche. Pâtisseries orientales, vin libanais et thé à la menthe maison. Possibilité traiteur. Au Phénicien, le ciel est bleu et les gourmands sont ravis.

LIBANAIS

AU BAALBEK

7, rue Abel-Servien
✆ 04 76 01 08 52
Ouvert du lundi au samedi le soir. Mezzés à partir de 37 €/2 pers. Vente à emporter.

Les mezzés sont des plats faciles et gourmands à emporter, mais quel plaisir de retrouver le chemin qui nous mène depuis plus de 20 ans, un peu secrètement dans cette rue en contrebas, vers l'un des meilleurs restaurants libanais de la région ! La maîtresse de maison est une merveilleuse ambassadrice de son pays natal. Une fois la porte du Baalbek franchie, on entre en terre libanaise et on se laisse emporter par les parfums, la douceur des lieux et les délices de la carte. Il faut se laisser initier à la cuisine libanaise et savoir apprécier les mezzés que l'on accompagne d'un vin libanais. Une adresse savoureuse, durablement inscrite dans le paysage gourmand grenoblois.

LIBANAIS

LE CÈDRE

4, rue Lazare-Carnot ✆ 04 76 47 42 20
https://lecedre-grenoble.fr
Ouvert du lundi au samedi le soir, du mardi au samedi le midi. Mezze à partir de 22 €/pers. Vente à emporter.

Proche de la caserne de Bonne, dans un cadre chaleureux, le Cèdre propose un véritable apprentissage de la culture libanaise par un chef cuisinier, authentique Maître Restaurateur, formé au Liban. Autant dire que les fameux mezzes, végétariens compris, comptent parmi les plus savoureux. Excellent rapport qualité-prix pour ces plats permettant de goûter à tous les délices pour un repas plein de générosité dans les saveurs et les quantités. Assiettes parfaitement présentées pour nous servir un Kebbé nayye (spécialité de viande aromatisée), de l'hommos, des falafels, un taboulé magique, des grillades garnies et une assiette de pâtisserie. Belle carte de vins libanais. Service traiteur.

LIBANAIS

LE MEZZE

54, cours Jean-Jaurès ✆ 04 76 17 06 21
www.lemezze-livraison.fr
Ouvert tous les soirs, du mardi au samedi à midi. Mezze à partir de 38 €/2 pers.

C'est le restaurant de tradition gastronomique libanaise de Grenoble. Celui qu'il ne faut pas manquer pour faire un voyage sur les rives de la Méditerranée ou dans la fameuse plaine de la Bekaa. Décor de rêve rehaussé par le charme de la musique orientale (soirées traditionnelles). A cette enseigne qui accueille les gourmands depuis plus de 20 ans – reprise par le chef M. Hanna en 2009 –, on vient se dépayser et se régaler. Choix des mezze, assortiment de plats chauds et froids, adaptés aux nombres de convives. Cela pourrait durer des heures autour d'une table si agréable. Alors, on prolonge avec un assortiment de pâtisseries et un indispensable thé à la menthe. Soirées magiques.

À DOMICILE

SICKLO

57, rue Saint-Laurent
✆ 06 03 22 30 94
www.sicklo.fr

Sicklo n'est pas un restaurant. C'est un service local de livraison de repas (et autres commerces). Normal qu'il apparaisse dans cette rubrique, car Sicklo est une entreprise grenobloise, une association devenue une Scop née de la passion de cofondateurs qui voulaient améliorer les conditions de leur métier de livreur. Aujourd'hui, Sicklo assure des livraisons de qualité avec une vingtaine de salariés, oui des salariés !, qui font le lien entre une cinquantaine de restaurants et votre domicile grenoblois tous les jours, sauf dimanche. Une alternative locale aux plateformes, des livreurs protégés et justement rémunérés, Sicklo est un modèle à suivre. Atelier de réparation et d'entretien vélo.

À DOMICILE

LA TARTELINE

6, Grand-Rue ✆ 04 76 51 53 86
www.restaurant-tarteline.fr
Ouvert du mardi au samedi de 10h à 18h. Menu jour 12,90 €. Vente à emporter.

Envie de prendre une tarte ? Ça fait plus de 20 ans que la Tarteline vous propose une déclinaison gourmande de tartes salées et sucrées pour bien manger. Des tartes de saison réalisées à partir de produits frais et locaux dans la mesure du possible. Petite terrasse sur la rue piétonne, salle chaleureuse aux airs de campagne, il ne reste plus qu'à choisir sur l'ardoise du moment entre la traditionnelle quiche lorraine, la patate douce et bacon ou la tarte menthe chèvre noisette (selon saison). Jus de fruits frais pressés, cakes et gâteaux pour reprendre des forces en pleine séance shopping ou juste pour se faire plaisir. Bravo à la Tarteline pour ses actions solidaires !

À EMPORTER

L'ATELIER CGB

24, rue Saint-Jacques ✆ 04 76 00 14 65
https://lateliercgb.eatbu.com
Ouvert du mardi au samedi de 9h à 19h. Bowls 10 €. Club sandwich 10 €. Tartines 12 €.

Trouver un Bon Café à Grenoble (ça fait BCG…), c'est aussi simple que d'aller à L'Atelier Café Gâteaux et Boulot (CGB), véritable refuge urbain à consommer sur place ou à emporter. L'Atelier s'est fait remarquer par la qualité des produits proposés. Normal, Tonia et Stéphane ont choisi de travailler avec des produits locaux pour nous chouchouter avec de délicieux gâteaux dès le café – sur une vraie carte de cafés – du matin. Plats faits maison avec amour. A midi, c'est l'heure de craquer pour un poke bowl de saison. Végans et veggies bienvenus. Tartines, club-sandwichs et soupe du jour sont aussi à emporter. Fraîcheur et saveurs, chaleur et convivialité. Atelier approuvé !

À EMPORTER

CAFÉ MYRÖ

12, rue Jean-Jacques Rousseau ✆ 09 50 71 73 46
www.cafemyro.com
Ouvert du mardi au vendredi 9h-18h, samedi 10h-18h, dimanche 10h-15h. Lunch à partir 9,50 €. Brunch de 22 € à 26 €.

Une respiration tout en couleur (bleue) et en saveurs au cœur des rues piétonnes. Un café tenu par Magda, authentique – et adorable – barista soucieuse de partager sa passion pour les cafés de spécialité, mais aussi pour une cuisine maison de style « healthy » composée de fruits et légumes de saison. Le Café Myrö pourrait apparaître parmi nos adresses veggies ou véganes, car l'offre va majoritairement dans ce sens. Du délicieux breakfast, entre pancakes et banana bread, au lunch, entre budha bowl et wrap étonnant, sans oublier le brunch maison, certainement l'un des meilleurs de la ville. Évidemment, un café pour accompagner une pâtisserie elle aussi maison. Coup de cœur confirmé.

À EMPORTER

L'IRIDESCENCE

12, rue de Belgrade
✆ 04 56 85 08 24
www.restaurant-iridescence.com
Ouvert du mardi au samedi de 8h à 16h. Formule midi 20,50 €.

Toutes les bonnes choses se reflètent à l'Iridescence. Depuis plus de 8 ans, cette adresse idéalement située, près du Jardin de Ville, nous propose une cuisine maison, à savourer sur place et à emporter, inspirée par les produits de saison. Chaque jour un menu différent composé d'une entrée, d'un plat de viande ou de poisson et d'un dessert, ainsi qu'une suggestion, de saison elle aussi. De la fraîcheur et des saveurs sur une carte où l'on retrouve également au bar à salade – en libre composition –, avec des ravioles artisanales aux sauces maison (avec une préférence pour le bleu de Sassenage et lard croustillant…). Adresse pleine de bon sens qui s'impose comme une évidence.

À EMPORTER

MA PETITE DAME

9, rue Pierre Sémard ✆ 04 56 24 56 12
www.mapetitedame.fr
Ouvert du lundi au jeudi de 8h à 17h ; le vendredi de 8h à 16h. Formules complètes de 11 € à 15,50 €.

Elle veut quoi la p'tite dame ? Elle veut manger des plats réalisés 100 % maison à partir de bons produits locaux de saison, des plats qui ont du goût, pas trop compliqués mais délicieux. Elle veut de la douceur et des saveurs. Direction Europole, chez Marine et Johanna qui ont ouvert cette adresse pleine de fraîcheur. Petite terrasse, salle conviviale, à l'image d'une cuisine à déguster sur place dès que possible ou facile à emporter. Sandwichs, soupes, quiches, salades et plats du jour sont composés de produits frais, de préférence issus de circuits courts, préparés et cuisinés avec amour, servis à de larges horaires. Ma Petite Dame a tous les atouts pour nous régaler.

BURGER

BLACK RHINO FOOD TRUCK

Square des Fusillés ✆ 06 81 16 88 97
www.black-rhino.fr
Ouvert du lundi au vendredi. Chaque jour un emplacement différent dans la Métropole. Menus de 13,50 à 15 €.

En 5 ans, le Black Rhino s'est imposé comme le food-truck de référence dans la métropole grenobloise. Si l'animal se pose près de chez vous, c'est le moment où jamais de savourer ses hamburgers réalisés à base de produits frais et locaux. Emeric et Elodie, passionnés de cuisine et amoureux du terroir, composent leur partition gourmande sur une toute petite carte, maxi 3 ou 4 burgers et un wrap, qui varie au rythme du marché des producteurs du coin. Black Rhino, Black Zebra, Black Jack, avec du bœuf haché pouvant être remplacé par une galette veggie. Le bacon artisanal fumé au bois de hêtre et les sauces maison déchirent vraiment. Le Black Rhino s'apprivoise pour les événements privés.

BISTROT TRAITEUR

C'MIDI

3, rue Jean François Hache ✆ 04 76 42 38 41
http://cmidigrenoble.fr
Ouvert du lundi au vendredi le midi. Formules à partir de 11,30 €. Plat à la carte 7,10 €, avec accompagnement 8,70 €.

C'est bientôt midi et vous vous demandez ce que vous allez (bien) manger ? Au cœur de Grenoble, terrasse protégée du passage, Julien vous accueille dans son bistrot, traiteur C'Midi. Salle à l'ambiance conviviale, mezzanine et un comptoir façon bar à salades pour composer son repas de plats réalisés à partir de bons produits de la région. Cuisine maison pleine de fraîcheur et de saveurs pour varier les plaisirs du quotidien : salades, soupes, tartes, mais aussi du poulet accompagné d'un gratin dauphinois ou une surprenante raclette bowl oignons caramélisés. Sur place, à emporter dans des contenants 100 % recyclables, C'Midi s'inscrit dans une démarche gourmande et responsable.

BURGER

DADI WAG

48, boulevard Gambetta ✆ 04 56 24 30 68 1
www.dadiwagburgerandcoffee.com
Ouvert tous les jours le midi et le soir. Menus burgers à partir de 16,90 €.

Dadi Wag, que l'on peut allonger en « Burger & Coffee », c'est de la restauration rapide, mais de qualité ; le cadre d'un centre commercial, mais une décoration fun qui balance ; et surtout, des burgers en version originale. Plutôt qu'un gros burger, des burgers réduits (mais copieux au final) faciles à manger, à partager et garnis d'excellents produits. Pour les amoureux de viande, précisons que le « Wag » fait référence à la race de bœuf Wangyu, mélange d'Angus et de Wagyu, pour une viande (bio) plus persillée. Autres bons points : le burger Veggie, une délicieuse verrine en dessert et un choix de cafés. Les frites, classiques ou de patates douces, avec cheddar ou pas... De quoi s'emballer.

CANADIEN

HANGOVER FRESH POUTINE

3, cours Berriat
www.hangoverfreshpoutine.com
Ouvert tous les jours le midi et le soir. Poutine à partir de 7,90 €.

Rien qu'à la lecture de cet article, ton *summer body* a foutu le camp (mais il paraît qu'une bonne poutine est moins calorique qu'un tacos) ! Difficile de ne pas succomber à ce plat, car il s'agit bien d'un plat, d'origine canadienne qui permet d'affronter l'hiver avec l'assurance d'un bucheron (mais c'est bon aussi l'été). S'il y a des centaines de combinaisons pour créer sa propre version de la poutine, tout commence par des frites vraiment maison, avec une belle cuisson, du fromage en grains – le fameux « skouik-skouik » que l'on ne trouve nulle part ailleurs – et une sauce se déclinant selon les saisons et envies. Bières de là-bas. Accueil et service délicieux aux 2 adresses grenobloises.

BURGER

L'HAMBURGEOIS

11, rue Bayard
✆ 04 76 54 22 58
Ouvert du mardi au samedi le midi et le soir. Menus burgers 19 €. Vente à emporter.

Les burgers restent à la mode. Mais certaines tendances ont notre faveur pour manger vite, bien et sain ! Vive les « burgés », des burgers à la française, voire à la grenobloise, sur une carte qui évolue régulièrement. Des sandwichs à base de produits de haute qualité gustative par des maisons d'artisans gourmands. Cadre soigné avec des pierres apparentes pour le cachet d'aspect authentique et une ambiance que l'on pourrait qualifier de bistrot convivial sans trop se tromper. Burgeois réalisé à partir de bœuf (version veggie aussi) et de tomme de Savoie, servis avec de belles frites maison. Bonnes bières à savourer avec le burger du moment. Parmi les meilleurs burgers de Grenoble.

CUISINE OCÉAN INDIEN ET PACIFIQUE

KONAPOKE

1, rue de Sault ✆ 04 76 95 05 68
www.kona-poke.com
Ouvert tous les jours de 11h à 22h30. Formules à partir de 12,90 €.

C'est un peu comme quand on veut passer chez Sosh, on n'arrive pas toujours très bien à dire que l'on veut passer chez Konapoke, enseigne nationale qui va en concurrencer d'autres dans le genre. Prononciation mise à part, la vague *pokebowl* continue de déferler sur Grenoble (et la France en général). Une « nouvelle » façon de manger vite et sain en composant des bols à personnaliser pour satisfaire toutes les envies. Il y a les plats signature, notamment avec un classique hawaïen qui nous ramène aux origines de ce plat, et la possibilité de choisir parmi une grande variété d'ingrédients pour faire un *poke* sur mesure, en direct sous vos yeux. *Bubble tea* et *mochi* glacé pour en rajouter.

RESTAURANT DE BURGER

LES BURGERS DE PAPA

8, place Victor Hugo ✆ 04 76 43 31 06
https://lesburgersdepapa.fr

Ouvert du lundi au samedi le midi, tous les jours le soir. Menu burger à partir de 13,40 €.

Papa, il est toujours dans notre cœur et il est au cœur de Grenoble sur la place centrale. Alors, viens t'en mettre plein le cornet en savourant des burgers d'excellence aux noms qui te feront bien marrer, le tout accompagné de délicieuses frites maison à saupoudrer de parmesan et de fines herbes. Accueil sympathique, service dynamique, ambiance magique pour se régaler de recettes originales composées de bons produits : viande hachée chaque matin, pain du boulanger, légumes coupés par maman... Des burgers déclinables en version végétarienne. Salades, nuggets, camemboules et crousticlettes pour varier les plaisirs. Glaces de Papa, pinard et binouze... de Papa aussi ! Amour de Papa.

TARTINERIE

PAIN & CIE

1bis, rue Lafayette
✆ 04 76 24 16 45

Ouvert tous les jours de 8h à 19h. Jusqu'à 23h du jeudi au samedi en été. Formules à partir de 7 €. Brunchs week-end.

Du petit déjeuner au début de soirée, Pain&Cie continue d'accompagner notre journée. Une des adresses où l'on peut bruncher tous les week-ends en bonne compagnie. Cadre parmi les plus agréables pour cette adresse qui joue la carte « authentique », voire patrimoniale, dans un centre-ville piéton avec sa terrasse installée sur une petite place charmante. Salle au carrelage d'époque, boiseries marquées, ambiance chaleureuse. Nombreuses formules au petit-déjeuner, dont le « Petit Brunch » avec omelette et bacon grillé. A l'ardoise, plat du jour de saison et spécialités avec un magret de canard sauce au miel et un tartare de saumon. Pour goûter, gaufres et pâtisseries maison. Une valeur sûre.

SANDWICHERIE

PULLED ME

48, avenue Alsace Lorraine ✆ 09 81 62 09 79
https://pulledme.alleatone.fr

Ouvert du lundi au samedi le midi, du lundi au vendredi le soir. Sandwich à emporter à partir de 10,50 €.

Connaissez-vous les effilochés ? Non, on ne parle pas du jean effiloché plein de trous, mais de ces viandes cuites doucement pendant des heures au fumoir et effilochées pour être servies dans de délicieux sandwichs. Une merveille de goût à retrouver à cette adresse suffisamment proche de la gare pour sauter dans son train avec le meilleur des sandwichs. Une adresse imaginée par l'excellent Vincent Dolezon qui nous livre sa version du fast good. Carte courte de sandwichs à base de pain ciabatta artisanal garni de viandes marinées, fumées et cuites doucement toute la nuit. Explosion de saveurs garantie. Sandwich veggie. Desserts et limonade maison. Un régal à partager.

TRAITEUR

AU CHARDON BLEU

11, rue de la République
✆ 04 76 42 36 67
www.auchardonbleu.com

Ouvert du lundi au samedi de 6h45 à 19h45.

Le Chardon Bleu, plus de 30 ans de gourmandise à Grenoble, et son Espace Gourmet élégant nous invitent à déjeuner d'un plat du jour cuisiné, d'une salade ou d'un sandwich composé de bons produits. À toute heure de la journée, même tôt le matin, cet Espace Gourmet invite à savourer un bon café torréfié maison, un chocolat chaud ou un thé Dammann accompagné d'une viennoiserie maison. En pleine séance shopping, on vient se rafraîchir d'un jus de fruit et reprendre des forces avec une délicieuse pâtisserie. Au comptoir, on retrouve les spécialités du Chardon Bleu et d'autres bonnes choses à s'offrir ou à offrir : champagne, spécialités régionales et coffrets gourmands à composer.

SANDWICHERIE

ZOU

16, rue Barnave ✆ 09 62 69 17 24

Ouvert du mardi au vendredi de 11h à 15h, samedi de 11h à 16h. Formule Zou 12 €. Sur place, à emporter ou livraison.

Trop longtemps composé de mauvais produits, le sandwich retrouve ses lettres de noblesse et une belle jeunesse chez Zou. Une nouvelle enseigne dans l'hypercentre piétonnier grenoblois imaginée par Lara et Amandine. Lieu chaleureux où les gourmands viennent découvrir la carte au comptoir, questionnant sur les ingrédients des fameux Zous (des sandwichs triangles) qui se commandent par deux. Le principe, c'est une cuisine locale, de saison, faite maison. À partir de là se déclinent des Zous originaux et savoureux, comme ce Dimanche chez Mamie ou ce Zouzone veggie (nombreuses propositions veggies et véganes). Zitronnade citron bio et ZouKed Tea pour accompagner. Zou, les sandwichs gourmands.

TRAITEUR

LE GAVROCHE

1, rue de Strasbourg
✆ 04 76 53 94 91

Ouvert du mardi au samedi de 7h à 14h30 et de 16h30 à 19h30.

Si j'suis tombé par terre, c'est... parce que j'ai trop mangé au Gavroche ? Attention, cuisine généreuse, bons vins et ambiance troisième mi-temps sont au programme de ce « bouchon estaminet » ouvert il y a plus de 20 ans et tenu par Marc Andreoli. La rôtissoire présente de beaux poulets qui passent au gril. Au Gavroche, y a du local mais on peut aussi se servir de bons produits basques ou de charcuterie corse… Y avait même des grenouilles à emporter pendant le confinement. Un mélange des genres qui fait le bonheur des gourmands à l'heure de rentrer chez eux avec un panier rempli de produits de qualité. Adresse qui participe activement à la réputation gastronomique d'une rue gourmande.

LA BELLE HISTOIRE

3, rue Lazare-Carnot - **VOIRON**
✆ 04 76 05 37 44
www.restaurantlabellehistoire.fr
Ouvert du mardi au dimanche le midi et du mardi au samedi le soir. Menu 31 €.

© EMMANUEL SPASSOFF

© EMMANUEL SPASSOFF

Le propre d'une Belle Histoire, c'est de continuer l'aventure après qu'une page s'est tournée. Et c'est le cas à cette adresse au cœur de Voiron avec l'arrivée de Kim et Charly qui s'inscrivent dans une belle continuité en travaillant de préférence des produits issus du terroir local, frais et de saison. Dans une salle végétalisée, il faut donc (re) découvrir la Belle Histoire avec, ce printemps, un étonnant porcelet cuit à basse température fumé au CBD, jus corsé, et cet été une belle carte à salades disponible le midi. Foie gras maison, compotée de fruits, sébaste à la plancha, sauce aux agrumes et un burger de canard absolument délicieux. Carte de cocktails maison.

AMBROISIE

64, rue du Lac - **SAINT-DIDIER-DE-LA-TOUR**
✆ 04 74 97 25 53
www.restaurant-ambroisie.fr
1 Michelin. Ouvert du mercredi au dimanche midi et soir. Menus de 78 € à 98 €. Menu Truffes 140 €.*

Une étoile qui brille avec simplicité sur les bords du lac privé de Saint-Félix. Belle terrasse ombragée pour profiter du cadre de nature et salle tout aussi apaisante et chaleureuse. Le chef André Taormina laisse s'exprimer ses accents du Sud pour sublimer chaque produit, avec un faible pour la truffe qui fait l'objet d'un menu présent toute l'année. La carte change au rythme des produits locaux de saison pour nous proposer de savoureuses et raffinées assiettes selon l'inspiration et le marché pour la terre et la mer. Oeufs brouillés à la truffe de saison, pigeon servi en croûte. Carte des vins dans le même esprit de délicatesse et d'harmonie. Un rapport qualité-prix exceptionnel.

CHÂTEAU D'HERBELON

Lac de Monteynard - **TREFFORT**
✆ 04 76 34 02 03
http://chateaudherbelon.com
Ouvert du jeudi au dimanche midi. En juillet et août, tous les jours. Menus de 36 à 58 €.

Si ce magnifique château surplombant le lac de Monteynard-Avignonnet date du tout début du XVIIe siècle, la famille Castillan veille à sa nouvelle destinée depuis 1965. C'est en 1985, après de nombreux aménagements, que le château ouvre ses portes comme hôtel et restaurant, avec aux commandes Patricia et Charles Castillan. Dans un cadre merveilleux de nature, on vient profiter d'une authentique table gourmande, tenue par Charles Castillan, mettant à l'honneur une cuisine de grande tradition : foie gras de canard aux épices, pain aux fruits, pêche heureuse en eau douce, grillades multiples, sauce Choron, plaisirs sucrés. Belle carte des vins. Une adresse d'exception.

RESTAURANT

HÔTEL DE LA POSTE

Place de la Mairie - **CORPS** ✆ 04 76 30 00 03
www.hotel-poste-corps.com
En haute saison, ouvert tous les jours. Menu du jour 20,50 €. Menus de 28 à 48 €.

Toutes les raisons sont bonnes pour s'arrêter à l'Hôtel de la Poste des excellents Jérémy, en cuisine, et Julie, en salle, Da Fonseca. Pour faire une étape sur la route Napoléon et pour se régaler d'une cuisine de qualité réalisée par un chef passé par de grandes tables, comme le Jules Verne de la tour Eiffel à Paris. Une belle maison, une terrasse aux airs de vacances, des salles entre tradition et modernité d'une étonnante table suspendue, une carte gastronomique avec la Table de Joséphine, et une carte de restaurant plus classique, les deux réalisées à partir de produits de qualité, le plus souvent issus des circuits courts. Séjour gourmand plein de charme.

HÔTEL DES BAINS

345, rue Principale - **CHARAVINES**
✆ 04 76 06 60 20
www.hoteldesbains-charavines.com
Ouvert toute l'année. Tous les jours. Menus de 25 € à 30 €. Suggestion végétarienne 14 €.

Tout près du lac, une belle maison gourmande aux allures d'autrefois – depuis 1872 – avec son enseigne Hôtel des Bains et sa caisse enregistreuse d'un autre âge. Une adresse de tradition où l'on est toujours reçu avec le sourire pour savourer une cuisine faite maison servie dans des assiettes généreuses. Tapas à partager et des menus à composer avec une terrine de foie gras maison. Choisir de rester côté terre avec des viandes de qualité ou côté poissons avec de fameuses cuisses de grenouilles en persillade, une petite friture ou un turbot braisé au Cerdon du Bugey. Il faut se jeter à l'eau pour savourer la gentillesse et la cuisine maison de l'Hôtel des Bains.

LE P'TIT POLYTE

2, rue de la Chapelle - **LES DEUX-ALPES**
✆ 04 76 80 56 90
www.chalet-mounier.com
1 étoile Michelin. Ouvert du mardi au samedi le soir. Menus de 86 à 132 €.

L'étoile brillante des Deux Alpes. Le P'tit Polyte, du nom du grand-père d'Alban Mounier actuel propriétaire des lieux, a tout d'une grande table. Cadre enchanteur d'un restaurant dont la salle marie la chaleur naturelle des boiseries blondes et le confort de sièges en velours rouge. Un cadre à la hauteur de la nature environnante pour mieux mettre en valeur la cuisine du duo Tanguy Rattier et Juan Leiro. Des compositions aux pointes de saveurs étonnantes, aux textures surprenantes, le tout formant de beaux voyages culinaires. Menu Végétal... mais pas que avec de superbes associations de saveurs. Carte des vins d'exception avec plus de 500 références. Coup de cœur rempli d'étoiles.

LA PYRAMIDE

14, boulevard Fernand-Point - **VIENNE**
✆ 04 74 53 01 96
www.lapyramide.com
2 Michelin. Ouvert du jeudi au lundi midi et soir. Menus de 169 à 186 €. Formule midi 85 € (menu du Marché).*

Du haut de cette Pyramide, un des sommets de la gastronomie française, Patrick Henriroux nous régale depuis 30 ans. Avec son épouse Pascale, le chef a su réinventer cette maison emblématique pour en faire un lieu contemporain du meilleur goût. Toujours au devant de la scène, les produits – le plus souvent locaux – qui inspirent la créativité d'un plat comme ce Petit pois et suprême de pigeon à l'huile de menthe, royale de pulpe sans rival en salade acidulé. Des moments d'exception à partager dans un cadre élégant et ravissant. La cave de grands crus et spiritueux de plus de 1 000 références est l'autre grand plaisir de cette Pyramide remarquable. Tous les bonheurs d'une grande table.

LE RÉGENCE

36, route de Lyon - **APPRIEU**
✆ 04 76 65 11 64
www.restaurant-voiron.com
Ouvert tous les jours, sauf dimanche soir, lundi soir, mardi soir, mercredi. Menus 28 à 49,50 €. Formule midi 16,50 €.

© LOUIS FAYOLLE

© LOUIS FAYOLLE

Indétrônable chef Thierry Llorca, gardien de la tradition au Régence. Une maison de caractère pour une cuisine tout ce qu'il y a de plus authentique réalisée par un Maître Restaurateur sachant marier plats du terroir et spécialités du Sud-Ouest, son pays d'origine. Parking facile dans le village d'Apprieu à 15 min de Voiron, salle où les gourmands s'installent avec plaisir pour savourer un foie gras de canard poêlé aux pommes, un magret de canard cuit sur la braise, une entrecôte de bœuf d'un éleveur local, une truite de chez Murgat, des légumes de saison. Fameux cassoulet aux haricots fondants. Une adresse de tradition où il fait bon trouver un repaire gourmand.

LES TERRASSES DE RENAGE

130, chemin du Gua - **RENAGE**
✆ 04 76 91 56 34
www.les-terrasses-de-renage.com
Ouvert du mardi au samedi midi et soir. Formule midi 18,90 €. Le soir à la carte ou menu 29,90 €.

© PETIT FUTÉ

© PETIT FUTÉ

Quel bonheur de retrouver en pays de Bièvre le duo gagnant Aurore et Yann de la Belle Histoire à Voiron. Une nouvelle aventure avec la reprise des Terrasses de Renage, facile d'accès et de parking, restaurant et bar à vin avec l'Espace Quintessence tenu par Auriane, la fille spécialisée en sommellerie de notre couple magique. Superbe terrasse ombragée avec piscine, salle moderne et chaleureuse, accueil adorable et cuisine délicieuse par des passionnés de la restauration. Bistrot gourmand et des plats faits maison composés de produits frais de qualité, le plus souvent locaux. En soirée, bar à vin, cocktails maison et tapas. Organisation d'événements privés sur mesure. A découvrir d'urgence.

LE ROCHETOIRIN

10, route du Village - **ROCHETOIRIN**
✆ 04 74 97 60 38
www.lerochetoirin.fr
Ouvert mar et du jeu au sam le soir, du mar au ven et dim à midi. Menus à composer de 38 € à 58 €.

Le Rochetoirin, les gourmands l'aiment dans toutes ses versions. La belle maison de campagne d'Émilie et Sébastien Eyraud offre de superbes espaces baignés de lumière naturelle pour savourer une cuisine mêlant tradition et création à partir des produits de saison. Carte pour un menu à composer avec des cuisses de grenouilles déclinées en différentes façons, une pêche du jour, un burger qui déchire avec steak à la truffe ou des viandes maturées dans la cave de maturation maison. Propositions végétariennes et véganes. Merveilleuse terrasse panoramique ouverte en été sur un cadre bucolique, pergola abritée en hiver pour profiter du paysage dans toutes les conditions. Belle surprise.

BISTRONOMIE

BISTROT LOUISE

80, place Jean Vinay - **L'ALBENC**
✆ 06 34 20 16 91
Ouvert du mercredi au dimanche le midi, du jeudi au samedi le soir. Menus à partir de 35 €.

Une maison en pierre de pays au centre d'un charmant village blotti au pied du Vercors. Le cadre est ravissant, la terrasse tentante, la cuisine bistronomique. Comme si le chef – parmi les meilleurs de sa génération – Yann Tanneau avait eu besoin de se ressourcer au milieu du village où il habite et des producteurs qui lui tiennent à cœur. Déjà récompensé d'un Gault & Millau d'Or, le chef s'est installé au Bistrot Louise où il a naturellement décroché un Bib Gourmand. Cuisine raffinée qui ne cherche pas à en mettre plein la vue, à l'image d'un lieu convivial. Belle carte des vins. Proche du terroir et proche des convives, Yann Tanneau excelle à nous régaler.

GASTRONOMIQUE

LA TOUR DES SENS

Route de Theys - **TENCIN** ✆ 04 76 04 79 67
www.latourdessens.fr
Maître Restaurateur. Ouvert du mardi au samedi midi et soir. Menus de 59 à 99 €.

La gastronomie au naturel. Dans sa Tour des Sens, Jérémie Izarn - Top Chef 2017 - n'a pas besoin d'afficher une étoile pour s'affirmer, année après année, comme l'un des meilleurs chefs de sa génération. Le lieu est magique avec sa terrasse panoramique ouverte sur la Chartreuse. Une ancienne tour du XIe siècle qui a su conserver son caractère pour nous accueillir dans une salle élégante afin de savourer une cuisine contemporaine faite de technicité et surtout de bons produits travaillés avec passion. Sensations d'un « Poisson d'eau douce cuit lentement » et d'un « Coquelet savoureux avec ses quartiers de pêche à la sarriette », avant un dessert digne d'une finale... Jérémie ravit tous nos sens.

HÔTEL
CHÂTEAU DE CHAPEAU CORNU****

312, rue de la Garenne - **VIGNIEU** ✆ 04 74 27 79 00
www.chateau-chapeau-cornu.fr
*Hôtel****. Restaurant du vendredi au dimanche à midi, lundi, mardi et du jeudi au samedi le soir. Menus de 69 à 109 €.*

Ce château, édifié au XIIIe siècle et qui a conservé le nom de ses anciens propriétaires, les Capella et Cornutti, ne peut que séduire. On a plaisir à flâner dans le parc arboré de 6 ha, sous ses allées ombragées, à découvrir les tours et les grandes salles aménagées, à se rafraîchir dans la piscine... Au restaurant gastronomique Le Capella, le nouveau chef Augustin Mercado, argentin d'origine, réalise une cuisine raffinée au rythme des saisons. Excellente adresse pour votre week-end en amoureux, avant de vous y retrouver en famille pour votre mariage.

BISTROT - BRASSERIE
L'ÉMULSION

57, route de Lyon - **SAINT-ALBAN-DE-ROCHE** ✆ 04 74 28 19 12
www.lemulsion-restaurant.com
1 Michelin. Ouvert du mardi au samedi midi et soir, sauf mercredi midi. Menus 65 € et 90 €.*

Il y a des étoiles qui brillent mieux que d'autres, qui font moins de manières et, au final, nous plaisent davantage. L'Émulsion, c'est le mariage réussi de l'ancien – une ancienne bâtisse aux pierres apparentes – et du contemporain dans un décor charmant, encore plus ravissant avec les nouvelles tables. L'ambition de Romain Hubert : « Démocratiser la cuisine gastronomique ». Et, là encore, c'est une réussite. Des tarifs abordables, un accueil adorable (Oriane Hubert) et une ambiance conviviale. Assiettes d'exception aux associations de saison à partir de produits exclusivement régionaux. Tous les plaisirs d'une grande table d'aujourd'hui accessible à tous les gourmands, merci à l'Émulsion.

CUISINE RÉGIONALE
LE DIABLE AU CŒUR

7, rue des Gorges - **VÉNOSC** ✆ 04 76 79 99 50
Accès direct par la télécabine du Diable. Accès voiture, vélo et piéton, voir plan sur le site Internet. - www.lediableaucoeur.com
Ouvert en même temps que la station. Ouvert tous les jours de 9h à 17h. Réservation recommandée.

Plus jamais de bleus au cœur quand on connaît le Diable au Cœur tenu par Hugo Mounier. Un restaurant d'altitude, à 2 400 mètres au sommet du télésiège du Diable !, qui ne ressemble pas vraiment à ce que vous pensez/craignez d'un restaurant d'altitude. Bien sûr, il y a la terrasse baignée de soleil offrant une vue panoramique sur les sommets. Mais la vraie surprise se trouve dans les cuisines avec un Maître Restaurateur qui prépare à base de bons produits de qualité une cuisine savoureuse présentée dans des assiettes dignes d'une table gastronomique. Autre plaisir, la carte des vins et des whiskies. Possibilité de privatiser les lieux en soirée en montant en chenillette.

ITALIEN ET PIZZERIA
ALBA RISTORANTE

58, rue Eugène Perrin - **COLOMBE**
✆ 04 76 91 31 95
www.albarestaurant.fr
Ouvert du lundi au samedi le midi, du jeudi au samedi le soir. Épicerie du mardi au samedi 10h-19h. Formule midi 16 €.

© EMMANUEL SPASSOFF

© EMMANUEL SPASSOFF

Facile d'accès depuis Grenoble par l'A48, Alba Ristorante offre un trait d'union entre la France et l'Italie. Plus particulièrement avec le Piémont et Alba, capitale de la fameuse truffe blanche. Cadre contemporain chaleureux avec fresques murales, accueil adorable et service efficace, la *dolce vita* s'invite à table. Dans les assiettes, des plats composés de produits sélectionnés en Italie. Excellent *risotto zucchini*, mais encore *taglioni alla vongole* – pâtes fraîches aux palourdes –, albanico de porc ibérique laqué à la Chartreuse, avant l'incontournable tiramisu maison. Merveilleux vins italiens et café napolitain. Coin épicerie pour ramener le meilleur de ce voyage en Italie.

JE FAIS MON MARCHÉ

Je fais mon marché, je choisis la façon dont je me nourris. Facile à dire en pleine crise alimentaire mondiale, quand on n'a pas forcément le budget pour s'approvisionner au quotidien de produits frais. Cette vérité d'un temps ne l'est plus tout à fait dans le périmètre de Grenoble Alpes Métropole où l'on peut faire ses courses en consommant local sans trop dépenser grâce à la vente directe des producteurs dans des boutiques installées en pleine ville. Grâce aussi aux petits producteurs qui viennent vendre sur les nombreux marchés grenoblois. En consommant des produits Is Here – fruits, légumes, viandes, charcuteries, produits laitiers ou à base de noix, mais aussi poissons –, je soutiens l'agriculture locale et je mange des produits d'ici. Pour travailler des produits d'exception, Grenoble ne manque pas d'artisans qui font le bonheur de tous les gourmands : pâtissiers d'exception, fromagers parmi les meilleurs du monde, boulangers d'excellence, chocolatiers, torréfacteurs… Sans oublier les brasseries, toujours en vogue, et les cavistes tournés vers le bio et la nature. Régalez-vous !

NOUVEAU !

VOTRE GUIDE DEVIENT
INTERACTIF

TAPEZ **PETITFUTE.APP**
DANS LE NAVIGATEUR DE
VOTRE SMARTPHONE.

PRENEZ UNE PHOTO
DE LA PAGE DÈS
QU'ELLE A CE PICTO !

NEW

FROMAGERIE - CRÈMERIE
LA BOÎTE À FROMAGES

2, rue Béranger
✆ 04 83 43 34 22
Ouvert du mardi au samedi de 9h à 13h et de 15h30 à 19h30.

A deux pas de la place Victor Hugo, quelle bonne idée d'avoir ouvert cette Boîte à Fromages ! Pas la plus grande des fromageries, mais l'une des plus centrales, où l'on trouve largement de quoi nous régaler sur un plateau. Décor boisé offrant un coin dédié aux vins locaux, de Savoie, mais aussi des bières et autres produits gourmands, toujours locaux. Côté fromages, là encore la région alpine est à l'honneur, avec des incursions en Italie et en Suisse, notamment pour composer une délicieuse raclette en saison. Nombreux fromages à raclette pour varier les plaisirs. Vache, chèvre, brebis... Les fromages suivent les saisons. Et pour les boîtes, elles vont de l'apéro à la dégustation.

FROMAGERIE - CRÈMERIE
COOPÉRATIVE LAITIÈRE DE HAUTE-TARENTAISE

16, rue Lesdiguières ✆ 04 76 27 63 04
www.fromagebeaufort.fr
Ouvert lundi 14h30-19h30, mardi et mercredi 9h30-12h30 et 14h30-18h45, du jeudi au samedi 8h30-18h45.

La Tarentaise, c'est loin ! Et la Haute-Tarentaise, c'est encore plus loin ! La coopérative originale se trouve à Bourg-Saint-Maurice... Alors, les gourmands grenoblois amoureux du fameux beaufort AOP. sont tout heureux de pousser la porte de cette boutique en plein cœur de ville. Un savoir-faire incomparable pour fabriquer un fromage d'exception, dont le lait provient exclusivement de vaches Tarine et Abondance. Fromages de montagne dans ce véritable chalet d'alpage, mais aussi des charcuteries de montagne et d'autres produits du terroir alpin, vins y compris.

FROMAGERIE - CRÈMERIE
FROMAGERIE CENTRALE

20, place Jean Moulin
✆ 04 76 54 40 31
Ouvert du mardi au jeudi et le dimanche de 7h à 13h ; le vendredi et le samedi de 7h à 13h et de 15h30 à 19h.

Cela fera bientôt 20 ans que la Fromagerie Centrale régale les gourmands au cœur de Grenoble. Dans un marché couvert où l'on trouve les bons produits de notre région chez d'excellents artisans des métiers de bouche, le fromage a sa place. On découvre avec plaisir les trouvailles de la Fromagerie Centrale, chez Nathalie Arenas, une femme adorable qui nous fait partager sa passion. Parce que les fromages aussi ont leur saison, il faut se composer une belle assiette avec des fromages de terroir comme ces petits chèvres qui changent régulièrement. Ne pas manquer en hiver les savoureux plateaux raclettes à partager lors de belles soirées. Service souriant et conseils avisés.

FROMAGERIE - CRÈMERIE
FROMAGERIE DE CAROLINE

36, rue Nicolas Chorrier
✆ 04 38 21 42 37
https://fromageriedecaroline.com
Ouvert du mardi au samedi de 8h à 12h30 et de 15h15 à 19h15.

Une fromagerie de quartier, du quartier Saint-Bruno, qui mérite largement que l'on fasse le détour pour découvrir la sélection proposée par Caroline. Une passionnée qui part à la rencontre des producteurs pour mieux nous raconter leurs fromages. Des fromages de saison, de provenance locale et régionale – Savoie et Alpes mises à l'honneur avec des fromages connus et surtout des moins connus –, des fromages fermiers, mais aussi des fromages d'ailleurs. Possibilité de commander des « paniers » de fromages en ligne et de les récupérer sur place. Plateaux sur commande et tout ce qu'il faut comme produits, essentiellement locaux, pour accompagner (vin, bière, charcuterie...).

FROMAGERIE - CRÈMERIE
FROMAGERIE DE L'ÎLE VERTE

29, avenue Maréchal-Randon
✆ 04 76 42 71 49
www.fromagerie-grenoble.com
Ouvert du mardi au samedi de 8h à 12h30 et de 15h30 à 19h.

De véritables passionnés des fromages. A la Fromagerie de l'Ile Verte, la tradition est respectée depuis plus de 20 ans avec Alexandre et son équipe. Le plaisir n'a pas de frontières avec 160 variétés d'ici et d'ailleurs : picodon de la Drôme, saint-marcellin isérois, bleu du Vercors-Sassenage et une sélection de fromages au lait de brebis. Parmi les spécialités, des fromages des Alpes : bleu de Termignon, persillé de Tignes, gruyère d'alpage. Fondue de Mathilde et raclette au lait cru. Dans un autre style, brillat-savarin truffé. Plateaux selon les envies. Cave idéale.

FROMAGERIE - CRÈMERIE
FROMAGERIE LES ALPAGES

2, rue de Strasbourg
✆ 04 76 46 32 62
www.les-alpages.fr
Ouvert du mardi au samedi de 6h à 12h30 et de 15h30 à 19h30.

Quand on parle des Alpages à Grenoble, avant de penser aux pâturages d'altitude, les gourmands pensent à l'une des meilleures fromageries de France ! Dans une rue où les bonnes adresses de bouche se succèdent, il faut commencer par celle de l'excellent Bernard Mure-Ravaud, Champion du Monde des fromagers et l'un des Meilleurs Ouvriers de France. Un moustachu à la fois drôle et sérieux qui adore non seulement le fromage, mais aussi le contact avec tous ses clients, secondé par son fils Renaud Mure-Ravaud. Fromages d'exception affinés dans les caves de la maison : beaufort d'alpage, bleu de Termignon, persillé de Tignes et tous les autres fromages sur un plateau au rythme des saisons.

FROMAGERIE - CRÈMERIE

LAITERIE BAYARD

17, rue Bayard
✆ 04 76 44 36 25
Ouvert du mardi au samedi de 8h à 12h30 et de 16h à 19h.

Un commerce d'autrefois, en place depuis 1931, comme on l'aime aujourd'hui. Avec son aspect vintage qui lui donne un charme fou, la Laiterie Bayard fait partie des institutions gourmandes de Grenoble. Il suffit de passer la porte pour sentir les bonnes odeurs des fromages de nos montagnes. Des fromages au lait cru, fromages à raclette et à fondues en saison, les meilleurs fromages d'ici et d'ailleurs pour composer le plus délicieux des plateaux selon ses goûts. L'autre plaisir des lieux, c'est une cave à vin tout aussi exceptionnelle. Vins de Savoie en vedette, vins d'autres terroirs français et des ouvertures sur le monde. Autres alcools, à commencer par la Chartreuse. Une merveille.

FROMAGERIE - CRÈMERIE

LAITERIE GILBERT

5, place Championnet ✆ 04 76 46 79 69
www.laiterie-gilbert.fr
Ouvert le mercredi de 15h30 à 19h30, du jeudi au samedi de 8h30 à 12h30 et de 15h30 à 19h30.

Pas de nostalgie à cette adresse née à Grenoble il y a 75 ans, mais que du frais ! Entre les mains de Cédric Garna et Christophe Chaperon, les valeurs de l'enseigne n'ont pas changé. Ici, on met toujours en avant la qualité des produits issus d'une nature préservée. Dans les rayons de cette laiterie modèle, les meilleures saveurs locales et régionales : incontournable yaourt naturel de la marque au chamois, crème fraîche et lait frais, fromages AOP servis sur un plateau et plateau de raclette en hiver, fondue également, mais encore charcuteries de même qualité, bières et vins régionaux pour composer une excellente planche apéritive. Conseils avisés et grands plaisirs à partager.

FROMAGERIE - CRÈMERIE

TOUT UN FROMAGE

99, cours Berriat
✆ 04 76 49 17 82
Ouvert du mardi au samedi de 7h à 12h30 et de 15h30 à 19h30.

Entre le quartier de la gare et celui de Saint-Bruno, cette adresse ne peut pas laisser insensibles les gourmands. Il faut dire que l'on trouve peu de commerces de bouche de cette qualité dans un secteur plutôt tourné vers la restauration rapide et autres commerces de proximité. Vous trouvez dans cet excellent établissement, en activité depuis plus de 20 ans, non seulement des fromages pour composer un beau plateau régional – Rhône-Alpes ne manque pas de merveilleux produits – et d'ailleurs à prix particulièrement doux, mais encore une belle sélection de crèmerie et produits fins pour concocter un repas complet. M. Lagabrielle est toujours de bon conseil pour les accords vins et mets.

EPICERIE

APÉRICERIE

83, cours Jean-Jaurès ✆ 04 76 43 30 88 - Tramway ligne E, arrêt Condorcet. Parking de l'Estacade, pour les voitures (après-midi et soir). - http://shop.apericerie.fr
Ouvert du mardi au vendredi de 10h30 à 14h et de 16h30 à 22h, samedi de 10h30 à 0h.

© APÉRICERIE

Apéricerie : néologisme gourmand pour un lieu mêlant apéritif, épicerie, conserverie, cave et restauration. Chez Lucas, à côté de l'Estacade, ou chez vous - possibilité de courses en ligne -, alors faites le plein de bonnes choses pour l'apéro et plus encore ! Des produits artisanaux, responsables, locaux de préférence, toujours de qualité avec une sélection dans tous les domaines : charcuterie et fromage à la coupe pour de belles planches ou des plateaux apéro, du saumon gravlax, des tartinables maison (tomates séchées, rillettes de la mer...) et des petits gâteaux. Cave à vins, bières artisanales, spiritueux locaux. Sandwichs et petite restauration sur place. Des plaisirs à partager.

EPICERIE FINE

CHEZ CHLOÉ

33, avenue de Chartreuse - **MEYLAN** ✆ 04 76 90 51 40
www.chezchloe-epicerie.fr
Ouvert du mardi au samedi de 9h à 12h30 et de 16h à 19h30, dimanche de 9h à 13h.

Parce qu'on n'a pas tous les jours envie de bien cuisiner ou qu'il vaut mieux laisser la réalisation de certains plats à d'authentiques cuisiniers, bienvenue Chez Chloé. Passionnée de cuisine, Chloé a été formée aux côtés du chef doublement étoilé Christophe Aribert à Uriage. Dans son épicerie fine de Meylan, elle compose de délicieuses recettes, des plats faits à partir de produits frais de saison, à emporter en bocaux dans son panier gourmand. Pratique en toute saison. Recettes créatives avec possibilité de composer du « sur mesure » pour un repas festif ou en cas d'allergies. À l'épicerie : fruits et légumes, produits régionaux sélectionnés avec soin et les conseils de Chloé.

EPICERIE FINE

LE COMPTOIR DE MATHILDE

10, rue Lafayette
www.lecomptoirdemathilde.com
Ouvert du lundi au samedi de 10h à 14h et de 14h30 à 19h.

Tous les gourmands connaissent cette enseigne née dans la Drôme voisine. Un Comptoir de Mathilde où l'on vient se régaler avec les yeux avant de se régaler avec le palais, avec d'excellents produits fabriqués artisanalement en Drôme provençale à partir de matières premières de qualité. Accueil adorable, conseils avisés pour choisir dans une gamme d'épicerie fine et de délicieux chocolats. Cible : les babas au rhum, une des spécialités du Comptoir de Mathilde, premier producteur français de babas en bocaux. Côté chocolat : tablettes à casser craquantes, et succulentes pâtes à tartiner sans huile de palme ni OGM, avec des versions bio et véganes. Coffrets cadeaux pour partager un vrai plaisir.

EPICERIE FINE

COMTESSE DU BARRY

26, rue Saint-Jacques ✆ 04 76 03 23 09
www.comtessedubarry.com
Ouvert du lundi au samedi de 10h à 12h30 et de 14h30 à 18h45. Ouvert les dimanches en décembre.

Une enseigne du Sud-Ouest bien connue des Français, riche d'un siècle de tradition gourmande. La boutique de Grenoble est un peu plus récente mais nous propose toujours l'un des meilleurs foies gras dont on se régale au moment des fêtes, mais il n'est pas interdit de manger un bon foie gras en d'autres occasions, car on ne doit pas fréquenter cette boutique uniquement pendant la période de fin d'année et l'on trouve en toute saison des conserves et de verrines pleines de bonnes choses comme ces rillettes de truite au piment d'Espelette, ces cassoulets, ces saucisses de Toulouse, des paniers-repas garnis de mets succulents et de bons vins. Une épicerie fine à l'accent gourmand.

EPICERIE FINE

HEIDSIECK ET RASCLE

2, rue du Palais ✆ 04 76 15 32 20
Ouvert du mardi au jeudi 9h-13h et 15h30-19h30, vendredi et samedi 9h-13h et 15h30-20h, dimanche 9h-13h.

En manque d'inspiration ou à la recherche d'un produit d'exception. Direction la place aux Herbes, dans la cave tenue par Emmanuel Heidsieck. Facile d'accès pour les piétons, cette adresse a le bon goût d'ouvrir tardivement pour les « oublieux » de dernière minute. Sélection de haute volée. C'est là qu'il faut venir se faire conseiller par d'authentiques passionnés pour choisir son champagne, un excellent rhum, un whisky d'exception parmi une sélection du monde ou sa bouteille de vin. Et si vous voulez remplir votre panier gourmand, les meilleurs produits répondent présents : fromages fermiers, charcuteries artisanales, terrines, chocolats… On ne manque de rien. Une vraie adresse gourmande.

FRUITS - LÉGUMES

LE FRUITIER ÉTOILE

1, place de l'Étoile
✆ 04 76 46 26 19
Ouvert du mardi au samedi de 7h à 19h.

Toujours le haut du panier de saison avec Clémence Reynaud à la tête du Fruitier Étoile. Une affaire de famille, fondée par le grand-père, où l'on propose des fruits et des légumes – essentiellement locaux – de toute beauté, reflétant toutes les couleurs de la vie. De magnifiques tomates, bien rouges, des légumes et des fruits aussi colorés que savoureux, de la fraîcheur aux bonnes odeurs dont les fraises à la belle saison. Un bouquet de vitamines présenté par une équipe accueillante et dynamique. Tous les trésors de nos campagnes iséroises, comme dans un petit village, à ce carrefour du centre-ville de Grenoble. L'une des très bonnes adresses de Grenoble dans la catégorie Panier garni.

FRUITS - LÉGUMES

LES HALLES CHARLY

8, avenue de Grenoble - **SEYSSINET-PARISET**
✆ 04 76 96 95 22
https://leshallescharly.fr
Ouvert du mardi au samedi de 7h30 à 12h15 et de 15h30 à 19h15, dimanche de 7h30 à 12h15.

Une histoire de famille qui nous amène à l'excellence. Une histoire qui débuta dans les années 1970 quand Charles Lafranchescina, immigré italien, ouvrit à Seyssinet-Pariset une halle de fruits et légumes sous le nom de Charly Primeurs. Après Charles et André, c'est au tour de Maxime de perpétuer la tradition familiale, couronné du titre de Meilleur Ouvrier de France. Produits sélectionnés au rythme du marché de saison auprès des meilleurs producteurs, notamment locaux. Fruits, légumes, viandes, fromages, mais encore pâtes, produits laitiers, épicerie fine... et cave à vin. Les corbeilles de fruits frais sont de véritables chefs-d'œuvre et les plateaux nous facilitent la vie.

PRODUCTEUR

CHAMPILOOP

29, rue des Arraults - **EYBENS**
www.champiloop.com
Vente directe aux caves de la Frise le vendredi de 16h30 à 18h.

Grenoble-Alpes Métropole est un territoire fertile où poussent et grandissent les meilleures idées. Direction Eybens et les Caves de la Frise aménagées en champignonnière urbaine dès 2016, avant de se développer sous l'impulsion d'Hamid, agronome, et Maxime, diplômé de Grenoble Ecole de Management, les créateurs de Champiloop. Un projet – qui se développe avec une nouvelle champignonnière dans le quartier de Renaudie-Champberton – porteur de belles valeurs pour l'humain et la nature, rapprochant producteurs et consommateurs au cœur de la ville. Un projet qui nous permet de nous régaler de pleurotes et shiitakés bio, avec de nombreuses et délicieuses recettes sur le site Internet.

POISSONS - FRUITS DE MER

POISSONNERIE DU VERCORS

Place Sainte-Claire
✆ 04 76 63 10 34
https://poissonnerieduvercors.fr
Ouvert du mardi au dimanche de 7h à 13h.

Le Vercors n'est pas redevenu un océan où l'on peut pêcher de bons poissons, mais c'est là-haut, du côté de Villard-de-Lans, qu'a commencé la belle histoire de Carole, la poissonnière, et de son frère Sébastien, le cuisinier traiteur (qui nous a régalés de délicieuses paellas de la mer cet été). Installée aux Halles Sainte-Claire depuis 2020, la famille nous propose des poissons frais et fruits de mer, avec des plateaux pour tous les goûts, sans oublier la truite fario du Vercors élevée à Echevis. Choix de plats traiteur de la mer pour varier les plaisirs si vous ne voulez pas cuisiner. Particularité de cette enseigne : la possibilité de commander sur une boutique en ligne.

POISSONS - FRUITS DE MER

POISSONNERIE LE JEAN DORÉ

19, place Sainte-Claire
✆ 04 76 54 65 28
Ouvert du mardi au dimanche de 7h à 13h.

Dans nos filets gourmands, peu, très peu de poissonneries dans le centre de Grenoble. Il faudra donc profiter des matinées d'ouverture du Jean Doré pour se ravitailler en produits de la mer aux Halles Sainte-Claire. Des poissons fraîchement pêchés à la ligne ou par de petits bateaux en provenance des ports français. Bons conseils de préparation et pour trouver un beau filet sans arêtes. Spécialités de poissons de la région, avec des truites du Vercors, des féras ou des perches du lac Léman, de belles huîtres pour nous régaler au moment des fêtes. Bonne pêche.

POISSONS - FRUITS DE MER

POISSONNERIE MORONI

41, rue des Aiguinards - **MEYLAN** ✆ 04 76 90 00 00
http://poissonnerie.free.fr
Ouvert du mardi au samedi de 7h30 à 12h30 et de 16h à 19h30, dimanche et jours fériés de 8h à 13h.

La poissonnerie par excellence. Moroni, c'est toute une histoire depuis bientôt 100 ans ! La belle histoire de 4 générations de commerçants et poissonniers qui se sont installés à Meylan il y a 20 ans. Dans ce quartier où il est encore possible de se garer, facile d'accès depuis Grenoble, Frédéric Merle perpétue le meilleur de la tradition. Poissons entiers issus de la petite pêche française et durable pour partager du plaisir. L'autre spécialité de la maison, ce sont les plateaux de fruits de mer qui se composent sur mesure, pendant les fêtes et toute l'année. Belle sélection d'huîtres et de coquillages. Plats traiteur de la mer pour se régaler et incontournable paella maison du vendredi.

BOUCHERIE

BOUCHERIE MALHERBE

114ter, avenue Jean-Perrot ✆ 04 76 25 76 05
Ouvert du mardi au samedi de 7h30 à 12h30 et de 15h à 19h15 ; le dimanche de 8h à 12h30.

Au pied d'un immeuble du quartier Teisseire, une boucherie-charcuterie-traiteur qui prouve que les bonnes adresses ne se trouvent pas qu'en hypercentre. La boucherie Malherbe, facile d'accès et de parking, est réputée pour la qualité de ses viandes (certifiées AB ou Label Rouge) et de son accueil. La boutique est connue pour ses viandes biologiques, notamment d'origine auvergnate et ses charcuteries maison. Au fil des saisons, des préparations bouchères pour régaler toute la famille. La boucherie Malherbe tient un stand sur deux marchés bio de l'agglomération grenobloise : celui de Meylan, le mercredi après-midi, et celui de Tavernolles, le mardi après-midi. Excellent rapport qualité-prix.

BOUCHERIE

BOUCHERIE LA TENDRE SURPRISE

15, rue Thiers
✆ 04 76 87 55 36
Ouvert du mardi au samedi de 8h à 13h et de 15h à 19h.

Des viandes bien sélectionnées, préparées et maturées à souhait, présentées avec soin par un boucher qui nous offre toutes les garanties de traçabilité et de qualité. D'excellents morceaux de bœuf avec les conseils de cuisson, mais aussi de l'agneau, du veau pour varier les plaisirs avec des préparations bouchères. Même qualité pour les charcuteries, le délicieux foie gras maison et pour les plats traiteur à cette adresse où l'on est toujours reçu avec le sourire pour de bons conseils. Une belle et tendre surprise, un des tout meilleurs bouchers de Grenoble.

BOUCHERIE

LA CÔTE DU BOUCHER

6, rue de Strasbourg
✆ 04 76 47 17 66
Ouvert du mardi au samedi de 8h à 12h30 et de 15h30 à 19h30.

C'est avec des adresses comme celle-ci que la rue de Strasbourg s'affirme comme la rue des gourmands ! Une boucherie de tradition tenue par des passionnés, Vincent et Elodie Locatelli. Ici, on connaît son métier et on sait partager sa passion. Chaque pièce de viande a été sélectionnée et préparée avec soin, comme ces côtes de bœuf exceptionnelles. Des morceaux plus rares comme le bœuf Wagyu ou Black Angus pour varier les plaisirs. Superbes volailles, notamment pour les fêtes. De nombreuses préparations bouchères, mais aussi des plats traiteur au rythme des saisons. Et quand la saison des barbecues arrive, les brochettes nous régalent. Pour les carnivores amoureux des bonnes viandes.

POISSONNERIE MORONI

UNE DYNASTIE DE POISSONNIERS

© EMMANUEL SPASSOFF

Alors que les authentiques professionnels des métiers de bouche tendent à disparaître, Frédéric Merle représente la quatrième génération d'une dynastie de commerçants et poissonniers. Tombé dans la marmite de poissons aux côtés de sa mère dès son plus jeune âge, il nous raconte l'histoire de la Poissonnerie Moroni qui fêtera l'an prochain ses 20 ans d'installation à Meylan et l'année suivante ses 100 ans d'existence.

Frédéric Merle, comment a débuté l'histoire de la Poissonnerie Moroni ?

Ce sont mes arrière-grands-parents, Irène et Edmond, qui ont installé un « magasin de comestibles », un commerce alimentaire, à Fontaine en 1924. A cette époque il n'y avait pas beaucoup de poissons, car c'était difficile de le faire venir. Après la guerre, ma grand-mère Louise a voulu s'émanciper et ouvrir son propre commerce. C'est en 1972 que son magasin de comestibles intègre une vraie poissonnerie à ses étals. Michelle Moroni, ma mère, a rejoint ma grand-mère dans l'aventure familiale à l'âge de 16 ans. Elles travailleront ensemble de nombreuses années avant que ma mère reprenne l'affaire en 1986.

© EMMANUEL SPASSOFF

Et vous, pourquoi êtes-vous devenu à votre tour poissonnier ?

J'ai toujours baigné dans cette ambiance de commerce. J'ai grandi dans la poissonnerie qui était en dessous de notre logement. Dès que j'ai su compter jusqu'à douze, j'ai vendu des huîtres à Noël ! Très vite, j'ai aidé ma mère à tenir le magasin. Puis, j'ai fait les marchés pendant 11 ans et nous nous sommes installés à Meylan en 2003. C'est un métier passionnant et nous ne sommes plus nombreux à le faire. Le poisson, produit sensible par excellence, encore plus quand on le mange cru, c'est mieux de l'acheter chez un vrai poissonnier de métier.

© EMMANUEL SPASSOFF

Que proposez-vous dans votre poissonnerie ?

D'abord, du poisson frais que nous achetons en direct dans les criées françaises. Nous vendons des poissons entiers issus d'une pêche durable, de l'Ikéjimé (technique d'abattage japonaise permettant à la chair de conserver toutes ses qualités gustatives). Nous proposons des truites du Vercors et des poissons de lac en provenance de Thonon-les-Bains. Nous faisons beaucoup de plateaux de fruits de mer, du sur-mesure toujours avec la même exigence de qualité. Nous sommes également de gros vendeurs d'huîtres en hiver. Enfin, nous avons toute une gamme traiteur de la mer et, incontournable, la paella du vendredi.

› POISSONNERIE MORONI
41, rue des Aiguinards - **MEYLAN**
✆ 04 76 90 00 00 http://poissonnerie.free.fr

BOUCHERIE

REBEEFEZ-VOUS

2, rue Président-Carnot ✆ 04 76 44 06 01
www.rebeefez-vous.fr
Ouvert lundi, mardi, jeudi et vendredi de 8h à 13h et de 16h à 20h, samedi de 8h à 13h et de 15h30 à 19h30.

Se « rebeefer », c'est manger moins de viande, mais de la meilleure viande ! Pour ça, direction cette enseigne un brin provocante où les carnivores se régaleront de viandes de caractère. Rebeefez-vous, c'est une belle histoire de famille qui perpétue la tradition de la bonne viande depuis 3 générations et une boucherie en activité depuis 1942 au cœur de Grenoble. Lolo le boucher ne propose que des viandes de qualité. Avec une préférence pour la race charolaise. Conseils et recettes données avec le sourire. Ne pas manquer le pâté en croûte maison, le foie gras maison pour les fêtes de fin d'année, les terrines pour se faire plaisir tous les jours, ainsi qu'une sélection de produits régionaux.

NEW

PRODUITS DU MONDE

LA FÉE TUCCINI

27bis, cours Berriat
✆ 04 76 50 37 40
Ouvert du lundi au samedi de 8h30 à 19h.

Ce n'est pas vraiment une nouveauté de l'année, puisque l'aventure de la Fée Tuccini a démarré rue Thiers, mais le déménagement et l'ouverture de ce magnifique espace cours Berriat lui permettent d'apparaître parmi les nouveautés. C'est bien simple, chez la Fée Tuccini, on pourrait tout manger avec le même plaisir. Des produits en direct d'Italie sélectionnés par de véritables passionnés qui sont aussi là pour nous conseiller. Du gorgonzola crémeux à souhait, de merveilleuses charcuteries, des pâtes, des huiles d'olive... Compositions de plateaux d'exception pour toutes les occasions. Et si vous ne pouvez pas attendre pour manger, une piadineria permet de se faire servir par un petit train.

PRODUITS DU TERROIR

BOUTIQUE SAINT JEAN

1, place Sainte-Claire ✆ 09 87 87 87 30
www.saint-jean.fr
Ouvert du mardi au samedi de 8h30 à 19h ; le dimanche de 8h30 à 13h.

Connaissez-vous la « pastronomie » ? L'art gourmand de faire des pâtes. Pastier depuis 1935, la maison Saint-Jean offre le meilleur de la tradition. Ravioles et pâtes fraîches sont fabriquées à partir de matières premières de qualité, issues d'une agriculture raisonnée et locale : farine de blé tendre, œufs frais, farces fondantes au Comté AOP, persil de la Drôme... Label Rouge et une IGP pour des ravioles exceptionnelles qui se déclinent en plusieurs gammes : fraîches, surgelées, à poêler et les biologiques. Pâtes farcies, quenelles, suprêmes soufflés, plats cuisinés (gratins et boxes de ravioles, polente bio...) et autres produits traiteur. Le meilleur du terroir dauphinois.

PRODUITS DU TERROIR

HUILERIE RICHARD

6, rue de Brocherie
✆ 09 54 95 25 80
www.huilerie-richard.com
Ouvert du mardi au samedi de 9h30 à 12h30 et de 15h à 19h.

L'huilerie Richard, fondée en 1887 dans le sud Drôme, est spécialisée dans la production d'huiles gastronomiques. En vedette, l'emblématique huile d'olive, qui se décline en plusieurs variétés, vierge extra bio de Nyons AOP, mais aussi Provence AOP, ainsi que des huiles aromatiques à la truffe, au citron, à l'ail ou au basilic, des huiles de noix ou de noisette, de colza, de sésame, sans oublier la délicieuse huile d'argan. Des huiles à déguster sur place au bar à huiles. Olives noires de Nyons AOP, tapenades, anchoïades, soupe au pistou, ratatouille, vieux vinaigres et vins régionaux comme la clairette. Une gamme biologique toujours plus étendue. Le *must* de l'huile !

PRODUITS DU TERROIR

LA FERME DE BONNE

14, allée Henri-Frenay
✆ 04 76 43 34 46
Ouvert du mercredi au vendredi de 9h à 19h, samedi de 9h à 18h.

La Caserne de Bonne est bonne pour notre alimentation. Pour s'approvisionner en direct des produits des paysans producteurs de notre terroir isérois, il suffit de pousser la porte de cette « ferme » urbaine. Un magasin de producteurs fermiers pour favoriser le locavorisme et le bien manger en faisant son marché dans un espace aménagé avec clarté. Viandes (bœuf, veau, agneau, cabri, volailles), charcuterie artisanale, légumes et fruits, noix bien entendu, des fruits de saison, un joli choix de fromages de la région, des œufs, mais aussi du miel, des gelées, du vin, des sirops, du jus de fruits, du pain... La Ferme de Bonne, le chemin le plus court vers les bons produits.

PRODUITS DU TERROIR

L'ÉPICERIE LOCAVORE

1, place Jacqueline-Marval ✆ 06 88 68 74 83
https://epicerie.locavore.fr
Ouvert du mardi au vendredi de 9h à 13h et de 15h à 19h, samedi de 9h30 à 13h et de 15h à 19h.

Une adresse qui fut une pionnière en matière de locavorisme, puisque cette Epicerie locavore – qui n'est pas une franchise – a été la première dans son genre il y a 11 ans maintenant. Une épicerie de proximité qui continue sa route dans le bon chemin, celui des produits qui viennent de l'Y Grenoblois et des alentours ou de plus lointaines destinations dans une logique de commerce équitable. Au hasard de notre panier, des produits bio ultra frais, tout plein de bonnes choses de la terre d'ici, une gamme d'épices et d'aromates locales avec la marque maison Wurm et d'autres boissons à consommer avec plus ou moins de modération. Achat de paniers bio, locaux et de saison.

MARCHÉS - HALLES

L'ESTACADE

2, rue Joseph-Rey

Du mardi au vendredi de 7h à 13h. Samedi et dimanche jusqu'à 13h30.

En langage grenoblois, l'Estacade désigne le pont du chemin de fer qui enjambe le cours Jean Jaurès. C'est là que se tient, le long de l'avenue de Vizille, le plus grand marché de la ville. C'est au marché de l'Estacade que l'on trouve les meilleurs produits. Le choix est vaste, particulièrement le week-end, et l'on prendra soin d'aller tout au bout du marché, après le croisement de la rue Nicolas Chorier, pour rencontrer les petits producteurs aux produits irréprochables. Par temps de pluie, de neige ou de vent, on apprécie d'être à l'abri de la voie ferrée, qui passe juste au-dessus. Et puis il y a les petits bistrots autour. Du mardi au dimanche, le marché par excellence de Grenoble.

HALLE COUVERTE

HALLES SAINTE-CLAIRE

19, place Sainte-Claire

✆ 06 11 19 13 08

Ouvert du mardi au jeudi et dimanche de 7h à 13h, vendredi et samedi de 7h à 13h et de 15h30 à 19h.

Au cœur de Grenoble, proche de l'office de tourisme, les Halles Sainte-Claire conjuguent harmonieusement tradition et modernité. Belle présentation des commerçants de qualité qui tiennent échoppe dans ce marché couvert, véritable pièce d'histoire locale depuis 1874 devenue monument historique, installé à la place d'un ancien couvent. Il sera donc beaucoup pardonné aux gourmands de s'approvisionner en bons produits, notamment locaux. Épicerie fine, poissonneries, fromageries, d'excellents bouchers, un fruitier, un traiteur, un Bistroquet pour consommer sur place... Des lieux incontournables pour tous les gourmands : à voir, à visiter et à consommer à l'intérieur et autour.

MARCHÉS - HALLES

PLACE AUX HERBES

Place aux Herbes

Du mardi au vendredi de 7h à 13h. Samedi et dimanche jusqu'à 13h30. Le vendredi de 15h à 19h.

C'est le marché d'un quartier historique. La place aux Herbes est une adorable place couverte par une petite halle de la fin du XIXe siècle accueillant tous les matins, sauf le lundi, les revendeurs de fruits, légumes et fleurs d'une fraîcheur irréprochable. Ce marché, entre quartier populaire du côté de Chenoise et quartiers tournés vers le centre commerçant, secteur piéton, est un peu à la croisée des mondes. Le vendredi après-midi, le marché des montagnes de l'Isère est réservé aux seuls producteurs locaux. Très agréables, les nombreuses terrasses sur la place et alentour pour prendre un verre avant/après son marché. Commerces pour compléter son panier. Un vrai lieu de rencontres.

MARCHÉS - HALLES

PLACE SAINT-ANDRÉ

Place Saint-André

Du mardi au vendredi de 7h à 13h. Samedi et dimanche de 7h à 13h30.

Faire son marché sur la plus belle place de Grenoble, même quand les travaux de rénovation du Parlement du Dauphiné, c'est une chance. La place Saint-André, appelée aussi « place du trib » (en référence à l'ancien palais du justice), offre un décor magnifique avec l'ancien siège du Parlement du Dauphiné, ses dimensions impressionnantes, ses cafés avec terrasse et son sol en granit bleu. Sur cette place réservée aux piétons se tient tous les jours, sauf lundi (comme partout ailleurs à Grenoble), un marché de paysans produisant en Isère, dont plusieurs producteurs en agriculture biologique. Un « petit » marché bien sympathique pour s'approvisionner de bons produits.

BLEU-BLANC-CŒUR

Soutenus par des médecins, les produits Bleu-Blanc Cœur possèdent une qualité nutritionnelle supérieure et améliorent notre santé. Les éleveurs s'engagent notamment à nourrir leurs animaux avec une alimentation diversifiée riche en Oméga 3 (lin, herbe, luzerne…).
Produits laitiers, viande bovine, volailles, œufs, charcuterie, fromages, biscuits sont concernés.
« Quand la terre est respectée, quand les animaux sont bien nourris, l'homme se nourrit bien ! »

MARCHÉS - HALLES

SAINT-BRUNO

Place Saint-Bruno

Du mardi au vendredi de 7h à 13h. Samedi et dimanche de 7h à 13h30.

Cette place est surnommée « la petite Marseille grenobloise ». A vous de découvrir pourquoi ! Maintenant, s'il y a de bonnes affaires à faire, elles sont là. Parfois des « tombés du camion » avec des promotions incroyables sur tout et parfois n'importe quoi. Un conseil : venez de bonne heure si vous voulez en profiter. Sur la place Saint-Bruno, tous les matins, sauf le lundi, se tient une véritable institution grenobloise, un marché populaire haut en couleur au cœur d'un quartier en pleine mutation urbaine. De l'alimentaire, mais pas que, avec de nombreux « déballages » et des offres en tout genre. On adore ou on ne supporte pas, mais ce marché ne peut pas laisser indifférent.

CHOCOLATIER

LA CARAQUE

56, cours Jean-Jaurès
✆ 04 76 86 41 37
http://lacaraque.free.fr
Ouvert du mardi au samedi de 9h30 à 12h30 et de 14h30 à 19h.

Une enseigne bien connue des gourmands grenoblois, puisqu'elle existe depuis 1954 ! Aujourd'hui tenue par l'excellent John Rebillard, elle continue de nous régaler de la fameuse Caraque, spécialité à base de praliné noisette enrobé de cacao amer, mais encore une trentaine de variétés de chocolats, bouchées, chardons et autre ganache au caramel. Et si vous avez une idée originale, n'hésitez pas à en parler avec cet artisan passionné de chocolat et créateur de talent qui peut réaliser l'objet, le personnage de votre choix. Accueil charmant, conseils personnalisés, produits de qualité et délicieux, du chocolat, du chocolat, du chocolat... De quoi guérir toutes les déprimes !

CHOCOLATIER

AU CHARDON BLEU

23, avenue Alsace-Lorraine ✆ 04 76 12 05 93
www.auchardonbleu.com
Ouvert du lundi au vendredi de 6h45 à 19h30, samedi de 7h15 à 19h.

Une affaire de famille créée par Guylène et Jean Bossy il y a plus de 30 ans. Une enseigne justement réputée qui continue son chemin gourmand entre les mains Manon. Le Chardon Bleu, ce sont 3 adresses à Grenoble, dont 2 « Espaces Gourmet » pour découvrir tous les délices de tradition dans une ambiance contemporaine. Larges horaires pour savourer des viennoiseries pur beurre. Au fil de la journée, les plaisirs varient avec les pâtisseries maison pour le goûter, mais aussi une carte de snacking, salades et plats cuisinés à l'heure des repas. Toujours des matières premières de qualité et un travail artisanal. Ne pas manquer le gâteaux aux noix de Grenoble ou le fameux Chardon Bleu.

CHOCOLATIER

CHOCOLATERIE BOCHARD

5, place de l'Etoile
✆ 04 76 43 02 23
www.chocolaterie-bochard.com
Ouvert du mardi au samedi de 9h à 19h.

Ce qui fait la saveur des chocolats Bochard, c'est le travail traditionnel d'un grand chocolatier : Christian Bochard – 50 ans d'expérience dans le chocolat –, qui respecte les valeurs du vrai chocolat. Depuis plus de 30 ans à Grenoble, on vient dans cette maison pour savourer un Mandarin – une mandarine confite recouverte d'une ganache au chocolat noir et d'une couverture encore plus noire, une merveille du genre –, mais encore de fameuses bûches pendant les fêtes, des moulages en chocolat pour Pâques, des entremets d'exception et de succulentes pâtisseries toute l'année. Une grande maison grenobloise où l'on peut aussi venir prendre un thé en savourant des gourmandises.

CHOCOLATIER

CHOCOLATERIE DE MARLIEU

241, chemin de Grand-Fontaine - **CHIMILIN** ✆ 04 76 66 60 00 - Sortie n° 10 sur l'A43.
www.marlieu.fr
Ouvert du lundi au vendredi de 9h à 12h et de 14h à 18h.

DE MARLIEU, un grand nom du chocolat installé au cœur du Dauphiné depuis plus d'un siècle. Chocolaterie familiale aujourd'hui implanté à Chimilin, DE MARLIEU et son célèbre Bâton goûter sont la madeleine de Proust de générations d'écoliers tout heureux de découvrir une belle image en ouvrant leur tablette. Suivant les goûts actuels avec des chocolats sans sucre et sans gluten, des pâtes à tartiner bio, DE MARLIEU nous régale aussi avec ses spécialités que sont l'incontournable Malakoff, le Chardon Bleu praliné amande, l'Alp'Mint ou les Pavés. Papillotes, pâtes de fruits, marrons glacés... Pour faire provision de bons chocolats, direction le magasin d'usine ou commandez en ligne.

CHOCOLATIER

LA DÉESSE

13, rue Lesdiguières
✆ 04 76 43 03 78
Ouvert du mardi au vendredi 8h à 13h et 14h à 19h30, samedi de 8h à 19h30, dimanche de 8h30 à 13h.

Installé à Grenoble depuis 1988, bientôt trente-cinq ans, Philippe Berthier, avec un grand-père boulanger et un père chocolatier pâtissier, a bien sûr hérité du même don et du savoir-faire familial. Le doux parfum qui plane dans cette maison de tradition est celui du bon chocolat, dont Philippe détient une connaissance parfaite avec tous les secrets de sa confection. Du Piémont, les noisettes utilisées viennent d'Italie, au fraisier en passant par le Saint-Honoré ou le Rive gauche, tout est délicieux. Une belle finesse, une grande qualité, un bouquet de saveur, le tout dans un artifice de délices et de bonne humeur, décidément... cette Déesse ne nous offre que du bonheur !

CHOCOLATIER

LES ÉCRINS

11, rue de Bonne
✆ 04 76 46 48 22
www.patisserie-lesecrins.com
Ouvert lundi de 14h à 19h30, du mardi au samedi de 8h à 19h30.

Aux Écrins, le chef Alexandre Gratian représente la 5e génération d'une famille de pâtissiers chocolatiers glaciers passionnés installée au centre-ville de Grenoble depuis 1880 ! Si la tradition est respectée avec un savoir-faire inimitable, les dernières techniques en pâtisserie et chocolaterie sont employées pour réussir de belles pièces surprenantes. Excellents chocolats fins aux noix, palets d'or, feuillantine, crème de marron/rhum, orangettes, chardons à la liqueur, moka, boules coco, cerises à l'eau-de-vie, etc. Sur place, un salon de thé pour faire une pause goûter en savourant une des excellentes pâtisseries maison : Succès Caraïbes 66 %, tartes maison, macarons...

CHOCOLATIER

NORBERT MEUNIER

34, avenue Alsace Lorraine
✆ 04 76 46 10 51
www.chocolat-grenoble.fr
Ouvert du lundi au samedi de 8h30 à 19h.

A tous les gourmands qui lisent notre guide gourmand, entrez de suite dans cette maison de tradition qui propose les meilleurs chocolats et des spécialités dauphinoises qu'il faut rapporter chez soi, que l'on soit touriste ou Grenoblois ! Michèle et Norbert Meunier, véritable artisan du chocolat depuis plus de 30 ans, perpétuent une tradition de qualité à laquelle Futé adhère totalement. De nombreux chocolats pour tous les goûts, le palet dauphi choc avec un assemblage de fèves unique, des noix de Grenoble à la pâte d'amande parfumée, un fameux gâteau aux noix de Grenoble, mais encore des macarons... Une adresse à découvrir, si ce n'est déjà fait, avec le Futé.

CHOCOLATIER

ZUGMEYER

4, boulevard Agutte-Sembat
✆ 04 76 46 32 40
www.chocolats-zugmeyer.fr
Ouvert le lundi de 14h à 19h, du mardi au samedi de 9h à 19h.

Une Entreprise du Patrimoine Vivant, la référence grenobloise en matière de chocolats. Les Grenoblois disent chez Zug' et plébiscitent cette adresse depuis sa création en 1930. Les touristes font un détour par Grenoble pour faire l'acquisition d'un ballotin Zugmeyer. Parmi les spécialités maison : le Zug est un biscuit de chocolat noir glacé de chocolat noir – Pierre Mendès-France s'en faisait livrer à Paris –, le Jimmy avec des raisins, le Félicité, le Franciscain, le San Francisco. Des nouveautés d'actualité comme ce Grenoble capitale verte 2022. *Futé* aime aussi les coffrets dégustation et les écrins à offrir en toutes occasions, petites et grandes. Une maison vraiment gourmande.

BOULANGERIE

AU FOURNIL NOTRE-DAME

2, place Notre-Dame
✆ 04 76 42 12 49
Ouvert du mardi au dimanche de 6h30 à 19h45.

Au Fournil Notre-Dame, créé il y a plus de 30 ans, succombons au péché de gourmandise. Les tentations sont nombreuses et les délices s'alignent derrière la vitrine réfrigérée. Il y a le Notre-Dame, le gâteau framboise-chocolat, une tarte au citron meringuée... des tartes aux fruits de saison, des compositions à manger seul ou en famille pour partager toutes ces sensations gourmandes. Les viennoiseries, pur beurre, nous font fondre de plaisir, et pour réaliser un repas parfait on peut adapter son pain à ses mets avec des petits pains garnis aux lardons, à la noix, au cumin, au pavot, aux anchois... Quel choix ! Une adresse précieuse où l'on peut s'arrêter à toute heure de la journée.

BOULANGERIE

LA TALEMELERIE

4, place Championnet
✆ 04 76 47 84 49
www.latalemelerie.com
Du lundi au samedi de 6h30 à 19h30. Etoile, Sainte-Claire, Stalingrad et Seyssinet ouverts le dimanche de 7h à 19h.

© EMMANUEL SPASSOFF

© EMMANUEL SPASSOFF

Entre les mains d'Antoine Crézé, La Talemelerie offre 6 points de vente : Ampère, Sainte-Claire, Championnet, Etoile, Stalingrad et Seyssinet. Une enseigne de qualité où les pains sont fabriqués à la main jusqu'au façonnage, un savoir-faire artisanal défendu par le boulanger Franck Moriot pour nous donner du plaisir au quotidien. Talemelière, baguette de campagne, Tourte d'Auvergne... La Talemelerie propose aussi de nombreux produits bio et des pains de saison 100 % maison. Excellentes viennoiseries, délicieuses pâtisseries ou une gamme snacking avec des formules économiques. Du petit déjeuner au goûter en passant par votre table de fête, La Talemelerie est le refuge des vrais gourmands.

PÂTISSERIE
BOURBON

3, place Notre-Dame ✆ 04 76 54 57 93
www.boulangerie-patisserie-bourbon.fr
Ouvert le lundi, le mardi et du jeudi au samedi de 6h à 20h ; le dimanche de 6h à 18h30.

Les bonnes saveurs d'antan, le meilleur de la tradition et toutes les raisons de se faire plaisir se trouvent à la Maison Bourbon. Une institution créée il y a plus de 60 ans. Une maison au cœur de Grenoble où Gilles Bourbon nous propose au quotidien, sauf le mercredi, des fabrications artisanales pour que l'on se régale. Du fait maison dans toutes les matières, de la « simple » baguette craquante aux madeleines fondantes, des mendiants aux viennoiseries, des chocolats aux cakes, des entremets aux tartes... Créations personnalisées pour vos événements. En été, incontournables glaces maison. Snacking avec les meilleurs sandwichs de Grenoble. Bourbon, l'adresse gourmande par excellence.

PÂTISSERIE
MAISON LENOIR

5, rue Ampère
✆ 04 76 09 76 09
Ouvert du lundi au samedi de 6h30 à 20h, dimanche de 7h à 20h.

La Maison Lenoir est une institution locale depuis près de 80 ans. Une affaire de famille, d'artisans passionnés par leur métier de boulangers-pâtissiers. Une enseigne et cinq adresses au total pour prendre un bon pain au quotidien, dont la spécialité maison : le pain au torchon. Si *Futé* a placé la Maison Lenoir parmi les pâtisseries, c'est qu'il a craqué pour les classiques – merveilleux millefeuille, forêt noire, ambassadeur, tropézienne... – et les créations artisanales maison. Tout est fait sur place, même les fonds de tarte, donnant un goût inimitable à des gâteaux sur mesure. Possibilité de se faire livrer et service traiteur. Une enseigne historique bien dans son époque.

PÂTISSERIE
LES DOUCEURS DE MAËLY

41, avenue Jean-Perrot
✆ 04 76 62 13 38
Ouvert du mardi au samedi de 6h30 à 13h30 et de 15h à 19h, dimanche de 6h30 à 13h.

Il n'y a rien de plus doux que le sourire d'un enfant... et le bonheur de savourer une pâtisserie. Bienvenue dans le quartier de la Bajatière chez Stéphane, artisan mariant avec talent tradition et créativité, et Krystelle qui vous accueillent aux Douceurs de Maëly, pâtisserie, chocolaterie et glacier. Accueil souriant à de larges horaires pour découvrir une gamme de gâteaux gourmands réalisés à partir des meilleurs produits de saison : poire/amandes, tarte citron meringuée, tropézienne, paris-brest.... Parmi les autres incontournables, un vacherin maison, des meringues, mais encore des ballotins de chocolats, des viennoiseries ou des coffrets de sirops Bigallet. Irrésistibles douceurs.

PÂTISSERIE
LA PAO - PÂTISSERIE ORIENTALE

10, rue Chenoise
✆ 04 76 51 32 01
Ouvert tous les jours de 8h à 21h. Sur place ou à emporter.

La rue Chenoise abrite une institution gourmande qui donne l'envie d'aimer tout ce quartier du centre historique. Depuis 1974, la Pao fait le bonheur des amoureux des pâtisseries orientales faites à la main dans le respect de la tradition. La Pao, c'est aussi un lieu de rencontre où l'on aime échanger sur l'actualité locale tout en buvant un thé et en mangeant des gâteaux. Makrouds aux dattes, kataïfs aux amandes, loukoums parfumés, baklavas aux noix de Grenoble et bien d'autres merveilles. Si l'on ne connaît pas, on demande et on est renseigné avec le sourire.

PÂTISSERIE
PÂTISSERIE ÉTIENNE CULOT

8, place Championnet
✆ 04 76 46 04 57
Ouvert du mardi au vendredi de 8h à 13h et de 15h à 19h, samedi de 9h à 19h, dimanche de 9h à 12h.

Parfois, on se dit que les Grenoblois ne goûtent pas assez au plaisir d'avoir un chef pâtissier d'exception comme Etienne Culot ! Que celle ou celui qui n'a pas encore poussé la porte de cette pâtisserie artisanale et responsable de la place Championnet se précipite pour y savourer des gâteaux, tartes, flans, brioches... de saison. Cet artisan du sucré ne cesse de nous étonner en sélectionner les meilleurs produits de saison pour créer de nouvelles gourmandises pleines de fraîcheur et de saveurs. Un savoir-faire remarquable, des recettes originales, des gâteaux petits et grands à savourer sur place, en terrasse, ou à emporter, des chocolats pour les fêtes... Cœur sur Etienne Culot.

PÂTISSERIE
ZEIT

3, rue Blanc Fontaine ✆ 04 76 95 50 21
www.zeitpatisserie.com
Ouvert du mercredi au samedi de 9h à 12h et de 14h à 18h, dimanche de 9h à 13h.

Le temps est à la gourmandise. Zeit, qu'il faut prononcer à l'allemande et qui signifie « temps », a ouvert ses portes en plein cœur de ville. Aux commandes de cette pâtisserie et salon de thé du meilleur goût, la jeune Andrea avec son parcours dans de belles maisons. Mais sa vocation pâtissière, elle la tient de sa grand-mère allemande qui cuisinait et pâtissait au rythme des produits de saison. Chez Zeit, un choix limité à des créations réalisées selon les bons produits du marché. Tartelettes et petits gâteaux simplement merveilleux, comme cette forêt-noire. A savourer sur place avec une boisson pour le goûter ou à emporter. Prenez le temps de vous faire plaisir chez Zeit.

PÂTISSERIE
PÂTISSERIE FERRAZZI

102, cours Jean-Jaurès
✆ 04 76 96 60 24
Ouvert du mardi au samedi de 5h à 12h30 et de 15h à 19h ; le dimanche de 5h à 12h30.

Le nom de Pascal Ferrazzi est synonyme d'excellence – Maître Artisan, formateur des Compagnons du Tour de France – et de gourmandise. Ne travaillant qu'à partir des meilleurs produits, Pascal Ferrazzi réalise des merveilles nous emmenant vers des destinations lointaines : Bali avec un délicieux gâteau à la poire meringuée, Panama, le Colombie ou Brazil qui raviront toute la famille. La grande spécialité de la maison, c'est le chocolat et il ne faut surtout pas manquer le Crépuscule, la Forêt Noire ou bien des truffes maison. Sans oublier les tablettes. Adresse incontournable à Pâques avec 200 moulages, de véritables sculptures originales. Ferrazzi fabrique aussi des glaces artisanales.

THÉ
COMME DES TISANES

21, cours Berriat
✆ 04 76 27 59 72
www.commedestisanes.bio
Ouvert du mardi au samedi de 10h à 13h et de 14h à 19h.

Stéphane Rossi, pharmacien de formation et herboriste passionné, est un magicien de botanique qui invoque les bonnes fées de la nature pour nous transmettre tous leurs bienfaits dans de merveilleuses tisanes, véritables infusions créatives. Il faut rentrer dans cette herboristerie des temps modernes au savoir-faire ancestral pour partager avec Stéphane Rossi ses maux afin qu'il vous guide vers les tisanes qui vous correspondent le mieux. Tisanes vertueuses préparées à base de plantes médicinales, les infusions s'adaptent à tous les goûts et à tous les soucis de santé : la détox, le tonus, la digestion, le sommeil, les défenses, la relaxation... et les câlins. Saveurs et santé au naturel.

PÂTISSERIE
THIERRY COURT

22, rue de la Poste
✆ 04 76 26 23 57
https://petitsbonheurs.fr
Ouvert du mardi au samedi de 9h30 à 19h.

Petits bonheurs par la taille, mais grands bonheurs par le plaisir qu'ils nous procurent à chaque bouchée ! Enfant de Grenoble, ville à laquelle il rend hommage avec sa fameuse Grenoisine, Thierry Court est donc un créateur de petits bonheurs : bonbons, biscuits et barres artisanales ! Vainqueur du « Meilleur pâtissier Les Professionnels » 2017, maître artisan pâtissier-chocolatier-confiseur, Thierry Court revisite à sa manière originale – le snacking néo-artisanal – et gourmande les classiques du genre. Les grands retrouvent des souvenirs d'enfance en version améliorée, les petits se régalent de bons produits de qualité. Cours de pâtisserie pour mettre la main à la pâte.

THÉ
LU SHAN

12, rue Barnave ✆ 04 76 15 29 50
www.lushan.fr
Ouvert du mardi au samedi de 10h à 12h30 et de 14h à 19h. Vente par correspondance.

Depuis sa création, il y a plus de 20 ans pour l'adresse de Notre-Dame, Lu Shan n'a pas dévié de sa trajectoire, proposant des thés importés directement d'Asie (Chine, Taïwan, Japon, Inde...), présentant le thé comme un véritable art de vivre. Lu Shan, c'est la maison de thé ou plutôt des thés, puisque l'on y trouve près de 400 variétés de thé en vrac, mais encore de nombreux accessoires, ainsi que des ouvrages sur ce breuvage millénaire. Thés purs, des plus connus aux plus rares, thés composés, dans des harmonies adaptées à toutes les envies, il faut se laisser guider pour trouver le thé qui nous correspond. Un espace de dégustation permet de partager une cérémonie du thé traditionnelle.

CAFÉ - THÉ - TISANE

LA BRÛLERIE DES ALPES

56, cours Jean-Jaurès
✆ 04 76 46 29 80
www.labruleriedesalpes.fr
Ouvert du mardi au samedi de 9h30 à 12h30 et de 14h30 à 19h.

La Brûlerie des Alpes marie avec gourmandise savoir-faire traditionnel et touches de modernité. C'est une expérience complète, de la vente à la dégustation, qui s'offre à vous avec cette enseigne créée en 1926. Toute la tradition des maîtres artisans torréfacteurs et la modernité d'un lieu superbe avec son salon de thé cosy. Les meilleurs crus de café de spécialité de toutes origines et des conseils de grande valeur pour bien choisir. On aime aussi les cafés parfumés, les machines à café et la vaisselle pour le déguster. Possibilité de faire encapsuler (capsules bio-compostables) son café. Thés dans le même esprit. Nouveau coffee-shop à Montbonnot pour partager le plaisir d'un bon café.

GLACIER

BANQUIZ

15, rue Lafayette
Haute saison : ouvert tous les jours de 13h à 18h.

Si la banquise fond à vue d'œil, cette Banquiz tient dans la plus petite des boutiques de Grenoble (et de France ?) avec une surface de... 4 m^2 ! La taille du « couloir » où Ryan a vendu tout plein de choses avant de proposer, idée de génie, des glaces *made in* Isère des excellents Caresse & Caline. Du lait crémeux bio de la ferme, des fruits du verger (et d'autres venus d'ailleurs), pour un résultat sans appel : du bonheur en cornet. Dans la rue, joie et bonne humeur garanties avant, pendant et après le choix des parfums de ces merveilleuses glaces artisanales. Attention, certains parfums peuvent surprendre, dont l'incontournable ananas rôti, mais sont toujours des révélations gourmandes.

PRODUCTEUR

JUS PATRICK FONT

6, route de Givors
TARTARAS
✆ 04 78 07 48 60
www.patrick-font.com

Sur l'exploitation familiale située entre les coteaux du Jarez et les monts du Lyonnais, Patrick Font révèle dans ses collections de jus et de nectars les saveurs et les sensations du fruit frais. À partir de fruits de saison, cueillis au meilleur moment, et d'un savoir-faire artisanal entre tradition et créativité, Patrick Font propose des jus de fruits haut de gamme et de thés glacés. Dans chaque bouteille, le fruit est respecté et chaque gorgée nous donne la sensation de mordre dans un fruit frais. Pomme bio, pêche blanche, mûre sauvage, fraise, tomate, orange blonde, cassis noir de Bourgogne, et tant d'autres sont présents sur les plus belles tables. Des nectars divins !

GLACIER

CRÈME CROQUANTE

4, rue Lazare Carnot ✆ 09 88 09 98 37
www.creme-croquante.fr
Basse saison : ouvert du mercredi au dimanche de 10h à 19h.
Haute saison : tous les jours de 14h30 à 20h.

La tradition des meilleures glaces italiennes se retrouve chez Crème Croquante. Dans cette petite rue du quartier de Championnet, un glacier salon de thé pour faire des pauses craquantes. Fadila a vécu plus de 30 ans en Italie où elle a tout appris d'un maître-glacier qui lui a transmis ses secrets de fabrication. Résultat : des glaces à base d'ingrédients locaux – lait fermier du Trièves, crème fraîche du Vercors, œufs bio... – et de produits d'exception – fruits frais bio, pistache salée au sel de Cervia... –, pour des glaces aux parfums inoubliables, comme cette incontournable Crème Croquante aux éclats de noisettes pralinées maison. Entremets glacés sur commande. Un régal.

GLACIER

AMORINO

8, place Grenette
✆ 04 80 70 00 89
Ouvert du lundi au samedi de 11h à 23h, dimanche de 13h à 23h.

Amorino est l'un des spécialistes des glaces artisanales italiennes. Des glaces aux parfums savoureux, des glaces onctueuses que l'on prend plaisir à déguster en pot de différentes tailles ou en cornet. Des glaces réalisées exclusivement à partir d'œufs biologiques, de lait frais entier et de fruits sélectionnés, le tout sans colorant ni arôme artificiel. Parmi les délices de la maison : le fameux chocolat grand cru 71 % d'Équateur à ne pas manquer dans votre mélange, une merveilleuse vanille Bourbon de Madagascar. Pour accompagner sa glace, des boissons, dont d'excellents chocolats chauds et des frappés pour l'été, mais encore quelques confiseries originales.

GLACIER

TERRE ADÉLICE

3, rue d'Agier ✆ 04 76 54 86 50
www.terre-adelice.eu
Horaires selon saison. En été du lundi au jeudi de 13h à 22h30, vendredi et samedi de 13h à 23h, dimanche de 13h à 22h.

Dans ce petit square près de la collégiale Saint-André, installez-vous chez Terre Adélice. Adélice, c'est sans aucun artifice ! Terre Adélice, subtil jeu de mots évoquant la terre Adélie, bout de calotte glaciaire situé en Antarctique, et tous les délices provoqués par les meilleures glaces de la région. Des sorbets et des glaces artisanales bio réalisés à partir de fruits de saison, notamment des fruits ardéchois où Terre Adélice trouve ses racines, mais aussi des touches d'exotisme parfaitement sourcées. Dans une ville parfois en surchauffe en pleine saison estivale, de l'attente parfois à l'emporter, mais les 60 parfums de glaces et sorbets bio en valent vraiment la peine.

BIO

CASABIO

234, cours de la Libération ✆ 04 76 23 98 60
https://casabioliberation.biocoop.net
Ouvert du lundi au samedi de 9h à 19h.

Casabio compte parmi les pionniers des magasins bio de l'Isère. Il fait partie du réseau de magasins bio bien connu, Biocoop, avec trois enseignes dans la métropole grenobloise, dont celle de Libération ouverte depuis 20 ans. Dans cette petite supérette bien tenue, des produits d'épicerie, des fruits et légumes frais, des cosmétiques et des écoproduits pour la maison. Une centaine de références en vrac. Les labels écologiques sont largement privilégiés Dans la boutique grenobloise, vous trouverez un fournil avec des produits cuisinés maison à partir de produits frais en provenance des rayons du magasin lui-même. Une enseigne pour manger bio et vivre bio, sans oublier le commerce équitable.

BIO

LA CHARRETTE BIO

✆ 06 58 14 72 09
www.lacharrettebio.fr
Du mardi au jeudi, points de vente et horaires sur Internet.

Un système original et vertueux pour développer une consommation bio et local. La Charrette bio, c'est une vingtaine d'exploitations agricoles du bassin isérois, produisant selon le cahier des charges de l'agriculture biologique, qui vous proposent en livraison les produits de leurs fermes en direct, sans aucun intermédiaire. Légumes, fruits, pains, œufs, farine, miel, huile, viande et charcuterie de porc, bière, fromage de chèvres, truites... Vous commandez directement sur le site Internet (avant samedi 12h) tous les produits pour la semaine suivante. Vous venez ensuite récupérer et régler votre commande sur le point de livraison que vous avez choisi... Ceci sans contrat ni engagement.

MIEL - CONFITURE

À L'ABEILLE D'OR

3, rue de Strasbourg
✆ 09 50 11 69 69
www.labeilledor.fr
Ouvert du mardi au samedi de 9h30 à 12h30 et de 14h30 à 19h15.

© PETIT FUTÉ

Le miel, c'est plus précieux que l'or. Parce que le miel, c'est la vie ! Le miel, une passion transmise depuis un siècle par 4 générations de la famille Chabert. En 1921, les arrière-grandes-tantes de Laure montaient en voiture dans le Vercors pour rapporter le miel en ville. Aujourd'hui, Laure sélectionne des apiculteurs français de renom, proposant des miels servis à la cuillère dans des pots de 1 kg, 500 g ou 250 g, à des tarifs abordables pour une qualité remarquable. Tous les produits de la ruche et leurs bienfaits : propolis, gelée royale, pollen... Cire, bougie, des gourmandises miellées et tout le matériel pour l'apiculture. Bien-être et gourmandise vont de pair à l'Abeille d'Or.

BIO

L'EAU VIVE

4, place aux Herbes
✆ 04 76 42 33 02
www.eau-vive.com
Ouvert du lundi au samedi de 9h à 19h30, dimanche de 9h à 13h.

Sur la charmante place aux Herbes où l'on aime faire son marché, cet espace du bio et du naturel nous permet de compléter notre panier avec des produits bio. Sur plus de 155 m², deux espaces différenciés : l'un est entièrement dédié à l'alimentation, avec du pain frais tous les matins, et l'autre aux cosmétiques et compléments alimentaires. Ainsi, vous passez de l'utile à l'agréable comme vous l'entendez. Autant vous dire que le *Futé* vous recommande l'adresse, d'autant plus qu'elle a été le premier point de vente de l'Eau Vive, ouverte depuis 1970 ! Ici, le bio c'est naturel et clair comme de l'eau de roche. L'Eau Vive, ce sont cinq adresses pour manger et vivre bio dans la Métropole.

BIO

SATORIZ

2, avenue Gabriel-Péri - **SAINT-MARTIN-D'HÈRES**
✆ 04 76 63 18 99
www.satoriz.fr
Ouvert du lundi au samedi de 8h30 à 19h30.

Quand certains disent la bio, comme culture bio, comme mode bio, Satoriz dit le bio depuis plus de 40 ans. Un anniversaire qui sera fêté dans cette grande surface bio engagée implantée à Saint-Martin-d'Hères. Tous les fondamentaux du genre dans un espace très aéré : produits frais, boissons, huiles, pain, céréales et fruits secs en vrac, produits d'entretien, librairie, beauté et bien-être. A noter un assortiment de fruits et légumes pas plus donné qu'ailleurs, mais très frais, ce qui est rare dans ce genre d'enseigne. Un petit périodique maison donne des trucs, des recettes, des infos produits. Une bonne adresse complétée par deux autres magasins à Echirolles et Grenoble.

PRODUITS DU TERROIR

L'ÉPICERIE LOCAVORE

1, place Jacqueline-Marval ✆ 06 88 68 74 83
https://epicerie.locavore.fr
Ouvert du mardi au vendredi de 9h à 13h et de 15h à 19h, samedi de 9h30 à 13h et de 15h à 19h.

Une adresse qui fut une pionnière en matière de locavorisme, puisque cette Epicerie locavore – qui n'est pas une franchise – a été la première dans son genre il y a 11 ans maintenant. Une épicerie de proximité qui continue sa route dans le bon chemin, celui des produits qui viennent de l'Y Grenoblois et des alentours ou de plus lointaines destinations dans une logique de commerce équitable. Au hasard de notre panier, des produits bio ultra frais, tout plein de bonnes choses de la terre d'ici, une gamme d'épices et d'aromates locales avec la marque maison Wurm et d'autres boissons à consommer avec plus ou moins de modération. Achat de paniers bio, locaux et de saison.

FROMAGERIE - CRÈMERIE

LA FERME DES MAQUIS

165, route des Maquis - **SAINT-MARTIN-D'HÈRES**
✆ 04 56 17 40 91
fermedesmaquis.fr
Ouvert le mercredi, le vendredi et le samedi de 16h à 19h. Fermeture en hiver. Marchés à Gières et Saint-Ismier

Bâtie en 2013 à l'initiative de la communauté d'agglomération grenobloise aux portes de la ville – sur les coteaux secs des Balcons de Belledonne – dans le but de préserver la faune et la flore qui l'entourent, cette ferme est occupée et animée par Céline, François et Anna qui y élèvent leurs chèvres dans le respect des valeurs de l'agriculture biologique. Ils réalisent en saison – de début février à fin novembre – des fromages variés et des faisselles que vous pouvez acheter directement à leur boutique ou trouver sur les marchés de Gières et de Saint-Ismier. Ils reçoivent également les scolaires pour les sensibiliser au travail à la ferme et à l'agriculture biologique.

PRODUITS DU TERROIR

LA FERME DE BONNE

14, allée Henri-Frenay
✆ 04 76 43 34 46
Ouvert du mercredi au vendredi de 9h à 19h, samedi de 9h à 18h.

La Caserne de Bonne est bonne pour notre alimentation. Pour s'approvisionner en direct des produits des paysans producteurs de notre terroir isérois, il suffit de pousser la porte de cette « ferme » urbaine. Un magasin de producteurs fermiers pour favoriser le locavorisme et le bien manger en faisant son marché dans un espace aménagé avec clarté. Viandes (bœuf, veau, agneau, cabri, volailles), charcuterie artisanale, légumes et fruits, noix bien entendu, des fruits de saison, un joli choix de fromages de la région, des œufs, mais aussi du miel, des gelées, du vin, des sirops, du jus de fruits, du pain... La Ferme de Bonne, le chemin le plus court vers les bons produits.

EPICERIE

LA BONNE PIOCHE

2, rue Condillac
✆ 04 38 38 31 22
www.labonnepiochegrenoble.com
Ouvert du lundi au samedi de 9h à 19h.

Tout le monde peut devenir acteur d'une écologie pratique, concrète, en réfléchissant avant d'acheter et de jeter des montagnes d'emballage ! À la Bonne Pioche, chacun peut emmener ses contenants (bouteilles, bocaux, boîtes, sacs...), mais il y a aussi des contenants pratiques et réutilisables sur place. L'accueil est adorable pour nous aider à découvrir ce mode de consommation plus économique, puisqu'on choisit la quantité désirée en vrac et non pas la quantité imposée emballée. Les produits sont locaux et souvent issus d'une agriculture bio ou raisonnée. Également des produits d'hygiène et pour la maison. Une adresse qui a du sens pour la planète et pour notre bien-être !

PRODUITS DU TERROIR

MA COOP

661, route de Chambéry - **SAINT-ISMIER**
✆ 09 80 94 78 08
www.ma-coop38.com
Ouvert du mardi au samedi de 9h à 12h30 et de 15h à 19h.

Une Coop qui a tout compris de nos envies : manger de bons produits locaux cultivés avec soin. Chez Ma Coop, magasin installé dans une ancienne cave vinicole, ce sont 9 coopérateurs du Grésivaudan qui se sont rassemblés pour nous proposer des produits aux provenances clairement affichées (la plupart moins de 40 km autour du magasin). Le gourmand trouve tout ce dont il a besoin pour préparer un repas au bon goût de terroir : fruits et légumes de saison, viandes, fromages, vins, produits de la noix, produits laitiers, glaces. Ma Coop dispose d'une boulangerie, Le Fournil de la Maie, utilisant des matières premières locales pour fabriquer pains et gâteaux. Une autre façon de consommer.

NEW

EPICERIE EN VRAC

LA MESURE

2, rue de Strasbourg
✆ 06 80 37 51 51
www.lamesure-boutiques.fr
Ouvert du mardi au samedi de 9h30 à 19h15.

A chaque ouverture, la rue de Strasbourg s'impose naturellement comme la rue du bien manger. Petite enseigne nationale qui ne cesse de se développer, La Mesure est une épicerie de vrac où les consommateurs prennent juste ce dont ils ont vraiment besoin. Fini les pots d'épices oubliés au fond du placard à la date de péremption dépassée depuis des années quand il suffit de prendre de petites quantités. Vaste choix de produits dans toutes les gammes, des pâtes aux légumes, des huiles aux vinaigres, du salé au sucré, avec de nombreuses références bio, sans oublier l'entretien de la maison, l'hygiène et la beauté. Mieux consommer pour préserver la planète et son portefeuille.

CAVISTE

L'APOGÉE DU VIN

8, rue Lesdiguières ✆ 04 76 95 89 18
www.lapogeeduvin.com
Ouvert du mardi au vendredi de 11h à 13h30 et de 15h à 19h, samedi de 9h30 à 12h30 et de 14h à 19h.

Une autre approche du vin est possible. A L'Apogée du Vin, Enora Le Roy propose de consommer mieux, en choisissant nos vins parmi une sélection de vins « engagés », pour la plupart en bio et biodynamie. Des vins d'artisans vignerons passionnés, respectueux de l'environnement et du terroir, qui nous régalent en toute simplicité à chaque gorgée. A cette enseigne chaleureuse et conviviale, il n'y a pas que les vignerons qui exposent leurs talents. Les distillateurs ne sont pas en reste ! Ateliers de dégustation (dates en ligne), avec une approche par cépage. Diplômée de l'Université du vin de Suze-la-Rousse, Enora a créé son organisme de formation pour les professionnels : « Le vin sur la Lune ».

CAVISTE

LE VIN DES ALPES

8, rue de Strasbourg ✆ 06 14 16 19 15
www.levindesalpes.fr
Ouvert mardi et mercredi de 11h à 19h, jeudi et vendredi de 11h à 20h, samedi de 10h30 à 19h.

Eric Esnault lance une invitation au voyage œnologique à travers les Alpes. En plus de la Savoie et de la Haute-Savoie, l'arc alpin couvre bien d'autres pays viticoles comme la Suisse, l'Italie, l'Autriche ou la Slovénie. Autant de belles découvertes hors de nos frontières, souvent avec des vins rares de terroirs méconnus, à partager avec un homme intarissable sur le sujet. Dans une boutique bien aménagée, on découvre près de 150 références de vins en provenance des Alpes et 300 d'autres régions. Belle sélection de vins sans additifs ni sulfites, toujours avec des vins de vignerons respectueux de l'environnement. Ateliers de dégustation (également en anglais). Une cave parmi nos préférées.

CAVISTE

CAVE MICAND

1, place Docteur Léon Martin ✆ 04 76 43 03 38
www.caves-micand.fr
Ouvert mardi au vendredi de 9h à 12h et de 14h à 19h, samedi de 9h à 19h. Livraisons.

Fondée en 1897, la Cave Micand est l'une des plus anciennes de France. Une cave avec deux adresses qui propose des vins d'ici et d'ailleurs. Place du Docteur Martin, plus de 1 700 références de vins et 600 de spiritueux avec une incroyable collection de gins. Place de l'Etoile, une impressionnante collection de vins en provenance de 41 pays. Une sélection unique, ainsi que 360 rhums merveilleux. Un choix adapté à notre soif de découverte. Les soirées de dégustation sont de véritables soirées découvertes, autour d'un vin, champagne ou apéritif. Des suggestions de recettes autour des vins, des conseils adaptés, des accessoires. Une bonne adresse pour offrir, se faire plaisir et voyager.

CAVISTE

VINOLEA

15, rue Montorge ✆ 04 76 86 46 75
www.vinolea.com
Ouvert du mardi au vendredi de 10h15 à 12h30 et de 14h15 à 19h30, samedi de 10h à 12h30 et de 14h à 19h30.

Non pas une, mais quatre adresses pour cette enseigne grenobloise qu'il ne faut surtout pas négliger en quête d'une bouteille d'un bon rapport qualité/prix. Premier bon point, l'accueil d'un caviste sympathique qui se met à notre service. Avec Vinolea, offrant une large sélection de tous les terroirs de France et des vins venus d'ailleurs, on ne reste pas forcément dans la région pour faire de belles découvertes. Des vins, mais aussi d'autres alcools, comme ces maisons de cognac. Des rhums et des whiskys, même si notre naturel nous ramène vers la chartreuse qui se décline dans ses deux couleurs sous bien des formes. Cours d'œnologie sous forme de passeport, facile à offrir. Belles adresses.

CAVISTE

L'ÉCHANSON

1, rue Lakanal ✆ 04 76 85 05 17
www.lechanson.fr
Ouvert du mardi au vendredi de 9h30 à 12h30 et de 14h à 19h30, samedi de 9h30 à 19h30. Livraison possible.

Ce qu'il est bon cet Echanson. Et ça fait des années que ça dure, puisque cette enseigne est une institution grenobloise. Tenue par Marc et Jean-Pierre, l'adresse fait partie des valeurs sûres de notre guide. Avec plus de 2 500 références, l'Echanson permet les plus belles associations mets et vins, notamment côté fromages dont la boutique est aussi spécialiste. Des vins et des coups de cœur à partager autour d'un bon repas après avoir suivi les conseils avisés des maîtres de maison. Autre sélection gourmande : 400 whiskys et bourbons et une centaine de spiritueux du monde entier. Cours, dégustations, soirées thématiques... Autre adresse gourmande à Crolles.

MICRO-BRASSERIE

MALTOBAR

13, rue Très Cloîtres
✆ 06 50 22 19 92
http://maltobar.fr
Ouvert le mercredi et le vendredi de 15h à 19h.

Une microbrasserie joyeusement décalée née sous l'impulsion de Benoît et Quentin qui nous présentent leur gamme de bières artisanales aux recettes souvent originales et ponctuelles, voire inédites : l'unique Jour en Chartreuse, une blanche à la Chartreuse !, l'Amère Noëlle (l'IPA maison), l'Échec & Malt, une bière blanche à l'orange, la MaltoBar (Bar), une triple aux céréales, la Pils^3, une blonde Apa... Mais MaltoBar, c'est aussi la possibilité pour tous les amateurs de bonnes bières de s'initier aux secrets du brassage et de réaliser leur propre bière. MaltoBar peut également brasser des bières « personnalisées » sur demande. Une adresse pas comme les autres.

BRASSERIE

BRASSERIE DU DAUPHINÉ

33, rue Champ Roman - **SAINT-MARTIN-D'HÈRES**
✆ 04 38 37 19 67 - https://brasseriedudauphine.fr
Ouvert du mardi au vendredi de 15h à 19h, samedi de 10h à 13h et de 16h à 19h.

Si la bière est à la mode, Grenoble possède une longue tradition brassicole mise à l'honneur par cette enseigne. En effet, Vincent Gachet a créé il y a 20 ans la Brasserie du Dauphiné afin de perpétuer la passion transmise par ses grands-parents employés à la brasserie de la Frise. Utilisant un nom célèbre dans tout le Dauphiné, Mandrin, il produit des bières d'exception, notamment à partir de produits du terroir comme les noix du Dauphiné et l'eau de la région grenobloise ! A savourer : les Mandrin aux noix, au sapin, au chanvre, aux plantes de Chartreuse... Les bières bio, les bières de saison, les bières Face Nord, nouvelle marque maison pour se rafraîchir, et Nobow, bières créatives.

CAVE À BIÈRES

LES ROIS MALTS

5, rue du Grand-Veymont - **ECHIROLLES** ✆ 04 76 48 44 90
www.lesroismalts.fr
Ouvert du mardi au vendredi de 10h à 13h et de 14h30 à 20h, samedi de 10h à 13h et de 14h30 à 19h.

Du choix pour voyager dans le monde de la bière. Dans l'Espace Comboire, les Rois Malts sont installés dans une vaste boutique, façon entrepôt aménagé avec goût. La sélection est impressionnante et, heureusement, des étiquettes colorées sont là pour nous donner quelques indications sur les plus de 600 bières proposées (OMG !) de toutes origines, les 300 vins et, on ne s'arrête pas en si bon chemin, 200 spiritueux ! Toutes les couleurs, tous les goûts et des conseils personnalisés. Côté comptoir, les alcools forts avec, là aussi, un choix impressionnant, du fameux rhum Don Papa aux vodkas originales, mais surtout une belle sélection de whiskys de tous les pays. Un royaume à déguster.

BRASSERIE

LA BULLE GRENOBLOISE

8, rue Lesdiguières ✆ 06 63 80 02 67
http://labullegrenobloise.fr
Ouvert le mardi et le mercredi de 15h à 19h, du jeudi au samedi de 10h à 12h et de 15h à 19h.

Une Bulle locale dans laquelle il fait bon être coincé. La Bulle Grenobloise a sélectionné la production de nombreuses brasseries régionales avec un choix d'environ 250 bières artisanales de toutes les couleurs. Devant ce choix, il vaut mieux se laisser guider par un passionné qui va vous emmener vers les sommets des bières de l'Isère, de la Drôme, de l'Ardèche, de la Haute-Savoie, du Rhône, de l'Ain et la Loire. Une boutique vivante et animée, avec chaque mois une dégustation en compagnie d'un brasseur ou des ateliers découverte des bières de Rhône-Alpes en compagnie d'un bièrologue. Prêt de matériel pour vos événements et réalisation de coffrets cadeaux sur mesure. Atelier brassage.

MICRO-BRASSERIE

BIÈRE DES BRAU

19, rue de Comboire - **ECHIROLLES** ✆ 07 83 82 10 61
www.bieredesbrau.fr
Ouvert le lundi, le mercredi et le vendredi de 17h à 20h, samedi de 10h à 19h.

Brothers in bière ! Vous aimez la bière et encore plus les bières locales et indépendantes ? Vous allez être servi en vous rendant du côté de l'Espace Comboire à Bière des Bräu. Microbrasserie fondée par deux potes, Paul Gabriel et Nicolas Lang, deux amateurs qui se sont formés aux techniques de brassage et qui ont eu l'audace d'ouvrir en pleine pandémie. Aujourd'hui, il faut se laisser tenter par une bonne bière maison avec une gamme de large soif avec une French Ale, une Strange IPA, une Brauwn Ale et une Strong IPA, sans oublier les bières éphémères. Ne pas hésiter à faire une pause conviviale à l'espace Shop & Degust de la brasserie. De bons moments à partager.

BRASSERIE

LA FURIEUSE

7, chemin de la Maladière - **SASSENAGE**
✆ 06 37 69 00 23
www.lafurieuse.com
Ouvert du lundi au vendredi de 9h à 18h.

La Furieuse s'inscrit dans le mouvement « Craft beer ». C'est-à-dire qu'elle respecte une fabrication traditionnelle à partir de produits de qualité, mais qu'elle s'autorise de nouvelles expériences afin d'explorer tous les univers de la bière. Dans sa brasserie de Sassenage, profitant d'une eau des Alpes de qualité, La Furieuse élabore des bières différentes. Une belle blonde aromatique, La Furie. Une blanche Furtive aux airs de Bavière. La Funeste toute noire. La Futée, une ambrée qui nous ressemble. Une Indian Pale Ale mousseuse, la Furax. La Full, une bière 100 % bio et locale. D'autres bières de saison aux caractères bien trempés à déguster avec plaisir et modération.

MICRO-BRASSERIE

BRASSERIE DES CUVES

5, rue de la Maladière - **SASSENAGE**
✆ 04 57 93 60 27
www.brasseriedescuves.fr
Ouvert du lundi au vendredi de 9h30 à 12h30 et de 14h à 18h30, samedi de 9h30 à 12h30.

Parmi les microbrasseries artisanales des Alpes, voici la Brasserie des Cuves de Nicolas Fernandez et Stéphane Louvion. Dans cet ancien garage de Sassenage, ils ont installé en 2015 leurs cuves et brassé d'excellentes bières de tradition à l'eau de Grenoble, source Rochefort, mélangée à des ingrédients de qualité. Blonde, rousse, blanche, noire, des bières très agréables, équilibrées, faites dans la tradition des maîtres brasseurs. Encore plus locale, la Belle Noiseuse : une bière aux notes de noix inspirée des apéritifs dauphinois. Des bières qui arrivent à domicile en différents conditionnements à partager avec vos amis. Des fûts pour alimenter vos soirées.

MÉDITERRANÉE

LA COCINA

8, rue de Strasbourg ✆ 04 76 26 31 76
www.la-cocina38.fr
Ouvert le jeudi de 15h30 à 19h30, vendredi et samedi de 10h à 12h30 et de 15h30 à 19h30.

A la Cocina, enclave ibérique de la rue de Strasbourg ouverte 2 jours et demi par semaine, on a l'impression d'être sur un marché espagnol. Chaque produit offre une belle occasion de voyager et de se régaler. A commencer par les charcuteries qui font régulièrement notre bonheur, avec le fameux jambon Pata Negra ou un moins connu Fuet, une saucisse sèche catalane, des chorizos entiers ou à la coupe… Sans oublier les huiles, les condiments, les vins qui illuminent votre table. Chaque jour, la Cocina vous propose des plats maison réalisés par une cuisinière espagnole. Sans oublier les tapas à savourer autour d'un vin... espagnol. Une Cocina qui conserve toutes ses saveurs d'origine.

MÉDITERRANÉE

GRECNOBLE

22, place Sainte-Claire ✆ 04 76 51 80 05
www.grecnoble.com
Ouvert du mardi au samedi de 9h30 à 13h et de 16h30 à 19h, dimanche de 9h30 à 13h.

Face aux halles Sainte-Claire, dans une ville ouverte aux saveurs du monde, GreCnoble nous emmène vers les rivages méditerranéens. Présentation impeccable pour cette épicerie fine grecque qui nous propose des produits pleins de soleil et de saveurs en provenance de Grèce bien sûr. C'est là que l'on vient chercher son huile d'olive extra vierge en vrac de grande qualité à prix raisonnables, des olives de Kalamata, des produits laitiers dont une une délicieuse feta, des produits de la mer et des produits crétois. GreCnoble, ce sont aussi des plats cuisinés à emporter, comme ces aubergines farcies aux légumes, et des vins à découvrir. Accueil souriant et conseils avisés.

MÉDITERRANÉE

COFI

18, rue Brocherie ✆ 04 76 42 09 14
www.comptoir-produits-italiens.fr
Ouvert du mardi au samedi de 8h15 à 12h30 et de 15h15 à 19h30 ; le dimanche de 8h15 à 12h30.

Cofi, c'est l'une des références en matière de produits italiens gourmands. Un comptoir de l'Italie à Grenoble et dans toute la région. Depuis 50 ans, Cofi fait du direct avec l'Italie, se fournissant chez des producteurs sélectionnés avec soin. Un lien fort que l'on ressent dans le choix des produits. A commencer par une charcuterie de haute qualité, véritable tradition italienne : mortadelle, salamis, pancetta, coppa, jambons... Le tout à la coupe. Et c'est pareil pour les fromages, les pâtes, les huiles et vinaigres, les vins et les alcools, les antipasti... mais encore les biscuits et les fameux panettones. L'adresse de Saint-Martin-d'Hères mérite aussi le détour.

MÉDITERRANÉE

ITALIA UNO

11, rue des Montagnes-de-Lans
ECHIROLLES
✆ 09 81 99 31 80
Ouvert du mardi au samedi de 9h30 à 19h.

Comment ne pas craquer pour Italia Uno ? Ambiance « dolce vita » gourmande dans la zone commerciale de Comboire quand il est possible de savourer sur place les bons produits vendus, à commencer par les incroyables fruits et légumes en arrivage direct, mais encore des fromages d'exception avec la merveilleuse mozzarella di bufala, des saucisses fraîches... Il y en a pour tous les goûts en toute saison : charcuterie à la coupe, antipasti, pâtes, sauces... Une sélection ensoleillée pour remplir notre panier. N'hésitez pas à commander vos plateaux et réserver vos prestations traiteur. Pour savourer la « dolce vita in casa », glaces italiennes en été et restauration sur place.

PRODUITS DU MONDE

ÉPICERIE ARAX

3, rue Turenne
✆ 04 76 87 23 37
www.epicerie-arax.com
Ouvert du mardi au samedi de 9h à 12h et de 15h à 19h.

Une épicerie orientale qui fait partie du paysage de Grenoble. Fondée en 1975 par une famille arménienne, Arax est devenue une institution. La provenance des produits proposés chez Arax a été élargie, même si l'Orient occupe toujours la place principale. Une épicerie familiale où l'on trouve facilement conseil pour découvrir les produits qui manquent pour réaliser un plat particulier ou pour réussir un apéritif. Des produits de qualité qu'il s'agisse d'une feta grecque pour agrémenter notre salade estivale ou une boîte de caviar Petrossian pour passer les fêtes. Arax, c'est le royaume des épices, des olives, mais encore des produits de pâtisserie pour toutes vos envies. Vins du monde.

AMÉRIQUES ET CARAÏBES

MATT STORE IS

24, boulevard Gambetta ✆ 04 85 02 40 48
https://matt-store-is.business.site
Ouvert le lundi de 14h à 19h, du mardi au samedi de 10h à 13h et de 14h à 19h. 7j/7 à Noël.

Manger local, c'est l'idéal. Mais parfois on peut se faire un petit (ou un grand...) plaisir en achetant des produits en provenance des USA, du Canada, du Royaume-Uni ou d'Australie ! Le repère des « expats » et des curieux en quête de goûts différents. Un choix incroyable pour cette épicerie anglo-saxonne – on entend déjà les « *amazing* » en entrant dans ce libre-service où l'on est reçu avec bienveillance – avec des boissons parfumées pour tous les goûts, du sirop d'érable, des biscuits (et des biscuits au sirop d'érable !), des sauces, des beans, du beurre de cacahuète, des pains pour burgers ou bagels, des bonbons ou de la poutine. Plus de 2 000 références pour se faire plaisir.

JE SORS
JE ME CULTIVE

Si Grenoble a été capitale verte européenne en 2022, elle est depuis longtemps l'une des capitales françaises de la culture. Ce n'est pas un hasard si, après l'éducation, la culture est le deuxième budget de la ville. Sans oublier que la métropole grenobloise abrite deux scènes nationales avec l'emblématique Maison de la culture MC2 qui accueille pas moins de quatre-vingts spectacles et concerts chaque année et l'Hexagone de Meylan, scène nationale arts sciences. Sans oublier les nombreuses salles, comme La Belle Électrique, qui font de Grenoble une étape incontournable pour de nombreux artistes reconnus, mais aussi un tremplin pour de jeunes talents. Si la culture est mise à l'honneur, les librairies en profitent dans une ville qui aime lire dans tous les genres, notamment en bande dessinée avec la maison Glénat. À Grenoble, en plus de la culture et de la lecture, il existe encore des rencontres à faire dans des lieux ouverts à tous les publics. Des micro-brasseries aux bars à cocktails, des bars à vins aux coffee-shops, en passant par les discothèques qui ont pu rouvrir leurs portes, chacun a son espace de liberté.

COFFEE SHOP ET SALON DE THÉ

LE CHARDON DORÉ

2, rue Montorge ✆ 04 76 54 08 94
www.lechardondore.com
Ouvert le lundi de 14h à 19h30, du mardi au samedi de 8h30 à 19h30.

Une véritable bonbonnière toute de rose vêtue. Un Chardon Doré totalement incontournable depuis… plus de 140 ans. Bien sûr, les propriétaires ont changé, mais la famille Todeschini a repris le flambeau en 1993 en perpétuant le meilleur de la tradition gourmande. Si l'on se régale de la fameuse Coque de Noix de Grenoble, spécialité maison garnie de belles surprises, et du gâteau aux noix de Grenoble, il faut savourer de délicieuses glaces, confortablement installé sur la terrasse du Jardin de Ville ou dans une salle cosy. Au salon de thé, une collection de pâtisseries pour toutes les envies. Plaisir des gâteaux, alors que l'on veut déjà imaginer l'été sur la terrasse.

COFFEE SHOP ET SALON DE THÉ

COFFEE AND GO

4, rue Brocherie
✆ 04 76 89 84 46
Ouvert tous les jours de 10h à 19h30.

La vie devrait être aussi simple que chez Coffee and Go. Dans la rue piétonne, un joli coffee shop charmant toujours grand ouvert – tous les jours, dimanche compris, aux mêmes horaires ! – pour s'arrêter prendre une boisson chaude, un café gourmand ou un bubble tea tout en savourant un cookie, un buddha bowl ou un bagel en terrasse ou entre les murs de pierres apparentes. Gamme de produits anglo-saxons et canadiens pour varier les plaisirs. Autre adresse avenue Alsace-Lorraine, avec une terrasse pour les beaux jours, et la possibilité de déguster sur place, à emporter ou en livraison, les spécialités maison en boissons, mais encore des muffins, cheesecakes et carrot cakes. Go, go, go !

NEW

COFFEE SHOP ET SALON DE THÉ

GWENDOLINE

6, place Dr Léon Martin
✆ 09 85 12 03 73
Ouvert du mardi au samedi de 9h30 à 19h30.

Pour vivre un *tea time so british*, une nouvelle adresse a vu le jour face au petit square de la place du Docteur Léon Martin. Un peu de douceur dans ce monde quand on entre chez Gwendoline (prénom de fée et de reine…). Décor original d'une ancienne maison de famille à l'anglaise. Meubles en bois, couleurs douces et accueil très agréable de la charmante Maguy pour s'installer en toute sérénité. Maguy, c'est elle qui cuisine les délicieuses pâtisseries pour accompagner sa tasse de thé, avec une vaisselle *so cute*, et les plats qui composent les brunchs qui se déclinent en plusieurs versions, dont une libanaise. Vins d'Alsace, tranquilles et crémants. Pour boire un thé en paix.

COFFEE SHOP ET SALON DE THÉ

LE JARDIN DU THÉ

1 et 2, rue Millet ✆ 04 76 27 09 45
www.jardin-du-the.com
Ouvert du lundi au samedi de 9h30 à 20h. Formule Brunch de 12h à 14h. Ateliers thé le dimanche matin (voir FB).

Avec leur Jardin du Thé, décliné en boutique et salon de thé de chaque côté d'une paisible rue piétonne, Mathias et Gaël Le Gloan ont su faire du thé une boisson « populaire » qui ne soit pas qu'en hiver au coin de la cheminée. Ce qui fait le succès de ce Jardin extraordinaire, c'est non seulement la gentillesse de l'accueil – toujours au rendez-vous –, mais surtout une carte qui multiplie les thés – quelque 300 sortes – et infusions, servis chauds et glacés pour se régaler toute l'année. Et comme le bonheur du thé ne vient jamais seul, le Jardin du Thé propose d'excellentes pâtisseries maison et une petite restauration de qualité. Boutique juste en face pour prolonger le plaisir.

COFFEE SHOP ET SALON DE THÉ

TEA AND BUBBLES

16, rue des Clercs ✆ 09 66 93 51 96
www.TandB.fr
Ouvert du lundi au samedi de 11h à 19h30, dimanche de 13h à 19h.

Toujours étonné, toujours surpris avec l'adresse la plus pétillante, la plus rafraichissante de Grenoble : Bubble Tea. Si tu ne l'as pas déjà goûtée, lance-toi à la découverte de l'univers de cette merveilleuse boisson servie chaude ou froide, originaire de Taïwan, contenant du thé, des fruits frais, des sirops… et les fameuses perles de tapioca qui délivrent des arômes surprenants. Des perles de tapioca faites maison artisanalement ! Aussi écoresponsable que le Bubble-Tea Mug qui te permet d'emporter tous les nouveaux parfums ! Tu peux même prendre un supplément CBD dans les sirops ou le thé pour te détendre. Accueil adorable et charmant. Adresse pleine de bon goût.

COFFEE SHOP ET SALON DE THÉ

THE CAKE SHOP

9, rue de Sault
✆ 06 19 67 21 75
Ouvert du mardi au samedi de 10h à 18h. Vente à emporter.

La plus gourmande et la plus craquante des adresses. The Cake Shop, c'est une boutique et un salon de thé où l'on profite, dans les deux cas, du savoir-faire et des bons conseils de pâtissières hors pair ! Véritable plongée dans l'univers de la pâtisserie avec un incroyable choix de matériel, du plus basique au plus original, pour réaliser toutes sortes de gâteaux, notamment du « cake design ». Et si vous n'avez pas encore le niveau pour vous lancer dans les cupcakes (inscrivez-vous aux ateliers…), installez-vous dans un salon de thé féérique pour savourer les petits gâteaux de la maison. C'est là que l'on vient faire réaliser ses gâteaux personnalisés pour toutes les occasions.

NEW BAR - CAFÉ

ATELIER FORMA

2, rue Dominique Villars ✆ 04 76 89 65 76
https://atelier-forma.fr
Ouvert le mardi et le samedi de 11h à 18h, du mercredi au vendredi de 9h à 18h.

Typiquement le genre d'adresse inclassable. Un lieu de vie foisonnant qui ne se réduit pas qu'à un « simple » café, puisqu'il réunit dans un même espace : café avec petite restauration, boutique d'artisanat et ateliers qu'il faut bien mettre au pluriel tellement ils sont multiples. L'Atelier Forma, c'est le projet de trois jeunes femmes qui se sont retrouvées autour de (belles) valeurs communes. L'Atelier Forma, c'est consommer autrement en donnant une seconde vie aux objets ou en créant de magnifiques céramiques. Côté café de spécialité, c'est Le Bon Label, des boissons chaudes et froides pour accompagner des plats végétariens (avec une formule brunch le samedi). Offres pour télétravailler.

NEW BAR - CAFÉ

LA CAFTEUSE

30, rue Thiers
✆ 06 47 94 31 30
Ouvert le lundi, le mardi et du jeudi au samedi de 10h à 19h.

Le *Petit Futé* aime cafter pour vous rapporter les meilleures adresses de Grenoble. Celle-ci est originale, et mériterait même une rubrique particulière, une catégorie café-brocante. Chez la Cafteuse, tout est à vendre ! Des objets, des bibelots, du mobilier vintage, des choses qui ont une histoire à raconter quand vous êtes en train d'écrire la vôtre en buvant votre café aromatique réalisé avec des méthodes douces ou votre thé parfumé. Pour compléter l'offre et prendre le temps de choisir avec quel objet partir, il est possible de manger sur place des goûters gourmands et des assiettes gourmandes, végétariennes, composées de produits frais et locaux. Tout à fait dans l'air du temps.

BAR - CAFÉ

CAFÉ BROCANTE VINTAGE BY FABICHKA

22, rue Charrel ✆ 06 67 81 22 26
www.vintagebyfabichka.com
Ouvert du mardi au vendredi de 17h à 21h (22h30 vendredi), samedi de 9h30 à 12h30.

Dans une rue pas loin de l'Estacade, un coin où vous ne seriez jamais allé si vous n'aviez pas lu le *Petit Futé* ! Mais une fois qu'on a trouvé ce drôle de « Café-Brocante », pas facile de repartir ! Le vintage est tendance, mais chez Fabichka, c'est une passion. Ici, pas de réédition, mais des meubles et des objets garantis d'époque (seconde partie du XXe siècle, à voir sur la boutique en ligne). Un design au charme fou pour un décor complètement unique. Et pour faire ce voyage dans le temps d'une manière décontractée, venez boire un café ou l'apéro sur la petite terrasse.

BAR - CAFÉ

LE HASARD

22, rue Barnave
✆ 04 76 01 10 74
Ouvert du lundi au mardi de 18h à 1h, du mercredi au vendredi de 18h à 2h, samedi de 16h à 2h.

Si vous arrivez au Hasard sans le vouloir, tant mieux. Si vous y arrivez après avoir lu cet article, tant mieux aussi. Une adresse au cœur de la vieille ville, installée sur une place piétonne. Véritable lieu de vie à fréquenter en fin de journée pour se retrouver et en soirée pour partager. En été, lors des fins d'après-midi ensoleillées, la terrasse – abritée et chauffée en hiver – est prise d'assaut. Et quand vient le soir, on se blottit à l'intérieur parmi une clientèle hétéroclite, à l'image de la ville, pour savourer une bonne bière parmi un large choix en provenance de Belgique et d'ailleurs. Le plus : la gentillesse du service. Une adresse qui est tout sauf hasardeuse.

BAR - CAFÉ

CAFÉ VÉLO

59, rue Nicolas Chorier ✆ 09 84 15 23 25
www.cafe-velo.fr
Ouvert lundi et vendredi de 9h à 19h, du mardi au jeudi de 9h à 23h.

S'il y a bien deux choses essentielles, c'est d'avoir un vélo qui roule et de s'installer dans un lieu au niveau de coolitude élevé pour prendre un café, une bière de préférence locale, voire une Chartreuse (parce que ce ne sont que des plantes...). Dans le quartier de Saint-Bruno, un lieu à plusieurs plateaux, comme notre vélo, pour un bon ravito. A la fois bar-café, cantine bio et local, mais également – et c'est plus original – atelier d'entretien et de réparation de vélos, le Café Vélo ne ménage pas ses efforts pour nous faire plaisir avec des concerts et autres événements ! Combo si vous amenez votre vélo pour une révision tout en profitant de la terrasse. Belle découverte.

BAR - CAFÉ

L'IMPERTINENCE

32, rue Saint-Jacques
✆ 04 28 70 58 05
www.limpertinence-grenoble.fr
Ouvert du lundi au vendredi de 8h à 18h, dimanche de 11h à 15h.

Une Impertinence qui a pris racine dans une rue piétonne de l'hypercentre il y a un peu plus de 3 ans. Un « éco-lieu » audacieux créé par l'engagement sincère de Marie et Clothilde envers l'environnement. Un café cantine devenu un incontournable pour faire une pause toute la journée (parce que le soir, c'est fermé). Un lieu idéal pour travailler – avec paiement au temps passé –, pour manger en version saine et équilibrée des plats maison composés de produits locaux de saison, pour bruncher les dimanches avec une formule à volonté parmi les meilleures de la ville ou, simplement, pour boire un verre dans un commerce écoresponsable et joyeux. L'Impertinence, ça fait du bien.

ET SI ON PRENAIT UN VERRE ?

BAR - CAFÉ

K FÉE DES JEUX

1, quai Stéphane-Jay ✆ 04 76 42 43 68
www.kfeedesjeux.com
Ouvert du mardi au samedi de 12h à 1h. Brunch dès 11h le samedi.

Viens prendre un verre et t'amuser chez les lutins ! Des lutins qui ont la garde d'une incroyable collection dont la taille ne cesse d'augmenter chaque année, puisqu'ils mettent pas moins de 835 jeux tout public en accès libre et presque gratuit (parce que vraiment c'est pas cher). S'il est bon de jouer et de se faire expliquer les règles par un animateur, il est possible de boire et manger sans lancer un dé ou un sort ! Cuisine maison à base de produits frais et locaux, le plus souvent bio, pour se restaurer midi et soir. Large choix de boissons pour accompagner ou juste pour se faire plaisir avec des breuvages originaux. Expositions, animations, organisation d'événements privés.

BAR - CAFÉ

AU RENCARD

4, rue Auguste-Gâche ✆ 04 76 63 10 75
www.aurencard.fr
Ouvert du lundi au vendredi de 17h à 2h, samedi de 7h à 2h, dimanche de 7h à 14h30.

Pour vivre et partager de belles histoires, rendez-vous Au Rencard. Installé depuis plus de 10 ans au cœur battant de Grenoble, façon « place de village », Au Rencard fait partie des adresses incontournables. C'est la terrasse où s'installer pour prendre le pouls de la cité et se donner rendez-vous à toute heure de la journée. Détente et bonne ambiance garanties grâce à un service qui vous met de bonne humeur. Au Rencard, on ne reste jamais seul bien longtemps et chacun lie connaissance en toute décontraction autour du comptoir. L'apéro se prolonge volontiers avec des cocktails et des plateaux à grignoter, mais on vient aussi savourer quelques spécialités du Rencard à l'heure du déjeuner.

BAR - CAFÉ

NEKO CAFÉ

14, rue Jean-Jacques-Rousseau
✆ 04 38 37 23 93
Ouvert du mardi au samedi de 11h à 19h.

Vous connaissez la ronronthérapie ? Entrez dans ce bar à chats du centre-ville et vous serez vite apaisé par le ronronnement des chats. Oui, des chats ! Le Neko Café, sur le modèle des établissements japonais du genre, est un espace de vie pour les chats, ouvert à une clientèle respectueuse des félins. Dans une salle claire et confortable, les chats décident à qui ils vont offrir leurs câlins et leur ronronnement. Les chats disposent d'un lieu de retrait qui leur est réservé et, par mesure d'hygiène, ils ne peuvent pas entrer dans la cuisine. Le Neko Café propose une ambiance zen où prendre une boisson chaude ou fraîche. En plus, Neko Café propose un coin épicerie japonaise et objets kawaii.

BAR - CAFÉ

WALLSTR'EAT

3, rue Vauban ✆ 04 76 53 05 67
www.wallstreat-grenoble.fr
Restaurant le midi du lundi au vendredi. Trading bar mardi et mercredi 17h-1h et du jeudi au samedi 17h-2h.

Jouer en bourse, c'est compliqué et ça peut être risqué. Moins compliqué, et beaucoup moins risqué, de parier à la hausse ou à la baisse sur les prix des boissons pour s'amuser entre amis au Wallstr'Eat. Un marché animé et des tarifs qui varient toutes les 100 secondes avec, parfois, de véritables krachs boursiers à suivre sur les écrans. Pour les assoiffés de bons plans, le Wallstr'Eat c'est encore une carte de restauration avec, à midi, un plat du jour bon, complet, de saison et pas trop cher. Burgers, salades, viandes, fish & chips et snacking en soirée. Ambiance volontiers festive le soir pour partager ses déboires et/ou ses bons coups à cette joyeuse bourse locale.

BAR - CAFÉ

LA RENAISSANCE

1, rue du Palais
✆ 04 76 15 22 22
Ouvert du lundi au samedi de 7h30 à 1h, dimanche de 7h30 à 20h.

Ouvrant sa terrasse sur l'animation de la place aux Herbes, la Renaissance compte parmi les plus anciens cafés de la ville (1917). Un café centenaire animé par une équipe sympathique et dynamique qui nous accueille toute la journée avec le sourire. La terrasse ombragée mérite à elle seule une pause, mais il faut entrer dans le café ne serait-ce que pour admirer le plafond d'origine remis en valeur. Dehors ou sur les banquettes à l'intérieur, on prend le temps de savourer la vie grenobloise. Et pour compléter l'offre de boissons, la Renaissance propose une carte de restauration traditionnelle pour partager des moments de *dolce vita* autour d'un verre de vin italien.

BAR DU MONDE

KAI-IWI

5, rue des Clercs
✆ 04 76 24 01 55
Ouvert du mercredi au samedi de 9h à 19h, dimanche de 9h à 15h.

Au cœur des rues piétonnes de Grenoble, le Kai-iwi est un drôle d'oiseau venu de Nouvelle-Zélande. Le Kai-iwi, c'est un bar d'ici aux saveurs d'ailleurs, un état d'esprit qui nous emmène loin de nos problèmes urbains pour un voyage vers un pays magnifique en compagnie d'Elise et Marshall. Une agréable terrasse, un espace cosy, un petit salon où la cuisine est ouverte sur la salle. Vous sentez déjà des bonnes odeurs du fameux carrot cake ? Le café s'accompagne de petites gourmandises maison, même pour les végans et les *gluten free*. Brunchs de qualité et goûters soignés, glaces (véganes et sans gluten) aux fruits, crêpes aux fruits du marché aussi et veggie bowl. Petit coin épicerie.

BAR À BIÈRE
BACETTO

1, place Saint-André ✆ 04 76 01 89 81
www.bacetto-bar-grenoble.fr
Ouvert tous les jours de 15h à 1h. Fermé le dimanche de novembre à mars.

Le Bacetto, c'est le bar de toutes les émotions et de toutes les fêtes sur la grande place Saint-André au cœur de la ville. Le bar de fin de journée où il y a toujours un événement à célébrer. Et quand ce n'est pas une retransmission sportive, rugby et football, c'est la fête de la bière et ses défis. Sur la magnifique place Saint-André, lieu de ralliement pour tous les âges, le Bacetto est sous-titré Bar & Beer. Vous aurez donc deviné l'une de ses spécialités avec un très beau choix de bières de toutes les origines, une quinzaine de bières pression. Ambiance chaleureuse pour partager une planche apéro autour d'un verre tout en profitant du soleil le plus longtemps possible.

NEW
BAR À BIÈRE
BEER SQUARE GRENOBLE

5, esplanade André Farcy ✆ 06 38 22 58 67
www.bar-unepetitemousse.fr
Ouvert lundi et mardi de 17h à 23h, du mercredi au vendredi de 17h à 0h, samedi de 14h à 23h.

Il faut suivre. Ce qui n'a pas changé, c'est que ce lieu est toujours – et c'est heureux – dédié à la bière et aux bonnes choses qui vont avec (comme la convivialité, la bonne humeur, la joie de partager de bons moments…). Ce qui a changé, c'est l'enseigne. Finie La Petite Mousse et bienvenue à Beer Square Grenoble (une enseigne lilloise à l'origine). 16 bons becs (des tireuses) avec 8 bières permanentes (comme la Bellerose blonde de la Brasserie des Sources ou la Punk IPA de chez Brewdog) et 8 éphémères. Et pour ne pas boire le ventre vide, un choix de gaufres salées et sucrées. Ne pas manquer les « Tap Take Over » quand une brasserie prend le contrôle des becs pour présenter sa gamme.

NEW
BAR À BIÈRE
LE BOC'ALE

13, place Sainte-Claire
✆ 04 76 25 81 14
Ouvert du mardi au samedi de 18h à 1h.

Quelle meilleure nouvelle que l'ouverture d'un bar à bières place Sainte-Claire ? Surtout quand on apprend que le Boc'Ale, subtil jeu de mots à l'anglaise, diffuse les bières artisanales et locales de la brasserie Flore à Fontaine. Agréable terrasse pour profiter de l'ambiance de la Halle et salle chaleureuse pour goûter en toute convivialité aux « recettes » maison, dont une nouvelle chaque semaine, à découvrir sur tablette et tireuse au mur (carte gratuite, valable 1 an). Il ne reste plus qu'à composer soi-même son plateau d'autres bons produits régionaux (saucisson artisanal, terrine artisanale, saint-marcellin, comté du Jura…) pour prolonger la soirée. Bon temps au Boc'Ale.

BAR À BIÈRE
BRASSERIE NEPTUNE

6, rue Bressieux ✆ 04 56 45 34 89
www.brasserieneptune.fr
Ouvert le lundi et le mardi de 17h à 1h, du mercredi au samedi de 11h à 1h.

Rares sont les adresses à Grenoble pour lesquelles le *Futé* hésite entre boire un verre et bien manger. Nouveau cap en plein cœur de ville, à côté du garage hélicoïdal, pour les moussaillons amoureux des belles mousses brassées sur place, puisque Neptune produit ses propres bières. Des recettes uniques à ne pas manquer avant de passer à la suivante ! Terrasse et décoration intérieur dingue, inspiration Jules Verne, pour partager de bons moments autour d'un verre et d'une assiette préparée avec le même soin dans le choix des bons produits de saison. Liquide et solide faits maison pour une plongée dans un monde gourmand. Possibilité d'organiser des événements jusqu'à 80 personnes.

BAR À BIÈRE
DR D BREWPUB

2, rue Pierre-Duclot
www.drd-brewpub.fr
Ouvert du lundi au samedi de 17h à 1h, dimanche de 16h à 0h.

© PF COUDERC

La bière, c'est bien plus que de l'eau, du malt et du houblon. C'est beaucoup de plaisir à partager et de nombreuses saveurs à découvrir. Et ça, Damien l'a parfaitement compris, lui qui est devenu spécialiste de la bière par amour du goût, lui qui fabrique ses propres bières artisanalement sur place (on parle de bières craft), lui qui met à l'honneur d'autres productions artisanales et locales dans son pub ouvert il y a plus de 3 ans. Terrasse ou salle, pressions variées ou bouteilles originales servies dans un verre à vin, le choix permet de revenir souvent et de s'étonner à chaque nouvelle gorgée de bière. Soirées thématiques et conférences scientifiques. Dr D nous fait tellement de bien.

BAR À BIÈRE

AU FÛT ET À MESURE

12bis, rue des Clercs ✆ 04 73 25 45 50
www.aufutetamesure.fr
Ouvert du lundi au jeudi de 17h à 1h, vendredi et samedi de 17h à 2h, dimanche de 17h à 0h.

La vie te met la pression ? Viens décompresser en buvant une pression ! Au Fût et à mesure, c'est une « bièrerie » 2.0 où tout est connecté. Ici, tu te sers toi-même en passant ta carte devant l'une des pompes installées sur ta table. Les bières changent régulièrement et chacun se sert selon ses envies, partageant ou pas avec ses amis. Car l'autre plaisir d'aller au Fût, c'est aussi de se faire des amis dans une ambiance conviviale. Oui, le concept d'aller de table en table incite aux rencontres. Les planches de charcuterie et de fromage permettent de prolonger le plaisir d'être dans le Fût. Bonne musique, retransmission de matchs, soirées animées. Bonnes bulles.

BAR À BIÈRE

NOT A BEER

4, place Sainte-Claire
✆ 06 09 51 12 47
http://notabeer.com
Ouvert du lundi au samedi de 17h à 1h, dimanche de 16h à 23h.

Boisson conviviale par excellence, toujours à consommer avec modération bien sûr, la bière s'adresse aussi bien aux nombreux étudiants grenoblois que zythologues avertis. Comme un ours (*bear* en anglais) tombez dans le pot de miel de cette adresse à la fois boutique aux horaires tardifs et bar à... bières. Une centaine de références dans la cave, une dizaine à la pression qui tournent régulièrement pour nous faire goûter des saveurs d'ici et d'ailleurs. Des bières gardées dans de petits frigos trop mignons ou dans un *growler*, appareil qui permet de remplir sa bouteille d'une bière pression à emporter chez soi. Not a beer, chaleur, saveurs et tendance, même le dimanche soir.

BAR À BIÈRE

HARPER'S HOUSE

2, rue Auguste Gaché
Ouvert le mardi et le mercredi de 17h à 1h, du jeudi au samedi de 17h à 2h.

Ce n'est pas tout à fait nouveau, mais avec la pandémie, tout ça, le *Petit Futé* n'avait pas encore eu l'occasion de prendre une bière au Harper's House, sous-titré Irish Pub. Dans une rue Gaché qui reprend des couleurs, un pub irlandais qui propose un nombre incroyable de bières pression originales, une trentaine, et encore plus de choix en bouteilles. Bonne ambiance dès l'afterwork qui se prolonge autour d'un verre, d'une assiette de finger food et toast, le tout couronné d'un bon concert dont le Harper's a le secret. Retransmission d'événements sportifs en direct pour partager la joie des supporters. A noter une version Cantina sud-américaine du Harper's House juste à côté.

BAR À BIÈRE

PTIT LABO

46, rue d'Alembert
✆ 07 49 15 81 60
Ouvert du mardi au samedi de 17h à 1h.

Dans ce Ptit Labo-là, la chimie devient de l'alchimie pour transformer des matières premières bio en bières toutes plus savoureuses les unes que les autres. Dans un quartier Saint-Bruno en pleine effervescence, un lieu – créé sous forme de Scop – dédié à la bière. Décor mêlant les styles – du vintage à l'indus – dans un genre très personnel et finalement très chaleureux à l'image de l'accueil. Fabrication de bières maison à partir de bons produits par d'authentiques passionnés associés. Consommation sur place, en salle ou en terrasse, avec de bons petits plats à grignoter, à emporter en bouteilles consignées ou en fûts avec prêt de tireuse. Concerts et expositions.

BAR À BIÈRE

LEVRETTE CAFÉ

50, boulevard Gambetta ✆ 04 76 94 26 09
www.levrettecafe.fr
Ouvert le mardi et le mercredi de 17h à minuit, du jeudi au samedi de 17h à 2h.

En garde pour la Levrette ! Ne pas mal interpréter ces propos dignes d'une caserne, car ce café – qui est une enseigne essaimant dans toute la France – est justement installé dans le poste de garde de… la caserne de Bonne (on tourne en rond, non ?). Mêlant humour érotico-potache et savoir-faire, La Levrette, c'est une gamme de bières brassées selon une méthode artisanale à retrouver dans un lieu magique, tendance vintage et chaleureuse. Planches gourmandes et tapas maison pour prolonger le plaisir. Idéale pour l'afterwork et les soirées animées – blind test, karaoké, féria, dégustations de produits… –, Levrette Café offre une destination *friendly* à partager.

BAR À WHISKY

D'ENFER PUB

25, rue Denfert-Rochereau
✆ 04 76 87 48 70
https://denferpub.fr
Ouvert du mardi au samedi de 18h à 2h.

Le D'Enfer Pub peut nous conduire au paradis... Sans doute l'un des pubs les plus sympathiques de Grenoble. Un pub à l'atmosphère d'outre-Manche avec ses jeux de fléchettes, baby-foot et billards. Mais ce qui participe à la célébrité de cette adresse, c'est que les bières pression sont toutes au même prix. L'étage est un peu bas de plafond, mais on peut rester au rez-de-chaussée pour profiter de la chaude ambiance et partager une bière entre amis, un terrible pichet de planteur, des cocktails ou mieux encore, un whisky pur malt. C'est le lieu idéal à privatiser pour organiser un enterrement qu'il soit de vie de jeune fille ou de vie de garçon. Bonne bande-son et concerts live.

BAR À COCKTAIL

BLIND PIG

8, rue de Turenne
✆ 04 56 00 47 70
Ouvert lundi et mardi de 9h à 0h, du mercredi au vendredi de 9h à 2h, samedi de 10h à 2h, dimanche de 10h à 0h.

Heureusement, il ne faut plus se cacher pour se faire plaisir. L'enseigne Blind Pig est un clin d'œil aux bars clandestins pendant la prohibition aux États-Unis dans les années 1930. Là, impossible de manquer la terrasse d'un bar dont la salle évoque cette période révolue des années folles : canapés et fauteuils à franges, cadres dorés, murs « exotiques ». C'est chaleureux et convivial et c'est surtout bon de boire un cocktail maison, choisi parmi les créations originales réalisées à partir d'alcools de grande qualité, comme la Distillerie du Vercors, le rhum Trois Rivières ou la chartreuse à retrouver dans un délicieux vulnéraire. Du café du matin au cocktail du soir, adresse incontournable.

BAR À COCKTAIL

MADAM

34, rue Thiers ✆ 04 76 50 12 50
www.restaurant-madam.fr
Ouvert du mardi au samedi à partir de 18h.

Le *Petit Futé* se réjouit du retour de MadaM sur la scène gourmande grenobloise. Un lieu insolite, ancienne clinique réhabilitée avec goût, devenu un des plus beaux établissements de la ville. Dans un parc en plein cœur de ville, MadaM est un havre de paix où il fait bon savourer la cuisine d'Alexandre Zdankevitch. Un restaurant gastronomique qui profite de tous ses atouts en créant un bar à cocktails, le Boudoir de MadaM, sous la verrière ouverte sur le jardin. Ambiance cosy et conviviale pour découvrir une carte de cocktails classiques, du daïquiri au gin tonic, et d'incontournables Chartreuses, préparés par un véritable mixologue. Délicieuses tapas maison. Plaisirs de MadaM à partager.

BAR À COCKTAIL

LA MERCERIE

✆ 04 56 00 85 41
www.lamercerie-bar.fr
Ouvert du mardi au samedi de 18h à 1h. Uniquement sur réservation.

Dans cette Mercerie, on n'enfile pas des perles, même si l'ambiance est plutôt raffinée, mais plutôt les meilleurs cocktails de Grenoble. Un bar à classer parmi les insolites, puisqu'il s'agit d'un *speakeasy*, un bar inspiré des bars clandestins de la prohibition américaine. Officiellement, pas d'adresse (disons que c'est sur le quai Perrière), et il faudra demander un code pour accéder, sur réservation, à cet atelier de couture pas comme les autres. Haute couture mixologique par de vrais passionnés autour de Vincent Dolezon. Classiques ou originaux, les cocktails proposent du « sur mesure ». Parmi les valeurs sûres, le cox daiquiri ou la mama chartreuse. Cours de cocktails et privatisation.

BAR À COCKTAIL

LA QUINTESSENCE

7, rue de Strasbourg
✆ 09 86 72 82 84
Ouvert le lundi et le mardi de 17h à 0h ; du mercredi au samedi de 17h à 1h.

Les meilleurs accords se font à La Quintessence, un bar à vins et bien plus, un lieu de partage et de rencontres. Dans une rue de Strasbourg pleine de surprises gourmandes, cette Quintessence s'offre comme une évidence. Concept simple et bon : bar et cave à vin avec une sélection faite avec amour ici et ailleurs (outre-Atlantique notamment), ainsi qu'un grand choix de spiritueux. Pour une pause après le travail, des vins au verre pour un prix raisonnable et de quoi manger. Que l'on savoure un bon verre autour d'une planche de charcuterie entre amis, de tapas maison ou que l'on se régale d'un bon plat lors d'une soirée thématique, la Quintessence fait partie de nos incontournables.

BAR À VIN

LE FIL ROUGE

1, rue Gabriel-Péri
✆ 04 56 00 34 43
Ouvert du mardi au samedi de 16h à 0h.

Un lieu hybride, un joli mélange ouvert depuis 5 ans où l'on s'ambiance et s'abreuve de vins naturels tout en choisissant sa prochaine tenue. Pause bonheur au Fil Rouge, un bar à vin mêlé d'une boutique de fringues, une friperie volontiers vintage, où de jeunes créateurs viennent faire des défilés. Entre salon chaleureux où l'on boit un verre et cabines d'essayage, chacun fait son choix. Des sapes chic et pas trop chères et des vins de petits producteurs, des bières aussi, pour un ensemble qui monte jusqu'à la mezzanine. La décontraction de l'ensemble est plutôt réjouissante. Il ne tient donc qu'à vous de suivre le Fil Rouge pour découvrir cette destination jouant la carte de la mixité.

NEW BAR À VIN

HARVEST CAFÉ

11bis, rue Marx Dormoy
✆ 06 79 37 09 26
Ouvert du lundi au samedi de 17h à 22h.

Bonne récolte dans le quartier Saint-Bruno avec ce bar atypique dédié aux vins naturels. Aux commandes, l'incontournable Fred, celui qui donne un cachet inimitable à ces lieux d'une autre époque, Mathias et Renaud, deux musiciens passionnés… de vins naturels. Ici, toutes les fins de journée, on est dans le partage autant que dans la dégustation. Au comptoir ou dans une salle au décor étonnant, au milieu d'une collection d'objets incroyables, découverte de vins naturels, c'est-à-dire issus d'une viticulture respectueuse de l'environnement et des vins sans soufre. Des vins faciles à boire. À manger pour accompagner et bonne bande-son pour prolonger la soirée.

BAR À VIN

LE VERRE A SOI

11, rue Marceau
✆ 04 57 39 42 87
www.verre-a-soi.fr
Ouvert tous les jours de 18h à 0h.

Ceci n'est pas un bar à vin classique, c'est plutôt un salon de dégustation pour amateur de bons vins. Créé en 2011, le Verre à Soi est un lieu unique dans son genre : élégant, cosy, raffiné avec ses canapés et ses fauteuils profonds. Un salon idéal pour partager des moments empreints de bon goût, à deux en amoureux ou entre amis. Ce qui est unique aussi, c'est la possibilité de se servir librement parmi 32 vins en dégustation au verre ! 4 « distributeurs » conservant le vin dans des conditions idéales permettent de se servir. Vins d'exception, mais aussi bons plans et coups de cœur. Une carte de petite restauration permet de faire un apéritif dînatoire du meilleur goût.

BAR À VIN

LA QUINTESSENCE

7, rue de Strasbourg
✆ 09 86 72 82 84
www.laquintessencegrenoble.com
Ouvert du lundi au samedi de 17h à 1h.

La Quintessence propose une carte des vins d'ici et d'ailleurs d'un excellent rapport qualité-prix, mais encore des assiettes gourmandes dont feraient bien de s'inspirer certains restaurateurs. Avec près de 300 références et des bouteilles qui changent régulièrement, la Quintessence ne limite pas ses recherches aux vins des terroirs de France, s'envolant volontiers pour le Nouveau Monde. Ambiance à la fois cosy et conviviale, fauteuils confortables, terrasse estivale, conseils professionnels prodigués avec le sourire, vins aux tarifs abordables et des alcools, carte de rhums et de whiskys, la Quintessence s'impose de l'afterwork à la fin de soirée. Nombreux événements et cours d'œnologie.

BAR DE QUARTIER

LE 365

3, rue Bayard
✆ 04 76 51 73 18
Ouvert du mardi au samedi de 18h à 2h.

Si ce bar n'est pas, contrairement à ce que pourrait laisser supposer son enseigne, ouvert 365 jours (enfin plutôt la nuit) par an, il nous permet de passer du bon temps dans une rue Bayard qui fait volontiers le lien entre le passé et le présent. Il faut pousser la porte de ce 365 à l'ambiance feutrée d'une époque que les moins de... bien plus de 20 ans ne peuvent pas connaître ! Lieu stylé décoré avec goût d'objets anciens, des tableaux pleins de charme et des banquettes confortables pour partager une planche apéritive, des tapas et de bons verres de vin sélectionnés avec soin. Cocktails maison dans le même esprit de qualité, le tout servi par une équipe sympathique.

COFFEE SHOP ET SALON DE THÉ

TERCERA

8bis, rue de Sault
✆ 04 56 24 70 67
https://tercera.fr
Ouvert du lundi au vendredi de 9h à 19h, samedi de 10h à 19h.

Tercera, c'est un tiers lieu où il fait bon s'installer pour passer des journées entre travail et plaisir de partager de bons moments autour d'une tasse, d'un verre, d'un petit plat ou d'un goûter. Tercera, c'est un lieu de vie où chacun peut créer du lien social et professionnel dans un cadre chaleureux et convivial en plein cœur de Grenoble. Espace de coworking à l'étage avec de nombreux forfaits, dont le premier commence à l'heure. Atelier de réunion jusqu'à 10 personnes. Lunch, goûter et coffee-shop avec des produits de qualité issus le plus souvent de circuits courts : Brûlerie des Alpes, Source du Verger, Brasserie des Cuves... Pareil pour les assiettes maison.

PUB

THE SHANNON PUB

14, rue Fantin-la-Tour
✆ 04 76 44 52 17
Ouvert du lundi au samedi de 16h à 2h, dimanche de 15h30 à 0h.

Laissez-vous emporter par ce grand fleuve irlandais qui traverse tout un pays et Grenoble depuis 1990 : The Shannon ! Un pub authentique où l'on déguste de nombreuses bières entre amis : fruitées, en bouteille ou en pression. Le tout dans un cadre purement traditionnel avec divers objets ramenés d'Irlande. En terrasse et en salle, la bonne humeur, la convivialité, l'accueil et la sympathie du maître des lieux participent à cette joyeuse ambiance celte. De nombreuses activités sont organisées dans ce charmant pub (tournois de fléchettes, diffusion de matchs) mais ne manquez surtout pas les groupes qui vous feront découvrir la musique celtique avec des concerts le week-end. Bon voyage !

PUB

LE COUCHE-TARD

1, rue du Palais
✆ 04 76 44 18 79
Ouvert tous les jours de 18h30 à 2h.

Le Couche-Tard, qui porte bien son nom, est un pub grenoblois incontournable pour tout étudiant qui se respecte et qui va y laisser son empreinte sur les murs, dédicaçant son passage à la postérité. Musique à fond, 12 bières de toutes sortes à la pression, 50 cocktails et des shots pour varier les plaisirs. Les étudiants adorent s'y retrouver pour faire la fête et danser sur les tables en bois d'une solidité à presque toutes les épreuves. On se serre un peu si possible, on se bouscule gentiment, on se réchauffe. Au moment où la soirée se termine, une seule hâte : que le lendemain soir arrive vite. Surtout que désormais c'est ouvert tous les jours, dimanches compris !

SALLE POLYVALENTE
L'HEURE BLEUE

Avenue Jean-Vilar
SAINT-MARTIN-D'HÈRES
✆ 04 76 14 08 08
https://culture.saintmartindheres.fr

Dans le paysage métropolitain des salles de spectacle, cet espace culturel (scène régionale Auvergne-Rhône-Alpes) nous entraîne tout en chanson, musique, danse ou théâtre à la découverte d'artistes du monde entier et de groupes locaux prometteurs avec une vraie participation d'un public invité à se poser la question de la place de la culture après la crise sanitaire. Sa programmation est variée et de grande qualité, nous assurant une excellente soirée. Quelques exemples avec le toujours très attendu Hip Hop Festival qui aura lieu du 19 janvier au 3 février 2023. L'Heure Bleue sera plus que jamais un théâtre ouvert à tous avec des visites guidées et des répétitions publiques.

SALLE POLYVALENTE
PALAIS DES SPORTS

14, boulevard Clemenceau
✆ 04 76 54 27 27
www.grenoble.fr

Ce bâtiment labellisé Patrimoine du XXe siècle a été inauguré en 1967 pour recevoir les épreuves de patinage artistique des Jeux olympiques d'hiver de 1968. Celui qui abritait à l'époque olympique une patinoire destinée aux champions et qui a accueilli la cérémonie de clôture des J.O. sert d'écrin à des événements sportifs et musicaux. Cette salle modulable peut accueillir dans sa plus grande configuration 12 000 personnes assises, ce qui en fait la plus grande salle du département. Cette salle a aussi abrité la finale de la Coupe Davis en 1982. La fin 2022 verra le nouveau spectacle de m et l'année 2023 commencera bien avec Clara Luciani en concert le 20 janvier.

SALLE POLYVALENTE
L'HEXAGONE SCÈNE NATIONALE DE MEYLAN

24, rue des Ayguinards
MEYLAN
✆ 04 76 90 00 45
www.theatre-hexagone.eu

L'Hexagone Scène Nationale Arts Sciences, géré par Grenoble-Alpes Métropole, est une institution en matière de représentations artistiques. C'est aussi un espace d'expériences innovantes où l'imaginaire prend le pouvoir. Programmation moderne et novatrice en danse et théâtre, concerts ou conférences, premières scènes pour les élèves et les étudiants. Un lieu où l'on peut échanger avec les artistes, un lieu pour être curieux de culture. Parmi les nombreuses dates, Expérimenta, la Biennale Arts Sciences en octobre, au croisement des arts, des sciences et des technologies.

SALLE POLYVALENTE
LA RAMPE

15, avenue du 8-Mai-1945
ECHIROLLES
✆ 04 76 40 05 05
www.larampe-echirolles.fr

La Rampe, c'est le meilleur moyen d'accéder à la culture pour tous les publics, même les plus éloignés d'un monde parfois élitiste. La Rampe d'Echirolles, c'est un bel espace vivant avec une superbe salle aux rideaux rouges où se jouent des pièces de théâtre, des concerts classiques ou plus modernes, mais aussi de la danse, du chant, des spectacles humoristiques ou des expos… Le corps est à l'honneur qu'il soit dansé, chorégraphié, sublimé par les artistes. La saison 2022-2023 nous emmènera explorer différents univers, faisant la part belle à la diversité. De belles surprises pour se retrouver ensemble autour d'une scène. Un espace complété par un autre équipement, la Ponatière..

SALLE POLYVALENTE
MC2

4, rue Paul-Claudel ✆ 04 76 00 79 79
www.mc2grenoble.fr
Billetterie ouverte du mardi au samedi de 13h à 19h et les jours de représentations 1h avant le spectacle.

Inaugurée le 17 septembre 2004, en lieu et place de la maison de culture construite en 1968 à l'occasion des Jeux olympiques, la MC2 est un équipement qui fait référence dans le monde de la culture. Référence par des équipements scéniques exceptionnels, une grande salle de 1 028 places pour le théâtre, la danse et l'opéra, un auditorium pour accueillir les plus grands orchestres, une petite salle, une salle de création, un studio de danse et une autre d'enregistrement... Mais aussi référence parce qu'elle accueille le centre chorégraphique national de Grenoble, le centre dramatique national des Alpes et les Musiciens du Louvre Grenoble. Un lieu culturel essentiel.

SALLE POLYVALENTE
SUMMUM

Rue Henri-Barbusse
✆ 04 76 39 63 00
www.summum-grenoble.com

Le Summum est la plus grande salle de Grenoble après le Palais des Sports (mais qui n'est pas une salle de concerts réguliers). Accolée au centre des expositions Alpexpo dans le quartier de Villeneuve, elle offre une capacité d'accueil de plus de 5 000 personnes. C'est ici que les plus grands noms nationaux et internationaux viennent donner des spectacles. Après deux années de disette scénique, quelle joie de réserver ses places pour les meilleurs concerts comme ceux, dans des styles différents, de Julien Clerc, Véronique Sanson, Hatik, Amir ou le spectacle de Jérôme Commandeur, tout ça au mois de novembre 2022, quand l'année 2023 s'annonce déjà prometteuse...

CINÉMA
LE MÉLIÈS
28, allée Henri-Frenay
✆ 04 76 47 99 31
www.laligue38.org/cinema-le-melies

Un cinéma d'art et essai qui a l'excellente idée de nous éduquer aux images. Né à la fin des années 1960 rue de Strasbourg, le Méliès n'offrait qu'une petite salle portée par la Ligue de l'Enseignement. C'est en 2012 que le Méliès, menacé de fermeture comme toutes les « petites salles », reprend vie à la Caserne de Bonne avec 3 salles et toujours de nombreuses actions pour la promotion du cinéma d'auteur et l'éducation à l'image pour tous les publics à travers des ateliers. Cours de cinéma pour enfants et jeunes. Programmation jeune public particulièrement intéressante. Des initiatives à soutenir pour garder un cinéma vivant et varié donnant une autre vision du monde.

ARTIPS

Vous n'avez pas envie de payer l'audioguide au musée ? Téléchargez l'appli Artips : elle recense une multitude d'anecdotes sur des œuvres de musées ou d'expositions temporaires. Cela se présente sous forme de textes faciles à lire ou d'audioguide. À vous de choisir. Voilà de quoi ne plus jamais vous ennuyer dans aucune expo et briller en société !

CINÉMA
LE CLUB
9 bis, rue du Phalanstère ✆ 04 76 46 13 38
www.cinemaleclub.com
Entrée : 7,80 €. Tarif réduit : 6,80 €. 6 places. Abonnemnet Le Club.

Tous les cinémas, tous les écrans ont retrouvé la lumière d'une projection. Vite, une toile au Club pour rêver et réfléchir. Un cinéma prisé des cinéphiles installé dans une petite rue du centre-ville, loin des multiplexes en périphérie. Le Club est un cinéma d'art et d'essai (Europa Cinéman, Label Recherche, Label Découverte) prisé des cinéphiles, un des rares cinémas à Grenoble à passer les films en VOSTF. Ses cinq salles proposent uniquement des films attentivement sélectionnés pour un programme de grande qualité en version originale. Rétrospectives pour cinéphiles, programmation choisie. Avant-première, ciné-débat, mais aussi des stages cinéma pour les enfants.

ART & CULTURE
MAGASIN DES HORIZONS
8, esplanade Andry-Farcy ✆ 04 76 21 95 84 - 10 minutes à pied de la gare SNCF. tram A ou bus 26 arrêt « Berriat Le Magasin »
www.magasin-cnac.org
Ouvert en période d'expositions

Le Magasin des Horizons a repris des couleurs. Et pas seulement parce que, au moment de notre bouclage, ses portes avaient été repeintes en bleu horizon, mais parce que ce lieu culturel emblématique ne devait pas tarder à les rouvrir (ses portes). Centre national d'Art contemporain créé en 1986 à l'initiative de François Mitterrand, le Magasin est abrité dans une halle industrielle de 3 000 m^2 construite par les ateliers Eiffel. Le Magasin ne possède pas de collection permanente et consacre l'intégralité de ses espaces à une programmation d'expositions temporaires d'art contemporain, développée en étroite collaboration avec des artistes invités. Programmation à venir.

ART & CULTURE
SPACEJUNK
19, rue Génissieu
✆ 09 52 79 30 01
www.spacejunk.tv
Ouvert du mardi au samedi de 14h à 19h30. Entrée libre.

Un lieu pionnier puisque Spacejunk Grenoble, créé il y a bientôt 20 ans, a été le premier des 3 lieux – avec Lyon et Bayonne – d'exposition imaginés par Jérôme Catz. Cet espace unique présente des expositions annuelles en rotation avec les autres sites. Des artistes que l'on ne voit pas dans d'autres galeries, mais souvent sur les murs des villes. Des artistes alternatifs, même si le mot n'est pas heureux, déjà reconnus ou en devenir. A ne pas douter, c'est ici que l'on découvrira avant tout le monde les grands noms de demain ! Possibilité d'organiser des visites guidées des fresques réalisées lors du Street Art Fest Grenoble Alpes afin de découvrir un autre visage de la Métropole.

CONCERT
LA BELLE ÉLECTRIQUE
12, esplanade Andry-Farcy
✆ 04 69 98 00 37
www.la-belle-electrique.com
Parking Relais Vallier-Catane. Différents tarifs pour les concerts.

Se faire la Belle, s'évader le temps d'une soirée dans la plus belle des salles de concert qui est bien plus qu'une salle de concert ! Au cœur du site de Bouchayer-Viallet, un magnifique bâtiment de bois et de verre abrite une étonnante salle de concert dédiée aux musiques amplifiées. Étonnante par sa configuration, la salle met au même niveau artistes et public, les plongeant dans une intimité qui amplifie les sensations. Un lieu de vie et de création où les artistes peuvent être accompagnés et accueillis en résidence. Bar et restaurant dans le même esprit de proximité, convivialité et générosité, des mots qui définissent parfaitement ce lieu fantastique. Coup de cœur permanent.

CONCERT

LA BOBINE

42, boulevard Clemenceau
✆ 04 76 70 37 58
www.labobine.net

Grenoble a le chic pour créer des espaces de rencontre entre public et artistes, amateurs et professionnels. Idéalement située au cœur du parc Mistral, La Bobine est un lieu culturel et associatif, un lieu de vie avec des événements pour tous les publics. En soirée, les lieux s'animent avec des groupes découvertes, d'ici et d'ailleurs. Salle de spectacle de 300 places, 4 studios de répétition, un studio d'enregistrement, un bar... et un système de billetterie en ligne pratique et économique. Il ne reste plus qu'à surveiller la programmation. De l'apéro mix au rock'n'roll qui vous scotche les oreilles, des concerts pour jeunes il y a toujours un spectacle ou un concert à notre mesure.

CONCERT

L'AMPÉRAGE

163, cours Berriat
✆ 04 76 96 55 88
www.amperage.fr

Tout le monde peut tenter sa chance à l'AmpéRage, salle de spectacle et de coopération culturelle, lieu de diffusion et d'expression pour tous les acteurs de la scène grenobloise ou d'ailleurs. Dans le but de rendre la culture accessible au plus grand nombre, la programmation est éclectique avec des scènes ouvertes, de l'électro, de la techno, du metal, des scènes jeunesse avec un bar sans alcool et une entrée pas très chère. Des festivals, des projets, des associations résidentes... Un lieu qui devrait vite se remettre en mouvement avec de nouveaux événements, un lieu qui fait du bruit – mais il ne faut pas faire trop de bruit en sortant... – dont vous pouvez prendre possession.

CONCERT

SALLE OLIVIER MESSIAEN

1, rue du Vieux-Temple
✆ 04 76 42 43 09
www.mdlg.net

Cette salle dédiée à la musique classique, auditorium de 300 places installé dans l'ancienne chapelle du convent des Minimes fondé au XVIIe siècle, se situe dans le cœur du vieux Grenoble, dans l'une des plus anciennes rues. On assiste exclusivement à des concerts classiques. C'est aussi le siège des Musiciens du Louvre – dirigé par Marc Minkowsky. Dans ce lieu unique chargé d'histoire, chacun peut découvrir une musique réputée moins accessible que les musiques actuelles, avec une esthétique sonore très particulière. Si les Musiciens du Louvre se produisent sur les plus grandes scènes nationales, notamment à l'Opéra Garnier, et internationales, les Grenoblois peuvent aussi en profiter.

THÉÂTRE

THÉÂTRE DE POCHE

182, cours Berriat
✆ 04 76 44 03 44
www.grenoble.fr

Rattaché au Théâtre municipal de Grenoble, ce théâtre est consacré, comme son nom l'indique, à la création et aux compagnies indépendantes locales et régionales qui souhaitent monter des spectacles. Un lieu pour les curieux qui veulent se frotter, se confronter au théâtre autrement. Grenoble étant une ville particulièrement riche en lieux culturels, souvent méconnus, on notera aussi dans le même secteur le Théâtre 145 (qui doit son nom au numéro qu'il affiche cours Berriat), là aussi lieu de création avec un agenda qui a connu de multiples annulations et qui, espérons-le, retrouvera vite son rythme avec la reprise des spectacles et des projets depuis ce printemps.

THÉÂTRE

THÉÂTRE MUNICIPAL DE GRENOBLE

4, rue Hector-Berlioz ✆ 04 76 44 03 44
www.theatre-grenoble.fr
Billetterie située à l'angle de la place Saint-André et de la rue Hector-Berlioz.

En plein cœur de la ville, le théâtre municipal de Grenoble avec ses 3 espaces – Grand Théâtre, Théâtre de poche et Théâtre 145 – programme des spectacles nationaux en tournée et des spectacles créés par des compagnies locales. Sous la direction de Delphine Gouard, le théâtre ouvre sa billetterie pour la saison au mois de septembre. Une programmation qui associe des compagnies grenobloises comme Les Gentils, La Guetteuse ou Les Veilleurs (installées pour 3 ans), des spectacles autour de thématiques et des partenariats. Toute l'actualité sur le site Internet.

THÉÂTRE

THÉÂTRE SAINTE-MARIE D'EN BAS

38, rue Très-Cloîtres
✆ 09 67 49 51 37
https://musiques-nomades.fr

Un lieu culturel installé dans le cadre exceptionnel de la chapelle de l'ancien couvent de la Visitation classé Monument historique dans le cœur historique de Grenoble. Un lieu qui a changé de destination depuis 3 ans, puisqu'il accueille le Centre International des Musiques Nomades, faisant se rencontrer les écritures musicales les plus contemporaines, les musiques du monde et les traditions orales du jazz. Une approche transculturelle de la création musicale ouverte sur le monde. Résidences de création, productions, concerts et spectacles pour tous les publics.

LET'S DANCE !

DISCOTHÈQUE

BLACK LILITH

18, Grande Rue
www.blacklilith.fr
Ouvert du mercredi au dimanche de 1h à 6h.

Le Black Lilith – pour rappel culturel, Lilith est un démon féminin de la tradition juive expulsée de l'Eden... – est sans doute le club le plus central de la ville. Mais plus qu'un club, c'est un lieu d'expression artistique qui veut casser les « codes » de la discothèque traditionnelle en s'adressant à tous les publics, à tous les styles, du danseur de reggaeton aux rappeurs US. Un lieu pour les couche-tard – et les étudiants – qui veulent faire joyeusement la fête au rythme des musiques qui envoient du gros son. DJ sets de qualité avec programmation à suivre sur les réseaux sociaux. L'adresse idéale pour bouger ton corps et transpirer à fond dans les fins de soirée.

DISCOTHÈQUE

LE DRAK-ART

163, cours Berriat
✆ 06 30 09 16 14
Ouvert le vendredi et le samedi de 23h à 7h.

Ça remue pas mal au Drak-Art. D'abord, parce que si tu ne connais pas ce lieu créé il y a une bonne dizaine d'années, il va falloir trouver ce lieu dans ce coin reculé du cours Berriat. Ensuite parce que c'est une scène festive qui donne du piment à nos nuits. Une salle de spectacle, un bar et la possibilité de danser face à des DJ qui envoient du bon et gros son. Musiques électroniques dans tous les styles, du tribecore pour les connaisseurs, à la techno plus « conventionnelle » pour bouger son corps dans ce « cabaret scandinave » où l'on ne se fait pas découper à la hache. Bonne navigation nocturne vers ce Drak-Art qui envoie des bonnes vibrations dans nos oreilles.

SONGKICK

L'appli Songkick scanne votre bibliothèque musicale (Spotify, iTunes...) et vous donne la liste des prochains concerts des artistes que vous écoutez, et qui auront lieu autour de vous. Il suffit d'activer l'option géolocalisation et les infos concerts tomberont toutes seules sur votre écran au fur et à mesure que les dates de concerts de vos artistes préférés se confirment.

DISCOTHÈQUE

LE VIEUX MANOIR

50, rue Saint-Laurent
✆ 04 76 42 00 68
Ouvert du jeudi au samedi de 23h45 à 7h.

C'est incontestablement la plus ancienne discothèque de Grenoble, installée depuis plus de 50 ans. Le Vieux Manoir, club incontournable de la rive droite, a donc un âge vénérable, mais à l'intérieur c'est là que sont organisées des soirées plus actuelles dans un décor de pierres apparentes dans un Vieux Manoir multi-salles qui évolue et suit les tendances. Quatre salles avec chacune sa thématique : au Vieux Manoir, c'est techno et house, à l'Arkange Pub, c'est ambiance pop rock et années 1990, à l'Entresol, ce sont les années 1980, c'est disco ! Et pour l'Ave Maria, les danseurs de plus de 25 ans s'éclatent sur tous les styles. Un classique qui bouge avec son époque.

DISCOTHÈQUE

DA VINCI CLUB

28, rue Barnave - **SAINT-MARTIN-D'HÈRES**
✆ 04 76 44 81 62
Ouvert du lundi au samedi. Soirée musicale le week-end à partir de 18h30.

Un club aux multiples facettes puisque l'on peut s'y restaurer à midi, s'y détendre en terrasse autour d'un verre avec tapas, s'amuser lors d'une soirée thématique et, bien sûr, danser ! Ce « club » était également, bien avant la crise sanitaire qui a mis un long coup d'arrêt à l'activité festive et nocturne, un restaurant aux accents italiens (pâtes fraîches, salade italienne...). Chacun reprend le rythme au fil des soirées. Du « I love salsa » du mardi soir aux soirées Nightclubbing des vendredis et samedis, la vie au DaVinci se passe aussi sur le dancefloor au rythme des musiques latines et autres. Performances live, concerts, à retrouver vite sur la belle terrasse estivale.

DISCOTHÈQUE

XS

106, rue de la Liberté
SEYSSINS
✆ 04 76 21 62 09
Ouvert du mardi au samedi. Club les jeudis, vendredis et samedis.

Une adresse que l'on aurait pu classer dans notre rubrique « Restaurant » si ce lieu festif avait été un restaurant à part entière... Mais c'est avant tout un lieu pour venir boire un verre dès l'apéro, ouverture des portes dès 19h, manger un burger maison, un filet de bœuf Rossini ou un poulpe entier grillé en persillade et prolonger la soirée dans un superbe espace ouvert sur une terrasse en apesanteur. Le restaurant ouvre midi et soir à ce dernier étage d'un petit immeuble à proximité du Grand Frais et une bonne note pour l'ambiance lounge avec du bon son électro envoyé à partir de 23h les fins de semaine par des DJ en live. Un lieu unique avec une belle clientèle.

MUSIQUE

ART MUSIC STORE

12, place Victor Hugo
✆ 04 76 46 24 13
www.artrock-music.com
Ouvert du mardi au samedi de 10h à 13h et de 14h à 18h30.

C'est quoi votre instrument ? Guitare, flûte, violon... ou les percussions ? Le meilleur de la musique avec deux adresses – une au centre de Grenoble, l'autre au centre de Crolles pour les rockers – pour doubler le plaisir de jouer. Équipe sympathique et compétente avec de véritables spécialistes, notamment pour les guitares, et un vaste choix selon son niveau de jeu. Toutes les grandes marques sont présentes, il n'y a plus qu'à essayer celui qui nous accompagnera sur scène. *Futé* aime le système de dépôt-vente maison ou la possibilité de pouvoir louer un instrument. Atelier de réparation si vous avez cassé votre guitare sur scène ou frappé un peu trop fort sur votre batterie.

JEUX

JOUTE ET JEUX

1, place Vaucanson ✆ 04 76 56 23 41
www.joute-et-jeux.fr
Ouvert dimanche et lundi de 14h à 19h, du mardi au jeudi de 13h à 20h, vendredi et samedi de 10h à 20h.

The place to play qui ne ferme jamais ! Que vous soyez novice ou maître, passionné par les jeux vidéo ou les jeux de plateau, bienvenue dans un monde où l'imaginaire donne une autre dimension à vos journées et à vos nuits. Le jour, on vient découvrir un incroyable choix de jeux, comme ces jeux de société neufs ou d'occasion. Sur des bornes d'arcade, ce sont plus de 2 500 jeux vidéo qui vous attendent. À l'étage, une salle de jeux permet d'organiser des journées et des soirées animées. Car Joute et Jeux, c'est surtout le spécialiste de Magic the Gathering et Yu-Gi-Oh. Chez Joute et Jeux, on devient vite le héros de ses aventures en faisant partie de l'Assemblée. Une adresse passionnante.

COURS DE DANSE

CENTRE DE DANSE ÉMILIE KERN

7 bis, place Paul-Vallier
✆ 04 76 00 92 06
http://emiliekern-danse.fr

La danse est un mouvement que l'on n'arrête pas. Le Centre de Danse Emilie Kern, en plein centre-ville de Grenoble, est un lieu de vie où émotions, générosité, et plaisir se partagent. La progression des élèves se réalise dans une ambiance où travail et plaisir ne font qu'un ! Le talent d'Emilie Kern, le professionnalisme et la qualité de l'équipe pédagogique garantissent notre épanouissement personnel. Cours de contemporain, classique, jazz, floorwork, technique Horton, hip-hop, breakdance, barre à terre et Pilates, éveil et initiation pour enfants et adultes.

DISQUAIRE

LE MANGE DISQUE

2, rue Génissieu
✆ 06 03 49 69 53
Ouvert mardi et mercredi de 14h à 19h, jeudi et vendredi de 11h à 20h, samedi de 10h à 19h.

Tu as faim de musiques dans tous les styles parce que tu aimes écouter du free jazz et de l'acid house sans être jugé. Viens découvrir une boutique indépendante, un (le dernier vrai ?) disquaire passionné qui sait partager ses pépites, mais aussi un lieu où l'on peut boire et manger en écoutant du bon son. Le Mange Disque, c'est le royaume du vinyle qui revient en force. Amoureux du rock ou de l'électro, du disco ou de la pop, du jazz et du funk, il y a forcément un album pour toi. Du vintage et des sorties, des galettes à savourer sur place avant de les emporter à la maison. Et parce que les disques vinyles ne sont pas toujours donnés, guettez les promotions. Accueil et conseils adorables.

MUSIQUE

FERRÉ MUSIQUE

1, rue Génissieux
✆ 04 76 87 56 56
www.ferremusique.com
Ouvert du mardi au samedi de 10h à 19h.

Ferré Musique est une adresse spécialisée en musique qui propose depuis près de 50 ans (1976) le plus grand choix de guitares électriques, acoustiques et classiques. C'est le spécialiste local et régional de la guitare. Professionnels et amateurs y trouvent toujours leur bonheur puisque le choix est vaste tant en matière de prix que de marques, neufs et occasions, et de modèles, sans oublier les accessoires ou un « jam studio » pour répéter et enregistrer dans les meilleures conditions. Le personnel, professionnel est à notre entière disposition, il sait nous guider et nous conseiller. Adresse indispensable aux guitaristes grenoblois qui ont plus d'une corde à leur Fender.

DISQUAIRE

O'CD

5 ter, rue de Sault
✆ 04 76 46 30 37
Ouvert du lundi au samedi de 10h30 à 19h30.

Les supports réels, pour les différencier des supports virtuels, n'ont pas dit leur dernier mot ! Et l'enseigne O'CD, ne connaît pas la crise. Vendre, acheter, échanger ses CD, DVD, Blu-ray, jeux vidéo et vinyles, ce sont les activités d'O'CD. Et comme on est tous des passionnés de musique, de cinéma, de jeux, il n'est pas rare que l'on vienne en vendeur et que l'on reparte en acheteur ! Accueil souriant et, surtout, personnes professionnelles et compétentes pour effectuer des transactions discutables avec les invités que nous sommes. Tous les produits vendus sont de grande qualité, soigneusement vérifiés, pour permettre une meilleure circulation de la culture.

LIBRAIRIE
ARTHAUD

23, Grande-Rue
✆ 04 76 42 49 81
www.librairie-arthaud.fr
Ouvert du lundi au samedi de 10h à 19h.

Une adresse dédiée aux livres depuis plus de deux siècles ! C'est en 1922 que Benjamin Arthaud reprend cette librairie qu'il ne cessera d'agrandir en même temps qu'il développera son activité éditoriale. Sauvée de la faillite par ses lecteurs en 2013, elle est désormais dirigée par l'équipe Lireka. Installée au cœur de la ville dans deux hôtels particuliers des XVe et XVIe siècles absolument superbes, la librairie offre un décor majestueux avec sa cour intérieure, son escalier et ses rayonnages où des libraires passionnés accueillent tous les amoureux des livres. Librairie en ligne Lireka (livraison gratuite). Espace d'exposition, galerie Rabot, et rencontres avec les auteurs.

LIBRAIRIE
GIBERT JOSEPH

4, rue Béranger
✆ 04 76 43 93 45
www.gibertjoseph.com
Ouvert lundi de 10h30 à 19h, du mardi au samedi de 10h à 19h.

La meilleure occasion de lire ! Saviez-vous que c'est un professeur de lettres stéphanois, Joseph Gibert, qui créa il y a plus de 130 ans à Paris la première librairie spécialisée dans les livres d'occasion ? Depuis, les librairies Gibert Joseph ne désemplissent pas de livres neufs et d'occasion, avec des remises pouvant atteindre les 75 % du prix du neuf, pour des lecteurs comblés dans tous les genres. Pour donner une nouvelle vie à vos livres, passez par l'appli ou le site Internet qui estimera leur reprise. Littératures du monde entier, BD, guides de voyage, ouvrages sur le bien-être... Les occasions d'apprendre, de voyager, de rêver ne se comptent plus. Le recyclage à la page !

LIBRAIRIE
LA NOUVELLE DÉRIVE

10, place Sainte-Claire ✆ 04 76 54 75 46
www.lanouvellederive.com
Ouvert le lundi de 15h à 18h30, du mardi au samedi de 9h30 à 19h.

Plus que jamais, se laisser partir à la dérive à travers les livres. Une « nouvelle » adresse qui a tourné une page en avril 2021 en ajoutant « nouvelle » à cette enseigne historique tenue depuis plus de 40 ans par Yves Baruffaldi. Ce dernier a laissé la place à Anne Langdorf-Gaudel, grenobloise et enseignante, qui a donné une seconde jeunesse (travaux en cours...) à ce lieu spécialisé à l'origine dans l'architecture et les sciences humaines. Mais d'autres genres s'affirment davantage, comme la poésie, le théâtre ou les livres jeunesse. A suivre, les rencontres organisées avec les auteurs et des lectures. Libraires passionnés « pour l'amour du livre », longue vie à La Nouvelle Dérive.

LIBRAIRIE
LIBRAIRIE DECITRE

9-11, Grande-Rue
✆ 04 76 03 36 36
www.decitre.com
Ouvert du lundi au samedi de 9h30 à 19h.

Le grand nom du livre dans toute la région. Si vous êtes du genre à aimer déambuler dans une librairie installée dans des murs de vieilles pierres en vous laissant surprendre par des ouvrages rencontrés au hasard, Decitre Grenoble est faite pour vous. Vaste choix dans tous les domaines pour ne jamais repartir sans un livre dans votre sac. Bien sûr, si vous désirez être guidé parmi tous les rayons, l'équipe des libraires est là pour vous conseiller. Des BD aux ouvrages spécialisés en passant par les guides de voyage, les ouvrages scolaires et la papeterie, toutes les occasions sont bonnes d'aller chez Decitre. Evénements, rencontres et dédicaces avec les auteurs. Librairie en ligne.

LIBRAIRIE
FNAC

4, rue Félix-Poulat
✆ 0 825 020 020
www.fnac.com
Ouvert du lundi au samedi de 10h à 19h30.

Toute la culture est à la FNAC. Et pour la petite histoire, celle de Grenoble a été créée en 1974, l'année où l'enseigne décidait de vendre des livres ! Même si l'offre de matériels s'est diversifiée depuis la fusion avec Darty, la FNAC continue de nous proposer d'excellents rayons littératures dans tous les styles. Espaces thématiques clairement définis où l'on fait toujours de belles découvertes sur les présentoirs mis en avant ou dans des rayonnages classés avec ordre. Le bien-être et le développement personnel ont la cote, mais la littérature offre un choix de classiques, ainsi que de belles pépites à découvrir sur les recommandations des libraires. Commandes et livraisons sur le site.

LIBRAIRIE
LES MODERNES

6, rue Lakanal
✆ 04 76 27 41 50
www.lesmodernes.com
Ouvert du mardi au samedi de 10h à 13h et de 14h à 19h.

L'indépendance, ça n'a pas de prix. Contrairement au livre qui a le même prix partout ! Pourquoi acheter un livre sur Internet quand de vrais passionnés de littérature peuvent vous éclairer, vous guider avec une grande gentillesse dans votre choix. Editeurs indépendants, petits tirages, création... Les Modernes mettent en avant depuis 16 ans des ouvrages que l'on ne trouvera pas ailleurs. Librairie, mais pas que, puisque Gaëlle Partouche a ouvert Les Modernes a d'autres formes d'art avec de belles expositions aux murs et des animations. Il y a même des spectacles pour les enfants qui ne sont surtout pas oubliés de cette Librairie Sorcières. Une librairie indépendante bien cultivée.

LIBRAIRIE
LE SQUARE

2, place Léon-Martin
✆ 04 76 46 61 63
www.librairielesquare.fr
Ouvert le lundi de 14h à 19h, du mardi au samedi de 9h à 19h.

Les amoureux des livres vont au Square depuis plus de 60 ans. Un lieu culturel incontournable qui a su se renouveler en perpétuant une tradition d'accueil et de conseils pour choisir parmi une véritable forêt d'ouvrages (entre 70 000 et 100 000 titres disponibles !). Une librairie ancrée dans le présent et tournée vers le futur, puisqu'elle reçoit avec bienveillance les plus jeunes enfants – même dans les poussettes – pour leur transmettre le plaisir de lire. Superbe espace jeunesse et BD dans un lieu lumineux où il est agréable de flâner. La lecture n'a pas d'âge ni de frontière. Nombreuses rencontres avec les auteurs. *La Gazette du Square* nous donne d'autres conseils précieux.

RÉGIONALISME
LIBRAIRIE DES ALPES

1, rue Casimir-Perier
✆ 04 76 51 57 98
www.librairie-des-alpes-grenoble.com
Ouvert du lundi au samedi de 7h à 12h et de 14h à 19h.

Après avoir régné pendant 30 ans sur la Librairie des Alpes qu'il avait créée, Raymond Joffre s'en est allé au paradis des libraires. C'est désormais Pascal Joffre qui nous guide parmi les milliers d'ouvrages qui ont en commun de parler des Alpes. Dans cette véritable institution locale, les curieux peuvent trouver de beaux ouvrages anciens, neufs ou d'occasion à prix attractifs. Beau choix de cartes, de guides complets pour partir en expédition ou de cartes postales. Les Éditions de Belledonne, abritées à la même adresse, proposent un guide à se procurer pour tout savoir sur les livres concernant la montagne et l'alpinisme. Adresse incontournable des passionnés de montagne.

BOUQUINISTE
LE LIVRE VOYAGEUR

9, boulevard Agutte-Sembat
✆ 04 76 46 15 32
www.labouquineriegrenoble.com
Ouvert du mardi au samedi de 11h à 18h.

Quel plaisir immense d'entrer dans une bouquinerie sans savoir quel trésor on aura entre les mains en sortant ! Pour les amateurs de belles lectures, la bouquinerie reprise par Sylviane Clier reste une véritable caverne d'Ali Baba. Que ce soit en poche ou en version livres anciens rarissimes, des romans ou des ouvrages spécialisés, les occasions sont toujours belles à prendre. La maison possède un rayon bien fourni en ouvrages universitaires et d'érudition, ce qui la rend appréciée des étudiants. Dauphiné et montagnes sont aussi bien représentés. Achat, vente, estimations gratuites, mais aussi des livres neufs à prix réduit, tout particulièrement en ce qui concerne les ouvrages d'art.

BD
BD FUGUE CAFÉ

1, rue Jean-François-Hache
✆ 04 38 37 18 36
Ouvert le lundi de 10h à 19h, du mardi au samedi de 9h30 à 19h.

Dans une ville bédéphile, BD Fugue Café compte parmi les enseignes incontournables. Au cœur de la ville, c'est le lieu idéal pour échanger ses impressions et ne pas manquer les nouvelles planches en matière de mangas ou de vieux comics. Murs de pierres apparentes, belle couleur rouge et des rayons – comics, franco-belge, indépendants, mangas, tirages de tête..., sans oublier la « para-BD » avec de nombreuses figurines – qui ne manquent pas d'espace. Pour les amateurs de BD comme pour les néophytes, c'est un lieu étonnant où l'on découvre tout ce qui se fait en la matière et des figurines qui donnent vie à nos personnages préférés. Conseils précieux et moments heureux.

BD
COUVENT SAINTE-CÉCILE - GLÉNAT

37, rue Servan
✆ 04 76 88 75 75
www.saintececile.glenat.com
Ouvert du lundi au vendredi de 9h à 12h30 et de 14h à 17h30.

Le couvent Sainte-Cécile et la chapelle attenante ont été construits au XVIIe siècle pour abriter les religieuses des Bernardines. Le lieu a retrouvé sa beauté initiale pour accueillir le siège de la fameuse maison d'édition grenobloise Glénat, bien connue dans le monde de la bande dessinée, ainsi qu'une bibliothèque exceptionnelle comprenant plus de 20 000 ouvrages issus des collections personnelles de Jacques Glénat et du catalogue des éditions Glénat. Consultation des ouvrages sur place. Architecture, culture, littérature, voyage... Du plaisir à lire et à partager.

BD
MOMIE

1, rue Lafayette
✆ 04 76 51 66 22
www.momie.fr
Ouvert du lundi au samedi de 10h à 19h.

37 ans que les passionnés de BD déroulent les bandelettes de cette Momie. Une adresse indispensable, pour ne pas dire essentielle ! Dans ce lieu unique et multiple, il y en a pour tous les goûts : BD, comics et mangas à une même adresse où l'on se laisse volontiers guider dans les nombreux rayonnages touffus par d'aimables conseillers passionnés. Ici se cachent de véritables trésors d'édition même si les « classiques » et les « hits » du moment sont également présents. Nombreuses offres jeunesse pour commencer à lire. Les amoureux de la BD aiment aussi les figurines, les affiches, les *goodies* et les séances de dédicaces très régulièrement organisées. Une Momie toujours en mouvement.

RADIO
ALPES 1

45, avenue Félix-Viallet
www.alpes1.com
Fréquence : 101.6.

Habile mélange de musiques actuelles et d'infos locales, Alpes 1 Grenoble est devenue incontournable sur la bande FM locale et alpine. Émettant sur le Grand Grenoble et les Alpes du Sud (Gap 90.9 FM et Digne-les-Bains 91.5 FM), cette radio diffuse une musique assez variée et des informations précises sur la Métropole et les montagnes qui l'entourent. Avec son 6h/10h du lundi au vendredi, Christian Daubarède sort Grenoble du lit. Le reste de la journée, de l'info (notamment en local sur Grenoble) et de la musique non-stop. À noter le site Internet de la station, mais également l'appli disponible sur toutes les plateformes, particulièrement bien réalisés pour ne rien manquer des programmes.

RADIO
RADIO NOVA

10-12, rue Maurice Grimaud (18e)
PARIS
www.nova.fr

Le Grand Mix, Nova Lova, Un Nova Jour se Lève... Du soir au matin, *Radio Nova* séduit des milliers d'auditeurs chaque jour avec sa programmation originale, qui défriche tous les univers musicaux. Depuis 1981, Radio Nova est libre, curieuse et créative. Et même à quarante ans, elle reste une radio musicale de référence, média musical d'avant-garde, révélant de nombreux talents musicaux aussi bien dans la world music que dans l'électro en passant par le hip-hop ou le rock. Et avec des événements comme « Les Nuits Zebrées » ou sa présence sur les festivals de l'été, la radio parisienne ne joue pas les snobs et navigue dans toute la France à la rencontre de ses auditeurs et des talents en devenir

RADIO
FRANCE BLEU ISÈRE 98.2 MHZ

27, avenue Félix-Viallet
✆ 04 76 50 38 38
www.francebleu.fr/isere
98.2 Mhz et 102.8 Mhz (Grenoble et Chamrousse).

Cela fait 38 ans que France Bleu Isère fait plus que de vous informer sur votre région, elle vous en parle au creux de l'oreille ! La fréquence qu'il faut absolument écouter à Grenoble, dans la Métropole et partout ailleurs pour mieux connaître notre territoire. Une antenne « nationale » vraiment locale avec toute l'info en Isère dès 6h du matin – infos, météo, circulation, culture, agenda, reportages... – et de nombreuses émissions de proximité, comme Circuits courts en Isère. Disponibles sur Internet, des émissions en replay et podcast pour découvrir l'Isère.

RADIO
PHARE FM - GRENOBLE

33, avenue de Vizille
✆ 04 76 22 02 23
www.pharefm.com/grenoble
Fréquence : 96.6.

Écoutez la radio autrement en découvrant cette radio chrétienne qui diffuse la bonne parole avec un ton percutant et actuel. Une radio qui envoie de la bonne énergie et qui prépare également l'avenir en envoyant tout plein d'ondes positives en qualité optimale avec les nouvelles technologies comme le DAB+, la 5G et les applis Web vers les auditeurs dans le Vercors, le Pays Voironnais, Tullins, la Chartreuse, le Grésivaudan et Belledonne. 10 heures d'émissions locales quotidiennes ! Sur les ondes, la journée commence bien avec le 6h-10h et un « Positif morning », avant de la « Positive musique » et un 16h-20h « Purement positif ». On l'aura compris, une fréquence positive !

RADIO
RADIO CHRÉTIENNE FRANCOPHONE (RCF)

6, rue Frédéric-Taulier
✆ 04 38 38 00 10
www.rcf.fr

Loin du bruit du monde et de l'agitation de certaines fréquences, comme il est bon de se brancher sur les ondes de Radio Chrétienne de France. Créée en 1982 à Lyon, RCF est devenue le premier réseau indépendant de radios de proximité avec 64 antennes en France, dont une en Isère, et en Belgique, émettant sur 270 fréquences FM. Des ondes portant une parole de joie et d'espérance. Des découvertes, du dialogue, de l'actualité, de la musique et des temps de respiration spirituelle. RCF, la radio chrétienne pour aimer le monde. Application pour accéder à l'univers RCF.

RADIO
RADIO OXYGENE

63, impasse du Moularet - **LE BOURG-D'OISANS**
✆ 09 83 60 15 14
www.radiooxygene.com
Fréquence : 90.4 FM.

Prenez de l'altitude en écoutant la première radio consacrée à la « culture de la montagne ». Respirez mieux à l'écoute de Radio Oxygène. L'esprit de la montagne diffusé à travers les Alpes : 16 fréquences en FM sur 5 départements (04, 05, 06, 38 et 73) de Nice à Val-d'Isère, à Grenoble, l'Alpe d'Huez, Les 2 Alpes et Villard-de-Lans en DAB+, partout dans le monde sur Internet. Tous les jours, l'information des stations et des massifs : infos domaines skiables, actu locale et départementale, actu montagne, le sport, le tourisme... En Isère, 3 radios disponibles avec Villard-de-Lans pour les stations du plateau du Vercors, Alpe-d'Huez/2 Alpes pour les stations de l'Oisans et Grenoble.

ÉCONOMIE
PRÉSENCES

5, place Robert Schuman
✆ 04 76 28 28 76
www.presences-grenoble.fr

Présences est le magazine – 9 numéros par an (pas d'édition en janvier, juillet et août) et des suppléments – de la chambre de commerce et d'industrie de Grenoble. Il est consacré à l'actualité des petites et grandes entreprises, mais aussi aux services ou aux commerces, le tout illustré de portraits et de grandes enquêtes. Il est devenu en quelques années le journal des décideurs économiques de la région. Il est aussi apprécié de tous les étudiants en économie. Sa réputation dans le secteur est aujourd'hui bien établie et il ne compte pas moins de 100 000 lecteurs chaque mois ! Un titre à suivre sur Internet avec des contenus exclusifs et sur tous les réseaux sociaux pour ne rien manquer.

EDITION
GLÉNAT LIVRES

37, rue Servan
✆ 04 76 88 75 75
www.glenatlivres.com

Glénat, c'est une aventure grenobloise. Celle de Jacques Glénat, passionné de BD dès sa jeunesse et qui a eu l'audace de créer sa propre maison d'édition il y a un peu plus de 50 ans ! Il faut absolument voir la bibliothèque du couvent Sainte-Cécile contenant toutes les publications signées Glénat et s'amuser du petit Titeuf ornant la porte d'entrée. Clin d'œil à un personnage qui a contribué au succès de la maison. Des BD, mais également des livres qui nous ouvrent des horizons : voyage et exploration, montagne, randonnée, nature et environnement, patrimoine et mer, vélo/VTT, sport et cuisine. Et pour les plus petits, Glénat jeunesse publie de très beaux livres.

HEBDOMADAIRE
LES AFFICHES DE GRENOBLE ET DU DAUPHINÉ

6, avenue de l'Europe
✆ 04 76 84 32 00
www.affiches.fr

Un centenaire qui se porte bien ! Plus de 5 100 numéros au compteur pour ces *Affiches* paraissant tous les vendredis depuis 1923 ! Les *Affiches de Grenoble et du Dauphiné*, que tout le monde appelle les *Affiches*, sont l'hebdomadaire de référence dans le département de l'Isère. Pour tout savoir, pour mieux connaître les acteurs du département, il suffit d'ouvrir les *Affiches*. L'agenda est bien fourni avec les expos à voir et on aime particulièrement la chronique À Table ! Des titres saisonniers, mais aussi le superbe *Beaux Quartiers*, magazine de l'art de vivre à Grenoble.

HEBDOMADAIRE
LE PETIT BULLETIN

12, rue Ampère
✆ 04 76 84 44 60
www.petit-bulletin.fr/grenoble

Indispensable hebdomadaire gratuit du mercredi pour savoir ce qu'il faut faire, ce qu'il faut voir, où il faut aller et remplir notre agenda grenoblois toute l'année. *Le Petit Bulletin* ne manque jamais un événement : rencontres, actualité, expositions, cinéma, théâtre, danse, musique, les soirées, les conférences… Impossible de ne pas trouver un article correspondant à vos attentes, notamment en matière culturelle. Toute l'actualité des spectacles, des sorties et des loisirs, enrichie de vidéos sur Internet. *Le Petit Bulletin*, c'est aussi un guide urbain pour découvrir toutes les adresses en ville. Et si vous voulez vous évader, des escapades sont à découvrir.

QUOTIDIEN
LE DAUPHINÉ LIBÉRÉ

40, avenue Alsace-Lorraine
✆ 04 76 88 71 00
www.ledauphine.com
Nombreuses formules d'abonnement papier et numérique.

Paru pour la première fois le 7 septembre 1945, le *Dauphiné Libéré* s'annonçait comme « Le libre journal des hommes libres ». Ce quotidien régional, avec 22 éditions couvrant un vaste territoire de la Haute-Savoie au Vaucluse, de l'Isère à l'Ardèche, a fait bien du chemin, s'imposant naturellement comme notre première lecture du matin pour tout savoir de ce qui se passe à Grenoble, dans la Métropole et dans la région. Abonnement indispensable en version papier ou digitale ou les deux pour tout savoir des nouvelles locales et se voir, pourquoi pas, dans un journal proche de ses lecteurs. Des suppléments et des magazines passionnants avec les hors-séries du *Dauphiné*.

S'INFORMER
MÉTROPOLE MAG

3, rue Malakoff
✆ 04 76 59 59 59
www.grenoblealpesmetropole.fr

Le magazine *Grenoble Alpes Métropole*, 37 numéros avec son bandeau jaune, a cédé la place en janvier 2022 à *Métropole Mag*, symbolisé par 2 m qui évoquent les montagnes entourant la métropole grenobloise. Il n'y a pas que le titre qui ait changé, avec un contenu toujours plus agréable à lire et à regarder, notamment grâce aux belles photos de la première page « En images ». Un bimestriel d'une trentaine de pages qui présente toute l'actualité du territoire : innovation, services publics, sport et culture, savoir-faire, agenda… Et pour ne rien manquer des actualités, événements et offres d'emploi de Grenoble Alpes Métropole, abonnez-vous à la lettre d'information.

S'INFORMER

ISÈRE MAG

7, rue Fantin-Latour
✆ 04 76 00 38 38
https://iseremag.fr

L'Isère se découvre plus facilement sur le site Internet iseremag.fr et son webzine bimestriel. Mis en page et en contenu par le Département de l'Isère, ce site particulièrement complet s'adresse à tous les Isérois qui veulent en savoir plus sur leur territoire et les gens qui l'habitent. D'ailleurs, la rubrique Gens d'Isère présente une belle galerie de portraits. Avec des rubriques claires, on retrouve facilement tout ce qui fait le tissu isérois : Nature, Société, Territoires, Culture, Economie, un agenda super pratique pour voir tous les événements... Toutes les thématiques qui nous intéressent, au plus près de notre territoire et des Isérois. Possibilité de s'abonner en ligne.

S'INFORMER

MONTAGNES MAGAZINE

3, rue Valérien-Perrin
SEYSSINET-PARISET
✆ 04 76 70 54 11
www.montagnes-magazine.com

Tous les habitants de Grenoble Alpes Métropole regardent naturellement vers les montagnes. Une revue mensuelle de référence consacrée à la montagne avec de nombreuses thématiques telles que les sports de montagne et les enjeux humains, économiques et environnementaux de l'aménagement de ce milieu naturel. On y retrouve également toute l'actualité, des reportages, un guide saisonnier (stations, descentes, stages, etc.), des conseils pratiques en pédagogie écologique et en sécurité, des portraits de grands alpinistes, de nombreux tests matériels et des conseils pour partir en montagne. Site Internet particulièrement riche d'informations (tests matos, pédago, topos...).

TÉLÉVISION

FRANCE 3

Avenue Grand-Sablon
LA TRONCHE
✆ 04 76 01 40 00

Créée en 1982, France 3 Alpes est la chaîne du service public qui nous montre l'Isère, la Savoie et la Haute-Savoie de plus près. Avec ses rendez-vous quotidiens d'actualité locale et régionale – JT 12/13 Alpes tous les jours de la semaine à 11h50 et JT 19/20 Alpes à 18h50 –, France 3 Alpes couvre un maximum de sujets en direct à l'antenne ou en replay. D'excellentes émissions en région, notamment dans notre département avec les excellentes « Chroniques d'en Haut » de Laurent Guillaume ou « Dimanche en politique ». Dans « Aux goûts du jour », la cheffe Tabata Mey rencontre des producteurs du terroir et des restaurateurs. Tout voir, tout savoir près de chez vous, c'est sur France 3.

TÉLÉVISION

TÉLÉ GRENOBLE

5, rue Eugène-Faure ✆ 04 76 00 77 77
www.telegrenoble.net
Canaux de diffusion : TNT canal 38, Orange 30 et 348, Numéricable 30 et 477, SFR 477, Free 30 et 903, Bbox 30 et 316.

Comme toutes les grandes métropoles françaises, Grenoble a sa télévision de proximité sur le canal... 38 de la TNT bien évidemment ! 100 % locale, cette télé est celle des Grenoblois qui veulent en savoir plus. TéléGrenoble, ce sont de véritables programmes mêlant actualité sportive, avec l'émission G Sport, de l'information de proximité avec le JT et « Si on parlait », la quotidienne 100% locale, des bons plans à partager, de la culture, des loisirs et tout plein d'autres bonnes choses à se mettre sous l'œil à toutes les heures de la journée, toujours avec le même souci d'interactivité. Une télé à regarder sur les canaux de diffusion numériques et sur Internet pour tout revoir à volonté.

WEB

GRENOBLE FOODIE

https://grenoblefoodie.com

Peu importe le format – papier, numérique pour tablette et smartphone – Grenoble Foodie se dévore toujours avec la même envie de découvrir de nouvelles adresses gourmandes. Créé par des influenceuses Instagram – Coralie, Laura et Amélie – qui alimentent chaque jour leur compte commun Grenoble Foodie de bons plans dans la Métropole. Et il y en a pour tous les goûts, tous les appétits, avec des Tops pour faire un bon brunch ou prendre un goûter gourmand en buvant un verre. Le « plus » de Grenoble Foodie, ce sont les réductions sur certains produits et prestations. Des avantages valables sur d'autres activités, comme les loisirs, la déco, le shopping ou la beauté. Entrez dans la communauté !

WEB

LES MONDAINES

www.lesmondaines.com

Si l'on attend de découvrir tous les mardis « le meilleur de Grenoble » dans notre boîte mail, si vous êtes (comme nous) abonnés aux Mondaines, il faut visiter régulièrement le site (très bien fait) ou se plonger dans le guide des Mondaines (Bon Sens #2) pour découvrir l'art de vivre à la grenobloise. Les Mondaines, c'est une équipe féminine qui vous fait partager son univers depuis 10 ans (bon anniversaire) et pousser la porte des bonnes adresses classées par quartiers ou thématiques. Meilleurs restos, meilleurs brunchs, meilleurs producteurs d'Isère, mais aussi shopping avec du e-shop grenoblois pour rester dans le thème local. Grenoble est plus belle avec les Mondaines.

JE PRENDS SOIN DE MOI

Comme si la vie urbaine n'était pas assez stressante, bien d'autres sujets d'actualité font monter la tension. Que vous soyez éco-anxieux ou soucieux des relations internationales, il est grand temps de prendre soin de vous avant tout ! Et ça commence naturellement par prendre le temps de bien vivre dans une Métropole grenobloise qui abrite un grand nombre de parcs, de jardins, de lieux où la nature permet de pratiquer toute sorte de sports outdoor, pourquoi pas avec un coach, activité qui a le vent en poupe. D'autres sports se pratiquent en salle, notamment le crossfit. A Grenoble, c'est facile d'être bien dans son corps. Pour être aussi bien dans sa tête, il faut se faire une beauté. En commençant par ses cheveux avec une sélection des meilleurs coiffeurs dans notre guide. Beauté et style passent aussi par la mode, surtout quand elle est imaginée par des créateurs grenoblois ou qu'elle est de « seconde main », la grande tendance des boutiques cette année. Je prends soin de moi en me faisant plaisir, en m'offrant des bijoux et des cadeaux, le plus souvent locaux, toujours durables et responsables.

FEMME

23E RUE

23, rue du Docteur-Mazet
✆ 04 76 17 05 69
Ouvert lundi de 14h à 19h, du mardi au samedi de 10h à 19h.

Le contenu est plus original que le nom de la boutique qui fait référence au numéro de la rue. Ce que l'on aime chez 23e rue, c'est l'esprit d'indépendance d'une boutique qui ne cède pas aux sirènes des grandes chaines. Résultat, de belles surprises à chaque visite avec des pièces originales devenues des incontournables de notre dresssing. Dans une boutique tellement cosy où l'on est parfaitement accueilli, les amoureuses de mode enchaînent les essayages avec des marques de qualité pour une allure impeccable. Et quand on a trouvé l'ensemble idéal pour sa prochaine soirée, sortie, journée (au choix), place aux accessoires avec de belles montres et des sacs tout jolis.

FEMME

MARIE CHANTAL

5, rue de Bonne
✆ 04 76 46 29 84
Ouvert du lundi au samedi de 10h à 19h.

Sans doute l'une des plus grandes – et aussi des plus anciennes –, par le talent, par le choix et par la taille, des boutiques dédiées aux femmes à Grenoble. Pour celles qui aiment les tendances un brin décalées, la mode façon haute couture mais avec un esprit libertaire, celles qui veulent des coupes impeccables avec un soupçon de légèreté, il y a Marie Chantal. Une belle boutique, tenue avec le sourire par une personne charmante, où l'on découvre des vêtements déstructurés, des coutures colorées, des tissus aux imprimés inédits et des prix en conséquence. Mais, ne pas ressembler à tout le monde, affirmer son côté chic décalé, ça n'a pas de prix. Incontournable.

FEMME

HÉLÉNA ET MOI

1, rue Guétal
✆ 04 76 86 14 74
Ouvert du mardi au samedi de 10h à 19h.

A deux pas de la place Victor-Hugo, les curieuses de mode s'en vont d'un pas léger chez Héléna et moi. Dans une boutique, véritable petit cocon chic, tenue par Héléna et sa maman, *Futé* s'émerveille devant des pièces de créateurs que l'on verrait bien dans notre dressing avant de les porter. Ah ! le bel esprit d'indépendance qui manque tant aux franchises sans âme que l'on croise trop souvent dans nos rues... Chez Héléna et moi, on peut venir aussi entre mère et fille pour s'habiller dans un style qui sait mettre en valeur la féminité et l'élégance naturelle. Accessoires dans le même esprit pour compléter son look en toute circonstance. Une boutique remarquée et appréciée.

PRÊT-À-PORTER

BON AUGURE

3, rue Auguste Gaché ✆ 07 88 50 96 55
https://bonaugure-boutique.com
Ouvert du mardi au vendredi de 10h à 12h et de 13h à 19h, samedi de 10h à 19h.

Bon Augure, c'est l'aventure proposée par Léa et Antoine, deux jeunes qui ont installé leur univers 100% français dans une rue plus vivante que jamais. Un souffle nouveau fait d'optimisme et de belles découvertes, surtout que Bon Augure a des valeurs qui sont aussi les nôtres. Des produits sourcés avec attention, en provenance de France, respectant la nature et l'environnement. Résultat, des marques éthiques, durables, originales pour tous les styles. Des chaussures signées M. Moustache pour monsieur aux vêtements féminins Frnch, en passant par les sacs et accessoires signés MeroMero, les produits Manucurist... Si vous ne pouvez pas venir, boutique et achat en ligne.

FEMME

JANY'STYLE BOUTIQUE

27, rue Thiers
✆ 04 76 46 76 77
Ouvert du mardi au samedi de 10h à 12h et de 14h30 à 18h45.

Une boutique pour toutes les femmes, même les plus généreuses, heureuses de pouvoir s'habiller avec style. Pour trouver un vestiaire à sa mesure et enchaîner les essayages avec le sourire, un grand merci à Karine. Son envie ? Contenter toutes les femmes et que chacune « habite » ses vêtements pour s'y sentir à l'aise. Dans sa boutique indépendante, Karine permet aux femmes de s'habiller du 38 au 52 avec un large choix de vêtements pour la jeune femme active comme pour la dame plus posée. Des marques sélectionnées pour leurs lignes originales, mais aussi pour leur qualité. Retouches possibles et livraison. Jany'Style, parce qu'on a toutes le droit d'être bien, d'être belle dans ses vêtements.

FRIPERIE

MAD VINTAGE

15, rue Lafayette
✆ 04 76 62 26 77
http://madvintage.fr
Ouvert lundi de 14h à 19h et du mardi au samedi de 10h à 19h.

La mode vintage n'est pas celle d'un autre âge. C'est une tendance actuelle qui permet de trouver des pièces originales pour assortir notre vestiaire à moindre coût. Mad Vintage, c'est une enseigne nationale certes, mais qui ne peut proposer la même chose partout puisque les arrivages sont « uniques » et originaux. Dans une boutique qui regorge de bonnes idées pour accessoiriser une tenue ou trouver une pièce essentielle de son dressing, chacun passera du temps à... remonter le temps entre les années 1950 et les années 2000. Il y en a pour tous les goûts, des blousons colorés aux jeans troués ou pas... Des robes pour l'été, des gilets plus chauds pour l'hiver, c'est une malle aux trésors.

CHAPEAUX - GANTS - FOULARDS

FST - LA GANTERIE MODERNE

22, rue Charrel
✆ 04 57 79 04 43
www.fsthandwear.com
Ouvert du lundi au vendredi de 9h à 17h.

Comment habiller et protéger ses mains en hiver ? Autrefois Grenoble était la capitale de la ganterie. C'est moins vrai aujourd'hui. Mais heureusement, FST Handwear est arrivé avec ses gants colorés, graphiques, 100 % portables par tous les styles. Dans leur nouvelle boutique, à la fois showroom et lieu d'expositions temporaires, Benjamin Cuier et Philippe Largueze affichent de véritables œuvres d'art à porter en toute décontraction et cependant une grande élégance. Des produits chauds et confortables fabriqués dans la région (bravo !). Le gant revient à la mode.

CHAPEAUX - GANTS - FOULARDS

GANTERIE LESDIGUIÈRES

5, rue Raoul Blanchard
✆ 04 76 89 11 42
https://ganterie-grenoble.fr
Ouvert du mardi au samedi de 10h à 18h.

Grenoble, autrefois capitale de la ganterie, a vu disparaitre les marques qui faisaient sa renommée. Des gants de haute couture, des gants pour tous les jours, des gants qui respectent la tradition d'une maison qui a su renouveler ses collections tout en conservant un savoir-faire irremplaçable. Une boutique fondée en 1885 à ne pas manquer pour mettre ses mains à l'abri du froid. Une véritable Entreprise du Patrimoine Vivant qui fabrique toujours des gants d'exception, en peau de chevreau doublée de soie, pour les hommes et pour les femmes. Dans la boutique, où l'on peut apercevoir le diplôme de MOF de Jean Strazzeri, et un choix de gants haut de gamme pour toutes les occasions.

CHAUSSURES

ATCHA

5, rue Brocherie
✆ 04 76 42 26 46
www.atcha-grenoble.fr
Ouvert du mardi au vendredi de 10h à 12h30 et de 14h à 19h, samedi de 10h à 19h.

© ATCHA

Depuis 1975, cette boutique indépendante située au cœur de Grenoble propose une mode à la fois élégante, confortable, durable et responsable. De superbes tenues adaptées à tous les styles de vie, à toutes les envies, à toutes les bourses, avec des marques – notamment françaises – de qualité pour exprimer notre personnalité, tout est là : bijoux, accessoires ! Accueil et service adorables, conseils personnalisés par une équipe à l'écoute qui nous aide à choisir parmi les modèles signés Art, Think, Loint's ou les iconiques Scholl. Articles de maroquinerie alliant savoir-faire traditionnel et originalité des lignes avec Gabs, Les Ateliers Fourès, Frandi et Kaszer. Coup de cœur permanent.

MAROQUINERIE

BASSALER

17, place Grenette
✆ 04 76 44 30 18
https://bassaler38.com
Ouvert du lundi au samedi de 10h à 19h.

Une maison installée depuis 1917 au cœur de la ville, faisant référence en matière de maroquinerie à Grenoble. Belle boutique d'angle qui s'adresse aussi bien aux femmes avec de grandes marques du luxe français comme Longchamp ou Lancaster, mais aussi aux hommes qui ne manquent pas de s'équiper d'une belle serviette ou d'un parapluie de qualité. C'est l'adresse incontournable des voyageurs qui veulent du solide pour mettre leurs affaires dans une valise Samsonite ou Delsey qui ne vous lâchera pas à la première escale. Petite maroquinerie, des cannes signées Fayet, ainsi qu'un beau choix de parapluies de qualité. Accueil à l'image de la maison, de grande qualité.

MAROQUINERIE

MARO [H] AND CO

2, rue Pierre Dupont ✆ 04 76 47 17 08
www.marohandco.com
Ouvert du mardi au samedi de 9h30 à 19h30.

Une adresse qui s'impose comme incontournable dans l'univers de la maroquinerie. Dans cet atelier grenoblois, les amoureux (ses) des belles choses découvrent le travail d'une authentique artisan. Formée dans une célèbre manufacture parisienne, cette femme de talent réalise des pièces uniques 100 % cuir d'une incroyable qualité. Céline confectionne sur mesure des bracelets de montre, des ceintures, des sacs, dans le cuir (veau, chèvre, crocodile, autruche, lézard, python…) et la coupe de votre choix, présentant des modèles de sa composition, comme ces superbes portefeuilles, porte-cartes ou étuis de téléphone portable. Artisanat et création, originalité et qualité, comme autant de valeurs.

OPTIQUE

PHILIPPE CHASSANG OPTICIENS

4, place Docteur Léon Martin
✆ 06 77 08 01 11
http://philippechassangopticiens.fr
Ouvert du mardi au samedi de 9h30 à 12h30 et de 14h à 18h30.

© EMMANUEL SPASSOFF

© EMMANUEL SPASSOFF

Même avec vos problèmes de vue, impossible de manquer la façade bleue de Philippe Chassang Opticiens ! Des opticiens lunetiers passionnés vous accueillent pour vous proposer montures et verres de qualité. Des experts prennent le temps de faire un état des lieux, d'analyser votre vue pour vous proposer des lunettes ajustées à vos besoins personnels. Montures éthiques pour tous les budgets, artisanales et françaises, mais aussi des créateurs haut de gamme avec des options en sur mesure. Belle gamme pour les enfants. Boutique d'optique unique pour personnes uniques.

LINGERIE

À FLEUR DE PEAU

29, rue du Docteur Mazet
✆ 04 76 46 48 60
www.afleurdepeaugrenoble.com
Ouvert du mardi au samedi de 10h à 13h et de 14h à 19h.

Toutes les femmes savent combien il est difficile de bien choisir une lingerie parfaitement adaptée à leurs formes, à leur mode de vie et à leurs envies. Heureusement, depuis 20 ans, l'adorable Sylvie Rey les accueille dans sa boutique A Fleur de Peau. Élue parmi les 100 meilleures boutiques de lingerie de France, À Fleur de Peau propose un large choix des meilleures marques avec des bonnets de A à J et des tailles du 85 au 125, mais surtout un coaching personnalisé en lingerie. Pour toutes les femmes qui veulent être confortables dans leur lingerie, quels que soient leurs métiers, leurs loisirs et même leur maladie. Superbes maillots de bain et vêtements de nuit. Incontournable.

OPTIQUE

OSCAR OPTICIENS

4, rue Docteur-Bally
✆ 04 76 19 04 99
www.oscar-opticiens.com
Ouvert le lundi de 14h à 19h, du mardi au samedi de 9h à 19h.

Envie d'originalité, d'avoir des lunettes différentes de toutes les autres ? Oscar Opticiens vous propose des lunettes comme nulle part ailleurs et un service personnalisé pour vous accompagner vers votre originalité. Créée par Alexandre et Guillaume, désormais présente d'Annecy à Chambéry, l'enseigne marie le meilleur de la tradition, avec tous les conseils et les services de professionnels travaillant avec les verres innovants Essilor, allié au meilleur de la modernité avec des montures signées par les plus grands créateurs : Mykita, Anne & Valentin, Theo, Ic ! berlin, Moscot, Caroline Abram, Sabine be., Henau, Nathalie Blanc. D'autres créateurs pour les enfants. Originalité et qualité.

OPTIQUE

PIBOULE OPTICIENS

12, rue Jean-Jacques-Rousseau
✆ 04 76 25 40 30
www.opticien-platinum.fr
Ouvert du mardi au samedi de 10h à 19h.

Une boutique d'optique singulière installée au cœur de Grenoble depuis 15 ans. Si vous voulez vraiment vous distinguer en portant des lunettes différentes, passez la porte de Sylvie Piboule, lunetière et opticienne Plantinum. Une professionnelle à votre service pour vous présenter dans un cadre cosy, salon d'essayage en prime, des lunettes de créateurs avec des marques exclusives comme Ahlem, Blake, Kuwahara, Dita, L.A. Eyeworks ou Thom Browne. Certaines montures atteignent des prix à la hauteur des matériaux nobles employés tels que le bois ou le cuir. Certains modèles sont bien plus accessibles et tout aussi jolis. Service impeccable et sur mesure pour cette enseigne haut de gamme.

COIFFURE
ÉDOUARD B.

16, rue Lesdiguières
✆ 04 76 46 00 46
Ouvert du mardi au samedi sur rendez-vous.

La barbe n'est pas qu'une simple mode, c'est le prolongement d'une personnalité qui s'affiche à la vue de tous (sauf sous le masque...). Dans un salon aux allures vintage des plus réussie avec son mur paré de pierres, Édouard (enfin Damien), avec son coupe-chou magique, soigne notre pilosité faciale. Et quand on dit « soigne », ce sont de vrais soins qui nous sont prodigués avec les crèmes qui vont bien. Eh oui messieurs, se laisser chouchouter ne fera pas de vous des chochottes, mais des hommes raffinés, bien dans leur peau. Le petit plus que l'on apprécie : la possibilité de prendre ses rendez-vous en ligne, directement sur la page Facebook de l'enseigne. Au poil !

COIFFURE
HUNKY PUNKY

1, rue Voltaire
✆ 04 76 42 29 57
Ouvert du mardi au vendredi de 9h à 18h, samedi de 8h30 à 17h.

Une adresse qui a redonné un coup de jeune au quartier des Antiquaires, avec aujourd'hui une « nouvelle » rue Voltaire. Un salon de coiffure qui vous donne le sourire par son enseigne intraduisible, par son allure sympathique qui ne fait pas de chichis et par ses coiffeurs vraiment à votre écoute, ne cherchant pas à réaliser de pseudo-prouesses capillaires sur votre chevelure, mais qui vous rendent votre tête comme vous l'aimez, un soupçon de Hunky Punky en plus. On adore cette simplicité apparente qui cache une belle maîtrise technique dans tous les styles. Un petit salon où l'on vient sur rendez-vous, mais où l'efficacité de l'équipe permet d'être rapidement satisfait, c'est juste parfait.

COIFFURE
FRANCK PATRICK

40, avenue Jean-Perrot
✆ 04 76 42 13 07
www.franckpatrick.fr
Ouvert mardi et mercredi 9h15-12h/14h-19h, jeudi et vendredi 9h15-19h, samedi 8h30-14h. Uniquement sur rendez-vous.

© FRANCK PATRICK

Au salon de coiffure Franck Patrick, la créativité s'appuie sur l'expérience. Un savoir-faire remarquable pour donner à tous les coups - de ciseaux - la meilleure version de vous ! Dans le quartier de la Bajatière, venez vous changer les idées et changer de tête entre les mains d'un passionné de coiffure qui affirmera votre personnalité. Sa force : écoute, bon goût et gentillesse. Détente assurée dans un cadre cosy et décontracté, relaxation totale après un massage crânien... Confiez vos envies à ce coiffeur qui saura vous faire des propositions dans l'air du temps, pour la coupe et la couleur, grâce aux formations permanentes. Soins haut de gamme avec les produits Schwarzkopf.

COIFFURE
L'APPARTEMENT

1, rue Montorge ✆ 04 76 15 39 70
www.lappartement-coiffure-grenoble.com
Ouvert du mardi au vendredi de 9h à 18h30, samedi de 8h30 à 17h.

Quand un salon de coiffure monte dans les étages pour une expérience plus personnelle. C'est au deuxième étage d'une élégante demeure du XVIIIe siècle de la rue Montorge que se trouve L'Appartement depuis plus de 20 ans. Loin de la foule, des regards indiscrets, on se sent en totale confiance dans un Appartement dédié à la beauté. Un lieu d'exception où l'on retrouve Alexandre, coiffeur remarquable formé dans les plus grands salons, mettant à votre service son expérience et sa créativité. Dans ce cadre unique, on peut oser tous les styles, des plus classiques aux dernières tendances, entre les mains de ce coiffeur créateur qui est aussi spécialiste des couleurs, utilisant les produits Aveda.

COIFFURE
SCALP

4, rue Casimir-Périer ✆ 04 76 43 07 93
www.scalp-coiffure.com
Ouvert du mardi au vendredi de 10h à 19h ; le samedi de 10h à 17h. Sans rendez-vous.

Règle n° 1 : ne pas confier sa tête au premier scalpeur venu ! Règle n° 2 : découvrir Scalp et trouver sa tête originale. Un décor surprenant, une ambiance fun, pour des coiffures et des coupes vraiment personnalisées, notamment tribales. Chez Scalp, l'un des salons les plus connus du centre-ville depuis 1980, on est chaleureusement reçu dans un cadre hors du commun qui peut intimider au premier abord, mais qui, en fait, est sensationnel ! Les coiffeurs du salon connaissent leur métier et savent donner des conseils judicieux. Sors de ta zone de confort, donne des couleurs à tes veuchs, une forme à ton scalp et un véritable coup de fouet à tes désirs enfouis.

COIFFURE

MAXIME BANIAN

1, place Sainte-Claire
✆ 04 76 44 79 45
https://maximebanian.fr
Ouvert du mardi au samedi de 9h à 18h. Coupe : femme 45 €, homme 31 €.

© MAXIME BANIAN

© MAXIME BANIAN

Chez Maxime Banian, coiffeur créateur visagiste, élégance et naturel pour mettre vos cheveux en beauté. Tout le savoir-faire d'un passionné – quatrième génération de coiffeur – qui illumine votre chevelure de superbes couleurs – les blonds sont juste merveilleux, comme toutes les autres couleurs d'ailleurs ! – et vous donne un style pour affirmer votre personnalité. Dans un salon élégant, véritable bulle de bien-être au cœur de Grenoble, Maxime et son équipe prennent le temps de vous écouter, de vous conseiller pour satisfaire naturellement toutes vos envies. Colorations classiques et 100% naturelles, toujours des produits haut de gamme Kevin Murphy. Coiffure sur mesure et coup(e) de cœur !

COIFFURE

LA VERRIÈRE SUR COUR

12, boulevard Gambetta
✆ 04 76 94 25 07
www.surcour.fr
Ouvert du mardi au samedi de 9h à 18h30.

Un salon de coiffure, barbier, institut de beauté, boutique de prêt-à-porter et de bijoux... Bref, un lieu hybride, un superbe concept store en version Art déco d'une rare beauté où l'on est accueilli en toute décontraction par une équipe sympathique et compétente. Un salon situé sur la mezzanine, alors que le rez-de-chaussée est occupé par un salon de thé et un espace dédié aux bijoux et aux accessoires de mode. Une belle rencontre pour une Verrière qui mêle salon de coiffure et barbier, salon de beauté pour se faire chouchouter. Une adresse, pleine de bonnes raisons d'aller sous la Verrière sur Cour et bien d'autres à découvrir sur place. La beauté dans tous ses états.

COSMÉTIQUES

LE BIJOU PARFUMÉ

21, rue de Belgrade
✆ 04 76 46 01 29
www.le-bijou-parfume.fr
Ouvert du lundi au samedi de 10h à 13h et de 14h à 19h.

Si pour vous, tous les parfums de couturier finissent par se ressembler, il faut vous rendre visite au Bijou Parfumé, une belle boutique où les senteurs sont plus « inédites ». Avec plus de 25 ans d'expérience, cette boutique crée des eaux de toilette, des parfums d'ambiance et des collections d'objets parfumés avec des touches, des saveurs innovantes, dans la plus pure tradition française des parfums de luxe. On découvre des parfums qui nous parlent, ceux de notre enfance notamment, des parfums qui habillent notre maison (bougies parfumées, vaporisateurs d'ambiance, diffuseurs, boules d'ambre...), des parfums toujours pleins de tendresse. Une boutique pour remettre du parfum dans sa vie.

COSMÉTIQUES

AU TEMPS DES FÉES

21, cours Berriat ✆ 04 76 27 59 72
www.herboristerie-grenoble.com
Ouvert du mardi au samedi de 10h à 13h et de 14h à 19h. Le samedi fermeture à 18h.

Parce que nous sommes des fées, nous voulons être belles au naturel d'un coup de baguette magique ! Au Temps des Fées est une véritable herboristerie certifiée bio où une équipe d'experts de la santé et de la beauté par les plantes est à votre service pour vous donner les meilleurs conseils. Côté beauté et cosmétiques, Francine vous guidera parmi les marques françaises bio comme Absolution – du sur-mesure haut de gamme – et Marilou – gamme plus accessible – ou les merveilleux parfums 100bon pour pratiquer l'aromachologie, sorte d'aromathérapie nomade créatrice de belles émotions. Bar à parfum pour recharger et bar à maquillage pour apprendre les bons gestes. Notre beauté au naturel.

© LOUIS FAYOLLE

© LOUIS FAYOLLE

COIFFURE

INSPIRATIONS

5, rue Emile-Augier
✆ 04 76 47 02 78
www.salon-inspirations.fr
Ouvert du mardi au vendredi de 10h à 19h, samedi de 9h à 17h30.

Chez Inspirations, au cœur de Grenoble, l'inspiration est un don qui se travaille pour créer les plus belles coiffures. Le don et le savoir-faire, ce sont ceux de Sabrina Aresti, coiffeuse coloriste passionnée, expérimentée, toujours très inspirée, et de Bérénice sa complice. Déco chaleureuse et ambiance détendue pour vous mettre à l'aise et établir un véritable diagnostic personnalisé afin de révéler votre style, le mettre en forme et en couleur, notamment grâce aux produits professionnels Redken et Kevin Murphy, des marques de qualité. Lissage français à la kératine Myriam K ou extensions de cheveux 100% naturels avec Great Lenghts. Superbes chignons, coiffure et maquillage de mariée.

© LOUIS FAYOLLE

© LOUIS FAYOLLE

© LOUIS FAYOLLE

CENTRE COMMERCIAL - GALERIE MARCHANDE

CASERNE DE BONNE

48, boulevard Gambetta
www.la-caserne-de-bonne.com
Ouvert du lundi au samedi de 10h à 19h30. Restaurants ouverts du lundi au dimanche de 8h à 22h.

Il y a tellement de choses qui vous attendent dans la Caserne de Bonne. Des événements qui feront la joie de toute la famille et un nouvel espace de coworking avec 25 postes en open space ou bureaux fermés et une salle de réunion. Proche de l'hypercentre, mais située dans un éco-quartier paisible, la Caserne de Bonne permet de faire toutes ses courses – alimentation, bricolage, vêtements, sports (Décathlon, Vieux Campeur, Superdry Sport), décoration, sans oublier la boutique Grenoble Equitable proposant des produits éthiques, durables et responsables – et de faire des pauses dans l'un des cafés ou restaurants avec de belles terrasses. Côté parking, 30 minutes gratuites.

CENTRE COMMERCIAL - GALERIE MARCHANDE

GRAND PLACE

55, Grand-Place ✆ 04 76 09 55 45
www.grand-place.fr
Ouvert du lundi au samedi de 10h à 20h.

A Grenoble, quand on pense grand shopping, on pense Grand-Place. Un peu d'histoire : ce centre commercial au sud de Grenoble a ouvert ses portes en 1975 – il se rénove régulièrement fort heureusement – à proximité immédiate d'un Carrefour qui avait vu le jour en 1969... Sa taille XXL lui offre la particularité d'être implanté sur deux communes : Grenoble et Echirolles. Avec une centaine de boutiques dans tous les domaines, dont de grandes franchises nationales et internationales comme la FNAC et bien sûr Carrefour..., ses restaurants, ses grandes et moyennes surfaces, ses services, sa bibliothèque municipale !, ses 3 000 places de parking gratuites, Grand-Place est une mini-ville.

FANTAISIE

ÉMOTION

25, rue de la Poste
✆ 04 76 46 32 66
www.emotion-bijoux.com
Ouvert le lundi de 14h à 19h, du mardi au samedi de 10h à 19h.

Jean-François Renaud a repris cette enseigne il y a une dizaine d'années. Une adresse qui nous procure de belles émotions, devenue une référence en matière de bijoux que l'on a du mal à appeler « fantaisie » tellement ils sont beaux. Des marques de qualité et plutôt originales avec Anartxy, Ana & Cha, Canyon, Cœur de Lion, Franck Herval, Jalan Jalan, Lauren Steven, Satellite... A retrouver en boutique, les créations grenobloises, gants et chaussettes, signées FST Brokante. D'autres accessoires pour compléter sa tenue avec des montres, des chapeaux, des étoles, des toques en fourrure, des écharpes et des sacs à main. Une boutique riche en émotions dont on ne revient jamais bredouille !

FANTAISIE

OPALE

15, rue Jean-Jacques-Rousseau
✆ 04 76 51 50 15
Ouvert du mardi au samedi de 10h à 19h.

Dans cette petite boutique toute mignonne sont exposés de magnifiques bijoux fantaisie. Des parures féeriques aux couleurs tendres et vives alliant élégance et originalité avec les plus grandes marques parmi lesquelles : Satellite, Nature, Désirée Jacqueline, Franck Herval, Gevole... Tous les articles sont d'une qualité à la mesure de leur beauté, tandis que les prix restent raisonnables. Les vitrines présentent aussi un large choix de bijoux en ambre, en argent et pierres semi-précieuses comme le lapis-lazuli ou le grenat. Bien sûr, l'opale tient la vedette. Un service de réparation satisfaisant est mis à la disposition des clients qui n'en ont, en fait, que rarement besoin.

JOAILLIER - DIAMANTAIRE

LOMBARD

5, rue de la République
✆ 04 76 44 26 95
www.lombard-joaillier.com
Ouvert du mardi au samedi de 10h à 19h.

Quand vient l'heure de penser bijoux et montres de luxe, il est un nom qui vient naturellement à l'esprit à Grenoble : Lombard. Une maison de belle tradition, puisqu'elle existe depuis 1929 et nous présente dans un décor feutré les plus grandes marques de joaillerie avec Boucheron, Chaumet, Claverin, Dinh Van, Dior, Poiray, mais encore Messika ou Fred. Dans les ateliers de Lombard, on peut faire réaliser des bijoux d'exception, notamment autour des diamants. Même qualité pour l'horlogerie avec les plus grandes marques, dont Rolex ou Breitling, et un atelier agréé par ces mêmes grandes marques ! Accueil charmant. Une adresse d'exception pour des cadeaux du même type.

JOAILLIER - DIAMANTAIRE

WEGELIN

7, place Victor-Hugo
✆ 04 76 46 01 10
www.wegelin.net
Ouvert du mardi au samedi de 10h à 12h30 et de 14h à 18h45.

Wegelin, c'est un nom et un savoir-faire qui se transmet depuis 10 générations et une enseigne présente à Grenoble depuis plus de 110 ans ! L'histoire de cette famille d'horlogers a débuté dans le Jura il y a 350 ans... Une saga extraordinaire qui inscrit cette enseigne parmi les boutiques de confiance et de tradition, mais un savoir-faire en constante évolution avec les techniques de l'époque, plaçant Wegelin parmi les boutiques les plus « à la pointe » en matière de joaillerie et de création. Bijoux uniques réalisés par la maison ou bijoux de grandes marques avec Pomellato, Dinh Van, Arthus Bertrand, Dodo... et des montres d'exception avec Omega, Longines ou Tag Heuer.

FORME

MON GYMNASE

1, place Hubert-Dubedout ✆ 04 76 47 42 57
www.mongymnase.fr
Ouvert du lundi au vendredi de 7h à 21h, samedi de 9h à 13h, dimanche de 10h à 13h.

Trop loin, trop tard, trop dur et trop seul... Tu cherches encore une excuse pour ne pas aller dans ton gymnase ? Avec Mon Gymnase, plus aucune excuse pour ne pas se (re) mettre en forme ! En centre-ville, dans une salle lumineuse à taille humaine, les entraînements personnalisés et le coaching individuel sont compris dans l'abonnement et la notion de service est l'essence même de Mon Gymnase. Côté activités, Mon Gymnase offre le meilleur mix entre les classiques, avec le programme LesMils, et des cours innovants ! Yoga, Pilates, initiation au running ou Grit Series, tout le monde a droit à sa gym personnalisée dans la bonne humeur. Mon Gymnase, votre salle fitness à Grenoble.

SPA

BELLONA SPA

55, boulevard des Alpes - **MEYLAN** ✆ 04 28 70 36 92
https://bellonaspa.wordpress.com
Ouvert mardi et mercredi de 10h à 19h, du jeudi au samedi de 10h à 20h.

Facile d'accès, Bellona – espace bien-être, spa et centre de beauté – ouvre une bulle de bonheur dans nos vies agitées. Car si le travail c'est la santé, s'occuper de soi, se détendre et se relaxer, c'est la conserver ! Dans un cadre agréable, offrez-vous des instants de bonheur avec Atoll détente : bain à bulles, sauna, hammam et fauteuils massants... Soins du corps et du visage avec des forfaits de soins pour s'offrir un vrai moment d'évasion. Le top : après une journée de travail, en afterwork, venez au spa boire un cocktail et profiter d'un massage. Organisation d'événements et espace professionnel (bureau, séminaires) pour continuer de travailler dans les meilleures conditions.

HAMMAM

ATLANTHYS SPA

28, route de Lyon
✆ 04 76 12 25 20
www.atlanthys.fr
Ouvert lundi de 12h à 20h, du mardi au samedi de 9h30 à 20h.

Au pied de la Bastille, dans un lieu unique – la « Maison Dolle » –, Atlanthys est un spa de qualité pour être bien dans son corps. Un centre pour des soins à base d'eau (le bain bouillonnant et hydromassant ou le hammam). Massages bien-être du monde, avec des soins japonais... Un centre complet avec le conseil, la convivialité et l'écoute en plus. L'institut propose également un suivi complet d'amincissement. De la beauté des mains à la balnéo, les praticiennes sauront vous détendre et vous relaxer. Forfaits personnalisés en fonction de vos besoins : de l'équilibre à la beauté, de la future mariée à la jeune maman, de l'antistress, à l'harmonie et la sérénité. Du bien-être à partager.

SPA

INSTANT À SOI

13, avenue de Verdun - **MEYLAN** ✆ 04 76 18 22 92
www.instantasoi.com
Ouvert du lundi au jeudi de 10h à 20h, vendredi de 9h à 22h, samedi de 9h à 19h.

S'offrir des instants rien que pour soi, pour se sentir belle et bien dans sa peau, c'est ce que propose ce Spa de 600 m² installé à Meylan. Le bien-être dans tous ses états, la beauté sous toutes ses formes, Instant à soi prend soin de nous dans tous les sens. Labellisé Spas de France, agréé par la Fédération française de massage bien-être, ce Spa donne toutes les garanties de sérieux avec une équipe de professionnels. Large carte de soins et de massages bien-être. Instants suprêmes dans l'Espace sensoriel où l'on passe du hammam traditionnel au bain à remous, du sauna scandinave à la douche sensorielle, de la fontaine de glace à la piscine chauffée. Instants essentiels.

HAMMAM

HAMMAM CAFÉ

6, rue Colbert ✆ 04 76 86 41 45
https://app.kiute.com/hammam-cafe/home
Non mixte, se renseigner jours et horaires pour femmes et hommes. Hammam mixte famille, les 2 derniers jeudis du mois.

Accordons plus de place au bien-être dans notre culture occidentale en nous inspirant de la culture orientale. Ce n'est pas un hammam comme les autres, puisque Corinne et son équipe l'ont conçu comme un lieu de repos et d'échange, avec des horaires pour les hommes et des horaires pour les femmes. Trois salles : tiède, chaude et sudation, ainsi qu'une salle de repos dans lesquelles chacun respecte chacun. Possibilité de venir avec ses produits de soins ou de profiter des soins avec des professionnels pour un bien-être complet. Et pour faire découvrir les bienfaits du hammam à vos enfants, essayez les jeudis en famille. Possibilité de réserver directement sur le site Internet.

SPA

MILLESIME SPA

700, route de Chambéry - **SAINT-ISMIER** ✆ 04 76 77 03 03
www.millesime-spa.fr
Ouvert du lundi au jeudi de 10h à 21h, vendredi de 10h à 22h, samedi de 10h à 19h, dimanche de 11h à 17h.

Au pied de la Chartreuse et face à Belledonne, aux portes de Grenoble, Millésime Spa apaise nos sens. Un spa de 350 m² pour s'évader du quotidien et se ressourcer en profondeur. Une équipe de professionnelles managée par Jennifer Dabusse, parmi les « meilleures mains de France », nous accueille dans un espace étonnant, un havre de paix. Bien-être absolu : sauna, hammam, douche multisensorielle, bassin d'hydrothérapie, 5 cabines de soins, un parcours sensoriel qui se conclut par la fontaine de glace pour soulager nos jambes lourdes ou éliminer nos toxines. Soins du visage, massages sensations, cocktails bien-être... Nouvelle adresse à Crolles avec cryothérapie du corps entier.

PARAPHARMACIE

AU TEMPS DES FÉES

21, cours Berriat
✆ 04 76 27 59 72
www.herboristerie-grenoble.com
Ouvert du mardi au samedi de 10h à 13h et de 14h à 19h. Le samedi, fermeture à 18h.

© EMMANUEL SPASSOFF

© EMMANUEL SPASSOFF

Connaissez-vous toutes les vertus des plantes ? Pour en profiter à 100%, une seule adresse à Grenoble et dans toute la région : Au Temps des Fées. Docteur en pharmacie, Stéphane Rossi est un herboriste génial entouré d'une équipe formidable formée à la phytothérapie. A votre écoute, il comprend vos maux et vous prodigue des conseils d'expert pour remettre votre corps et votre esprit en équilibre. A partir de 200 plantes certifiées bio, il peut vous faire des prescriptions personnalisées. Tisanes maison, huiles essentielles, Fleurs de Bach, mais aussi compléments alimentaires, tout contribue à notre bien-être. Beauté au naturel avec des cosmétiques et du maquillage bio. Coup de cœur.

COSMÉTIQUES

BOTANICUS

14, rue Lafayette
✆ 09 83 42 65 77
www.botanicus-france.com
Ouvert le lundi de 14h à 19h, du mardi au samedi de 10h à 19h.

Comme un maximum de choses dans notre maison, nos cosmétiques doivent être naturels. Botanicus propose une gamme de produits issus de la culture biologique et faits artisanalement à partir d'herbes et de plantes cultivées dans les jardins biologique à Ostrà, en République tchèque. Parmi les produits, qui sentent tous très bons, des savons pour tous les types de peau, des baumes à lèvres indispensables pour l'hiver grenoblois, des crèmes hydratantes, des huiles, laits et sels de bain parfumés, des gels douche, l'incontournable préparation de beurre de karité, chanvre et néroli pour hydrater naturellement sa peau... C'est tout un univers qui s'ouvre à notre beauté. Conseils précieux.

PARAPHARMACIE

HERBORISTERIE CORJON

2, rue Jean-Jacques-Rousseau
✆ 04 76 44 26 06
www.produit-phytotherapie.com
Ouvert du mardi au vendredi de 9h à 18h, samedi de 9h à 13h.

Les plantes sont là depuis toujours pour nous soigner selon des principes ancestraux naturels. Histoire d'harmonie dans cette herboristerie, installée depuis une centaine d'années, justement dédiée à la symbiose entre l'humain et la nature. Une nature précieuse qui livre le meilleur d'elle-même pour nous aider à surmonter nos maux au quotidien. Stéphane et Delphine nous conseillent dans une gamme de produits naturels adaptés à nos problèmes de santé et de bien-être : plantes en vrac pour décoctions et infusions bienfaisantes, huiles essentielles apaisantes, oligo-éléments, cosmétiques naturels... La gamme maison Herbea offre des produits adaptés à différents maux. Laissez-vous guider.

DÉTENTE - FORME

SILENCE

2, rue de Narvik ✆ 04 76 86 08 74
www.experience-silence.com
Ouvert lundi et du mercredi au vendredi 9h30-14h et 15h30-20h, mardi 15h30-20h, samedi 9h30-14h et 15h30-20h.

Dans un monde trop agité, difficile de faire le silence dans votre tête. Mettez-vous à l'abri, comme dans une capsule hors du monde, comme dans un cocon fœtal, et flottez ! Silence vous propose une méthode insolite pour guérir de vos maux : la flottaison. Dans un bain de seulement 25 cm rempli d'une eau saturée à 75 % de sel d'Epsom et chauffée à la température du corps, la relaxation est totale. Pendant 1h, vous allez lâcher prise en état d'apesanteur. Sans aucune sollicitation extérieure, votre esprit s'apaise. Nombreuses indications : récupération pour les sportifs, contre les douleurs chroniques, les insomnies, le stress... Pour le bien-être en général, essayez Silence.

ANIMATION

JOEL GRECO & ALL JAZZ

MEYLAN
✆ 06 01 44 57 59

En solo, duo ou quatuor, Joël GRECO & ALL JAZZ animent votre événement dans une « ambiance jazzy lounge » avec un répertoire composé de standards de Nat King Cole, Sinatra, Diana Krall... et de reprises jazzy de Sting, Eric Clapton, Pink Floyd... Joël GRECO & ALL JAZZ sont des musiciens professionnels réputés dans le milieu du jazz français. Ils ont collaboré avec de grands artistes de la scène jazz internationale comme Ray Charles, Dee Dee Bridgewater, BB King, Rhoda Scott... dans les clubs de jazz comme sur la scène des festivals (Vienne ou Montreux) ou les plus beaux Club Med du monde (île Maurice, Bali, Maldives, Thaïlande, Punta Cana...). Le plaisir du jazz pour votre événement !

LIEU DE RÉCEPTION

SALLES FESTIVES

11, boulevard Jean-Pain
✆ 04 76 76 36 36
www.grenoble.fr

Elles n'ont pas été beaucoup louées en 2020 ou début 2021 et pour cause... Mais on va se rattraper ! Pas question de recevoir 400 personnes, à peine 6, dans notre deux-pièces de 40 m². La ville de Grenoble possède de nombreuses salles qu'elle met à la disposition des fêtes, mariages ou autres manifestations privées. Certaines sont vraiment belles, comme La Casemate dans le quartier Saint-Laurent. Dans ces locaux voûtés, aux pierres apparentes, datant du XVIIe siècle, on oublie vite que l'on est dans une salle municipale. Des MJC dans différents quartiers. Le coût est bien sûr bien moindre que partout ailleurs. Toutes les salles sont répertoriées sur le site de la Ville de Grenoble.

LIEU DE RÉCEPTION

CHAMOIS D'OR

30-32, rue Diderot
SAINT-MARTIN-D'HÈRES
✆ 06 09 45 27 66
http://chamois-dor-38.com

Vous voulez que votre soirée brille de mille étoiles ? Les étoiles, ça sera à vous de les décrocher pendant la soirée ! Nous, on vous propose de louer – longtemps à l'avance si possible... – le Chamois d'Or à Saint-Martin-d'Hères. Salle modulable de 400 m² pouvant recevoir de 50 à 1 000 personnes (faut avoir beaucoup d'amis...) pour organiser tous vos événements. Proche du Campus, c'est la salle classique des soirées étudiantes avec sa piste de danse de 100 m² pour ne pas se marcher sur les pieds. Le Chamois d'Or loue sa salle avec la sonorisation, la lumière et la sécurité (le traiteur est à votre choix). Pour vos événements privés : mariage, anniversaire, événement d'entreprise...

ROBE DE MARIÉE

CYMBELINE

7, avenue Félix Viallet ✆ 04 76 87 03 53
www.cymbelinegrenoble.com
Ouvert le lundi de 14h à 18h30 ; du mardi au samedi de 10h à 12h30 et de 14h à 18h30. De préférence sur rendez-vous.

Cymbeline, c'est plus de 40 ans de création de robes de mariées pour une enseigne qui s'est agrandie. À Grenoble, c'est toujours un bel espace qui s'occupera d'habiller en robe la future épousée, la princesse d'un jour. Elle trouvera en entrant un accueil charmant, une oreille attentive à ses goûts, à ses désirs ainsi qu'à sa personnalité. Pour orner tout cela, elle pourra tranquillement admirer les magnifiques robes de la collection Cymbeline ou d'autres créateurs, pour trouver à coup sûr celle qui la rendra magnifique, féerique. Accessoires, chapeaux, robes de cocktail et accessoires pour une adresse à visiter absolument avant de se lancer dans la grande aventure du mariage.

LIEU DE RÉCEPTION

CHÂTEAU DE SASSENAGE

Allée du Château
SASSENAGE
✆ 04 38 02 12 04
www.chateau-de-sassenage.com

Après que les fées se sont penchées sur votre berceau, vous aimeriez bien qu'elles se penchent sur votre mariage... Et ça tombe bien, car une fée veille sur le château de Sassenage. Un château du XVIIe siècle qui inspire à lui seul l'amour avec son cadre enchanteur, son parc romantique. Se marier au château de Sassenage, c'est pouvoir choisir des prestations sur mesure selon vos besoins et vos envies. Les convives peuvent s'installer aux beaux jours dans le parc, idéal pour les photos de mariage, mais c'est avec plaisir que l'on se retrouve autour de tables parfaitement dressées pour l'occasion. Possibilité de recevoir jusqu'à 480 personnes. Dites-vous un grand « oui » au château !

ROBE DE MARIÉE

MARIÉES DES ALPES

4, avenue Alsace-Lorraine
✆ 04 76 87 98 08
www.mariees-des-alpes.com
Ouvert du mardi au samedi de 10h à 12h et de 14h à 19h.

L'amour, l'amour, l'amour... et le mariage. Mariées des Alpes, avec quatre boutiques dans la région, est l'ambassadrice des marques de créateurs français et internationaux avec Rembo Stylling, Marylise, Aire Barcelona, Luna Novias, Monica Loretti, Très Chic, Agnès fashion et la marque maison Mariées Passion. Des marques qui habilleront aussi bien la mariée que le marié et les enfants. Au total, un choix de 250 modèles exclusifs. Des robes classiques, sans trop de chichis, pour tous les budgets même les plus minis (mais la qualité des tissus n'est évidemment pas la meilleure). À noter, petit plus non négligeable, que la mise aux mesures des robes est offerte.

CHAUSSURES
BAMBINOS

20, rue Saint-Jacques
✆ 04 76 00 08 15
https://bambinos-chaussures.fr
Ouvert lundi de 10h à 19h, du mardi au samedi de 9h30 à 19h.

Chez Bambinos, qualité rime avec petits pieds. Ce magasin, spécialisé dans la chaussure pour enfants depuis plus de 20 ans, met le soleil aux pieds des enfants. Le soleil et surtout la qualité si importante quand on apprend à marcher ! Les souliers sont vivants, colorés, dorés, sans être ridicules, et la qualité des grandes marques proposées (Adidas, Converse, Bisgaard, Superfit, Naturino, Falke, Robeez, sans oublier les Crocs) assure la bonne tenue et la santé des petites chevilles juvéniles. Les prix restent en outre corrects, ce qui ne va pas sans nous plaire. Cette boutique propose aussi toute une gamme de chaussettes, elles aussi vivantes et colorées, hiver comme été.

CHAUSSURES
GRIBOUILLE

7, rue de Sault
✆ 04 76 86 12 57
Ouvert lundi de 14h à 19h, du mardi au samedi de 9h30 à 12h et de 14h à 19h.

Une de nos adresses préférées en matière de chaussures pour enfants, surtout quand on marche depuis des heures avec nos bambins qui se plaignent d'avoir mal aux pieds. Une institution, plus de 25 ans de savoir-faire en matière de petites chaussures, conseils avisés, nous proposant de belles marques comme Timberland, Babybotte, Reqins, Romagnoli, mais encore UGG et New Balance et régulièrement des promos que l'on saura guetter. Mais ce que l'on apprécie par-dessus tout, c'est l'accueil dynamique. Enfin une adresse où les désirs des mamans sont vraiment pris en compte (prix, couleur, modèle…), un accueil et un service qui nous aident à gérer des essayages parfois agités.

ENFANT - JUNIOR
COOKIES ENFANT

59, rue de Stalingrad ✆ 04 56 17 47 29
www.cookiesenfant.com
Ouvert du mardi au vendredi de 9h30 à 12h30 et de 14h à 18h30, samedi de 14h30 à 18h30.

La « seconde main », c'est souvent du premier choix avec des articles de grande qualité. Quand on connaît le coût du matériel de puériculture, de la poussette au lit parapluie, on est bien content de trouver Cookies. Un dépôt-vente à ne pas manquer pour revendre tous nos articles de puériculture ainsi que les jouets et les vêtements dont les enfants n'ont plus besoin. On y achète aussi. Du joli joujou à la trottinette en passant par le parc, le tout en excellent état. Cookies est le paradis des bonnes affaires avec un vaste choix. La boutique étant bien fournie, mieux vaut ne pas y aller avec nos petits. On apprécie aussi un accueil charmant et les conseils avisés.

ENFANT - JUNIOR
PETIT BATEAU

11, rue Saint-Jacques
✆ 04 76 03 39 75
www.petit-bateau.fr
Ouvert lundi de 14h à 19h, du mardi au samedi de 10h à 19h.

Les vêtements Petit Bateau font craquer petits et grands. L'univers Petit Bateau, c'est un peu notre « madeleine de Proust » niveau habillement ! La marque si douce, si confortable et presque indémodable habille les enfants dès la naissance et jusqu'à 18 ans (voire plus côté sous-vêtements et petites robes basiques). Chaque année, la collection nous séduit par ses tons francs ou pastel, par les petits détails qui font toute la différence et, surtout, par la qualité des produits. Cette année, on craque pour les petites robes noires et l'on s'achète, malgré notre grand âge, un nouveau body ! Une adresse sûre où l'accueil se montre courtois. Également des articles pour les mamans.

NEW
MEUBLES
GAS ET GUS

4, rue de la République
✆ 04 76 51 58 53
www.gas-et-gus.fr
Ouvert le lundi de 14h à 18h, du mardi au samedi de 10h à 18h45.

A Grenoble, il n'y a pas que les grands qui ont le droit d'avoir leur concept store. Les tout-petits aussi ont désormais leur « family store ». Une superbe boutique de centre-ville imaginée par Alice, architecte, qui a sélectionné avec soin et beaucoup d'amour du mobilier pour enfants, mais aussi des accessoires et des objets de décoration tellement jolis que l'on craque à chaque visite. Dans un univers douillet - on aimerait bien retourner en enfance… -, le choix est large, des adorables Bib'Rond à la peluche lapin, en passant par la chaise haute et les meubles pour la chambre. Possibilité d'aménagements sur mesure. Listes de naissance en ligne. Gas & Gus, l'adresse qui gâte nos enfants.

PUÉRICULTURE
AUTOUR DE BÉBÉ

18, rue de Comboire - **ECHIROLLES**
✆ 04 76 40 81 81
www.autourdebebe.com
Ouvert du lundi au samedi de 9h30 à 18h.

Un grand magasin pour les tout-petits. Une enseigne nationale à taille humaine, spécialisée dans la puériculture avec non seulement un large choix de grandes marques, mais aussi avec beaucoup de conseils de la part d'une équipe sympathique à votre écoute. C'est ici que l'on vient construire le nid douillet de bébé en meublant sa chambre, que l'on trouve tout le nécessaire pour le bain et la toilette, pour le repas, et que l'on trouve des jouets d'éveil et des doudous tout doux. C'est ici que l'on choisit une poussette – atelier de réparation pour les poussettes –, un porte-bébé ou un siège auto de qualité. Liste de naissance pour le bonheur des parents et celui de bébé !

JE TRANSPIRE MAIS JE M'ÉCLATE

Grenoble Alpes Métropole est sans aucun doute l'une des agglomérations où il est le plus facile de faire du sport. Il suffit de sortir pour découvrir un terrain de jeu où les sportifs multiplient les pratiques. Pour le plaisir de garder la forme ou de repousser leurs limites, les Grenoblois pratiquent le running, les écouteurs vissés dans les oreilles..., ou un trail avec 15 parcours balisés dans la métropole ! Mais comme le Grenoblois aime se mesurer aux autres, il s'inscrit à l'une des très nombreuses courses qui passent sur son territoire en direction des massifs. La randonnée offre un format plus adapté aux familles et à la contemplation des paysages. L'autre grand sport, qui fait transpirer, c'est le vélo avec du « tout plat » en ville et les cols les plus mythiques des Alpes à proximité. Et puisque l'on parle des montagnes, à Grenoble on s'éclate pendant toute la saison sur les pistes de ski. Un point commun à toutes ces pratiques : l'équipement. Ne partez jamais sans être bien équipé, grâce aux conseils des pros qui tiennent les boutiques de sport présentées dans notre guide.

COURSE À PIED

CHARTREUSE TERMINORUM

www.chartreuse-terminorum.fr

Du 17 au 19 juin 2023.

Inspirée par la Barkley, une course folle dans le massif de la Chartreuse créée par Benoît Laval. Des chiffres effrayants : 0 balisage, 0 GPS, 0 assistance, 5 tours, 80 heures, 300 km et 25 000 m de dénivelé positif ! Ce n'est pas pour vous. Seulement 40 participants du monde entier, sélectionnés avec soin, pourront se mesurer à ce défi que personne n'a pu encore relever après 4 éditions ! 0 finisher pour une Chartreuse Terminorum dont personne ne sait si elle est vraiment réalisable. Deux coureurs sont pour l'instant arrivé au terme du troisième tour (la moitié des 40 trailers ont été éliminés le premier jour) ! Un Ultra trail version XXXL et tous nos encouragements aux participants.

COURSE À PIED

UT4M

www.ut4m.fr

En juillet 2023.

Comme chaque année, la magie se produit à l'Ultra Tour des 4 Massifs, plus couramment appelé Ut4M. Après avoir célébré comme il se doit sa 10e édition, en piste pour une 11e saison d'une course d'exception qui relie entre eux les 4 massifs entourant Grenoble-Alpes Métropole : Vercors, Taillefer, Belledonne et Chartreuse. 12 courses pour tous les niveaux avec comme Graal Ut4M 160 Xtrem qui passe par tous les sommets. Si vous n'êtes pas encore un grand trailer, mais que vous voulez participer à l'aventure, inscrivez-vous aux versions 20 km sur le massif de votre choix, notamment celui de Chartreuse qui a la particularité de se faire de nuit avec vue sur la vallée illuminée.

COURSE À PIED

L'ÉCHAPPÉE BELLE

www.lechappeebelledonne.com

En août 2023.

Pas sûr que vous soyez bien prêt pour participer à cette Échappée Belle, puisqu'il s'agit d'une traversée du massif de Belledonne en ultra-trail ! Bien sûr, c'est juste magnifique, mais pas à la portée du premier coureur venu, avec un ultra de 149 km et 11 400 m de dénivelé positif ! Une aventure pour les costauds qui a fêté en 2022 sa 10e édition (bravo à l'association Échappée Belle qui organise l'épreuve), allant de Vizille, sur notre territoire de Grenoble-Alpes Métropole, à Aigubelle en Savoie voisine. De refuge en refuge, découvrez les magnifiques lacs alpins et les forêts (si vous en avez encore le courage). Une aventure humaine qui est aussi une éco-manifestation labellisée.

NEIGE

FOULÉE BLANCHE

AUTRANS-MÉAUDRE EN VERCORS

✆ 04 76 95 37 37

www.lafouleeblanche.com

Du 18 au 22 janvier 2023.

Une course mythique qui verra sa 45e édition se dérouler en 2023 dans une version plus classique. Depuis sa création en 1979, La Foulée Blanche a déjà réuni plusieurs centaines de milliers de participants qui gravissent les pentes du Vercors. Champions et amateurs, c'est toujours un grand moment d'émotion à vivre en famille tout un week-end avec de nombreux challenges, réunissant dans un même peloton soudé par l'effort l'élite du ski nordique et tous les amoureux de la glisse dans un décor de rêve. Et pour vous entraîner, le Défi hivernal connecté vous propose 3 parcours chronométrés via l'appli Foulée Blanche. En été, Sentier des Ours et défi estival pour tous les niveaux.

COURSE À PIED

GRENOBLE VIZILLE

www.grenoble-vizille.fr

En avril 2023.

Tu fais quoi en avril ? Tu aimes le running, mais tu n'as jamais fait de course ? Commence par la Grenoble Vizille. Découvre une course qui relie Grenoble et Vizille en suivant 22 km de la Route Napoléon avec la possibilité de participer en solo ou en duo ! Oui, la course à deux c'est plus sympa. Les « minots » ont aussi leur course. Et si vous ne voulez pas courir – ce qui serait dommage, mais bon... –, différents parcours de rando aux saveurs révolutionnaires (n'oublions pas que nous arrivons à Vizille) sont également proposés par l'organisation. De quoi s'en mettre plein les yeux et plein les jambes ! Il y a même un concours de déguisement pour courir en s'amusant.

SPORT

COUPE ICARE

Saint-Hilare-du-Touvet

www.coupe-icare.org

Septembre 2023.

La Coupe Icare, c'est un événement qui nous fait tourner la tête (vers le ciel). Un événement local et international qui prendra une dimension supplémentaire en 2023, puisque la Coupe Icare – plus importante manifestation de vol libre au monde – fêtera sa 50e édition. Pendant 6 jours les défis se succèdent, où les pilotes montrent leur audace, leur technique, exécutent des prouesses pour mieux nous faire rêver. Sans oublier les « Icare du cinéma » et les « Icare tests ». Pour se rendre sur le site, il est conseillé d'emprunter les navettes gratuites mises en place ou de venir à vélo. Un événement unique, incontournable pour les passionnés de vol libre mais aussi pour le grand public.

ALPINISME

ESPACE VERTICAL

18, rue Marceau-Leyssieux - **SAINT-MARTIN-D'HÈRES**
✆ 04 76 44 18 17 - www.espacevertical.com
Ouvert du lundi au vendredi de 12h à 22h30, le week-end et les jours fériés de 10h à 19h.

Pas une, ni deux, mais trois salles d'escalade à Grenoble ! EV pour Espace Vertical. EV2 et EV3 – respectivement 2 100 m² et 1 900 m² de surfaces grimpables – et le Labo pour grimper 150 blocs changeant régulièrement sont les meilleures salles d'entraînement et de pratique de l'escalade indoor. On y rencontre des professionnels généreux en conseils. Les salles sont vraiment complètes, vivantes avec toujours plus de surface, plus de hauteur, plus de voies et plus de blocs à grimper pour les amateurs ou les confirmés. Également un espace de vente de matériel pour toutes les bourses et un restaurant rapide pour prendre quelques forces avant de reprendre de la hauteur.

GLISSE

LA VAGUE

33, cours Jean-Jaurès - **ECHIROLLES**
✆ 04 38 21 40 48
http://la-vague-grenoble.fr
Ouvert du mercredi au dimanche.

Tu veux passer l'été au frais et l'hiver au chaud ? Toute l'année, tu veux avoir des sensations de glisse en surfant sur la vague ? Direction Échirolles et cette incroyable Vague indoor. À partir de 7 ans, tu vas pouvoir déferler sur l'eau ruisselante d'une vague unique dans la région. Une belle vague artificielle sur laquelle tu vas pouvoir pratiquer le bodyboard – plus simple – ou le « flowboard », planche spéciale qui s'approche du surf. Sensations de glisse dès la première session « Découverte » pour apprendre les bases. Au Container, tu profites aussi de la Vague en buvant une boisson locale et en dégustant un poke bowl tout en regardant glisser les surfeurs.

CIRCUIT

GREEN KART

5, rue Léo-Fournier-Sud - **ECHIROLLES**
✆ 04 76 23 14 14
https://green-kart.com
Ouvert du mercredi au dimanche.

Avec Green Kart, le karting prend des couleurs et nous donne envie de faire la course avec nos amis, nos collègues. À 2 minutes de Grenoble, cette piste couverte nous donne l'impression d'un véritable circuit de petites voitures sur ses deux niveaux – oui, on monte et on descend une rampe, génial ! – pour un circuit de 500 m au total, rapide et technique, avec 14 virages à négocier. Une piste nouvelle génération qui accueille des karts SODI de 270 cm³ roulant au bioéthanol pour vivre de belles sensations. En solo, en famille, entre amis, entre collègues, en groupes, pour organiser un événement (EVG, EVJF...) toutes les formules pour jouer et se challenger sur la piste.

HOCKEY

LES BRÛLEURS DE LOUP

Avenue d'Innsbruck
✆ 04 76 23 98 74
www.bruleursdeloups.com

C'est l'un des clubs élite les plus emblématiques de la ville. Créé en 1963, ce club affiche désormais 8 titres de Champion de France, dont le 2022 !, à son palmarès qui compte 4 Coupes de France et 4 Trophées des Champions. Quels que soient les résultats, le hockey dans l'enceinte de la patinoire Pôle Sud reste toujours du grand spectacle pour les amoureux d'un sport où les 3 500 supporters en tribune – enfin, quand cela sera de nouveau possible – sont plus chauds que la glace ! Des soirées avec animations pour assister à un véritable show. Billetterie sur place et *online* avec possibilité d'acheter ses places sur le site Internet du club et de gagner des places sur la page Facebook.

GLISSE

BASE DE LOISIRS DU BOIS FRANÇAIS

Le Bois Français - **LE VERSOUD** ✆ 04 76 52 75 57
www.grenoblealpesmetropole.fr
Ouvert toute l'année. Ouvert à la baignade de mi-mai à début septembre. Tarifs : 3,50 €/adulte, 2,50 €/enfant.

Avec 75 ha de nature préservée, 4 lacs à 15 km de Grenoble, la base de loisirs du Bois Français constitue le plus important site naturel périurbain de la région pour s'oxygéner et s'amuser en famille. Ce coin de nature aménagé est très agréable à fréquenter. Ce site, accessible toute l'année pour observer faune et flore, abrite une base de loisirs ouverte en été avec une multitude d'activités pour toute la famille. Baignade dans le lac Taillefer, navigation sur le lac Vercors, pêche sur le lac Belledonne et glisse (ski nautique, wakeboard) sur le lac Chartreuse.

PARCOURS DANS LES ARBRES

ACCROGROTTE®

Grotte les Cuves de Sassenage - **SASSENAGE** ✆ 06 11 60 80 20 - Par l'autoroute depuis Lyon, Chambéry ou Valence, puis suivre dans Sassenage panneau Grottes les Cuves, Tram A terminus puis Bus 56 arrêt Libération. - www.kahotep.fr
Activités à partir de 8 ans. Tarifs complets en ligne. Réservation impérative.

Des sensations uniques et une première en France ! Subtil mélange de spéléologie, de parcours aventure et de via ferrata, l'AccroGrotte® vous propose différents ateliers encadrés par des moniteurs diplômés dans un cadre exceptionnel : ponts de singe, passerelles, pont népalais, passage sur via corda au-dessus de la rivière et traversée d'un petit lac souterrain en radeau pneumatique. Une tyrolienne de 43 m traverse la salle des Géants. Sur place, on vous fournit une combinaison de spéléologie, un casque, l'éclairage nécessaire et un harnais. Il vous reste à prévoir des chaussures de montagne ou des bottes et un bon pull. Une aventure unique pour petits et grands.

PATINAGE
PATINOIRE POLESUD

1, avenue d'Innsbruck ✆ 04 76 39 25 00 - Tram A direction Echirolles-Denis Papin, arrêt : Alpexpo/Patinoire. En bus : ligne 13, arrêt Polesud-Alpexpo - https://patinoirepolesud.fr
Période scolaire : mercredi, samedi, dimanche 14h-17h30 ; mercredi, vendredi, samedi 20h30-23h30. Plein tarif 8 €.

A Polesud, patiner est une fête. Un équipement sportif unique dans son genre, ouvert à tous les publics pour que chacun puisse, très facilement, découvrir et profiter des plaisirs du patinage. Débutant ou expert, seul ou en famille, lancez-vous sur la piste ludique et ses 1 500 m² de glace à partager ! Equipez-vous quand même de gants et de vêtements chauds (et d'un casque, c'est mieux) et proposez votre musique au DJ pour danser. Les moins de 12 ans vont au Jardin de glace. Séances Handigliss pour les personnes atteintes d'un handicap. Polesud, ce sont aussi de nombreuses animations et des événements tout au long de l'année. Achat des billes en ligne pour être plus vite sur la glace.

RUGBY
FC GRENOBLE RUGBY

Avenue Albert-Reynier
✆ 04 76 44 09 63
http://fcgrugby.com

Le rugby, c'est une longue histoire d'amour grenobloise, puisqu'un club de rugby local a été créé en 1892 en même temps que le premier championnat de France ! Le F. C. Grenoble naîtra pour sa part officiellement en 1911, jouant en bleu et rouge. Le club profite des installations du magnifique Stade des Alpes où il évolue toujours sous ses couleurs. Malgré sa descente en Pro D2, après un séjour en Top 14, le F. C. Grenoble continue d'évoluer parmi l'élite des clubs français. Et comme le *Petit Futé* apprécie le rugby féminin, il faut bien entendu parler des Amazones du F. C. Grenoble. L'équipe féminine des Amazones évolue en Elite 1, parmi les meilleurs clubs français.

SPORT
ADRÉNALINE

26, place Paul-Vallier
✆ 04 76 43 72 60
www.adrenaline-ski-shop.com
Ouvert du mardi au dimanche de 10h à 12h30 et de 14h30 à 19h.

Une boutique, deux saisons. Une passion : la glisse sous toutes ses formes. L'hiver, celles et ceux qui croient en Diots se fournissent ici en ski et snowboard pour toutes les pratiques : freestyle, freeride, all mountain, back country et freerando (si t'as pas compris, c'est que tu peux pas comprendre). Possibilité de louer tout le matos pour partir se faire plaisir en montagne. L'été, c'est la street bitumée qui se met sous les roues avec longboard et rollers. Et comme l'été, tu peux aussi courir sur l'asphalte ou faire du trail en pleine nature, Adrénaline te propose les meilleures chaussures et un équipement au top. Via ferrata aussi. Boutique fun où chacun peut repousser ses limites.

SPORT
AVENTURE NORDIQUE

30, rue de la Tuilerie - **SEYSSINET-PARISET** ✆ 04 76 39 79 67
www.aventurenordique.com
Ouvert du lundi au vendredi de 10h à 12h et de 14h à 18h. Horaires du service client. Livraison possible.

Sortez des sentiers battus ! Aventure Nordique, la boutique créée par Régis Cahn – sportif expert qui a à son actif de nombreux raids et expéditions à skis dans les régions nordiques – propose une gamme de matériels sélectionnés par un spécialiste de l'itinérance. Tous les équipements utiles à une randonnée, longue ou courte, en pleine nature. Plusieurs univers s'ouvrent à vous avec les plus grandes marques : ski de randonnée, randonnée nordique, pulka, bivouac, vêtements et protections, outils... ainsi qu'une librairie. Cette boutique est indispensable avant de partir pour le grand Nord, mais aussi très utile pour partir à l'aventure dans les Alpes été comme hiver.

SPORT
ESPACE MONTAGNE

5, rue Charles-Darwin - **SAINT-MARTIN-D'HÈRES**
✆ 04 38 37 40 40
www.espacemontagne-grenoble.fr
Ouvert du lundi au samedi de 10h à 19h30.

L'une des plus grandes enseignes de France, avec 2 000 m², dédiée aux activités de montagne et à l'outdoor. Depuis plus de 20 ans, passionnés comme néophytes découvrent le matériel technique pour partir en sécurité avec un maximum de confort. Du sac aux chaussures, crampons et broches, des cartes aux gourdes et couteaux suisses, et un vaste choix de textiles multisports avec les plus grandes marques et de belles innovations. Futé : les locations de skis, snowboards, matériels de rando (raquettes, bâtons, piolets, chaussures, crampons baudriers, casques), et matériels de sécurité. Ne pas manquer le Troc Montagne pour vendre son matériel en bon état et trouver des occases de premier choix.

SPORTS DE NEIGE
LA BOÎTE À SKIS

18, rue Marceau-Leyssieux - **SAINT-MARTIN-D'HÈRES**
✆ 04 76 51 02 59
www.laboiteaskis.fr
Ouvert du mardi au samedi de 10h à 13h et de 15h à 19h.

Jusqu'à présent, et depuis plus de 20 ans, cette Boîte à Skis n'ouvrait que l'hiver. Pour la première fois elle a ouvert ses portes pendant la saison estivale. L'occasion ou jamais de faire de belles affaires sur du matériel hiver en déstockage, mais aussi de découvrir du matériel de randonnée, de trail, de running avec de bonnes promotions. Bien sûr, on reviendra cet hiver pour se laisser guider par d'excellents conseillers dans les rayons ski alpin, nordique, rando, raquettes... et textiles bien chauds avec les plus grandes marques à des tarifs attractifs. Locations avec des packs intéressants. Pour partir les skis bien fartés, un atelier et des réparations assurées sur place.

SPORTS DE NEIGE

SKI SERVICE PROBEL

84, rue Nicolas-Chorrier ✆ 04 76 21 21 45
www.skiprobel.com
Ouvert du mardi au samedi de 14h30 à 18h. Mercredi et samedi, ouvert le matin de 9h30 à 12h.

Pour l'achat ou la location de vos planches, Ski Service garde toujours son ambiance familiale. Tenue par Caroline Probel, Ski Service est une enseigne entièrement dédiée aux sports de glisse version hiver. De véritables experts en ski alpin, surf, mais aussi raquettes, pourront parfaitement vous conseiller dans le choix de votre matériel. Ski Service, c'est aussi un atelier de réparation de votre matériel tenu par des techniciens compétents. A défaut d'acheter, on peut louer du matériel à des conditions avantageuses. Enfin, on peut même acheter des forfaits pour la station des Sept Laux. Les étudiants bénéficient de tarifs réduits. Une grande adresse du ski à Grenoble !

STADE

STADE LESDIGUIÈRES

10, rue Albert-Reynier
✆ 04 76 44 09 63

C'est le stade historique de Grenoble et l'un des plus anciens de France, dans ce format, puisqu'il fut construit en 1968 (ça ne nous rajeunit pas !). Rénové en 1991, il fut l'un des terrains de jeu du FC Grenoble Rugby à XV, avant que le club ne devienne « résident » au Stade des Alpes. Pour les amoureux du rugby, c'est là qu'ont généralement lieu les séances d'entraînement. Essentiellement dévolu au monde de l'Ovalie, puisqu'il abrite également le siège du Comité des Alpes de Rugby, le Stade Lesdiguières offre une capacité d'environ 12 000 spectateurs. Disposant d'un parking gratuit à l'intérieur de l'enceinte, le stade offre également des espaces de réception.

SPORT

AU VIEUX CAMPEUR

48, boulevard Gambetta
✆ 04 76 87 06 22
www.auvieuxcampeur.fr
Ouvert du lundi au samedi de 10h à 19h30.

Un « Vieux » qui vous donne envie d'être jeune, de partir sur la route, les chemins, l'eau, la neige... Sur tous les terrains ! Le Vieux Campeur vous tire de votre canapé pour vous permettre de vivre les plus belles aventures dans les meilleures conditions. Des rayons bien fournis en matériel de qualité et des vendeurs qui s'y connaissent pour nous conseiller dans tous les domaines. Ski, neige, glace, canyoning, spéléologie, trail, escalade, randonnée, la montagne en général et le grand froid en particulier, mais encore le kayak, le canoë, la plongée, le nautisme, la natation ou le camping, sans oublier une indispensable cartothèque, même si les GPS font aussi le boulot. Évasion garantie.

SWORKIT

Pas le temps d'aller à la gym ? Avec l'appli Sworkit, vous n'aurez plus d'excuses pour ne pas travailler vos abdos. Elle propose une multitude de cours de gym en vidéo pour tous niveaux et selon les parties du corps que l'on souhaite travailler. Il existe une version gratuite assez complète mais les plus sportifs apprécieront la version premium payante plus complète.

STADE

STADE DES ALPES

1, avenue de Valmy ✆ 04 57 38 48 00 - Tram C, Bus 6020, Express Voiron-Crolles : arrêt Grenoble Hôtel de Ville. Tram A, Bus 3, 31, 34 : arrêt Chavant. Bus 21, 33, 41 : arrêt Bir Hakeim.
www.stadedesalpes.fr

Un stade exceptionnel au cœur de la ville, un équipement magnifique dont les utilisations sont multiples. Inauguré en 2008, le Stade des Alpes compte parmi les derniers grands stades construits en France. Son indéniable beauté architecturale est en grande partie due à sa transparence. Comme un berceau de verre d'une capacité de 20 000 spectateurs, il laisse passer la lumière naturelle à travers son immense verrière (le coucher du soleil au Stade des Alpes est un moment fort). Il accueille les rugbymen du FC Grenoble, le Grenoble Foot 38 ou d'autres manifestations sportives d'envergure nationale et internationale, mais encore des concerts. Possibilité de louer des salons magnifiques.

VÊTEMENT - CHAUSSURES

TERRE DE RUNNING

18, rue Lesdiguières
✆ 04 76 43 48 45
www.terrederunning.com
Ouvert le lundi de 14h à 19h, du mardi au samedi de 10h à 19h.

Chez Terre de Running, la course à pied et le trail sont une véritable passion qui mène vers les plus beaux sommets. Dans cette boutique du centre-ville, les vendeurs sont eux-mêmes des coureurs et connaissent parfaitement les exigences de cette discipline tout en sachant adapter leurs conseils à chaque pratiquant. Chaussures techniques à votre pied et au meilleur prix. Des chaussures à essayer sur le terrain avant de les adopter définitivement avec un service après-vente de qualité. Pour compléter l'offre, des textiles techniques eux aussi, des produits diététiques et autres accessoires. On aime aussi les sorties Run Happy du jeudi auxquelles nous sommes invités à participer.

ESCAPE GAME

CHALLENGE THE ROOM

7, rue Très-Cloîtres
✆ 09 51 37 20 90
www.challengetheroom.fr

Pionnier de l'escape game dans la région AURA en 2014, Challenge The Room conserve naturellement sa place de leader avec de nombreux centres en France, mais surtout avec les 2 centres grenoblois : Bouchayer-Valliet et Notre-Dame. Des salles originales, des décors réalistes faits maison, des aventures palpitantes... Il ne reste plus qu'à plonger dans des scénarios originaux : Toque Chef, La Révolte, Le Savant Fou, Neuroboost et Mafia à Notre-Dame ; Bienvenue à Quantico et Claustrophobia (interdit aux -16 ans) pour se faire peur à Bouchayer-Viallet. Découvrez une autre façon de jouer à la maison avec Le Trésor du Capitaine, escape game à domicile ! Des moments inoubliables.

JEUX

DÉFIS PIRATE

6, rue des Montagnes de Lans - **ECHIROLLES**
✆ 04 58 00 57 20 - www.defis-pirate.com
Ouvertures selon période. En été, tous les jours sauf lundi de 16h à 20h30 (sam 11h-20h30, dim 11h-18h). Parcours 25 €.

Inclassables, les Défis Pirate ne ressemblent à aucune autre activité de loisirs. Ni vraiment escape game, ni parcours aventure, ces Défis mêlent épreuves sportives, d'adresse et de réflexion. Une activité complète qui réjouira petits et grands qui pourront jouer ensemble en équipe de 2 à 5 joueurs à partir de 13 ans. Embarquement pour des contrées lointaines et mystérieuses. Dans un labyrinthe aux décors réalistes, les moussaillons, aventuriers et conquérants (selon votre niveau) vont affronter en équipe 11 épreuves dans 12 salles. Nombreuses formules pour boire et manger sur place, pour fêter un anniversaire ou un événement (EVG/EVJF), pour faire du team building.

ESCAPE GAME

LIVE ESCAPE

1, rue de la Paix ✆ 09 80 49 44 90
www.live-escape.net
Ouvert du dimanche au mercredi de 10h à 22h et du jeudi au samedi de 10h à 0h. Réservation obligatoire.

Pourquoi se prend-on au jeu dans un escape game ? À notre avis, les deux éléments essentiels sont : le scénario et le réalisme du décor. Avec Live Escape, les aventuriers seront particulièrement gâtés. Tant du point de vue des scénarios – il y a en 4, dont 2 interdits aux moins de 12 ans : L'Autre Demeure (+12), Mission Istanbul, Bienvenue Camarades (+12), Le Fantôme du Titanic ; que du point de vue des décors hyper réalistes, utilisant des mécanismes incroyables pour mieux nous « piéger ». Des énigmes à résoudre, des sites à fouiller, on s'y croit vraiment et la tension monte alors que le temps s'écoule. Gardez votre sang-froid et réfléchissez ! Des instants forts à partager.

JEUX

VIRTUAL PLACE

42, cours Jean Jaurès ✆ 07 66 10 74 34
www.virtualplace.fr
Ouvert mardi, jeudi et vendredi de 17h à 22h, mercredi et samedi de 14h à 22h, dimanche de 14h à 19h.

L'union fait la force, même dans un monde virtuel. Plutôt que de jouer chacun confiné dans son salon, il est plus amusant de venir avec des amis dans une salle pour partager une expérience unique. C'est pour cela que les jeux, chez Virtual Place, sont coopératifs ! Une sorte d'escape game virtuel qui se joue et se partage entre 2 et 8 joueurs. Après quelques explications, les joueurs se lancent à l'aventure dans l'un des 10 jeux possibles. Des univers très différents, entre l'escape game pour empêcher Notre-Dame de brûler et le massacre de zombies. Transpirez dans des salles climatisées, évadez-vous à plusieurs et vivez des expériences fantastiques manettes à la main et casque sur les yeux.

NEW

ESCAPE GAME

PUZZLE

20, rue Chenoise ✆ 04 56 00 28 51
https://puzzleanimations.fr
Ouvert lundi de 10h à 18h, du mardi au samedi de 10h à 18h et dimanche de 10h à 20h.

Si vous trouvez encore des excuses pour ne pas essayer de faire un escape game au moins une fois dans votre vie, on ne peut plus rien pour vous ! En effet, Puzzle escape game s'adapte à toutes les tribus en proposant 2 scénarios pour les enfants (7/12 ans), 2 salles ados et adultes pour se faire quelques frayeurs autour du monastère de la Chartreuse et de sa liqueur verte ou en manipulation d'engins explosifs... Particularité de Puzzle, la possibilité de jouer jusqu'à 20 joueurs en intérieur et jusqu'à 45 personnes en simultané en extérieur, sur le lieu de votre manifestation. Idéal pour les événements de groupe, EVG, EVJF et autres moments où l'on a envie de partager émotions et sensations.

JEUX

LES HACHES DE GRENOBLE

26b, rue Normandie Niemen - **ECHIROLLES** ✆ 09 70 98 32 17
http://h2grenoble.com
Ouvert du mercredi au vendredi de 18h à 22h, samedi de 11h à 23h, dimanche de 14h à 18h.

Jamais vous n'aurez été aussi fier de porter une belle chemise à carreaux ! Ambiance décontractée et décalée pour ce bar exclusivement dédié au lancer de haches. Une véritable discipline sportive (vous allez transpirer) qui demande force (pas beaucoup, car plus vous lancez fort et moins vous êtes précis) et finesse. Après, vous imaginez qui vous voulez au cœur de votre cible... Du tomahawk léger, passez aux haches plus massives en mode Viking. Activité idéale entre amis (anniversaires, EVG, EVJF) ou en team building. Bar avec des bières locales et de la petite restauration. Une activité de lancer qui se pratique également à l'extérieur sur des cibles mobiles. Lancez-vous !

LASER GAME

LASER GAME EVOLUTION

14, rue Colonel-Dumont
✆ 04 76 17 08 50
Ouvert tous les jours de 14h à 22h (23h sam, 20h dim) pendant vacances scolaires. Fermé lundi et mardi hors vacances.

Depuis plus de 25 ans à Grenoble, le Laser Game continue d'évoluer pour nous faire passer des moments palpitants. Le matériel haut de gamme est en version V3 avec des pièges LGE nouvelle génération. Arnaché et muni de pistolets inoffensifs, on s'amuse à se tirer dessus avec une grande précision comme sur des cibles mouvantes dans les deux labyrinthes sur plusieurs niveaux (climatisés c'est important). L'atmosphère devient vite stressante et l'on se pique au jeu en se cachant ou en mettant au point des tactiques d'équipe. Conditions de jeu exceptionnelles pour exécuter, et, le mot est juste, ses adversaires selon son mode de jeu. Possibilité de jouer également en réalité virtuelle.

BOWLING

BOWL CENTER

19, avenue de Grugliasco - **ECHIROLLES** ✆ 04 76 23 40 90
www.bowlcenter.fr
Lundi et dimanche de 14h à 0h, du mardi au jeudi de 14h à 1h, vendredi et samedi de 14h à 3h.

Plus qu'un bowling traditionnel, un espace de 3 600 m² entièrement dédié aux loisirs, à commencer par le bowling – version haut de gamme, fluo et lumineux – avec ses 32 pistes conformes aux normes internationales, mais aussi le billard ou les jeux virtuels. Il possède aussi un espace restauration et une brasserie des plus agréable avec une terrasse exotique. On aime beaucoup son décor ultramoderne aux allures futuristes qui peut abriter des séminaires. Au Bowl Center, on assiste aussi à des compétitions de haut niveau. Au Paris Bangkok, des plats de street food thaïlandaise. Un incontournable pour passer de bons moments sportifs et chaleureux en famille ou entre amis.

GOLF

PACHAMAMA

10, rue Génissieu ✆ 09 73 55 20 03
https://pachamamagrenoble.fr
Ouvert toute l'année du mercredi au dimanche, et du lundi au samedi durant les vacances scolaires. À partir de 9 €.

La salle de loisirs la plus originale de Grenoble (et d'ailleurs), puisque le Pachamama est un minigolf d'intérieur version jungle urbaine ! La plus insolite de nos nouveautés se cache donc dans ce grand bâtiment de 500 m² en plein centre-ville. Il faut pousser la porte pour découvrir un décor exotique et les 18 trous d'un parcours qui nous réserve de belles (ou catastrophiques selon votre niveau...) surprises. Ambiance immersive avec les bruits d'une jungle sud-américaine. Après une partie en famille, entre amis ou entre collègues (organisation d'événements d'entreprise), direction le Jungle Bar pour boire un verre ou grignoter une carte de snacking. Dépaysement et amusement garantis.

JEUX ET JOUETS

LES CONTRÉES DU JEU

6, rue Beyle-Stendhal
✆ 04 76 54 48 93
www.lescontreesdujeu.fr
Ouvert du lundi au samedi de 10h à 19h. Boutique en ligne.

Des contrées à visiter pour voyager et s'amuser. Un beau magasin, mais surtout une salle de jeux pour faire travailler ses neurones et son imagination. Des jeux et jouets pour tous les âges, toutes les envies et surtout des conseils pour s'y retrouver. Du magnifique puzzle en bois pour bébé aux nombreux puzzles pour adultes. Jeux de rôle ou wargames pour les adolescents et les plus grands qui reviendront se défier lors des soirées en devenant, pourquoi pas, le roi ou la reine de la Chips... Atelier de peinture pour vos figurines. Le magasin propose aussi beaucoup de jeux de réflexion, des jeux de société dont certains sont vraiment beaux. Un accueil parfait, un savoir-faire certain.

JEUX ET JOUETS

L'ATELIER

14, rue Lafayette
✆ 04 76 01 96 32
https://latelier-jouets.fr
Ouvert du mardi au samedi de 10h à 19h.

La boutique où les enfants peuvent construire leur cerveau, leur imaginaire, des heures de bonheur loin des écrans. Quel bonheur ! Des jouets en bois, en tissu, en métal : toutes les matières pour des enfants pas toujours très sages. Des jouets à l'ancienne, comme des petites voitures, des dînettes, des petites valises, des xylophones, des garages en bois ou des dés géants. Pour les bébés, de magnifiques mobiles, des poupées et autres personnages en tissu qui feront de parfaits doudous à câliner. Parmi les grandes marques à retrouver, on craque toujours pour Moulin Roty, Jellycat ou L'Oiseau Bateau. Une adresse idéale pour des cadeaux de naissance ou d'anniversaire.

JEUX ET JOUETS

LES 7 ROYAUMES

5, rue Lafayette
✆ 04 76 54 58 35
www.les7royaumes.com
Ouvert du lundi au samedi de 10h à 19h.

C'est la boutique incontournable pour tous les joueurs « réels » (pas les gamers...) qui aiment se projeter dans des mondes irréels. Un vrai coup de cœur pour cette adresse où l'on est reçu par d'authentiques passionnés qui vous ouvrent leurs univers ludiques. Que vous soyez en quête d'un jeu de société pour partager du bon temps en famille, d'un jeu de rôle parmi la plus impressionnante collection dans tous les genres ou d'un jeu de cartes à collectionner, les 7 Royaumes sont une véritable caverne d'Ali Baba. L'aventure commence en franchissant la porte d'une boutique où sont organisés de très nombreux événements dans la salle de jeux avec des animations et des tournois.

JE CRÉE MON ESPACE DE VIE

Pour me sentir bien, je crée mon espace de vie et je le recrée autant de fois que je veux changer de vie. Comme la plupart des Grenoblois et des Grenobloises, je me suis mis au bricolage et à la décoration d'intérieur. Pour assouvir mes envies de matériel et d'objets, les grandes enseignes ont prospéré, notamment en périphérie urbaine. Mais si elles offrent du choix, elles ne correspondent ni à la qualité désirée ni à nos valeurs responsables avec des produits fabriqués à l'autre bout de la planète. Ce que le Petit Futé préfère mettre en avant dans ces pages dédiées au bricolage et à la déco, ce sont de petites boutiques éthiques, proposant des produits locaux, français ou ethniques, produits par d'authentiques artisans avec des pièces uniques ou à petits tirages. Des pièces faites pour durer, pour accompagner l'histoire d'une vie. Nombre de ces boutiques se trouvent autour du quartier des Antiquaires ou à Championnet et dans votre guide. L'art de mieux se porter, de bien vivre commence chez soi avec une bonne literie, une belle déco et des produits d'entretien écoresponsables.

DÉCORATION

EXTRAVAGANCE

2, rue Bayard
✆ 09 51 37 12 60
https://extravagance.store
Ouvert le lundi de 14h à 19h, du mardi au samedi de 10h à 19h.

La plus insensée des boutiques de décoration de Grenoble. Ressortir les mains vides d'Extravagance, c'est n'avoir aucun goût ou être passé à côté de l'objet qui vous attendait. C'est pour ça qu'il faut prendre son temps et flâner dans cette boutique incroyable où chaque objet vous interpelle pour vous raconter son histoire. Dans un grand espace, c'est le beau qui domine sous toutes ses formes avec une sélection de créateurs originaux, des assiettes peintes à la main aux luminaires poétiques, des bougies parfumées aux sculptures en fil de fer... Accueil charmant et conseils avisés dans ce merveilleux concept-store. Epicerie fine à la même enseigne, dans le même esprit, en traversant la rue.

DÉCORATION

GALERIE VICTOR HUGO

12, place Victor-Hugo
✆ 04 38 02 15 47
Ouvert du mardi au vendredi de 10h à 12h30 et de 13h30 à 18h30, samedi de 10h30 à 18h.

Depuis ses débuts sur la place centrale de la capitale des Alpes, cette Galerie nous tient à cœur. Exclusivement tournée vers la décoration, la Galerie Victor Hugo continue de nous présenter de beaux objets et accessoires pour rendre notre vie toujours plus belle. Difficile de rester insensible à la beauté des créations de qualité artisanale en tout genre – revêtement mural et peinture, tissus, voilages... – pour donner une autre dimension à notre maison/appartement. Madame fait craquer monsieur sur de petits bijoux, mais tous les objets méritent que l'on prenne le temps de les admirer, pour mieux les ramener chez soi : parapluies, bougies, lampes... L'utile devient plaisir.

DÉCORATION

AMBIANCE ET CURIOSITÉS

3, rue Lakanal
✆ 06 66 94 88 87
Ouvert du mardi au samedi de 10h à 12h30 et de 14h à 19h.

Parmi les adresses non encore répertoriées dans votre *Petit Futé*, Ambiance & Curiosités que les circonstances ne nous avaient pas permis de pousser la porte. Et là, surprise ! Un concept store vraiment original tenant autant de l'atelier d'ébénisterie, l'activité de Cédric, que de la boutique d'objets mêlant passé – du beau vintage – et présent, avec Lorène pour vous guider et vous conseiller. Quantité d'idées pour décorer, habiller, meubler votre intérieur, avec une sélection qui change régulièrement au gré des trouvailles. De superbes réalisations sur mesure pour des boutiques grenobloises, mais aussi pour des appartements et maisons. Très belles idées cadeaux.

DÉCORATION

SOUPÇON DE MAGIE

6, rue Diodore Rahoult
www.boutiquesoupcondemagie.com
Ouvert du mardi au samedi de 10h30 à 12h30 et de 14h à 19h.

En manque d'inspiration dans un intérieur que vous ne pouvez plus voir en peinture ? Direction cette boutique éclectique pour découvrir tout plein d'objets de créateurs, des artisans indépendants qui vont nous redonner des idées pour vivre mieux. Un lieu « propice aux coups de cœur » (c'est écrit sur la porte) dont il est difficile de repartir les mains vides. Une petite table d'appoint toute mignonne, un miroir sorcière, un vase, un bougeoir et des bougies pour notre salon. La cuisine aussi avec des assiettes, bols et plateaux en bambou, des tasses... Bien d'autres objets : cartes, carnets, blocs, stylos et même des doudous pour les enfants. Des cadeaux à se faire.

DÉCORATION

FAB

14, rue Lakanal
✆ 04 76 17 11 16
Ouvert du mardi au samedi de 10h à 12h30 et de 14h à 19h.

Fab, c'est le rayon de soleil de notre maison avec des objets tous plus incroyables les uns que les autres. On vous prévient : il est difficile, voire impossible, de repartir les mains vides tant la tentation est grande de craquer à chaque nouvelle découverte. C'est le lieu incontournable pour trouver l'idée cadeau originale ou l'objet qui fera la différence dans votre décoration intérieure. Du coussin aux motifs vraiment originaux aux puzzles décalés, du vintage au moderne, des plus grandes marques aux créateurs locaux, Fab nous surprend à chaque visite. Une enseigne absente des réseaux sociaux pour mieux nous inviter à la visiter. Fab : une source inépuisable de bonheurs à partager.

DÉCORATION

LE TEMPS DES ENVIES

14, rue Paul Janet
✆ 06 81 02 99 39
www.letempsdesenvies.com
Ouvert du mardi au samedi de 13h à 19h.

Prenez le temps de vivre, d'écouter vos envies, de vous entourer de beaux objets... Prenez le temps de découvrir un nouveau quartier (à deux pas de l'hypercentre) et une belle boutique tenue par Pascale et Tony. Un nouveau showroom comme la plus belle des invitations au voyage et à la douceur de vivre, à travers un univers ethnique chic où chaque objet a une histoire à raconter. De leurs voyages, Pascale et Tony ont rapporté des pièces uniques d'artisanat : de beaux miroirs en chêne, des pochettes et sacs en cuir, des coussins et étoles chics, des pièces en verre recyclé soufflées à la bouche... Pièces uniques ou réalisées en toutes petites séries et matières sublimes. À découvrir !

ANTIQUAIRE
ANTIQUITÉS

16, rue Thiers
✆ 04 76 87 08 34
Ouvert du mardi au samedi de 10h à 12h et de 14h à 19h.

Une antiquaire principalement spécialisée dans l'art de la table et la décoration en vente et en achat. On n'hésitera donc pas à lui montrer son grenier et les probables trésors qu'il contient, sans toutefois s'inspirer d'émissions de télévision... Dans cette boutique, on déniche de magnifiques pièces que seule Marielle Dupuis sait trouver. Argenterie du XIXe siècle ou porcelaine, superbe collection de verreries Art nouveau signés Gallé, Daum, Lalique... : tout est destiné aux personnes averties qui aiment les belles choses. Si l'on souhaite un objet spécifique, les recherches sont faites avec efficacité. Egalement de jolis meubles de marqueterie et de nombreux luminaires étincelants.

ANTIQUAIRE
ANTIQUITÉS HOFFMANN

1, rue Voltaire
✆ 04 76 54 31 52
Ouvert du mardi au samedi.

Sur la porte de cette belle boutique réputée, on peut lire Christian Hoffmann Expert. En effet, Christian Hoffmann est un expert et connaît parfaitement un métier qu'il pratique depuis... longtemps. D'ailleurs sa boutique a ouvert ses portes en 1974 ! Antiquaire, c'est une vocation qui lui est venue naturellement pour transmettre les émotions et les beautés du passé. Christian Hoffmann aime les beaux objets et particulièrement ceux qui témoignent de la vie d'autrefois : meubles traditionnels du Dauphiné et de la région, mais encore des horloges, des luminaires, de la faïence... Pour tous ceux qui aiment partager une mémoire à travers des objets qui ont une âme.

ANTIQUAIRE
LE BOUCL'ART

18, rue Bayard
✆ 06 73 66 60 18
www.galerie-conesa.com
Ouvert du mardi au samedi de 9h à 12h et de 14h à 19h.

Un antiquaire ? Une galerie ? Une brocante vintage ? On vous laisse choisir entre les termes pour une enseigne qui nous emmène dans la déco du siècle passé. Un univers très particulier mis en lumière par Romain Conesa dans un lieu où se mêlent avec élégance l'antique et le moderne, sans règle pour se faire plaisir et composer son intérieur. Lignes épurées, matériaux bruts, on aime les fameuses Tolix originales, d'autres fauteuils enveloppants très confortables, des luminaires étranges, des miroirs solaires et la beauté des lieux que l'on aimerait retrouver chez soi en de nombreuses pièces décoratives et utiles à la fois. Achat, expertise et débarras. Une belle adresse dans l'air du temps.

ANTIQUAIRE
L'ÎLE AUX TRÉSORS

2, place des Tilleuls
✆ 04 76 51 70 74
Ouvert du mardi au samedi de 10h à 12h et de 14h30 à 19h.

Depuis 36 ans, tous les curieux ont envie de faire naufrage sur cette île du centre-ville. Pas besoin de nager, juste mettre le pied sur la place des Tilleuls, pour découvrir les trésors de Gigi et Fifi, les maîtres des lieux. Une véritable caverne d'Ali Baba : meubles, miroirs, vaisselles, lampes, cartes postales, livres régionaux, sans oublier une pipe en écume de mer sculptée... Il y a celles et ceux qui aiment se perdre parmi les objets pour mieux trouver leur bonheur et celles et ceux qui veulent des conseils qu'ils trouvent avec le sourire en plus auprès de deux adorables passionnés. Une Ile pour rapporter ou offrir les plus beaux et les plus inattendus des trésors.

ARTS
NUNC !

7, rue Génissieu
✆ 04 76 94 34 05
www.criteres-editions.com
Ouvert du mardi au vendredi de 13h à 19h.

Inclassable Nunc ! Librairie, galerie d'art, lieu de vie... Pour reprendre une formule : l'art c'est maintenant ! Nunc, qui en latin veut dire maintenant, est une galerie-librairie vivante où les plus curieux d'entre nous découvrent à chaque installation de nouveaux artistes contemporains. A la Nunc Gallery, l'art est partout et surtout pas figé sur un support. Plasticiens, sculpteurs, photographes, collagistes, pochoiristes, vidéastes... : les artistes s'expriment dans un flux d'énergie. Une adresse qui mérite à elle seule que l'on fasse un détour par la rue Génissieu. Ne pas se contenter de regarder à travers la grande vitrine, l'art est juste là et l'accueil est charmant. A découvrir.

ARTS
VENT DES CIMES

9, place Victor Hugo
✆ 04 76 46 20 09
www.galerie-ventdescimes.com
Ouvert lundi de 14h à 19h, du mardi au samedi de 10h à 19h.

Une nouvelle page se tourne pour cette galerie d'art créée en 1966 à Grenoble, référence dans l'art contemporain, désormais installée dans un nouvel écrin ouvert sur la place Victor Hugo. Au cœur de la ville, Vent des Cimes nous propose de découvrir des œuvres variées, notamment de peintres figuratifs, toujours sélectionnées avec goût par de véritables passionnés. Un magnifique espace lumineux pour accueillir des tableaux figuratifs, abstraits, mais aussi du street-art bien présent sur nos murs. Superbes sculptures en différentes matières. Bien suivre l'agenda des expositions pour ne rien manquer (comme cette expo d'art aborigène...). Quand le vent nous emporte vers les plus belles cimes.

ENCADREUR - RESTAURATEUR DE TABLEAUX

CADRE ÉTOILÉ

20, rue Abbé-de-la-Salle
✆ 04 76 25 45 11
www.cadretoile.fr
Ouvert du mardi au samedi de 10h à 12h30 et de 14h30 à 18h30.

Catherine Le Nair possède plus de 30 ans de métier dans l'art de l'encadrement. Ce que Futé aime, en plus de la parfaite qualité des travaux accomplis par une personne qui travaille pour des musées nationaux, c'est l'accueil et l'écoute de nos besoins de particulier. Quel que soit notre budget, une solution est trouvée et un devis établi sur la base du verre et du bois choisis. Les cadres sont bien entendu coupés, assemblés sur mesure et tous les formats sont envisageables. Il ne reste plus qu'à se faire plaisir – par exemple avec une baguette dorée à la feuille d'or – au meilleur rapport qualité-prix. Adresse d'une authentique artisan qui mérite toutes les étoiles.

ENCADREUR - RESTAURATEUR DE TABLEAUX

L'ÉCLAT DE VERRE

6, rue Thiers
✆ 04 76 86 50 60
www.eclatdeverre.com
Ouvert du mardi au samedi de 10h à 12h30 et de 14h à 18h30.

Besoin d'encadrer ? Dans une ambiance conviviale, ce magasin situé au fond d'une cour avec un parking privé offre un concept original pour les amateurs du faire soi-même. Mais, s'il s'adresse aux amateurs, auxquels on recommande quand même d'apprendre les bases avant de se lancer seuls, il intéresse aussi les pros ou les timides qui ne veulent pas se lancer en leur proposant des cadres sur mesure réalisés sur commande. On trouve des papiers choisis aux quatre coins du monde, plus de 1 000 modèles de baguettes immédiatement disponibles, tout l'outillage nécessaire, ainsi qu'un espace librairie spécialisé. Pour que vos images brillent de mille éclats. Expositions d'artistes.

MEUBLES

M2

5, rue Clot-Bey
✆ 04 76 50 00 33
www.mdeux.fr
Ouvert du mardi au samedi de 10h à 12h30 et de 13h30 à 18h.

La rue Clot-Bey regorge d'enseignes qui ne sont pas seulement destinées à nous faire rêver derrière des vitrines de luxe. On est tout heureux de constater que Grenoble suit la tendance déco du moment qui fait de notre intérieur un prolongement de soi. Alors, pour les personnes raffinées aimant le style contemporain qui veulent meubler leur appartement ou leur maison avec goût, rendez-vous chez M2, une boutique toujours au goût du jour depuis 30 ans, proposant des objets uniques. On passe sur le couloir de verre et l'on admire les chaises, tables, luminaires, tapis… souvent hors de prix, mais tellement jolis ! On peut faire appel à un décorateur pour composer notre intérieur avec style.

MEUBLES

ROMA INTÉRIEUR

7, place de Metz
✆ 04 76 44 11 74
Ouvert du mardi au samedi de 10h à 12h et de 14h à 19h.

Parmi les incontournables boutiques de mobilier design à Grenoble depuis plus de 40 ans, l'emblématique enseigne a changé de gérant avec l'arrivée de Véronique Sgarra à la tête de Roma. Décoratrice d'intérieur, elle va perpétuer une tradition de qualité tout en donnant un nouveau souffle dans une ligne contemporaine et épurée, avec des tons plus chaleureux. Si les designers italiens tiennent toujours la vedette – Cassina, Foscarini, Moroso, Edra, FontanaArte… –, d'autres marques les rejoignent, avec l'Américain Knoll par exemple. Conseils d'une experte en ameublement pour aménager votre intérieur et lui donner l'ambiance qui vous correspond vraiment. Pour se sentir bien chez soi.

RIDEAUX - VOILAGES - TISSUS - TENTURES

NATACHA

25, cours Berriat ✆ 04 76 87 71 17
www.natacha-decoration.com
Ouvert le lundi de 14h à 19h ; du mardi au samedi de 9h30 à 12h30 et de 14h à 19h.

Simplement incontournable depuis… toujours. Notre maison, c'est Natacha. Surtout pour celles et ceux qui veulent donner de l'allure à leur intérieur. Depuis 46 ans, Natacha en fait partie et offre parmi les plus beaux, et les plus chers, tissus de la ville avec de grandes marques – une cinquantaine au total pour près de 25 000 références ! –, parmi lesquelles la Maison Jab, Carlucci, Elitis, Soleil Bleu, Casamance, Designers Guild, Pierre Frey… Présentation impeccable loin des bazars que l'on trouve parfois, de quoi décorer pièces et objets préférés en faisant du sur-mesure (les prises de mesure sont gratuites sur Grenoble et son agglomération). Autre boutique à Échirolles.

RIDEAUX - VOILAGES - TISSUS - TENTURES

TOTO TISSUS

1, rue Vicat
✆ 04 76 42 73 73
www.toto.fr
Ouvert du lundi au samedi de 10h à 19h.

Une enseigne nationale créée en 1961, tissant sa toile à travers toute la France et notamment à Grenoble. Dans ce temple du tissu, les couturiers/couturières sont assuré(e) s de trouver leur bonheur au mètre ou aux coupons. Avec une large sélection dans tous les styles – Toto reste aussi le leader des tissus africains, le Wax est toujours stylé, mais pas seulement –, la boutique permet d'habiller toutes les envies, des plus exotiques aux plus classiques. Des tissus et tout ce qu'il faut pour coudre avec un grand choix de fournitures adaptées. Toto, c'est encore du linge de maison – linge de table, de bain ou de lit… – toujours au meilleur prix et des voilages.

HI-FI - SONO

AUDIOLABO

6, rue Beccaria ✆ 04 76 46 05 98
www.audiolabo.fr
Ouvert du mardi au samedi de 15h à 18h30. Le matin sur rendez-vous.

À Grenoble, le son de haute-fidélité a un nom depuis 40 ans. Juste à côté du cinéma Nef-Chavant (parking facile) se trouve un magasin qui ressemble plutôt à un jardin d'Eden pour les passionnés de matériel hi-fi et vidéo haut de gamme. Tout le matériel home-cinéma, d'une technologie remarquable, agrémenté d'un design digne des plus grands créateurs. Alain Journet, ingénieur-conseil et acousticien passionné par le « grand son », et Véronique sauront vraiment vous apporter leurs compétences pour vous équiper comme un audiophile averti. Il faut bien sûr y mettre le prix, mais qu'importe, la passion, ça ne se mesure pas avec les pavillons de Tonnara, le merveilleux système maison.

HI-FI - SONO

SON-VIDEO.COM

2, boulevard Gambetta
✆ 08 26 00 60 07
www.son-video.com
Ouvert du mardi au samedi de 10h à 13h30 et de 14h30 à 19h.

Avec Son-Video.com, tu peux acheter en ligne depuis ton bureau ou ton canapé, mais tu peux aussi sortir dans le « vrai monde » pour écouter et voir en boutique les produits que tu convoites derrière ton écran tout en profitant des meilleurs conseils. Son-Video.com, c'est un espace tenu par par des amoureux du son et de l'image toujours là pour vous conseiller parmi les grandes marques présentées à des prix parfois avantageux. La salle dédiée au home-cinéma met des frissons aux plus insensibles qui pourront retourner dans leur canapé mater des films. Son-Video.com, c'est aussi un site Internet très bien conçu où l'on peut regarder les produits avant de venir les tester en boutique.

IMAGE - SON

BANG & OLUFSEN

13, rue Montorge
✆ 04 76 47 49 93
www.bang-olufsen.com/grenoble
Ouvert du mardi au samedi de 10h à 12h30 et de 14h à 19h.

Bang & Olufsen est une référence mondiale en matière de son et d'image. Idéalement située à la sortie du parking Philippeville, cette boutique va vous transporter dans un autre univers. Frank vous réserve un accueil adorable pour vous donner des conseils 100 % personnalisés. Une équipe de 3 professionnels du son et de l'image prêts à se déplacer (en France et à l'étranger) pour un devis gratuit à domicile et installer gratuitement votre système. Et puis il y a l'expérience unique du son et de l'image B&O. Des produits danois haut de gamme à transmettre à ses enfants tellement ils sont beaux et performants ! Comme ce Beosound Balance au son envoûtant. Offres ponctuelles sur la page FB.

PHOTOGRAPHE

IMAGES PHOTO

2, rue Paul-Bert
✆ 04 76 44 24 43
https://grenoble.images-photo.com
Ouvert du mardi au samedi de 10h à 19h.

Franck Ollivier nous fait profiter de son expérience et de ses conseils avisés pour choisir l'appareil le mieux adapté à nos besoins de photographe professionnel ou amateur. Dans un bel espace, chose rare pour une boutique dédiée à la photographie, Art Photos distribue les plus grandes marques d'un marché qui ne cesse d'évoluer. Agent professionnel Nikon, centre expert Canon, Art Photos présente également des boîtiers et accessoires Leica, Pentax, Olympus, Panasonic, Fuji et Sony. Reflex, compact, bridge, hybrides, accessoires... Il y en a pour toutes les envies. Accueil charmant qui prend le temps de comprendre nos véritables besoins en matériel. Reprise possible de vos anciens appareils.

IMAGE - SON

HIFI VIDÉO GAMBETTA

1435, avenue de l'Europe - **MONTBONNOT-SAINT-MARTIN**
✆ 04 76 56 88 88
www.hifivideogambetta.com
Ouvert du lundi au samedi de 10h à 19h.

Si la boutique « physique » a déménagé à quelques kilomètres de Grenoble du côté de la vallée du Grésivaudan, c'est pour nous offrir 3 espaces d'écoute absolument sublimes, chacun avec son univers immersif : un auditorium « High End » haut de gamme, une salle home cinéma et un dernier espace dédié aux produits connectés. Ce qui n'a pas changé, c'est la passion d'Émilie et Marc pour le son et l'image. Ici, chaque produit est sélectionné en toute indépendance avec des critères élevés de qualité. Toutes les grandes marques sont présentes pour comparer et toujours les meilleurs conseils pour choisir les produits les mieux adaptés. Une enseigne à suivre (et la possibilité d'acheter en ligne).

CONSOLES - JEUX VIDÉO

MICROMANIA

23, Grand Rue
✆ 04 76 51 57 30
www.micromania.fr
Ouvert du lundi au samedi de 10h à 19h.

Il faut dire que le « game » a pris une place importante dans notre vie... Les conseillers sont des passionnés et ne décollent pas de leurs écrans, sauf pour vous renseigner sans le moindre souci sur la console, faut dire la « plateforme », ou le jeu le plus adapté à vos envies. Et si les prix des jeux neufs vous effraient, la boutique propose des jeux en occasion à des tarifs plus intéressants. Il existe plusieurs autres adresses à Grand'Place, à Carrefour et au centre commercial Comboire d'Echirolles, à Saint-Martin-d'Hères, à Meylan et à Saint-Egrève, toutes situées dans des centres commerciaux, où la clientèle est jeune et semble tout savoir sur des quêtes mystérieuses.

APPAREILS PHOTO - VIDÉO

FNAC

4, rue Félix-Poulat
✆ 0 825 020 020
www.fnac.com
Ouvert du lundi au samedi de 10h à 19h30.

La FNAC, c'est toute une histoire qui fait partie de la fameuse « exception culturelle » française. Saviez-vous que la FNAC de Grenoble a été ouverte en 1974, l'année même où l'enseigne, parisienne à l'origine, se mettait à vendre des livres après les appareils de photographie, de cinéma ou les radios ? La FNAC, c'est une offre incroyable dans bien des domaines, et encore plus depuis la fusion avec Darty, mais toujours les meilleures marques en matière d'image, son, hifi et multimédia. Des conseillers experts disponibles pour nous guider, même si on a consulté le catalogue ou le site Internet avant. Casques, enceintes, TV, photos, caméras... Le choix est large pour se faire plaisir.

CHEMINÉE - POÊLE

CHAUFFAGE BOIS

14, avenue Benoît Frachon
SAINT-MARTIN-D'HÈRES
✆ 04 76 00 19 09
grenoblealpesmetropole.fr/primeairbois

Votre appareil de chauffage a son impact sur la pollution de l'air s'il n'est pas performant (et correctement installé et utilisé), même si vous ne l'utilisez qu'occasionnellement. La Prime Air Bois vous aidera à amorcer la transition vers un nouvel appareil tout en douceur. Mais pouvez-vous en bénéficier ? On vous éclaire ! Grenoble Alpes Métropole vous propose 1 600 € de Prime Air Bois pour renouveler votre appareil de chauffage au bois et 400 € supplémentaires sous conditions de ressources ! Cumulable avec Ma prime Rénov' et les CEE (Certificats d'économie d'énergie). Tous les renseignements auprès de l'Agence Locale pour l'Energie et le Climat (ALEC) de la métropole.

BONS PLANS

GRENOBLE ENCHÈRES

155, cours Berriat
✆ 04 76 84 03 88
www.grenoble-encheres.com
Ouvert du lundi au vendredi de 9h à 12h et de 14h à 17h.

Cet hôtel des ventes est devenu un lieu encore plus prisé depuis que les émissions de télévision se passionnent avec les Français pour les enchères en salle des ventes plutôt que sur Internet. Grenoble Enchères Torossian, du nom du commissaire priseur, se trouve juste à côté du Centre National d'Art Contemporain, le Magasin. Grenoble Enchères vous propose des journées d'estimation – gratuites le mercredi de 9h à 12h sans rendez-vous – afin de savoir si, vous aussi, vous détenez un trésor. De nombreuses ventes (dont des véhicules particuliers, du prêt-à-porter... mais aussi des fonds de commerce) dont les dates sont affichées sur le site Internet d'Interenchères. Une adresse à découvrir.

ELECTROMÉNAGER

ARTS MÉNAGERS CENTER

12, rue de Bonne
✆ 04 76 46 39 33
www.arts-menagers-center.com
Ouvert du mardi au samedi de 10h à 19h.

Derrière de grandes vitrines où s'exposent de nombreux objets dignes d'un inventaire à la Prévert, une boutique lumineuse où l'on trouve tout ce qu'il nous faut en matière d'électroménager. Du sèche-cheveux au grille-pain chromé, de l'aspirateur à la machine à soda, des incontournables moulins Peugeot à la turbine à glace en passant par les robots ménager Magimix, KitchenAid et Kenwood. Certains articles, d'une grande beauté, sont introuvables ailleurs. Et il n'y a pas que les ménagères qui franchissent le seuil de cet établissement, c'est là que les messieurs viennent trouver le rasoir électrique de leurs rêves. Des pièces design signées pour du grand art en cuisine.

CUISINE - SALLE DE BAIN - SANITAIRES

CUISINE PLUS

6bis, rue Marcel Paul - **SAINT-EGRÈVE** ✆ 04 76 75 69 76
https://cuisine-plus.fr
Ouvert lundi de 14h à 19h, du mardi au vendredi de 9h30 à 12h30 et de 14h à 19h, samedi de 9h30 à 18h30.

Votre plus belle histoire de cuisine commence chez Cuisine Plus. Installés à Saint-Egrève depuis 1994, ces spécialistes de la cuisine ont sélectionné, en toute indépendance, des fabricants de qualité pour réaliser à vos côtés la cuisine de vos envies. Large gamme adaptée à tous les styles et à tous les budgets, les conseils personnalisés d'une équipe professionnelle en plus pour une cuisine véritable pièce à vivre. Rendez-vous au magasin ou à votre domicile afin de concevoir votre cuisine sur mesure avec les meilleurs équipements. D'autres réalisations pour salle de bains et sanitaires (hors douche et baignoire), living (meubles TV) ou meubles pour la chambre. Notre adresse « plus ».

QUINCAILLERIE - DROGUERIE

ALPES COULEURS

33, cours Jean-Jaurès ✆ 04 76 46 34 92
www.alpescouleurs-drogueriejournet.com
Ouvert du mardi au vendredi de 7h30 à 19h ; le samedi de 8h à 19h.

Les drogueries font partie de notre patrimoine. Des boutiques en voie de disparition à classer aux Monuments des arts ménagers. Qui n'a jamais senti l'odeur du marchand de couleurs ne connaît pas le bonheur ! Et cette boutique est exemplaire. La droguerie Journet Père et Fils, Alpes couleurs, a ouvert ses portes en... 1957 (société enregistrée depuis 1933 !). Près de 90 ans ans que l'on vient chercher le bon conseil pour trouver le produit d'entretien qui nettoiera cette tache que l'on croyait ineffaçable, l'insecticide qui résoudra tous nos problèmes, le panier pour rapporter nos courses, une peinture, une lasure, un enduit, un vernis, une poubelle, un étendage... Du bonheur en couleurs.

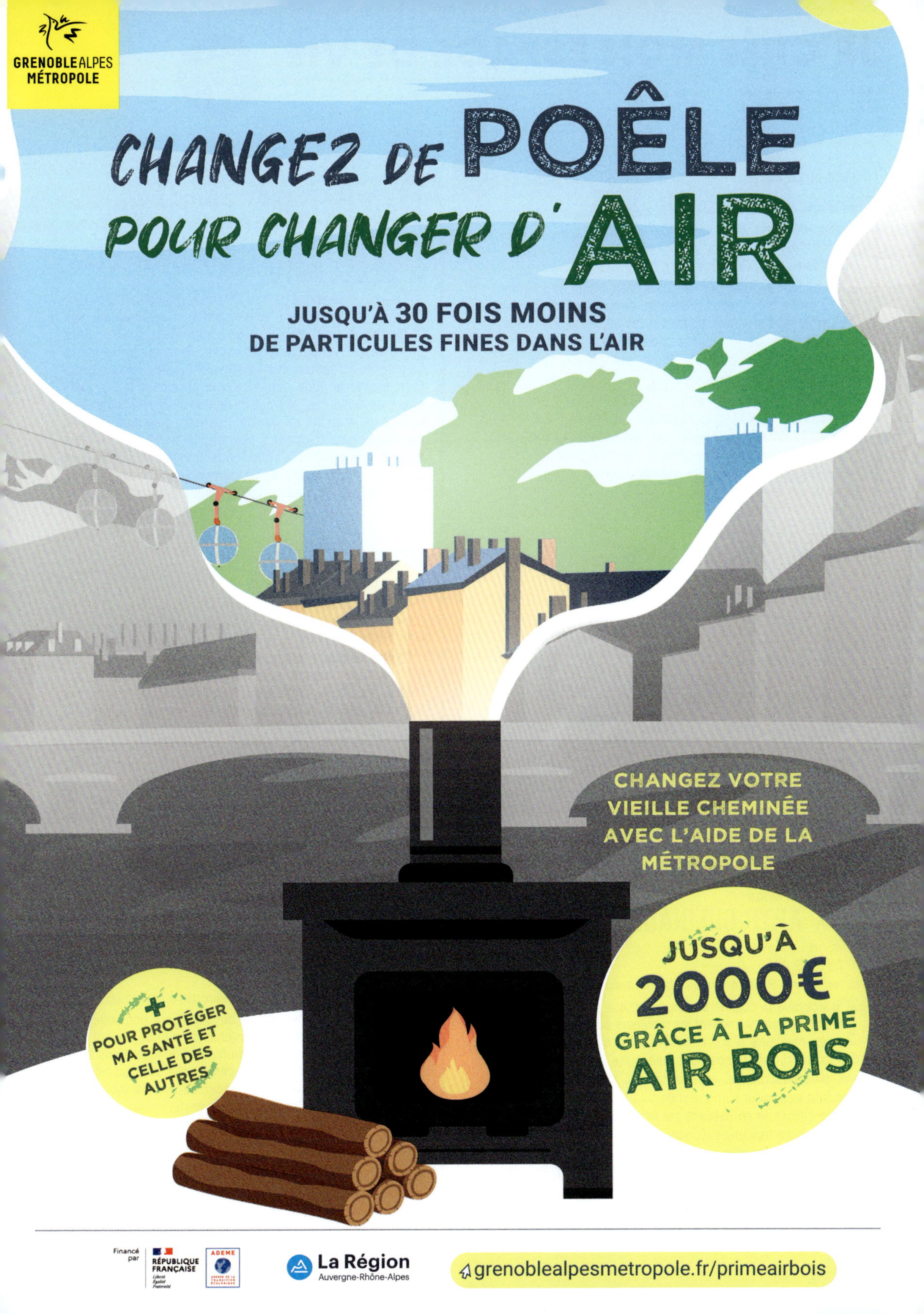
GRENOBLEALPES MÉTROPOLE
CHANGEZ DE POÊLE
POUR CHANGER D'AIR
JUSQU'À 30 FOIS MOINS
DE PARTICULES FINES DANS L'AIR
CHANGEZ VOTRE VIEILLE CHEMINÉE AVEC L'AIDE DE LA MÉTROPOLE
JUSQU'À 2000€ GRÂCE À LA PRIME AIR BOIS
+ POUR PROTÉGER MA SANTÉ ET CELLE DES AUTRES
Financé par
RÉPUBLIQUE FRANÇAISE
Liberté Égalité Fraternité
ADEME
La Région Auvergne-Rhône-Alpes
grenoblealpesmetropole.fr/primeairbois

ARTS DE LA TABLE

À LA VILLE DE LIMOGES

17, cours Berriat
✆ 04 76 44 10 96
Ouvert du mardi au samedi de 10h à 12h et de 14h à 19h.

Grenoble-Limoges, ce n'est pas la porte à côté, et pourtant il existe bel et bien un passage depuis plus de 20 ans entre la capitale des Alpes et la capitale de la porcelaine. Une belle boutique qui propose une belle vaisselle, classique et délicate sans être mièvre. Toute une gamme pour une jolie table et des accessoires originaux pour enchanter la maîtresse de maison. Ajoutons que les vendeuses ne sont pas simplement là pour faire de la figuration, on apprécie que leurs conseils se montrent judicieux pour faire son choix parmi une telle variété dans tous les styles. On trouve également de la vaisselle pour enfant, idéale pour un cadeau de naissance digne de ce nom.

ARTS DE LA TABLE

ÉTABLISSEMENTS PISSARD

22, rue Condorcet ✆ 04 76 46 69 01
www.pissard.fr
Ouvert du lundi au jeudi de 9h à 12h et de 14h à 19h, vendredi de 9h à 19h, samedi de 9h à 12h.

Il y a quelque chose de très XXe siècle quand une enseigne ajoute le terme « établissements » au nom de son fondateur. C'est en 1932 qu'Adrien Pissard s'installe à Grenoble pour vendre balances et bascules aux commerçants. La maison, au sérieux et au professionnalisme reconnus par tous, s'adresse donc d'abord aux professionnels, mais elle intéresse aussi les particuliers soucieux d'avoir dans leur cuisine du matériel de qualité. Les plus grandes marques, essentiellement françaises, pour choisir parmi les meilleurs couteaux, des ustensiles que l'on ne trouve pas ailleurs, tout pour réussir vos cuissons, un incroyable choix d'articles de pâtisserie... Conseils par des professionnels passionnés.

ARTS DE LA TABLE

ARCHERY WORKSHOP

1, rue Condorcet
✆ 04 76 46 18 18
www.archeryworkshop.fr
Ouvert du mardi au samedi de 9h30 à 12h et de 14h30 à 18h.

Les forêts de l'Isère sont-elles aussi profondes que les bois de Sherwood ? Admirateur de Robin des Bois, une adresse pour découvrir le monde fascinant de l'archerie. Parmi les disciplines de tir, on découvre également toute une gamme d'arbalètes, de sarbacanes, mais encore des boomerangs, des lance pierres, objets destinées à la chasse comme aux loisirs. Les fléchettes permettent de passer d'excellentes soirées entre amis ou de se lancer dans la compétition. L'autre spécialité de l'Archery Workshop, c'est la vente et l'affûtage de couteaux et diverses lames de grande qualité pour tous les budgets. Conseils visant au coeur de nos besoins pour répondre à toutes nos envies.

ARTS DE LA TABLE

PORCELAINE & CO

8, place Sainte-Claire
✆ 04 76 44 10 96
Ouvert le lundi de 14h à 19h, du mardi au samedi de 10h à 12h30 et de 14h à 19h.

Cette boutique, petite mais bien remplie, fait partie du paysage de cette place animée depuis plus de 40 ans et propose essentiellement de la vaisselle sans chichis ni tralalas, idéale pour ceux qui s'intéressent plus au contenu qu'au contenant. Les articles sont de bonne qualité et les prix attractifs pour les jeunes ménages, pour une vaisselle dont on ne craindra pas qu'elle se casse, pour élargir ses possibilités de présentation quand on reçoit et pour bien d'autres raisons, notamment pour les artistes peintres décorateurs. Vite fait bien fait, cette adresse est une valeur sûre. À noter que le magasin dispose d'un four à cuire haute température et que l'on peut y déposer ses œuvres.

ARTS DE LA TABLE

AUX ARTS CULINAIRES

2 bis, rue Lafayette
✆ 09 66 82 43 66
Ouvert le lundi de 13h à 18h ; du mardi au samedi de 11h à 18h.

Parce que la cuisine est un art et que les artisans que nous sommes méritent les meilleurs outils pour réaliser les meilleurs plats, direction cette adresse dédiée – depuis un certain temps sous une autre enseigne... – aux arts culinaires. Un bel espace dédié à tous les ustensiles qu'il faut avoir pour bien cuisiner, du plus petit couteau à la grande casserole en passant par un tas d'objets méconnus mais toujours très utiles. Conseils avisés pour trouver votre bonheur parmi les plus grandes marques du marché comme les cocottes Staub, les plats Creuset, Emile Henry, Peugeot Saveur, Silikomart... De la tradition, du savoir-faire, du design aussi avec des couverts signés Bugatti.

FÊTE

FÊT'À FÊTE

16, avenue Alsace Lorraine
✆ 04 76 94 91 96
http://fetafete-grenoble.fr
Ouvert le lundi de 12h30 à 19h, du mardi au samedi de 10h à 19h.

Organiser une réception, se déguiser pour une soirée, ça vous rappelle de bons souvenirs du monde d'avant ? Ça va revenir et nous reviendrons tout de suite dans cette boutique ouverte entre gare et centre-ville avec un nombre incroyable de références. Tout pour décorer la table et la salle – et même plus si vous en avez envie, voiture comprise. Un choix à découvrir sur le site de Fêt'à Fête pour se faire une idée avant de se laisser guider et conseiller en boutique. Idéal pour les EVG et EVJF. Sonorisation, organisation d'événements, dragées, baptême, impression d'objets, textiles et cadeaux... Toutes les occasions de faire la fête sont bonnes pour découvrir cette adresse.

ESPACES ATYPIQUES

12, boulevard Gambetta ✆ 04 76 24 46 19
www.espaces-atypiques.com/grenoble
Ouvert du lundi au vendredi de 9h à 12h et de 14h à 18h. Samedi sur rendez-vous.

Atypique ne veut pas dire hors de prix. Atypique veut dire « qui correspond à vos envies », car vous êtes unique ! Quel que soit votre budget, entrez chez Espaces Atypiques pour découvrir le logement de vos rêves. Accueil formidable de Véronique et Xavier, les deux associés tout à votre écoute pour vous proposer le bien qui vous ressemble. Des biens qui ne sont pas forcément luxueux et onéreux, mais qui ont tous du cachet, du caractère, une histoire, quelque chose de différent pour coller à votre personnalité. Il est temps de réaliser votre rêve d'un appartement, d'une maison en harmonie avec votre style de vie. Sortez des sentiers battus de l'immobilier, entrez chez Espaces Atypiques.

ANIMALERIE
CANÉMOTION

32, rue de Comboire - **ECHIROLLES** ✆ 04 76 29 34 72
www.canemotion.fr
Ouvert du mardi au vendredi de 10h à 13h et de 14h à 19h, samedi de 10h à 18h.

Votre chien est comme vous, il a besoin d'être en mouvement pour se sentir bien ! Faites-vous et faites-lui plaisir en allant chez Canémotion, un espace consacré aux chiens et aux maîtres actifs ! Un grand bravo pour les conseils de personnes vraiment passionnées de canidés qui proposent des matériels introuvables ailleurs dans la région ! Chez Canémotion, tout pour la pratique du canicross, canivtt, skijoering, trottinettes... Mais encore de l'alimentation holistique chiens et chats. Espace bain pour laver toutou sur rendez-vous, espace bien-être, aquafun, ostéopathie et remise en forme, services d'éducation canine et journées thématiques. Adresse de référence dans toute la région.

FLEURISTE
LE CACTUS NOIR

3, rue de Strasbourg ✆ 04 56 14 83 80
www.lecactus-noir.fr
Ouvert du mardi au samedi de 9h30 à 19h30 ; le dimanche de 9h30 à 12h30.

Bien sûr, après les canicules estivales et la sécheresse, il est peut-être temps de penser cactus quand on veut une plante résistant à la chaleur. Au Cactus Noir de Benjamin Hauss, il y a plus d'une centaine de variétés à poser sur votre bureau ou dans votre salon. Dans une rue de Strasbourg qui concentre d'excellents commerces dans tous les styles, le Cactus Noir s'impose naturellement comme un fleuriste d'exception avec ses bouquets composés de fleurs naturelles de qualité. Dans un tout autre genre, l'une des spécialités de la maison, ce sont les pièces de deuil avec de magnifiques et contemporaines couronnes pour un dernier « je t'aime » du meilleur goût. Fleuriste contemporain.

FLEURISTE
À LA VERTICALE DU JARDIN

1, place Championnet
✆ 04 76 85 35 07
Ouvert du mardi au samedi 9h-12h30 et 14h-19h. Ouvert non-stop vendredi et samedi. Livraisons.

Une oasis de fraîcheur depuis bientôt 20 ans pour créer notre jardin à la verticale avec Martine Gilbert. Fleurs coupées, plantes et compositions florales, choix de bouquets, de fleurs et de plantes pour tous les budgets. On y trouve de l'originalité, des plantes amusantes que l'on ne trouve pas partout, des beaux spécimens comme des laitues et des jacinthes d'eau ou des orchidées, sans parler des plantes présentées dans des contenants jamais vus. De formation paysagiste d'intérieur, et après des études d'horticulture, la maîtresse des lieux, laisse libre court à son imagination. Créativité, originalité, Martine fleurit vos rendez-vous romantiques, mariages et autres événements.

FLEURISTE
JARDIN D'HIVER

112, cours Berriat
✆ 04 76 70 47 21
www.jardinhiver.com
Ouvert du mardi au samedi de 9h à 12h30 et de 15h30 à 19h.

Un fleuriste original, Patrick Toussaint, qui casse un peu la grisaille urbaine du cours Berriat et de ses grandes façades avec son Jardin d'Hiver. Il faut dire qu'avec son enseigne verdoyante à mi-hauteur de la boutique et ses plantes disposées à l'extérieur, Jardin d'Hiver se détache du reste de la rue. Dans un espace où les plantes et compositions sont parfaitement mises en valeur, on découvre de véritables créations florales contemporaines pour tous les goûts. De quoi composer un jardin d'hiver, mais aussi de beaux bouquets en toute occasion. Les entreprises seront inspirées en faisant appel à cette enseigne pour créer des ambiances actuelles et fleuries dans leurs locaux.

FLEURISTE
BERNARD BRUN VOTRE FLEURISTE

2, place Sainte-Claire
✆ 04 76 44 11 51
Ouvert lundi de 9h à 19h, du mardi au samedi de 8h à 19h, dimanche de 8h à 13h.

Bernard Brun, votre fleuriste 25 ans au cœur de Grenoble, crée de superbes ambiances. Plus belles fleurs, plus belles plantes et meilleur accueil garantis. Ce fleuriste passionné nous raconte les plus belles histoires par les fleurs. Des petits bouquets à offrir à sa belle fiancée, pour souhaiter une fête ou, tout simplement, pour embellir son intérieur. Ce fleuriste est le point final d'une belle promenade matinale au centre-ville. Il fait bon vivre ici, et la bonne humeur qui règne est un véritable plaisir. Bernard Brun s'occupe aussi des compositions de cérémonies.

NEW
JARDINERIE
LA CENTRALE

6, place Docteur Léon Martin
✆ 09 81 11 78 49
https://lacentralejardinerie.com
Ouvert du mardi au samedi de 10h à 19h.

Le combustible de cette Centrale qui a vu le jour en plein cœur de Grenoble est enrichi par la passion pour les plantes et le végétal ! Enfin, au centre-ville, une belle boutique dédiée au jardinage et à l'art floral. Des plantes qui s'étalent sur le trottoir et nous invitent à découvrir l'univers de cette Centrale où l'on est accueilli par les adorables Éloïse et Clément. Beaucoup d'amour et de savoir-faire pour vous conseiller en plantes d'intérieur (et d'extérieur) avec une sélection écologique et responsable. Plantes pour toutes les envies, mais aussi aromates, plants de légumes et fruitiers, outillage, pots, terre en vrac... Et des ateliers pour ne pas se planter dans ses plantations.

JE BOUGE

Le mouvement, c'est la vie. Alors, je bouge dès que je peux pour me changer les idées, visiter la ville, voir mes amis, faire un resto ou un ciné... Je bouge à pied, c'est bon pour ma santé. Dans Grenoble, la voiture individuelle est proscrite et le covoiturage fortement encouragé sur les trajets domicile/travail afin de diminuer le trafic et la pollution, fléaux bien connus dans l'agglomération. Un trajet domicile/travail quotidien que les Grenoblois peuvent facilement faire à vélo – ils sont d'ailleurs champions en la matière – en louant, par exemple, un vélo classique ou électrique avec le service Vélo+ ou une trottinette. La Métromobilité, ce sont aussi les transports en commun – bus et tram – avec le réseau TAG. Et pour aller un peu plus loin dans le département et vers les montagnes toutes proches, je bouge toujours en commun avec les Cars Région Auvergne-Rhône-Alpes. Et pour aller encore au-delà, Grenoble abrite beaucoup d'agences de voyage et de tour-opérateurs, notamment spécialisés... montagnes. Bougez mieux ensemble, bougez mieux de manière durable et responsable et évadez-vous !

TRANSPORT

ITINISÈRE

15, boulevard Joseph Vallier
✆ 08 20 08 38 38
www.itinisere.fr

Tout voir, tout faire en Isère, c'est possible avec Itinisère. Propulsé sur Internet par le département, Itinisère est à la fois un site et une application simples à utiliser pour optimiser tous vos déplacements en Isère. Parce que nous cherchons tous la meilleure façon – la plus rapide, la plus économique et la plus responsable – de nous déplacer, Itinisère nous propose des solutions mutimodales adaptées à notre trajet, qu'il soit quotidien pour le travail ou exceptionnel pour aller assister à un événement. Suivi du trafic en temps réel, indicateur d'itinéraires en Isère pour gagner du temps, de l'argent, tout en respectant l'environnement. Un site en mouvement pour mieux bouger.

BUS - AUTOCARS

TRANSALTITUDE

✆ 04 26 16 38 38
www.transaltitude.fr
Ouverture des ventes à partir de novembre.

Quand te reverrai-je ? Dès que les lignes Transaltitude, service du département de l'Isère, repartiront pour nous emmener vers les sommets. Monter vers les stations sans se fatiguer ? Arriver en train à Grenoble pour skier (correspondance horaires sur les lignes principales, départ de la gare routière) ? La meilleure solution pour rejoindre rapidement et sereinement 14 stations en Isère, c'est de monter dans un car Transaltitude. Pack bagages compris pour transporter sa valise, son bagage à main, ses chaussures et ses skis (ou son surf). Offre Skiligne avec transport et forfait à tarif promotionnel. Achat de billets en ligne ou en boutique à la gare SNCF (50 m de la gare routière) ou à bord.

AUTOCARISTES

CARS RÉGION

11, place de la Gare
✆ 04 26 16 38 38
Centrale téléphonique du lundi au samedi de 7h à 19h.

On a tout à gagner avec Cars Région. Plus de 1 000 cars, dont certains équipés de porte-vélos, offrent un maillage complet du territoire pour faciliter les déplacements entre les 521 communes du département. Et c'est facile d'acheter son titre de transport depuis son smartphone en envoyant un SMS (selon le nombre de zones) au 93038 ou en téléchargeant l'appli Pass'Mobilités pour le Grand Grenoble qui permet de voyager en correspondance sur les réseaux du Pays Voironnais, TouGo, TAG ainsi que sur 5 lignes du réseau (X01, X02, X03, T80 et T81) dans la limite d'1h30 et de 2 correspondances pour 3,80 €. Pour connaître les perturbations, inscrivez-vous sur le site Internet, rubrique Mon Espace.

TRANSPORT

M MOBILITÉS

15, boulevard Joseph-Vallier ✆ 04 76 20 36 36
www.mobilites-m.fr
Ouvert du lundi au vendredi de 8h à 18h30. De mi-juillet à mi-août, ouverture de 9h30 à 17h30.

Tu m te déplacer en trouvant la meilleure solution pour : moins polluer, moins consommer, moins dépenser ? Pas de problème avec les services proposés par m Mobilités, la marque de toutes les mobilités sur l'aire grenobloise (Grésivaudan et Pays Voironnais compris). Sur le site Internet ou sur l'Appli M, reçois les meilleurs conseils pour te déplacer en utilisant toutes les possibilités : transports en commun du réseau TAG, réseau cars Région et alternatives multimodales (vélo, covoiturage, marche...). Encore plus simple avec le Pass'Mobilités qui vous permet d'acheter vos tickets, de gérer vos abonnements et de valider à chaque voyage. Carte et trafic pour un trajet calculé en temps réel.

TRANSPORT

TAG

49, avenue Alsace-Lorraine
✆ 04 38 70 38 70
www.tag.fr

TAG, c'est l'offre de mobilité qui offre rapidité et simplicité ! Depuis juillet 2022, les billets à bande magnétique ont disparu au profit de la carte Oùra ou des tickets QR Code à prendre dans de nouveaux distributeurs ou sur votre smartphone (par SMS ou appli Pass'Mobilités). Calculateur d'itinéraire en poche, toutes les solutions de transport en commun – bus et tramways qui sillonnent l'agglomération – s'offrent naturellement à vous. Au fil de vos trajets, cumulez des points avec le club AvanTAG et profitez d'avantages auprès de nombreux partenaires. Tous les services sur le site Internet. A vous de créer votre espace personnel pour que votre expérience TAG soit complète.

VÉLO

MVÉLO +

Place de la Gare ✆ 09 74 77 73 80
www.veloplus-m.fr
Ouvert du lundi au vendredi 7h30-19h30. Week-end, jours fériés 9h-18h.

À la journée pour visiter, à l'année pour travailler : Métrovélo. Parce que Grenoble est la ville la plus plate de France et que tout est mis en place pour y rouler en sécurité : Métrovélo. Toutes les raisons sont bonnes de s'abonner et de préférer la ville à vélo. 8 000 vélos et 11 modèles adaptés à tous les publics (pliant, junior, mini, cargo, électrique). Pour garer son vélo, c'est facile avec 2 000 places dans les parcs à vélos de la gare, des box fermés dans la Métropole et des minibox en bas de chez vous. Entretien et réparations inclus dans la location, sourire compris. Économique, écologique, plus rapide et bon pour la santé : Métrovélo ! Ne pas oublier l'agence Campus & Presqu'île.

GARE ROUTIÈRE

GARE SNCF DE GRENOBLE

1, place de la Gare
✆ 36 35
www.sncf.com

Il y a mille et une façons de voyager à tarif réduit, selon l'âge, la situation professionnelle, la durée, qu'on voyage seul ou accompagné d'un adulte ou d'un enfant, que l'on réserve un, deux ou trois mois à l'avance, etc. Pour connaître la formule qui vous avantage le mieux, il vous suffit seulement de téléphoner ou de vous rendre au guichet de la SNCF. Depuis Grenoble, deux grandes liaisons TGV (Grenoble - Lyon - Paris Gare de Lyon / Annecy - Grenoble - Marseille Saint-Charles) et une dizaine de liaisons régionales à retrouver sur le site Internet : www.ter.sncf.com/rhone-alpes. A noter que l'abonnement combiné TER + TAG offre une réduction de 20 % pour se déplacer plus facilement.

GEOVELO

Les fanatiques de la petite reine seront aux anges grâce à cette appli. Geovelo propose les meilleurs itinéraires à deux-roues en ville partout en France. Il suffit de se géolocaliser et de choisir parmi les itinéraires proposés. Les aménagements de pistes cyclables et les voies vertes sont aussi clairement indiqués quand il y en a.

TAXI - VTC

LES TAXIS GRENOBLOIS

14, rue de la République
✆ 04 76 54 42 54
www.taxi-grenoble.fr
Taxis disponibles 24h/24 et 7j/7.

A l'heure où il est recommandé d'avoir moins de voitures individuelles, trouver un bon taxi pour se déplacer seul ou à plusieurs, c'est aussi futé. Une centaine de voitures desservent toute la Métropole. En plus des services traditionnels, l'offre multiservices permet aux personnes âgées d'être véhiculées et attendues le temps de faire leurs courses, mais aussi de raccompagner des mineurs à la demande des parents. Les sorties de nuit sont à conseiller à qui aurait bu de l'alcool sans trop de modération. Les taxis grenoblois peuvent vous emmener partout où vous le désirez, des aéroports de la région aux stations de ski, avec la sécurité d'être conduit par des professionnels.

ÉQUIPEMENT - ACCESSOIRES

DAINESE GRENOBLE

28, boulevard Gambetta ✆ 04 76 47 31 31
www.stylmachine.com
Ouvert lundi de 14h à 19h, du mardi au samedi de 10h à 13h et de 14h à 19h.

Tenue par des experts depuis plus de 30 ans – véritable référence –, une des meilleures boutiques sur Grenoble pour tout ce qui concerne l'équipement moto. Tous les passionnés y trouveront assurément ce qu'ils recherchent et même plus ! Vous n'aurez que l'embarras du choix parmi la longue liste d'accessoires proposée : casques, blousons (les plus beaux et les plus robustes pour nous), combinaisons, gants, pantalons, bottes, chaussures et protections. Excellent Pro Shop de la marque Dainese qui se décline même en tee-shirt. Pour les casques, c'est la marque AGV qui assure. A ne pas oublier enfin, pour les plus sportifs, un rayon VTT, ski et surf sont à votre disposition. Bonne route !

CONCESSIONNAIRE - AGENT - MANDATAIRE

LA SCOOTERIA

109, avenue Gabriel-Péri - **SAINT-MARTIN-D'HÈRES**
✆ 04 76 76 68 66 - www.la-scooteria.com
Ouvert du mardi au samedi de 9h à 12h30 et de 14h à 18h30, samedi jusqu'à 17h30. Parking gratuit.

Un immense show-room sur cette longue avenue de Saint-Martin-d'Hères : la Scooteria est l'adresse incontournable pour les amoureux des deux-roues en ville et pour tous ceux à la recherche d'une solution de mobilité pratique, économique et respectueuse de l'environnement (scooters électriques). Un véritable style de vie qui se décline à travers la gamme Vespa et les fameux MP3 signés Piaggio et Gilera. Coup de cœur pour les nouveaux modèles électriques signés Piaggio. Depuis plus de 25 ans, cette enseigne est la référence en matière de mobilité urbaine sur Grenoble et la région. Le choix, de nombreux avantages pour un achat avec de véritables professionnels.

RÉPARATIONS - DÉPANNAGE

DAFY MOTO GRENOBLE

19, boulevard Paul-Langevin - **FONTAINE**
✆ 04 76 27 57 19
www.dafy-moto.com
Ouvert du lundi au samedi de 10h à 19h.

Dafy, c'est une enseigne nationale dont le principal intérêt réside dans les prix qu'elle propose pour les « consommables » moto. Plaquettes de freins, pneus, amortisseurs, batteries, mais aussi équipement du motard… C'est l'adresse de l'accessoire moto et de l'équipement motard de la région. Des prix parmi les mieux placés du marché sans compter la carte de fidélité. Le service n'est pas oublié et l'on trouve de beaux engins en dépôt-vente qui vont des grosses cylindrées toutes marques aux scooters de ville en passant par des motos insolites. Accueil, choix, prix, événements et promos à tout casser ! Ponctuels tout au long de l'année, ils ont tout compris chez Dafy.

MVÉLO+

LOCATION DE VÉLOS ET BIEN PLUS

Par sa configuration, par ses aménagements, Grenoble Alpes Métropole est le territoire idéal pour se déplacer à vélo. Thomas Marquet, chef d'équipe animations chez Mvélo+ et cycliste de tous les jours, nous explique les nombreux services proposés.

Est-il facile de louer un vélo jaune à Grenoble avec Mvélo+ ?

Oui. Il y a toujours une agence ouverte. Le mieux, c'est de se rendre à l'agence Grenoble Gare, ouverte tous les jours à de larges horaires, avec une pièce d'identité et un RIB. D'autres justificatifs sont demandés pour des tarifs autres que « plein tarif ». Il y a quatre agences fixes (Gare, Campus, Presqu'île et Crolles) et de nouvelles agences mobiles qui sillonnent le territoire, assurant une présence une fois par semaine à Vizille, Saint-Egrève, Saint-Ismier, Fontaine, Echirolles, Pontcharra.

Vous pouvez nous en dire davantage sur ces agences mobiles ?

Elles permettent un service de proximité dans toute l'agglomération. Elles sont un des « plus » de Mvélo+ qui se rapproche des usagers du bassin grenoblois et du Grésivaudan. L'un de nos objectifs à travers ces agences, c'est de promouvoir l'utilisation du vélo électrique qui peut avantageusement remplacer la voiture dans les trajets du quotidien. Sans priver les gens de leur voiture, nous voulons qu'ils puissent alterner les moyens de se déplacer.

Mvélo+ propose-t-il d'autres « plus » ?

Il y a d'abord les emplacements de parking sécurisés. Nous avons plusieurs offres avec des consignes de vélo qui vont de 5 à 500 places. Ensuite, depuis 2020, le service Animation ne cesse de se développer. Toutes les animations sont gratuites et accessibles à tous les publics. Nous proposons des cours de vélo et d'entretien des vélos (sur inscription), du marquage contre le vol, un escape game, des petits déjeuners en hiver et du vestiaire lors d'événements comme des festivals. Nos animations attirent de plus en plus de monde.

Et vous créez également un nouvel événement vélo ?

Le premier Vélostival a lieu en septembre 2022 au parc Jo Blanchon à Saint-Martin-d'Hères et est amené à se renouveler chaque année. Dans un « village », nous allons présenter, toujours gratuitement, toutes nos animations et d'autres temps forts autour du vélo.

Comment inciter les Grenoblois à utiliser Mvélo+ ?

En prenant conscience que nos modes de déplacement sont l'un des grands enjeux de demain et que le vélo, avec tous les services proposés par Mvélo+, est une partie de la solution.

> MVÉLO +
Place de la Gare
✆ 09 74 77 73 80 www.veloplus-m.fr

© LOUIS FAYOLLE

© LOUIS FAYOLLE

© LOUIS FAYOLLE

CITIZ

© CITIZ

LOCATION

CITIZ - YEA !

38, cours Berriat
✆ 04 76 24 57 25
www.alpes-loire.citiz.coop
Ouvert du lundi au vendredi de 9h30 à 12h30 et de 13h30 à 18h30.

Il est temps de prendre la voiture autrement ! Pour moins polluer, moins dépenser, mieux rouler, la solution c'est l'autopartage avec Yea ! – des voitures en libre-service sans réservation et sans stations (même en intervilles avec Chambéry, Annecy et Valence TGV), accessibles directement via l'appli – et Citiz. Les formules Citiz, avec ou sans abonnement, vous permettent de choisir la voiture selon vos besoins, de la petite citadine au minibus, de ne payer que les heures réservées et les kilomètres parcourus, tout compris : essence, assurance, entretien, assistance… Et à Grenoble, des réductions supplémentaires en combinant transports en commun et autopartage. Bougez mieux avec Citiz.

© CITIZ

© CITIZ

© CITIZ

TOUR OPÉRATOR

AKAINA

4, rue Gabriel-Péri
✆ 04 76 86 14 14
www.akaina.fr
Ouvert du lundi au vendredi de 14h à 17h30.

Beaucoup d'agences vous promettent de voyager différemment… Akaïna le fait vraiment depuis une quinzaine d'années ! Cette agence est la spécialiste de la « rando culture », associant la randonnée pédestre à la découverte des territoires traversés. Envie d'évasion à l'autre bout du monde, au Botswana, ou à l'autre bout de la France, de vrai dépaysement, d'une randonnée insolite, d'un périple composé à la carte : Akaïna est là pour écouter vos envies. Conseils d'expert en voyages et en aventures, une collection pour découvrir des pays selon un point de vue unique et une librairie du voyage où vous retrouverez, entre autres, les titres du *Petit Futé* à travers le monde.

TOUR OPÉRATOR

SERAC ORGANISATION

2, rue de Mortillet
✆ 04 76 86 46 84
www.serac-montagne.com

La montagne est l'un de nos derniers espaces de liberté et il faut en profiter maintenant. Pour la découvrir, il faut apprendre à la connaître. Pour entrer dans ce monde magique, guides de haute montagne, accompagnateurs et moniteurs vous attendent. Depuis 20 ans cette année, Serac est le lien entre eux et vous pour arpenter les vallées alpines du Vercors au Queyras en passant par l'Oisans ou les Écrins. Cette association de tourisme organise aussi des voyages plus lointains avec une immersion au Népal avec un séjour écotourisme, ainsi que des séjours de découverte de la flore au Maroc, à Madagascar, aux Canaries, en Crète… Exemple avec la traversée intégrale des Alpes françaises.

TOUR OPÉRATOR

HÉMISPHÈRES VOYAGES

4, avenue de l'Obiou - **LA TRONCHE**
✆ 04 38 37 22 22
https://hemispheres-voyages.fr
Ouvert du lundi au vendredi de 9h à 18h30.

Hémisphères Voyages, c'est depuis 1998 le spécialiste des voyages autour des grands événements sportifs, mais aussi des voyages sur mesure dans le monde entier pour les individuels, les groupes et les entreprises. Expérience, savoir-faire et bonne humeur d'une « team » que l'on a hâte de retrouver chaque saison pour de nouvelles aventures. Tout heureux que le coup d'envoi de la reprise ait été donné pour retrouver dans les gradins, et dans les meilleures conditions, nos sports préférés : tournoi de rugby avec, en vedette, le tournoi des 6 Nations, événements de football, de tennis... ou grands prix de Formule 1. Sur la page Facebook, des idées pour changer de destinations.

TOUR OPÉRATOR

TERRES D'AVENTURE

16, boulevard Gambetta
✆ 04 58 00 14 72
www.terdav.com
Ouvert du lundi au samedi de 10h à 18h.

Partir à l'aventure au XXIe siècle, est-ce encore possible ? Grande ou petite échappée, en Europe de préférence cette année, ouvrez vos horizons, partez seul, à deux, en famille, entre amis. « Terre d'Av », comme disent les nombreux habitués de ce lieu magique, nous emmène vers des destinations incroyables en France – il y a même des treks et randonnées en Isère – ou à l'autre bout du monde. Terres d'Aventure, ce sont avant tout les randonnées et la marche, accompagnées ou pas, dans le monde entier. Là aussi, on aime les « voyages en famille » pour transmettre à ses enfants le goût de découvrir d'autres cultures ! Des lieux mythiques à visiter, des espaces à explorer.

TOUR OPÉRATOR

OPEN VOYAGES

41, rue de New-York
✆ 04 76 48 70 70
www.openvoyages.fr
Ouvert du lundi au vendredi de 10h à 13h et de 14h à 18h.

Open Voyages, c'est un « organisateur de liberté » qui nous donne l'envie instantanée de partir à la découverte d'autres pays. Loin des grands opérateurs du monde du tourisme, mais affichant plus de 20 ans d'expérience, Open Voyages se propose de faciliter votre séjour à l'étranger en organisant des « étapes ouvertes ». En résumé : un circuit en petits groupes et, à quelques étapes, seulement les réservations d'hôtel pour disposer de votre journée comme bon vous semble – du vrai sur-mesure –, avec l'aide d'un accompagnateur pour vous conseiller sur les sites à visiter ou les activités à pratiquer. On part pour une véritable aventure humaine au plus proche des populations locales.

TOUR OPÉRATOR

VOYAGEURS DU MONDE - LA CITÉ DES VOYAGEURS

16, boulevard Gambetta ✆ 04 76 85 95 90
www.voyageursdumonde.fr
Ouvert du lundi au samedi de 10h à 18h.

Quel bonheur de revenir dans cette Cité des Voyageurs ! Mais parce qu'aujourd'hui encore plus que dans le « monde d'avant » nous voulons voyager de manière durable et responsable, à contre-courant de ce qui pouvait se faire avant, il faut se laisser guider par les spécialistes maison d'un voyagiste français parmi les plus sérieux. Des destinations rares, du sur-mesure pour mieux voir et comprendre un pays, un mode de vie, comme ce week-end dans une Copenhague alternative. Une équipe qui parle en connaissance et une librairie du voyage. Pour reprendre un bon départ.

www.petitfute.com
1er site d'information touristique
GUIDES DE VOYAGE
ADRESSES ET AVIS
EXPÉRIENCES
IDÉES DE SÉJOURS
JEUX CONCOURS
BONS PLANS
PLUS D'INSPIRATION SUR
petit futé

JE PENSE FUTÉ

Je pense Futé en m'inscrivant dans la démarche de Grenoble Alpes Métropole, une métropole plus durable, plus responsable et plus solidaire. Alors que les crises sont mondiales, j'agis près de chez moi, en local, en participant aux actions citoyennes, collaboratives, associatives. Avec une des nombreuses associations grenobloises tournées vers les personnes les plus démunies, les plus précaires, ma solidarité va en direction des plus fragiles quand je décide de faire un don ou de devenir bénévole. Si je cherche de l'aide ou si je veux aider, je peux trouver toutes les informations sur le site Internet www.solidarites-grenoble.fr. Je pense et j'agis Futé en pensant aux autres au quotidien. L'autre partie de ce chapitre est consacrée à la formation et au travail. Là aussi, les organismes sont là pour vous aider à trouver une formation ou un job. Enfin, Grenoble est une destination affaires, une ville de congrès et d'événements. Votre guide a sélectionné des lieux classiques et insolites pour organiser vos réunions dans les meilleures conditions. Bienveillance et solidarité, je pense Futé.

CRÉATION D'ENTREPRISE

APEC

34, rue Gustave Eiffel
✆ 08 09 36 12 12
www.apec.fr

Grenoble étant une ville hébergeant de nombreux chercheurs et des entreprises à la recherche de profils de haut niveau de qualification, le *Petit Futé* a décidé de vous présenter l'Apec. L'Apec propose aux entreprises des services pour optimiser leurs recrutements et la gestion de leurs compétences internes. L'Apec accompagne et conseille les cadres tout au long de leur parcours professionnel ainsi que les jeunes issus de l'enseignement supérieur. Observatoire de l'emploi des cadres, l'Apec analyse et anticipe les évolutions et grandes tendances du marché, des métiers et des secteurs. Etudiants ou jeunes diplômés, l'Apec vous accompagne dans votre projet professionnel.

CRÉATION D'ENTREPRISE

CHAMBRE DE COMMERCE ET D'INDUSTRIE DE GRENOBLE

1, place André-Malraux
✆ 04 76 28 28 28
www.grenoble.cci.fr
Ouvert du lundi au vendredi de 8h30 à 12h et de 14h à 17h30.

Vous avez envie d'entreprendre ? À la CCI, vous trouverez toutes les informations nécessaires au démarrage de votre entreprise avec des études de marché, des analyses financières et des conseils juridiques. La CCI, aide les jeunes à intégrer le monde de l'entreprise tout en poursuivant leurs études en alternance. Pour les salariés et les dirigeants, la CCI met à disposition un centre de formation continue. Renseignements et rencontres avec des conseillers pour être accompagné dans vos projets. De nombreux e-services accessibles en ligne si vous ne pouvez pas vous déplacer.

CRÉATION D'ENTREPRISE

CHAMBRE DE MÉTIERS ET DE L'ARTISANAT

20, rue des Arts-et-Métiers ✆ 04 76 70 82 09
www.cma-isere.fr
Ouvert du lundi au jeudi de 8h30 à 12h et de 13h à 16h, vendredi de 8h30 à 12h.

La Chambre des Métiers et de l'Artisanat vous accompagne tout au long de votre vie professionnelle. Elle met à la disposition des futurs artisans une multitude d'informations pour les aider à devenir leur propre patron et ouvrir leur entreprise. Elle propose des bilans de compétences et des stages à la création ou à la reprise d'entreprise qui peuvent se révéler instructifs quant aux capacités de se lancer dans ce genre d'aventures. Des formations pour entretenir, améliorer, valoriser vos savoir-faire pour devenir, par exemple, maître artisan ou maître d'apprentissage.

ENSEIGNEMENT

ÉCOLE HÔTELIÈRE LESDIGUIERES

6, rue Alfred de Vigny
✆ 04 76 23 21 63
https://lesdiguieres.fr

C'est là que tout a commencé pour certains chefs à retrouver dans les meilleurs restaurants de notre guide. L'École hôtelière Lesdiguières forme à l'excellence dans les métiers de l'hôtellerie et du tourisme. Un lycée qui a passé le cap du siècle d'existence avec son hôtel et son restaurant d'application. Formations diplômantes dans un secteur d'activité où les offres d'emploi, en France et à l'étranger, sont nombreuses et variées. Objectif 100 % employabilité ! Pour découvrir les futurs professionnels, faites un séjour à l'Hôtel Lesdiguières ou réservez une table.

SÉMINAIRE - CONGRÈS

MADAM

34, rue Thiers
✆ 04 76 50 12 50
www.restaurant-madam.fr

Donnez rendez-vous à vos collaborateurs chez MadaM. Envie de réserver un lieu insolite et grandiose pour vos prochaines réunions ? Découvrez les salles de réunion climatisées et parfaitement équipées, proposées au dernier étage (accessible aux personnes à mobilité réduite par ascenseur) d'un restaurant d'exception. Quatre salles de 12 à 80 m² pour organiser tous les formats de séminaires, réunions et cocktails. Des lieux splendides, propices à la réflexion, qui ont encore l'avantage d'offrir de nombreuses possibilités gourmandes, du petit déjeuner à la pause gourmande, en passant par le repas gastronomique ou l'afterwork tapas et cocktails maison. Accompagnement sur mesure.

EMPLOI

PÔLE EMPLOI

1, rue d'Arménie ✆ 39 49
www.pole-emploi.fr
Ouvert du lundi au vendredi de 8h30 à 12h30.

Pôle Emploi, c'est près d'un million d'offres d'emploi disponibles dans toute la France et de nombreuses offres sur Grenoble Alpes Métropole (un peu plus de 8 000 au moment de notre rédaction). Deux agences à Grenoble Europle, une autre avenue La Bruyère, selon les secteurs géographiques, et bien plus dans la Métropole. En ce qui concerne l'accompagnement des demandeurs d'emploi vers une activité professionnelle, chacun pourra y aller de son commentaire quant à l'efficacité des services et des démarches entreprises. A noter que l'hôtellerie restauration recherche toujours de nombreux employés. Encore une fois, le site Internet facilite l'accès à votre dossier et aux emplois proposés.

ADMINISTRATION - SERVICE PUBLIC

GRENOBLE AVF

6, rue Berthe-de-Boissieux ✆ 06 52 49 66 62
www.avf.asso.fr/fr/grenoble
Permanence à l'OT le mercredi de 16h à 18h et le samedi de 14h à 16h ou sur rendez-vous.

Grenoble Accueil, comme son nom l'indique, a pour objectif d'accueillir et de faciliter l'installation des nouveaux Grenoblois tant sur le plan professionnel que familial ou social (logement, recherche d'emploi, enseignement, formalités…). Il met à leur disposition un conseiller pour les guider dans leurs démarches et les informer sur tout ce qui concerne Grenoble et sa région. Grenoble Accueil, qui se situe à proximité de la Caserne de Bonne, organise aussi des sorties sportives et culturelles. Une bonne adresse pour s'intégrer rapidement et rencontrer d'autres personnes dans la même situation, car ce n'est pas toujours facile de débuter une nouvelle vie dans une ville inconnue.

FAMILLE

CAF DE L'ISÈRE

3, rue des Alliés ✆ 08 10 25 38 80
www.caf.fr
Ouvert du lundi au mercredi et vendredi de 8h30 à 12h30 et de 14h à 16h30, jeudi de 8h30 à 12h30.

La vie n'étant pas toujours un long fleuve tranquille, il faut parfois passer par la case CAF. Même si de nombreuses demandes peuvent désormais se faire en ligne sur le site de la CAF, il peut être nécessaire de passer dans l'un des centres de la Caisse d'Allocations Familiales pour discuter en direct et mieux connaître ses droits, notamment pour les prestations sociales. La CAF intervient dans différents domaines comme la petite enfance, la jeunesse, le logement, la solidarité (de la carte famille nombreuse au Revenu de solidarité active) et l'accompagnement des familles. Votre vie quotidienne peut être aidée par un passage à la CAF. On aime aussi le droit à l'erreur.

MAIRIE - COLLECTIVITÉ LOCALE

LES ARBRES DE LA MÉTROPOLE GRENOBLOISE

Saviez-vous que Grenoble-Alpes Métropole compte parmi les métropoles les plus arborées de France ? Avec plus de 35 000 arbres gérés sur le territoire métropolitain, chacun peut profiter des nombreux bienfaits apportés par ces êtres vivants indispensables à la vie sur Terre... et en ville ! Pour des villes moins chaudes, plus respirables, apaisées, les arbres et les fruitiers sont essentiels. Sur le site Internet mis en place par Grenoble-Alpes Métropole, découvrez la politique métropolitaine en la matière ou la carte des arbres sur notre territoire.

MAIRIE - COLLECTIVITÉ LOCALE

CONSEIL DÉPARTEMENTAL DE L'ISÈRE

7, rue Fantin-Latour
✆ 04 76 00 38 38
www.isere.fr

Autour de sa métropole Grenoble, capitale des Alpes, le Département offre, dans son vaste territoire de la vallée du Rhône aux montagnes de l'Oisans, une diversité de paysages et une nature sauvage préservée. Un riche patrimoine naturel renforcé par un patrimoine culturel mis en valeur, notamment grâce à une politique d'accessibilité au plus grand nombre. En effet, le Département de l'Isère donne gratuitement l'accès à 11 musées départementaux ! Parmi les nombreuses compétences du Département, le tourisme avec la marque Alpes IsHere. En Isère, je vis mieux.

MAIRIE - COLLECTIVITÉ LOCALE

MAIRIE DE GRENOBLE

11, boulevard Jean-Pain
✆ 04 76 76 36 36
www.grenoble.fr
Ouvert du lundi au vendredi de 8h à 17h50.

Après avoir été Capitale Verte de l'Europe en 2022, Grenoble continue sa transition, engageant des actions pour limiter son impact transport, pour consommer local, pour construire des écoquartiers ou favoriser tous les gestes écocitoyens. Alors, pour éviter de prendre votre voiture pour aller à la mairie chercher un renseignement ou des documents, créez votre compte « Mon Grenoble » sur le site Internet www.grenoble.fr. Nombreux e-services en ligne pour les formalités administratives, action sociale, associations, culture, sports et loisirs, transports et espace public, urbanisme et logement..., mais aussi pour trouver des paniers de producteurs locaux à Grenoble.

NOTAIRE

CHAMBRE DES NOTAIRES DE L'ISÈRE

10, rue Jean Moulin
SEYSSINS
✆ 04 76 48 13 47
https://passezalacte.com

Chaque département a sa chambre notariale, une organisation professionnelle bien pratique à laquelle on ne pense pas assez pour trouver de l'aide ! L'un de leurs rôles est d'informer le public sur la profession de notaire et de conseiller chacun sur ses droits via des rendez-vous gratuits (plusieurs journées par an). La Chambre des Notaires de l'Isère met également à disposition sur son site, accessibles à tous, les principales informations concernant le marché de l'immobilier. Le site Internet est complet et il est possible d'y poser des questions.

PRATIQUE

COLLECTE ET TRI DES DÉCHETS

3, rue Malakoff
✆ 08 00 50 00 27
www.grenoblealpesmetropole.fr

Face aux déchets, chaque geste compte ! A commencer par le tri dans vos poubelles. Trier, c'est essentiel pour bien recycler et préserver les ressources naturelles. Alors, il ne faut pas vous tromper pour que chaque déchet soit bien traité. Par exemple, dans la poubelle verte « Je trie », jetez tous les emballages (en plastique, métal et carton) et tous les papiers, en vrac sans sac. Et pour réduire ma production de déchets, j'apprends à composter, je passe aux couches lavables ou je réduis tous mes déchets accompagné par Grenoble Alpes Métropole.

SERVICES PUBLICS

EAUX DE GRENOBLE

5, place Vaucanson ✆ 04 76 86 20 70
www.eauxdegrenoblealpes.fr
Ouvert du lundi au vendredi de 8h à 12h et de 13h à 17h30.

L'eau, une ressource rare et vitale. Grenoble Alpes Métropole, qui gère le service de l'eau potable pour ses 49 communes avec Eaux de Grenoble Alpes, établissement 100% public, a la chance de disposer d'une eau d'une qualité exceptionnelle, issue des montagnes des Alpes. Responsable de tout le cycle de l'eau sur son territoire, Eaux de Grenoble Alpes met tout en œuvre pour préserver cette richesse naturelle. Captées sur des sites protégés, filtrées naturellement par les sables et les graviers, les Eaux de Grenoble Alpes ne subissent que très peu de traitement, comptant parmi les meilleures eaux de France et aussi les moins chères. Possibilité de réaliser toutes vos démarches en ligne.

SERVICES PUBLICS

GEG

8, place Vaucanson
✆ 04 76 84 20 00
www.geg.fr
Ouvert du lundi au samedi de 9h à 18h.

Gaz Électricité de Grenoble est une entreprise publique locale de distribution d'énergie, en l'occurrence de gaz et d'électricité à prix maitrisé, mais aussi d'énergie verte. Productrice d'énergie 100 % renouvelable, GEG est résolument engagée dans des actions en faveur du développement durable. Elle innove, améliore ses performances et progresse en qualité dans tous ses domaines d'activité : diversification des modes de production et des sources d'énergie, valorisation des énergies propres et renouvelables, maîtrise de l'énergie, développement de nouveaux services, amélioration de la sécurité et de la qualité. Offres claires d'un acteur local et souscription facile en ligne.

© Cités Plume - Adobe Stock

Une erreur et ça craint pour les éboueurs !

LE VERRE, C'EST TOUJOURS

DANS LE BAC À VERRE

grenoblealpesmetropole.fr

GRENOBLE ALPES MÉTROPOLE

ENTRAIDE

CROIX ROUGE FRANÇAISE

4, rue Kléber
✆ 04 76 46 16 72
http://grenoble.croix-rouge.fr

L'œuvre du Suisse Henry Dunant, commencée en 1859 lors de la bataille de Solférino pour secourir les soldats des deux camps, continue son chemin d'aide et de paix. La Croix-Rouge de l'Isère, parmi la centaine de délégations départementales de cette association, agit dans le domaine des urgences, de la solidarité, de la santé et dispense des formations de secourisme à tous ceux qui souhaitent connaître les gestes qui sauvent. Parmi ses autres missions, de l'écoute, de l'aide alimentaire, de l'aide aux réfugiés ou encore le SAMU social. Vous pouvez devenir bénévole, donner des vêtements ou des jouets. De petits gestes solidaires qui contribuent à l'existence de la Croix-Rouge.

ENTRAIDE

EMMAÜS GRENOBLE

11, rue Saint-Jacques
✆ 04 76 27 03 04
https://emmaus-grenoble.org
Ouvert du mercredi au samedi de 11h à 18h30.

Emmaüs ce n'est pas nouveau. Et il faut se rappeler de l'action menée par l'Abbé Pierre lors du terrible hiver 1954 en faveur des plus démunis. L'action d'Emmaüs, créé en 1949, continue aujourd'hui, notamment avec les fameux Compagnons qui continuent de débarrasser vos greniers et de récupérer des objets pour les revendre ensuite. La nouveauté, c'est ce magasin en plein centre-ville, une boutique de seconde main pour que chacun puisse plus facilement participer à cet élan de solidarité, mais aussi faire de bonnes affaires. Des fripes, des vinyles, des livres, de la déco, de la vaisselle... Les jeunes de 16 à 26 ans bénéficient d'une remise de 20 %. Solidarité sociale.

LUTTE CONTRE LES DISCRIMINATIONS

LE REFUGE

4, rue Etienne Marcel
✆ 09 84 41 29 00
www.le-refuge.org

Comme son nom l'indique, ce lieu est un refuge, un abri pour les jeunes LGBT+ de 14 à 25 ans victimes d'homophobie ou de transphobie et en situation de rupture familiale. L'appartement relais, situé en plein centre de Grenoble, peut accueillir jusqu'à 4 jeunes. Les bénévoles de l'association, très active et parrainée par l'humoriste Murielle Robin, organisent différents événements avec les jeunes (ateliers, balades, sorties, rencontres...). Le Refuge et d'autres acteurs sociaux et institutionnels accompagnent les jeunes pour l'ensemble de leurs démarches sociales, administratives et professionnelles. Un refuge pour répondre à la détresse de jeunes rejetés par leurs familles.

ENTRAIDE

LES RESTOS DU CŒUR

3, rue Gay Lussac
✆ 04 76 25 07 59
www.restosducoeur.org
Ouvert le lundi, le mardi et le vendredi de 13h à 16h.

Les Restos du Cœur de l'Isère, c'est plus de 23 000 personnes accueillies et près de 3 000 000 repas distribués, mais aussi 1 000 bénévoles. C'est bien, mais vous trouvez ça normal ? La disparition à long terme des Restos du Cœur, c'était le souhait de Coluche. Fini les Restos, fini les personnes à la rue ou dans le besoin, fini les personnes qui ont faim ! En attendant que la pauvreté et la précarité diminuent, soyons tous solidaires en aidant les Restos du Cœur en faisant des dons ou en devenant bénévole. On peut aussi aider en participant aux activités de l'association : distribution alimentaire, activités de rue, accompagnement scolaire, aide aux mamans avec les Restos bébé...

ENTRAIDE

SECOURS CATHOLIQUE

10, rue du Sergent Bobillot
✆ 04 76 87 23 13
http://isere.secours-catholique.org

Le Secours Catholique, qui a pour mission première de faire rayonner cette belle notion qu'est la charité, vient en aide à toutes les personnes en difficulté, personnes âgées, en grande pauvreté, quelles que soient leur confession et leur origine. Des missions à l'étranger aussi. Vous pouvez devenir bénévole à Grenoble, comme de très nombreuses personnes en Isère, dans l'animation de groupes d'enfants ou de personnes âgées par exemple. Des accueils spécialisés existent pour les demandeurs d'asile, les prisons, le Train de Nuit ou pour partir en pèlerinage vers Lourdes. Pour être utile à votre tour, devenez bénévole ou faites un don, même en dehors des collectes nationales.

ENTRAIDE

SOLIDARITÉS GRENOBLE

www.solidarites-grenoble.fr

L'accès à l'Internet s'étant répandu dans de très nombreux foyers, même en situation de précarité, le *Petit Futé* indique un site génial regroupant tous les acteurs de la solidarité à Grenoble et dans la Métropole. Un annuaire intuitif où l'on comprend mieux qui fait quoi et où trouver de l'aide. Accès aux droits, accueil de jour, alimentation, apprendre le français... et nous n'en sommes qu'à la lettre A ! Sans oublier la santé, le logement, l'hébergement, l'emploi, les transports et les violences. Sous chaque icône, des outils pratiques apparaissent pour mieux vous diriger vers les bons interlocuteurs. Suivre aussi le fil d'actualité pour découvrir les événements solidaires.

ESCAPADES

S'échapper de la ville pour partager le plaisir de visiter un musée, se régaler à la terrasse d'un restaurant ou, tout simplement, randonner, skier dans l'exceptionnelle nature qui entoure Grenoble. Grenoble, où les escapades commencent sur le territoire d'une métropole qui s'étend vers les trois massifs : Vercors, Chartreuse et Belledonne. Dans Grenoble Alpes Métropole, l'échappée belle démarre en montant à la Bastille, dans les cuves de Sassenage ou au Domaine de Vizille. Ce chapitre Escapades nous emmène dans les limites du département de l'Isère, à moins d'une heure de Grenoble. En route, en voiture ou à vélo, vers les sommets pour respirer l'air pur de nos montagnes et observer une biodiversité préservée. Toujours trois massifs à explorer : La Chartreuse, verte et douce · le Vercors, fier et sauvage · Belledonne, entre thermalisme et haute montagne. Trois massifs ouverts à toutes les activités *outdoor*. Trois massifs pour se régaler de bons produits du terroir, de la noix de Grenoble au Grand Séchoir à la fameuse liqueur de Chartreuse dans les nouvelles caves de Voiron. Belles balades.

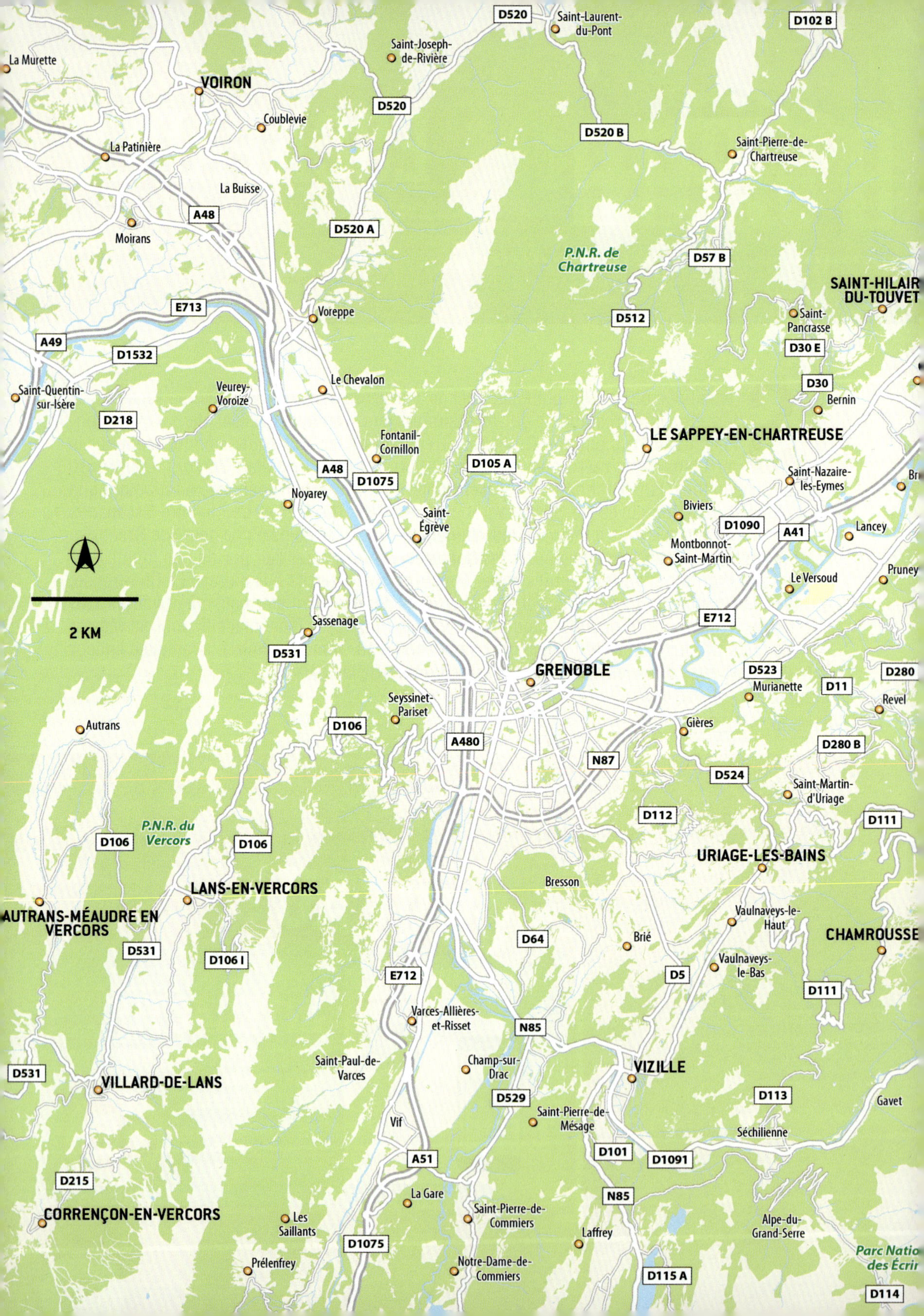
D520
Saint-Laurent-du-Pont
D102 B
La Murette
Saint-Joseph-de-Rivière
VOIRON
D520
Coublevie
D520 B
La Patinière
Saint-Pierre-de-Chartreuse
La Buisse
A48
Moirans
D520 A
P.N.R. de Chartreuse
D57 B
SAINT-HILAIRE-DU-TOUVET
E713
Voreppe
D512
Saint-Pancrasse
A49
D1532
D30 E
Le Chevalon
D30
Saint-Quentin-sur-Isère
Veurey-Voroize
Bernin
D218
Fontanil-Cornillon
LE SAPPEY-EN-CHARTREUSE
A48
D1075
D105 A
Saint-Nazaire-les-Eymes
Noyarey
Saint-Égrève
Biviers
D1090
A41
Lancey
Montbonnot-Saint-Martin
Le Versoud
Pruney
2 KM
Sassenage
E712
D531
GRENOBLE
D523
D280
Murianette
D11
Seyssinet-Pariset
Revel
D106
Gières
Autrans
A480
D280 B
N87
D524
Saint-Martin-d'Uriage
D112
D111
P.N.R. du Vercors
D106
D106
URIAGE-LES-BAINS
Bresson
LANS-EN-VERCORS
Vaulnaveys-le-Haut
AUTRANS-MÉAUDRE EN VERCORS
D64
Brié
CHAMROUSSE
D531
D106 I
Vaulnaveys-le-Bas
D5
E712
D111
Varces-Allières-et-Risset
N85
Saint-Paul-de-Varces
Champ-sur-Drac
VIZILLE
D531
VILLARD-DE-LANS
D529
D113
Gavet
Saint-Pierre-de-Mésage
Vif
Séchilienne
A51
D101
D1091
D215
La Gare
N85
CORRENÇON-EN-VERCORS
Les Saillants
Saint-Pierre-de-Commiers
Alpe-du-Grand-Serre
D1075
Laffrey
Parc National des Écrins
Prélenfrey
Notre-Dame-de-Commiers
D115 A
D114

ESCAPADES

LE VERCORS

Son nom, lié à l'histoire héroïque et tragique des Résistants massacrés pendant la Seconde Guerre mondiale, impose le respect. Son aspect lui-même peut paraître terrifiant avec ses hautes falaises calcaires traversées par des routes parmi les plus belles de France. Imprégné d'histoire, le Vercors offre un magnifique territoire protégé (Parc Naturel Régional) entre plateaux sauvages et montagnes douces où il fait bon goûter aux joies des sports d'hiver et de la randonnée estivale tout en découvrant des fermes et d'excellents produits du terroir.

La commune d'Autrans-Méaudre est réputée dans le monde entier comme le royaume du ski nordique. Même si toutes les glisses sont pratiquées – le domaine alpin est idéal pour les débutants et les familles –, le ski de fond règne en maître. Domaine nordique unique et relié de 180 km de pistes avec des départs au cœur des villages. Chiens de traîneaux, raquettes, mais aussi une activité 4 saisons avec Speed Luge Vercors.

Portes d'entrée du Parc Naturel Régional du Vercors, voici 3 « villages » se trouvant sur le même axe. Installés dans une vallée verdoyante, Lans-en-Vercors, Villard-de-Lans et Corrençon-en-Vercors sont des communes pastorales qui se sont tournées vers les sommets, développant des domaines alpins. Les Montagnes de Lans, à 30 minutes de Grenoble, offrent un domaine en sous-bois et du hors-piste pour tous les niveaux. L'Espace Villard-Corrençon propose un domaine plus conséquent dans un cadre naturel fantastique. Villard-de-Lans est la petite « capitale » du Vercors et propose de nombreuses activités avec son Espace Loisirs (centre aqualudique, patinoire, détente, forme...), ainsi qu'un casino. Nombreux restaurants et hébergements. Enfin, Corrençon dispose d'un golf 18 trous profitant lui aussi d'un cadre naturel exceptionnel.

Au pied du Vercors, le Royans est plus agréable en été. Cette région particulièrement boisée se dévoile en direction de l'ouest et de Saint-Nazaire-en-Royans, à la frontière entre l'Isère et la Drôme. Le relief se creuse dans les méandres de la Bourne. Visite des grottes de Choranche ou de Thaïs, maisons suspendues de Pont-en-Royans, croisière à bord d'un bateau à roue et ravioles du Dauphiné pour les gourmands.

OFFICE DE TOURISME

OFFICE DE TOURISME

Place Julien Bertrand ✆ 04 76 95 30 70
www.vercors-experience.com
Basse saison du lundi au samedi de 9h à 12h et de 14h à 17h. Haute saison, tous les jours de 9h à 12h et de 14h à 17h45.

Autrans-Méaudre, une station et deux villages authentiques pour rapidement s'échapper naturellement dans la quiétude des montagnes du Vercors au-dessus de Grenoble. Le bonheur, le bien-être dans un décor splendide entre les forêts de résineux et le blanc du manteau neigeux. Un environnement préservé pour un séjour à votre rythme : au calme et dans la contemplation ou au rythme d'une multitude d'activités. 180 km de pistes préparées dans ce paradis du ski nordique, 2 domaines de ski alpin, raquette à neige, chien de traîneau, sans oublier Speed Luge Vercors ou Zipline, une tyrolienne géante. L'été, la randonnée se pratique sous toutes ses formes. Une destination de rêve.

NEIGE

SKI ALPIN ET NORDIQUE

Depuis les Jeux de 1968, Autrans reste la station alpine incontournable pour la pratique du ski nordique. Avec ses parcours superbement tracés, préparés pour le skating et l'alternatif, Autrans-Méaudre est un véritable paradis pour les fondeurs. Un territoire naturel, au cœur de magnifiques forêts, avec 2 domaines distincts de 35 pistes entre Autrans la Sure et Méaudre village – et surtout l'un des meilleurs paradis pour fondeurs : 180 km relié et un enneigement garanti grâce à l'installation de 18 enneigeurs et un Ludipark où l'on peut apprendre les plaisirs de la glisse nordique. Un immense domaine forestier dégagé et tellement bien entretenu qu'on se croirait parfois au nord d'Oslo !

LUGE - BOBSLEIGH

SPEED LUGE VERCORS

Le Claret ✆ 04 76 94 40 06
www.speed-luge-vercors.fr
Ouvert week-end, vacances scolaires 10h-19h (en dehors de ces périodes, horaires sur le site Internet). 7,50 €/luge.

Pratique et sensationnelle, la première luge 4 saisons tout à côté de Grenoble, au cœur du Vercors. Seul, en famille, entre amis, vivez et partagez des émotions fortes en dévalant la pente à 40 km/h de vitesse maxi. De l'adrénaline en pleine nature en parcourant à toute vitesse 1,3 km de piste sur rail. 134 mètres de dénivelé, des pentes jusqu'à 25 %... Bref, 6 minutes de sensations inoubliables et accessibles à tous (chacun gère sa vitesse, enfants à partir de 3 ans en duo, enfants à partir de 8 ans en solo, accessible PMR). Et si vous ne vous sentez pas le cœur suffisamment bien accroché, regarder vos enfants ou vos amis s'éclater en faisant une pause au Speed-Luge Café.

LA BOHÈME

60, route du Furon
✆ 09 72 87 02 62
https://la-boheme-meaudre.eatbu.com
Ouvert du mardi au samedi le soir ; du vendredi au dimanche le midi. Menu du soir 35 €.

Attention, le coup de cœur est à prévoir. La Bohème nous emmène sur les pistes de ski – avec une étonnante cabane hivernale – et dans les alpages en saison estivale. Terrasse confortable et salle couverte de boiseries blondes façon chalet. C'est beau, très beau même, mais c'est surtout très bon. Une cuisine actuelle, entièrement faite maison, préparée avec de délicieux produits locaux et de saison. Carte courte, assiettes savoureuses et colorées : biscuit de truite, gravlax, émulsion d'herbes et shiitakés ; échine de porc roulée aux fruits secs et miel, pleurotes... Fromages de la ferme des Gaillards et desserts maison. Belle carte des vins en parfaite harmonie. Bohème gourmande.

LE SABOT DE VÉNUS

63, route du Méaudret
✆ 04 76 95 20 02
www.sabotdevenus.com
*Ouvert tous les jours à midi, du jeudi au dimanche soir. Formule midi 15,50 €. Menus de 24 à 29 €. Hôtel**.*

Une plante de nos montagnes, une orchidée rare, qui a poussé au cœur du village de Méaudre. Une auberge de famille pour profiter des paysages et de toutes les activités à pratiquer dans ce paradis du Vercors. En terrasse ensoleillée ou en salle chaleureuse, on commence par savourer une cuisine maison composée de produits frais et locaux au gré des saisons : tartine au bleu du Vercors Sassenage et noix, filet de truite du Vercors à la Clairette de Die, gratin à la crème du Vercors, plateau de fromages secs du Vercors... Sans oublier les salades gourmandes en été et les desserts maison. Tous les plaisirs d'une adresse gourmande de montagne où l'on peut réserver une chambre confortable.

BRASSERIE

BIÈRE DU VERCORS

67, route de la Sure ✆ 06 32 56 57 24
www.biereduvercors.fr
Pendant les vacances scolaires le bar boutique de la Brasserie du Vercors est ouvert tous les jours de 16h à 19h.

Située au cœur du Vercors, comme son nom l'indique, cette brasserie crée des boissons biologiques innovantes ! Sur ses terres, la belle équipe de la Bière du Vercors cultive chanvre et houblon bio utilisés dans la fabrication de ses produits. Non contents de réaliser des bières bio originales (au chanvre ou à la framboise par exemple !), ils proposent d'autres boissons telles que leurs limonades 100 % bio, ou le whisky Wercors, lui aussi bio. Nourritures innovantes aussi, notamment pour l'apéritif, réalisées à partir de leurs cultures. Le conseil du *Futé* : allez les rencontrer sur place tous les jours de 16h à 19h pendant les vacances scolaires. Joyeuse ambiance garantie.

NEW

HÔTEL

LE TEMPS RÊVÉ**

216, route du Furon
✆ 04 76 95 50 20
www.le-temps-reve.fr
9 chambres. Chambre double à partir de 79 €. Restauration.

Besoin de réconfort dans un cadre de rêve ? D'un séjour nature dans une maison ouverte toute l'année, au pied des pistes de ski en hiver, à l'orée des grandes forêts du Vercors en été pour pratiquer toutes les activités *outdoor* ? Direction cette « nouvelle » adresse, une auberge bien connue des amoureux de la région qui est devenue Le Temps Rêvé. A deux ou en famille, les chambres pouvant recevoir jusqu'à 6 personnes, cet hôtel-restaurant offre tout le confort souhaité et un accueil des plus agréable. Chambres chaleureuses et personnalisés avec des meubles chinés, entre esprit chalet et brocante. Bar et restaurant avec terrasse, cuisine généreuse de montagne et carte snacking.

HÔTEL

LES TILLEULS***

111, rue de Puilboreau ✆ 04 76 95 32 34
www.hotel-tilleuls.com
18 chambres. Chambre double de 74 à 114 €, suite de 170 à 260 €. Restaurant.

Toute la beauté d'une ancienne ferme typique du Vercors avec sa toiture typique et ses pignons en « sauts de moineaux », reconvertie en hôtel-restaurant au cœur d'un paysage et d'une nature grandioses. Situé au cœur du Vercors et à proximité du village, cet hôtel familial propose des chambres équipées avec ou sans balcon. Dans une ambiance familiale, séjourner est un régal à tout point de vue. La situation des Tilleuls vous permettra de pratiquer sports d'hiver ou randonnées estivales selon la saison. En journée, vous pourrez profiter de la piscine ou de la terrasse pour vous détendre. Excellent restaurant où le cuisinier prépare des produits locaux, comme cette truite du Vercors.

HÔTEL

MAISON MARIE BARNIER***

1, place Julien Bertrand ✆ 04 76 95 31 03
https://maisonmariebarnier.com
Ouvert toute l'année. Chambre double à partir de 90 €. Restauration. Hammam, sauna, bain bouillonnant.

Toute la beauté des murs d'origine d'un relais de poste entièrement réaménagé pour devenir une maison unique dans son genre. Une maison qui se transmet depuis quatre générations et qui continue de nous faire vivre une expérience unique. Avec Marie Barnier à sa tête, l'ancien Hôtel de la Poste n'est plus tout à fait un hôtel, mais un lieu de résidence plus « libre » proposant chambres, suites et appartements. A vous de choisir votre formule d'hébergement selon votre style de séjour. Service de petits déjeuners et de restauration à emporter pour des journées d'activités outdoor. Direction la Maison Barnier pour se relaxer à l'espace piscine couverte, spa et détente réservé aux hôtes.

HÔTEL

HÔTEL LA PRAIRIE

Les Girauds ✆ 04 76 95 22 55
www.hotel-vercors.fr
23 chambres. Chambre double à partir de 70 €. Séminaires. Restauration. Sauna.

La Prairie porte bien son nom. Le site est fabuleux et le stress diminue naturellement dans cet environnement préservé. Un cadre de nature féerique, à l'orée de la forêt, où tous les amoureux de chlorophylle en été et de poudreuse en hiver partagent du bon temps. Les chambres disposent de tout le confort moderne, certaines possèdent un balcon donnant sur le parc et le village. Magnifique terrasse dont il faut profiter après un plongeon dans la piscine chauffée, petit salon de détente avec sa cheminée, parfait en hiver. Au restaurant, on compose entre menus terroir, végétarien ou diététique pour garder la forme. Accueil adorable de Julie et Kostia. Des vacances au vert pour se détendre.

HÔTEL

LA BUFFE***

218, rue des Ecoles ✆ 04 76 94 70 70
www.la-buffe.fr
24 chambres. Chambre double à partir de 90 €. Restauration. Sauna.

Au centre du village d'Autrans, dans l'écrin de verdure des forêts du Vercors, cet établissement offre l'assurance d'un séjour réussi. Cyril et Amandine nous reçoivent dans les meilleures conditions dans ce grand chalet en bois. Très bien entretenues, les chambres sont agréables, confortables. Certaines disposent de balcons exposés au sud afin de profiter des rayons du soleil sur la neige l'hiver ou sur l'étendue de verdure et de montagnes en été. Sans oublier la piscine. On apprécie aussi l'Espace Bien-être avec des massages et des soins. A l'excellente table de la maison, le chef Guillaume propose une cuisine réalisée à partir de bons produits. Superbe refuge gourmand.

CAMPING

LES BUISSONNETS***

Les Grangeons ✆ 04 76 95 21 04
www.camping-les-buissonnets.com
117 emplacements. Emplacement + véhicule + 2 personnes de 17,40 à 18,10 €. Mobil-homes.

En fuyant la ville, on a tous le droit de passer un séjour détente dans un monde entouré de nature préservée. À 300 m du cœur du village-station de Méaudre, où authenticité rime avec convivialité, séjournez au camping Les Buissonnets sur un emplacement arboré ou dans un mobil-home confortable, disponible été comme hiver. Tout le confort à votre disposition : deux blocs sanitaires, salle de jeux et de lecture, aire de jeux de plein air pour enfants, terrains de volley et de boules, salle de télévision et local vélos ou skis. À 200 m, piscine municipale à tarif réduit. Aire de camping-cars. Pour un séjour reposant ou sportif à l'image de la station d'Autrans-Méaudre en Vercors.

OFFICE DE TOURISME

OFFICE DU TOURISME

246, avenue Léopold-Fabre ✆ 04 76 95 42 62
www.vercors-experience.com

En saison : ouvert du lundi au samedi 9h-12h et 14h-17h45 et dimanche 9h-12h et 14h-17h. Se renseigner hors saison.

La découverte de ce territoire au cœur du massif du Vercors commence par un passage, même par le site Internet, à l'office de tourisme de Lans-en-Vercors. Toutes les expériences à vivre dans une nature préservé, des montagnes à explorer à son rythme. Labellisée Station Verte et Village de Neige, Lans-en-Vercors est une station 4 saisons où il fait bon s'aérer, s'activer et se détendre à 30 minutes de Grenoble. L'été, on se rafraîchit en famille à l'Espace ludique du lac de la Combe Oursière, on part randonner sur les sentiers ou à VTT sur les parcours aménagés. En hiver, 2 domaines de ski alpin et 2 domaines de ski nordique. Agrandissez votre horizon avec l'office de tourisme !

SKI

DOMAINE MONTAGNES DE LANS

www.vercors-experience.com

A 30 min du centre-ville de Grenoble, le domaine des Montagnes de Lans offrent un cadre splendide pour skier au cœur du Parc Naturel Régional du Vercors. La station, qui s'est tournée vers les nouvelles glisses, propose une grande variété de terrains. A 4 km du village, accessibles par navettes gratuites, le domaine skiable offre 26 pistes tous niveaux. Au cœur du village, le Parc de loisirs de l'Aigle permet une initiation au ski, de goûter aux plaisirs de la luge. Autre sensation si vous n'êtes pas sujet au vertige, le Belvédère dominant l'agglomération grenobloise.

SITE NATUREL

PARC NATUREL RÉGIONAL DU VERCORS

255, chemin des Fusillés
✆ 04 76 94 38 26
www.parc-du-vercors.fr

Terre de nature sauvage à la biodiversité remarquable, terre d'histoire et de découverte, le Parc Naturel Régional du Vercors, partagé entre l'Isère et la Drôme, offre une grande diversité invitant à la contemplation comme à l'aventure. Des paysages à couper le souffle à découvrir au long des 4 600 km de sentiers de randonnée. La variété des reliefs fait du Vercors le terrain idéal pour la pratique des sports outdoor aux 4 saisons. Amoureux de nature et de patrimoine, toutes les informations sont à retrouver dans les offices de tourisme du territoire.

HÔTEL

HÔTEL DU COL DE L'ARC**

14, route Saint-Donat ✆ 04 76 95 40 08
www.hotelcoldelarc.com

22 chambres. Chambre double de 72 € à 77 €. Séminaires. Wifi gratuit. Restauration.

Une maison de qualité tenue par la famille Mayousse depuis 5 générations. Fondée en 1892, elle jouit toujours de son emplacement au cœur du village et d'un vaste parc privé. La piscine ajoute au plaisir de ce lieu charmant. Chambres de bon confort et des chambres familiales pour accueillir les tribus. Vincent et Déborah sont de véritables ambassadeurs du parc du Vercors. Véritable mine d'informations locales, ils vous font partager leur passion pour leur pays. Le restaurant, 100% fait maison, où l'on prépare des produits frais et locaux, comme ces truites de la Vernaison, confirme son excellente réputation. Les nombreuses photos anciennes de Lans ajoutent une touche rétro sympathique.

SITE DE DÉCOUVERTE

LA MAGIE DES AUTOMATES

785, chemin des Fusillés ✆ 04 76 95 40 14
www.magiedesautomates.fr

Vacances hiver ou été, tous les jours 10h30-18h30. Hors saison, horaires variables. Adulte 9,90 €. Enfant 6,90 €.

Une magie qui agit sur les petits et les grands depuis 40 ans ! Bon anniversaire à la Magie des Automates qui nous émerveille et nous surprend à chaque nouvelle visite. Un rêve né dans les ateliers d'Alain Bardo, le créateur des automates. Cet artisan, un peu magicien, nous emmène dans un monde fabuleux, avec des scènes animées de véritables personnages « vivants ». D'une beauté saisissante, ces scènes nous font voyager à travers des histoires enchantées. En tout, ce sont plus de 350 automates conçus sur place qui se mettent en mouvement dans de somptueux décors. La visite se poursuit avec le Village Vercors. Une visite extraordinaire, idéale pour toute la famille.

FROMAGERIE - CRÈMERIE

LA FROMAGERIE

Rond-Point de Jaumes
✆ 04 76 53 29 04

Haute saison, ouvert tous les jours de 9h30 à 19h30. Hors saison, fermé mercredi.

Si l'on vient sur ce magnifique plateau du Vercors, c'est aussi pour goûter à tous les bons produits du terroir que l'on peut y trouver. Point de rendez-vous des connaisseurs, cette fromagerie épicerie où l'on découvre des produits régionaux de qualité avec une sélection de fromages fermiers du Vercors, avec en vedette le bleu du Vercors-Sassenage, des charcuteries et saucissons, ainsi que d'autres produits du terroir local, du Dauphiné et de Savoie, pour se confectionner de superbes plateaux gourmands (également prêt d'appareils à raclette et à fondue). C'est encore à La Fromagerie que l'on vient se ravitailler en pain et sandwichs, sorbets artisanaux et boissons fraîches.

OFFICE DE TOURISME

OFFICE DE TOURISME DE VILLARD

31, avenue du Général de Gaulle
✆ 04 76 95 10 38
Ouvert tous les jours. Horaires d'ouverture différents selon les saisons.

Installé dans le château réhabilité à cette entrée de ville, l'Office Municipal de Tourisme de Villard-de-Lans vous emmène à la découverte d'un territoire unique où les activités outdoor se pratiquent toute l'année. Aux quatre saisons, Villard-de-Lans est un village animé où les visiteurs goûtent à tous les plaisirs d'une nature préservée tout en allant à la rencontre d'un riche patrimoine, de savoir-faire ancestraux et de traditions gourmandes. Profitez d'un environnement exceptionnel et d'un domaine de montagne pour vivre mieux et prolonger vos escapades.

MUSÉE

LA MAISON DU PATRIMOINE

1, place de la Libération ✆ 04 76 95 17 31
www.villard-de-lans.fr
Basse saison du mercredi au samedi 15h à 18h. Haute saison du lundi au dimanche 15h à 18h et dimanche matin. Gratuit.

Une partie de l'âme de Villard bat dans cette maison. Au cœur de la ville, une demeure de 1888 entièrement rénovée où sont présentées des collections d'une grande richesse mettant à l'honneur les hommes du pays, leur travail et leur mode de vie. Les collections permanentes se trouvent dans les étages où souvenirs, objets et documents ouvrent la voie à la découverte d'un territoire, celui des Quatre Montagnes, et de ses habitants. À travers un parcours attractif, chacun découvre le travail de la sylviculture, l'artisanat, les sports d'hiver, le climatisme ou la vie au quotidien, sans oublier la collection de jougs d'attelage. Expositions temporaires. Une visite à ne pas manquer.

NEIGE

ESPACE VILLARD DE LANS - CORRENCON

Route de la Côte 2000
✆ 04 76 94 50 50

Station 4 saisons qui a beaucoup investi ces dernières années pour améliorer son domaine skiable – 57 pistes, 125 km de piste, 21 remontée mécaniques – en proposant toutes les nouvelles glisses (espace freeride, snowpark), ses remontées mécaniques et son enneigement de culture. Forfaits mains libres à acheter et à rechargeables sur Internet. En été, la station se métamorphose pour laisser la place à de nombreuses activités outdoor : vélo de route, VTT, bike park, randonnée, trail, parcours aventure, via ferrata... Exceptionnel terrain de jeux pour toute la famille.

CASINO

CASINO DE VILLARD-DE-LANS

101, place Mûre Ravaud ✆ 04 76 94 92 30
www.casino-villarddelans.com
Ouvert tous les jours de 11h à 2h (3h vendredi et samedi). Entrée interdite aux mineurs.

Un Casino qui évolue au fil du temps, puisqu'il a déménagé de l'Espace Loisirs, où il n'était pas mis en avant, à ce bâtiment bien visible avec parking juste à côté, occupé jusqu'alors par l'office de tourisme (qui a déménagé non loin de là). Bref, il est donc « plus simple » d'accéder à ce Casino au cœur du village, à tous ses jeux et ses animations. Pour les jeux, vous aurez le choix entre 63 machines à sous, auxquelles il faut ajouter 6 roulettes et 7 blackjack électroniques. Traditionnelle table de boule en soirée. Brasserie, bar et concerts les fins de semaine.

PARC D'ATTRACTION

ESPACE LOISIRS

105, chemin de la Patinoire
✆ 04 76 95 50 12
www.villarddelans.com
Ouvert toute l'année. Ouverture selon les activités. Se renseigner.

Cet Espace Loisirs abrite un immense centre aquatique, couvert et chauffé, mais encore une patinoire couverte de 1 800 m², un espace forme, un bowling et une salle de Freesports (trampolines et parkour). Une autre attraction majeure, c'est la piscine à vagues mais aussi les toboggans : un géant à l'intérieur, accessible à tous, avec un enchaînement de virages sur 45 m de long et la double piste extérieure, où la sensation de vitesse est exceptionnelle ! L'été, de grandes plages engazonnées autour d'un bassin extérieur favorisent le farniente au grand air. L'hiver, bain nordique avec une eau à 30 °C entourée de neige. Du plaisir à tous les âges et du bonheur pour toute la famille.

CAMPING

CAMPING L'OURSIÈRE****

1080, avenue du Général-de-Gaulle ✆ 04 76 95 14 77
www.camping-oursiere.fr
Fermé en octobre et novembre. 158 emplacements. Forfait de 17 à 28 €. Mobil-homes. Wifi.

Ne soyez pas un ours et sortez de votre tanière pour vivre au grand air toute l'année dans un domaine merveilleux. Oui, même en hiver, profitez des joies du camping dans les meilleures conditions. L'Oursière, camping caravaneige, vous accueille au cœur du parc naturel du Vercors, à une altitude de 1 040 mètres. Vous pourrez profiter des commerces proches, vous êtes à 600 m de Villard, et du complexe de loisirs contenant une piscine et une patinoire. Vous pourrez également partir en randonnée pédestre pour profiter des paysages magnifiques, ou encore vous adonner aux sports d'hiver tels que le ski de fond ou de piste, dont des domaines se situent à 5 km à peine du camping.

HÔTEL

À LA FERME DU BOIS BARBU**

Bois Barbu
✆ 04 76 95 13 09
www.fermeboisbarbu.com

Ouvert toute l'année. 8 chambres. Chambre double à partir de 80 €. Wifi gratuit. Restauration.

Sur le tracé des sentiers de randonnées, au départ des pistes de ski nordique, cette auberge offre une qualité d'hébergement et de restauration adaptée au tourisme de nature et de découverte. Dans cet hôtel cosy et champêtre, les propriétaires partagent leur amour de la montagne. Pour en profiter en toute quiétude, réservez une des chambres rénovées. Pour bien démarrer la journée, un petit déjeuner composé de produits maison (confitures, yaourts...). Même chaleur et même accueil au restaurant où l'on savoure une cuisine réalisée à partir des bons produits du Vercors.

HÔTEL

LE CHRISTIANA***

220, avenue du Professeur-Nobécourt ✆ 04 76 95 12 51
www.hotel-villard.com

Ouvert toute l'année. 22 chambres. Chambre double à partir de 133 €. Séminaires. Wifi gratuit. Restauration.

Un beau chalet au cœur de Villard-de-Lans pour profiter pleinement d'un village baigné de nature. Autre baignade possible au Christiana dans les deux piscines d'une maison qui nous accueille avec bonheur en toute saison. 20 chambres confortables face aux montagnes du Vercors, vastes espaces sauvages dont on profitera mieux après une bonne nuit. L'été, on s'installe à la terrasse entourée de jardins. L'hiver, on se retrouve au coin de la cheminée. L'autre plaisir du Christiana, c'est son restaurant Le Tetras. Terrasse plein sud au bord de la piscine et salle chaleureuse pour savourer une cuisine locale, comme ce filet de truite du Vercors en croûte citronnée.

CUISINE RÉGIONALE

LE PETIT PAYSAN

48, rue de la République
✆ 04 76 95 94 97

Week-ends et vacances scolaires, ouvert tous les jours midi et soir. Intersaison, fermé mercredis. Formule 19,90 €.

Un Petit Paysan qui met en avant un grand terroir, celui du Vercors, celui de la meilleure cuisine de nos montagnes. Petit frère de la fameuse Bergerie, cette adresse a grandi au cœur de Villard pour nous proposer dans un décor de chalet d'alpage les délicieuses spécialités de la région. À commencer par les Pêllas, plat d'origine paysanne, les tartiflettes, la fameuse Écorce de Sapin, les raclettes et les fondues avec fromage à volonté, même pour une seule personne ! Il n'y a pas que le fromage dans la vie avec la spécialité maison, la sauce écrevisse sur un filet de truite. Burgers au même niveau d'excellence avec un pain de la boulangerie locale. À l'heure du goûter, des crêpes à emporter.

LA BERGERIE

14, rue Jean-Moulin
✆ 04 76 95 10 34

Ouvert toute l'année. Week-ends, vacances : midi et soir. Intersaison : fermé lundi-mardi. Menu 19,90 €.

Notre refuge, notre référence en matière de cuisine régionale à Villard-de-Lans. Belle maison au cœur du village, terrasse abritée, ambiance montagnarde du meilleur goût, à l'image de tous les plats réalisés à partir de bons produits du terroir, dont ceux de la Crèmerie du Vercors. Autres bonheurs, l'accueil et le service toujours souriants, que vous soyez un randonneur solitaire ou une famille en balade (accueil extra pour les enfants). Parmi les spécialités maison : raclettes et fondues avec fromage à volonté même pour une personne, Pêlla savoyarde, fameuses ravioles aux écrevisses, ravioles du Dauphin, belle carte de salades, crêpes salées ou sucrées et desserts maison. Valeur sûre.

NEW

CHEZ MAMIE

49, avenue du Général de Gaulle
✆ 04 76 27 75 42
www.chezmamierestaurant.fr

Haute saison : ouvert tous les jours le midi et le soir. Formule du midi 18 €. Carte.

Ce n'est pas vraiment nouveau, mais nous n'avions pas encore mangé Chez Mamie. Face à l'office de tourisme nouvelle version, on entre Chez Mamie par une sorte de grand « ponton », terrasse à l'abri de l'agitation. Salle chaleureuse où dominent le rouge et le noir. Ambiance conviviale et décontractée, accueil adorable par une équipe souriante – Johanna, Jérémy et Matthias – qui rend un hommage décalé à nos mamies cuisinières. Produits d'ici, avec des escargots du Vercors en persillade, des charcuteries locales, une pièce de bœuf de l'Isère, une fondue du Vercors aux cèpes... et des saveurs d'ailleurs, comme pour ce thon mi-cuit mariné. Belle carte des vins et belle découverte.

LA VIEILLE FORGE

107, rue de la République
✆ 04 76 94 13 14

Ouvert du mardi au samedi le soir, du mardi au dimanche le midi. Menu du moment 26 €.

Une adresse qui s'est déjà forgé une solide réputation gourmande au cœur piéton de Villard-de-Lans. Un « bistrot » chic à cuisine gastronomique pour profiter, partager l'instant présent. Belle salle à l'esprit actuel, inspirée par la nature, pour savourer la cuisine d'un chef passé par de grandes tables. Accueil et service adorables pour nous présenter une carte changée tous les mois, réalisée à partir de produits sélectionnés avec rigueur et gourmandise. Travail remarquable autour de la Saint-Jacques en saison, d'un filet de bœuf charolais ou d'un ris de veau cuit meunière. Délicieuse côte de bœuf maturée. Excellente carte des vins en rapport. Une Forge qui sonne juste.

OFFICE DE TOURISME

OFFICE DE TOURISME

Place du Village
✆ 04 76 95 81 75
Ouvert selon les saisons.

Fonctionnant en lien avec l'office de tourisme de Villard-de-Lans, l'office de Corrençon vous ouvre les portes d'une station-village de charme au milieu d'une nature préservée. A Corrençon, vous êtes au cœur du Parc Naturel Régional du Vercors, aux portes de la vie sauvage avec la Réserve naturelle des Hauts Plateaux du Vercors. Visite du patrimoine, équipements de loisirs, domaines skiables alpins et nordiques reliés avec Villard entre le Clos de la Balme (Corrençon) et les Glovettes (Villard), avec un accueil des familles labellisé Famille Plus Montagne. Autre fierté de Corrençon : l'un des plus beaux parcours de golf en montagne pour respirer l'air pur et jouer en toute sérénité.

GOLF

GOLF DE CORRENÇON-EN-VERCORS

Les Ritons
✆ 04 76 95 80 42
www.golfdecorrencon.com
Fermé de novembre à avril. Restauration. Boutique.

Le plateau du Vercors se prête magnifiquement à cette activité sportive de pleine nature qu'est le golf. Corrençon abrite l'un des plus beaux parcours de montagne, sans parler des greens particulièrement choyés par les jardiniers. Intégré au paysage accidenté, le golf de Corrençon dispose d'un parcours de 18 trous de 5 340 m, par 71, mais encore d'un parcours école de 5 trous, 400 m, par 15, et d'un practice avec 45 postes, dont 16 couverts. Bien sûr, on peut louer sur place du matériel ou une voiturette. Proshop et restaurant complètent l'offre d'un golf d'exception.

FROMAGERIE - CRÈMERIE

LES DÉLICES DE MARGOT

Les Rambins ✆ 04 76 94 10 46
www.lesdelicesdemargot.com
Ouvert du lundi au mercredi de 8h à 12h30, du jeudi au dimanche de 8h à 12h et de 16h à 19h.

Bien plus qu'une fromagerie ! Dans cette belle maison qui a su conserver tout le charme de l'ancien – la maison de Marguerite, dite Margot, date du XIXe siècle – en épousant des lignes contemporaines, commençons par les fromages. Des fromages du Vercors (vache, chèvre et brebis), mais aussi des fromages d'ailleurs servis à la coupe par des passionnés de bons produits du terroir. Le terroir, il est aussi dans le pain fabriqué maison pour accompagner le fromage ! Beau choix de produits régionaux – des terrines au miel – pour remplir son panier gourmand, jus de fruits artisanaux et belle sélection de vins. Possibilité de réaliser coffrets et plateaux à emporter ou à offrir.

HÔTEL

LES CLARINES***

Le Village ✆ 04 76 95 81 81
www.lesclarines.com
16 chambres. Chambre double à partir de 140 €. Séminaires. Restauration. Hammam, bain bouillonnant, sauna.

Amoureux du golf, de la randonnée, du ski, de la nature, rendez-vous aux Clarines chez Liliane et Jean-Jacques Repellin, 3e génération perpétuant le même esprit de convivialité. Cet hôtel-restaurant au cadre chaleureux avec des boiseries claires, très bien pensé, est idéal pour votre séjour dans la région. Des chambres très bien tenues, disposant d'un bon confort avec télévision, douche ou baignoire balnéothérapie. Dans ce bel hôtel, il est toujours agréable de boire un verre autour de la cheminée – on ne peut pas la manquer –, ou de profiter de la piscine chauffée, du solarium, ainsi que du Spa des Clarines. Restaurant gourmand à base de produits régionaux et très belle carte des vins.

HÔTEL

HÔTEL DU GOLF - PALÉGRIÉ***

Les Ritons ✆ 04 76 95 84 84
www.hotel-du-golf-vercors.fr
22 chambres à partir de 140 €, suite à partir de 190 €. Restauration. Bain bouillonnant, sauna.

Au milieu des prés, une ancienne ferme s'est transformée au fil du temps en un magnifique hôtel au cœur d'une nature préservée. À cette frontière, le confort est parfait pour nous offrir le plus beau des séjours. Les balcons s'ouvrent vers un bout du monde. Notre détente est complètement assurée dans des chambres confortables, véritables refuges habillés de bois blond, et des suites spacieuses dans une ambiance cosy. Le grand air ouvre l'appétit ! Direction le restaurant de Guillaume Monjuré et sa cuisine inspirée par la nature. Un parcours sans faute vers le bonheur.

CUISINE RÉGIONALE

LE CLARIANT

Le Bruchet ✆ 06 82 42 45 19
www.leclariant.com
Ouvert toute l'année. Se renseigner sur les dates. Soirées sur réservation. Formule déjeuner 30 €. Formule dîner 45 €.

Il y a des tables plus incroyables que d'autres. Le Clariant est à la fois une table et un refuge de montagne. Ça vous donne déjà une piste. Et si ce n'est pas une piste qu'il vous faudra suivre pour accéder à cette adresse, c'est un chemin et 30 minutes de marche (facile) depuis le site nordique de Corrençon. Aux portes de la Réserve des Hauts Plateaux, un lieu perdu en pleine nature, sans eau ni électricité, pour savourer une cuisine maison réalisée uniquement à partir de bons produits de saison. Tout est fait maison par Nico et Jean-Rémi avec cuisson à la flamme sous vos yeux ! En soirée, repas à l'ancienne autour du feu. Possibilité de privatiser les lieux pour un événement.

SITE DE DÉCOUVERTE

MAISON RAMBERT - RAVIOLE DU DAUPHIN

670, ZA La Gloriette - **CHATTE**
✆ 04 76 64 10 92
www.raviole-maison-rambert.com
Ouvert du mardi au samedi de 9h à 12h et de 14h30 à 19h. Fermé jours fériés. Entrée libre. Accès facile, parking assuré.

© MAISON RAMBERT

Spécialité régionale, la raviole rayonne dans tout l'Hexagone ! Pour se régaler de ravioles fabriquées en Isère, direction les Frères Rambert. Des ravioles réalisées à partir de produits de qualité, souvent locaux, pour un résultat parfait dans l'assiette. Ravioles traditionnelles, au chèvre frais, au bleu du Sassenage et la véritable Marcelline se dégustent en apéritif ou en plat principal. Découverte de la fabrication de la raviole à l'Espace découverte et vente en direct de toute la gamme des produits frais, gamme surgelée et autres produits locaux.

PARC D'ATTRACTION

LE JARDIN FERROVIAIRE

26, route de Lyon - **CHATTE** ✆ 04 76 38 54 55
www.jardin-ferroviaire.com
Ouvert d'avril à fin septembre. Haute saison, tous les jours de 10h à 19h. Gratuit -3 ans. Adulte 11,80 €.

Parce que nous sommes tous de grands enfants qui continuent de rêver devant les petits trains. Tels des géants dans un jardin extraordinaire créé par Christian Abric – plus de 200 espèces dont de superbes bonzaïs plantés en pleine terre –, nous partons en famille à la découverte des villes, curiosités et paysages du Dauphiné en suivant l'un des plus grands réseaux ferroviaires miniatures en plein air d'Europe. Un jeu d'observation vous permettra de découvrir le nom d'un arbuste. Un jardin Musikiosk nous ouvre ses portes et propose un parcours basé sur la découverte de structures musicales, visuelles et sonores. La visite se prolonge donc avec tous les sens en éveil.

SITE DE DÉCOUVERTE

GROTTE DE CHORANCHE

CHORANCHE ✆ 04 76 36 09 88
www.visites-nature-vercors.com
Ouvert toute l'année. Haute saison : 7j/7 de 10h à 18h30. Hors juillet et août, se renseigner. Adulte : 12,50 € (HS).

Quand la nature prend une autre dimension, mise en scène et en lumière par les hommes, c'est le spectacle souterrain de la Grotte de Choranche. Ouverte depuis plus de 50 ans au public, la visite offre la beauté mystérieuse d'une grotte remarquable avec ses stalactites fistuleuses, véritable forêt féerique surplombant les lacs et les rivières souterraines. Un environnement sublimé par des jeux de lumière extraordinaires. En surface : espace boutique souvenirs, terrasse panoramique pour continuer à contempler le paysage du Vercors tout en pique-niquant, un bar et une brasserie. Un spectacle merveilleux accessible à tous (notamment aux personnes handicapées en fauteuil roulant).

MUSÉE

LE GRAND SÉCHOIR

705, route de Grenoble - **VINAY** ✆ 04 76 36 36 10
www.legrandsechoir.fr
Ouvert toute l'année. Se renseigner pour les horaires. Gratuit -10 ans. Adulte 4,50 €.

Premier fruit couronné d'une AOC en 1938, la noix de Grenoble est le produit d'un territoire et d'hommes passionnés. Au Grand Séchoir, à travers une muséographie ludique et passionnante, découvrez comment ils ont évolué ensemble vers l'excellence. Dans un ancien séchoir à noix rénové, un cadre contemporain et un parcours adapté à toute la famille. Objets, photos, jeux interactifs, cabane à histoires... Tous les sens sont en éveil dans ce lieu vivant. Application mobile *Le Grand Séchoir hors les murs*. Exposition partagée *Forest Art Project*. Nouveauté en 2023 au Grand Séchoir avec l'escape game *La Légende des Noix d'or* (uniquement sur réservation). Espace boutique.

MUSÉE

MUSÉE DE L'EAU

Place du Breuil - **PONT-EN-ROYANS** ✆ 04 76 36 15 53
www.musee-eau.com
Ouvert toute l'année. Juillet et août 10h-20h. Autres saisons : se renseigner. Adulte 6,90 €.

Elément essentiel qui recouvre plus de 70 % de notre planète bleue, l'eau a son musée au pied des falaises du Vercors. Un véritable pôle touristique qui a fêté ses 20 ans cet été avec des conférences, expositions ou concerts. Un musée installé dans un bâtiment à l'architecture atypique, ayant fait l'objet de nombreuses rénovations, ouvert à tous les publics puisque tout le monde est concerné par l'eau ! De manière ludique, mais scientifique, chacun découvre le cycle naturel de l'eau et toute la famille s'amuse en apprenant. Un musée à « eau potentiel » où l'on découvre les différentes nuances des eaux, plates ou pétillantes. Ensemble unique avec hôtel, restaurant et boutique.

ESCAPADES

BELLEDONNE

Des trois massifs, il porte le nom le moins connu. Il y a la Chartreuse, le Vercors et... Tu sais, le massif enneigé qui domine Grenoble à l'est !

Belledonne, c'est d'abord la haute montagne. La chaîne de Belledonne s'étend de l'Isère jusqu'en Savoie, mais son plus haut sommet, le pic de Belledonne qui culmine à 2 977m, se trouve bien sur notre territoire isérois. Belledonne, cela aurait un rapport avec « belvédère ». Et pour s'en convaincre, il suffit de grimper vers l'une des stations emblématiques de notre département : Chamrousse. Véritable belvédère sur Grenoble, Chamrousse est la station phare des Jeux olympiques de 1968 avec l'accueil de 6 épreuves. Cette station familiale où l'on pratique ski alpin et ski nordique fait l'objet d'un grand projet de restructuration « Chamrousse Mountain Park 2030 ». L'autre station, installée sur un massif dont elle porte le nom, c'est Les 7 Laux. Regroupement de 3 communes, la station alpine offre un domaine skiable récemment rénové avec un espace freestyle attirant un public jeune. Comme à Chamrousse, la station diversifie ses activités pour mieux accueillir le tourisme estival.

Au pied de Belledonne, flirtant avec la vallée du Grésivaudan, deux villes se partagent les bienfaits des eaux thermales : Uriage-les-Bains proche de Grenoble et Allevard plus au nord. Uriage, c'est une station thermale réputée depuis plus de 200 ans dont l'eau sulfurée est utilisée en rhumatologie, dermatologie et ORL. Les curistes et les visiteurs profiteront d'un cadre de nature verdoyant, mais aussi d'un casino récemment rénové et d'un choix intéressant de restaurants. Allevard possède également des thermes spécialisés en rhumatologie, fibromyalgie et voies respiratoires. Le bien-être, la nature, un casino et de nombreuses activités permettent de se faire plaisir en toutes saisons.

À ces quatre villes qui peuvent être regroupées autour des thèmes : ski, thermalisme, nature et bien-être, il faut ajouter un thème « histoire » avec Vizille. Située dans la vallée de la Romanche, au pied de Belledonne, Vizille est surtout connue pour son château que l'on surnomme souvent « le berceau de la Révolution française ». Site historique, le Domaine de Vizille offre également un parc magnifique.

OFFICE DE TOURISME

OFFICE DU TOURISME DE CHAMROUSSE

42, place de Belledonne ✆ 04 76 89 92 65
www.chamrousse.com

Qualité Tourisme. Ouvert toute l'année. Ouverture en été, tous les jours de 9h à 12h et de 13h à 18h.

Son nom résonne encore des Jeux olympiques de Grenoble 1968, mais Chamrousse est une station durable tournée vers l'avenir. Dominant la Métropole grenobloise, à 30 km du centre-ville, Chamrousse s'adapte et fait l'objet d'un vaste projet (Chamrousse Mountain Park 2030) qui lui permettra de mieux accueillir les visiteurs aux 4 saisons. Si tout le monde connaît les pistes de ski, il faut découvrir la Maison de l'Environnement, la cascade de l'Oursière, les lacs de montagne ou l'espace sensible Tourbière de l'Arselle. Une station qui a des ressources dans tous les domaines.

NEIGE

CHAMROUSSE ALPINE PARK

Chamrousse
✆ 04 76 89 94 25
www.chamrousse.com

Ouvert de décembre à mi-avril selon enneigement.

La station alpine de Chamrousse nous permet de skier en admirant Grenoble dès les premières neiges. Facilement accessible depuis la Métropole, profitant d'un bon enneigement (naturel et artificiel le cas échéant), Chamrousse dispose d'un domaine pour tous les skis. 43 pistes skiables réparties sur 3 pôles : Roche Béranger, à l'origine de la station, Recoin où se trouve le télécabine de la Croix et de nombreux télésièges, et Village du Bachat, idéal pour les débutants. Incontournable : les sessions de ski nocturne du jeudi des vacances scolaires et les samedis pour skier dans une ambiance féerique au-dessus des lumières de la ville. Parc de luges pour tous les âges.

BISTROT - BRASSERIE

L'ÉCUREUIL

128, place de Belledonne
✆ 04 76 89 90 13

Fermeture annuelle mai et juin. Ouvert tous les jours, sauf mardi, de septembre à novembre.

La seule chose qui peut vous atteindre quand vous êtes installé en terrasse à l'Ecureuil, c'est une vague de plaisir. Au pied des pistes en hiver, au départ des sentiers en été, cet Ecureuil fait partie du paysage de la station. Convivialité, joie de vivre, l'Ecureuil offre un refuge plein de bonne humeur dans une salle chaleureuse avec Virginie. Halte gourmande incontournable pour la qualité d'une cuisine faite maison par le chef Xavier Bertrand. Des spécialités montagnardes servies avec charcuterie artisanale, ravioles gratinées et plats gourmands : épaule d'agneau entière confite, côte de bœuf avec l'os, truite aux câpres. Snacking pour ne pas manquer une activité. Un bonheur à l'air pur.

CHAMBRE D'HÔTE

L'ETAPE DU FANFOUE

469, rue des Gentianes ✆ 04 76 89 93 66
www.chambresdhoteschamrousse-fr.com

5 chambres. Chambre double à partir de 73 €. Restauration (table d'hôtes).

Plutôt que de séjourner dans une barre d'immeubles en montagne, et si vous partagiez l'art de vivre de véritables montagnards dans un cadre superbe… et gourmand ? L'Etape du Fanfoué, ce sont 5 chambres d'hôtes (de 2 à 4 pers. qui peuvent aussi se louer en version gîte) simples et confortables avec vue sur les montagnes, mais ce sont surtout des hôtes adorables, passionnés de sports de montagne (ski et parapente) et de plantes sauvages qu'ils nous proposent dans l'assiette avec d'autres produits bio et locaux. Petit déjeuner composé lui aussi de produits fermiers, certains fabriqués maison. Initiation culinaire aux plantes alpines sauvages. Sportif et gourmand : un séjour authentique.

SPA

LES BAINS DE CHAMROUSSE

49, rue des Gaboureaux
✆ 04 76 62 02 08
https://spachamrousse.fr

Se renseigner pour les jours et horaires d'ouverture.

La tête au-dessus des nuages, l'esprit et le corps détendus, venez partager des instants de bonheur aux Bains de Chamrousse. Vue imprenable sur les montagnes environnantes, relaxation optimale assurée dans un cadre apaisé et prestations à la hauteur de vos attentes de citadin stressé déconfiné. Les Bains de Chamrousse, c'est une piscine pour se détendre ou pratiquer l'aquagym, deux bains bouillonnants, deux hammams, deux saunas, un solarium pour profiter des bienfaits du soleil et un espace tisanerie. Nombreux soins esthétiques du corps et du visage, ainsi qu'un salon de coiffure. *Petit Futé* vous recommande le forfait The Must avec accès au spa et massage californien.

RÉSIDENCE DE VACANCES

LES BALCONS DU RECOIN***

49, rue des Gentianes ✆ 04 76 59 71 93
www.maeva.com

35 logements. Tarifs selon saison, studio à partir de 309 € la semaine (509 € en hiver). Animaux acceptés. Wifi gratuit.

Une belle résidence à la façade de bois, abritant 35 logements spacieux et confortables directement au pied des pistes, avec la télécabine de la Croix de Chamrousse pour accéder rapidement au sommet de la station. S'ouvrant sur le domaine skiable avec accès direct aux remontées mécaniques, cette résidence permet de profiter pleinement de son séjour à Chamrousse en hiver, mais aussi en été avec des départs de randonnée. Les appartements – du studio au 3 pièces avec duplex – de cette résidence de bon standing, pouvant héberger jusqu'à 6 personnes, sont bien équipés et disposent d'une cuisine pour un séjour à la montagne en toute autonomie. Logement idéal pour les familles.

OFFICE DE TOURISME

OFFICE THERMAL ET TOURISTIQUE

5, avenue des Thermes ✆ 04 76 89 10 27
www.uriage-les-bains.com
Ouvert de juin à sept, lun au ven 9h-13h et 14h-17h, sam et dim 9h-13h. D'octobre à mai, lun au ven 9h-12h et 14h-17h.

En direction de Chamrousse, Uriage-les-Bains profite d'un environnement préservé, offrant une invitation à la détente, au bien-être et aux balades en famille. Si tout le monde connaît les thermes pour se remettre en forme, il faut aussi découvrir l'Espace naturel sensible le Marais des Seiglières, site remarquable pour la faune, la flore et les paysages. Des circuits pédestres permettent de découvrir des trésors : papillons et libellules, grenouilles rousses et crapauds, chauves-souris... La réserve naturelle du Luitel abrite également 255 espèces de plantes.

CASINO

CASINO JOA

Palais de la Source - **SAINT-MARTIN-D'URIAGE**
✆ 04 76 89 08 42
www.joa.fr/casinos/uriage
Ouvert toute l'année. Tous les jours de 9h à 2h. Ouvert jusqu'à 4h les vendredis, samedis et veilles de jours fériés.

Un lieu superbe, mélange d'élégance au cœur de la station thermale et de modernité avec une partie loisirs et restauration (comptoir Joa ouvert 7j/7 midi et soir) très actuelle. Côté jeux, 135 machines à sous et de nombreux jackpots maison à remporter. Et si ce sont vos premiers pas dans cet univers, n'hésitez pas à vous faire aider par un membre du personnel, ils sont adorables. La salle des jeux de table est magnifique. Blackjack, roulette anglaise traditionnels et électroniques, Ultimate poker. Sans oublier les tournois. Possibilité d'organiser des séminaires et privatisation avec des formules sur mesure pour vos événements. Tentez votre chance chez Joa.

GOLF

GOLF D'URIAGE

Allée des Alberges ✆ 09 54 01 23 72
www.golfduriage.com
Restauration. Boutique.

De l'air pur sur les premières hauteurs du massif de Belledonne pour golfer dans un cadre magnifique. À quelques kilomètres de Grenoble, voici un golf 9-trous centenaire construit dans l'ancien parc du château d'Uriage qui s'est offert un nouveau club house. Un parcours dans l'environnement naturel exceptionnel de ce parc de 14 hectares où l'on enchaîne longues approches et fairways compacts au milieu des obstacles naturels. En plus du parcours, le practice se compose d'une vingtaine de postes, dont 7 couverts. Cours individuels et collectifs. En période hivernale, les horaires et les conditions de jeu changent. Le restaurant Le 2002 offre une belle terrasse et une cuisine faite maison.

THERMALISME

ÉTABLISSEMENT THERMAL

60, place Déesse-Hygie
✆ 04 76 89 10 17
http://centre-thermal.uriage.com
Ouvert d'avril à novembre. La cure thermale dure 3 semaines.

Vous connaissez déjà, vous utilisez sûrement les produits Uriage pour prendre soin de votre peau à tous les âges de la vie. Découvrez maintenant l'Établissement Thermal d'Uriage. Au cœur des Alpes, facile d'accès depuis la Métropole grenobloise, un établissement réputé pour son eau sulfurée, chlorurée, sodique, bactériologiquement pure et aseptique avec la même concentration moléculaire que le sérum sanguin. Une eau qui permet de faire des cures en rhumatologie, dermatologie, soins bucco-dentaires et pour les voies respiratoires. Depuis quelques années, l'Établissement thermal a développé des cures d'hydrothérapie thermale avec remise en forme, soins esthétiques, détente et anti-stress.

GASTRONOMIQUE

MAISON ARIBERT

280, allée du Jeune Bayard ✆ 04 58 17 48 30
https://maisonaribert.com
2 Michelin. Ouvert du mercredi au samedi soir, du vendredi au dimanche midi. Menus 175 à 195 €. Formule midi 125 €.*

La Maison Aribert a tout bon. Sincèrement engagé dans une démarche écoresponsable, le chef doublement étoilé Christophe Aribert poursuit sa quête d'une harmonie parfaite entre l'humain et la nature. Héritier des valeurs transmises par ses ancêtres agriculteurs-maraîchers en Isère, il réalise une cuisine inspirée par les produits de saison, inventant des plats comme autant de révélations gourmandes. Des bords de lacs de montagne, des sentiers, des prés et des forêts, les produits fleurissent dans des assiettes foisonnantes et subtiles à la fois. Chambres partageant naturellement les mêmes valeurs et nouvel espace bien-être pour goûter aux bienfaits de l'hydrothérapie.

CUISINE RÉGIONALE

LE PAVILLON D'ARMENONVILLE

179, allée du Jeune-Bayard
✆ 04 76 89 07 24
Ouvert d'avril à novembre, du mardi au dimanche midi et soir, sauf dimanche soir. Carte 30 € environ. Terrasse.

Envie de verdure, de se détendre au pied des montagnes ? 15e saison pour l'équipe du Pavillon d'Armenonville, pavillon de chasse de 1920 niché dans la verdure du parc d'Uriage, l'endroit rêvé pour faire une pause et savourer une cuisine réalisée à base de produits frais. Si le temps ne permet pas de profiter de la terrasse et de l'ombre des grands arbres, on se réfugie dans une salle aux allures de bistrot chic aux fenêtres avec verres d'époque. Cadre intimiste pour accueillir les gourmands venus savourer une glace ou un repas. Animations en soirée, jazz et théâtre.

BISTROT - BRASSERIE

LE CAFÉ A

280, allée du Jeune Bayard ✆ 04 58 17 48 30
https://maisonaribert.com
Ouvert tous les jours midi et soir. Formule 35 €. Plat 22 €. Brunch du dimanche 45 €. Salon de thé.

A comme Aribert. Et ajouter immédiatement B comme Bon. Belle terrasse dans ce cadre enchanteur et verdoyant, salle magnifique baignée de lumière par un incroyable lustre de 80 opalines blanches. Le Café A offre un véritable refuge gourmand à de larges horaires, puisqu'il assure un service de salon de thé tous les jours en continu l'après-midi et des brunchs le dimanche. La carte du Café A porte la signature d'un chef inspiré par les produits fermiers du terroir local : filet de féra snacké, épinard et sauce grenobloise, volaille du Trièves, crémeux de courgette ou ravioles du Royans, bouillon et légumes de saison. Veggies bienvenus. A comme Accès gourmand à une grande maison.

EPICERIE FINE

L'ÉPICERIE DE CARINE

170, avenue des Thermes
✆ 04 76 01 86 72
Ouvert du mardi au samedi de 8h30 à 19h, dimanche de 9h à 12h30.

Le nom a changé, le décor a changé, mais la qualité et l'esprit demeurent ! Une épicerie fine, en place depuis 15 ans, tenue par la délicieuse Carine Aribert. Dans ce lieu de rencontre et de partage, cette passionnée des meilleurs produits du terroir nous invite à découvrir toutes les merveilles qu'elle a sélectionnées pour nous. Dehors, fruits et légumes de saison des producteurs locaux. À l'intérieur, tout un choix de produits gourmands, à commencer par les produits régionaux réalisés par des artisans du bon goût. Pour mettre des étoiles sur sa table, les plats de saison de la Maison Aribert ! Vins et alcools dans le même esprit de qualité et de partage. Provisions de bonheur.

HÔTEL

GRAND HÔTEL & SPA URIAGE****

60, place Déesse-Hygie ✆ 04 76 89 10 80
www.grand-hotel-uriage.com
38 chambres (3 suites). Chambre double de 145 à 235 €. Spa. Restaurant.

Il fait partie du paysage d'Uriage, puisque le Grand Hôtel fut construit en 1862. S'ouvrant sur le parc, profitant d'un cadre verdoyant, il a bénéficié au cours des années de nombreuses rénovations pour devenir un hôtel et spa 4-étoiles au confort irréprochable et aux prestations haut de gamme. Les chambres, véritables cocons de bien-être, portent le nom des célébrités passées entre ses murs. Détente intégrale au spa et gourmandise à la brasserie raffinée La Table d'Uriage de la cheffe Carmen Thelen. Un lieu apaisant pour prendre soin de soi toute l'année.

LA TABLE D'URIAGE

60, place Déesse-Hygie
✆ 04 76 89 10 80
www.grand-hotel-uriage.com
Ouvert du mercredi au dimanche midi et soir. Menu du Marché 39 €. Menu Végétarien 55 €. Menu Dégustation 79 €.

Une Table sur laquelle on peut compter pour se régaler autour des plats réalisés par la cheffe Carmen Thelen. Dans le cadre magnifique du Grand Hôtel, la Table d'Uriage s'adresse aussi bien aux visiteurs de passage qu'aux curistes et voyageurs séjournant sur place. Brasserie haut de gamme comme elle se définit, cette table s'ouvre largement sur le parc. A l'intérieur, lignes élégantes et épurées, quelques photos du passé et assiettes qui nous ramènent au présent. Cuisine réalisée à partir de produits issus des circuits courts, avec des associations pleines de fraîcheur comme ce suprême de canard, gnocchis à l'estragon et fraises au cœur du printemps. Menu végétarien dans le même esprit.

SE LOGER

CAMPING DU BUISSON**

252, chemin des Buissons - **SAINT-MARTIN-D'URIAGE**
✆ 04 76 89 51 92 - www.camping-grenoble-alpes.fr
40 emplacements. Emplacement + véhicule + 2 personnes de 16,50 € à 19 €. Dome. Yourte.

Sur les hauteurs d'Uriage, détente, relaxation, bonheur. Idéalement situé pour profiter des bienfaits de la ville thermale, des montagnes - au cœur du massif de Belledonne et proche des stations - et de Grenoble, le Camping du Buisson propose des emplacements et des hébergements insolites. Le camping dispose de mobil-homes perchés sur les hauteurs, d'un étonnant dôme géodésique 100 % artisanal pour dormir sous les étoiles, de Coco Sweets, des tentes fonctionnelles et particulièrement agréables pour abriter une famille entière, et de deux yourtes avec bain bouillonnant privatif. Une adresse nature, idéale pour pratiquer le yoga et les activités outdoor, qui sort des sentiers battus.

OFFICE DE TOURISME

OFFICE DE TOURISME

Centre des Cortillets ✆ 04 76 08 17 86
www.les7laux.com

Haute saison : ouvert tous les jours. Horaires variables selon les saisons. Se renseigner.

Les 7 Laux se situent sur le massif de Belledonne, la haute chaîne de montagne qui nous fait tant envie quand on lève les yeux depuis les rues de Grenoble. Les 7 Laux se composent de 3 villages connectés. Le Pleynet (côté Haut-Bréda) est situé au bas des 7 lacs d'altitude qui ont donné leur nom aux 7 Laux. Il apparaît au bout de la route et vous offre sans concession la beauté sauvage de ses montagnes. Prapoutel et Pipay (côté Grésivaudan) sont jeunes et colorés, ils vous offrent une montagne verdoyante et plus douce. Depuis ces deux sites dominant la vallée du Grésivaudan, on découvre un panorama unique sur les massifs du Vercors, de Chartreuse et des Bauges.

MUSÉE DÉPARTEMENTAL

MAISON BERGÈS (MUSÉE DE LA HOUILLE BLANCHE)

40, avenue des Papeteries, Lancey - **VILLARD-BONNOT**
✆ 04 38 92 19 60
15 km au nord-est de Grenoble - musees.isere.fr

Du 1/04 au 31/10 mer à ven 13h-18h, we 10h-18h. Du 1/11 au 31/03 mer à ven 13h30-17h30, we 10h-17h30. Gratuit

A l'image de l'hydroélectricité utilisée en 1869 par Aristide Bergès pour sa papeterie, ce musée est une source inépuisable – et gratuite ! – d'émerveillement. Un musée à (re) découvrir avec une amélioration du parcours permanent à faire avec un audioguide dans un lieu de mémoire exceptionnel où se mêlent les arts – Art nouveau et symbolisme –, les sciences et les innovations techniques dans l'industrie. Une Maison Bergès dont il faut surveiller l'agenda pour ne pas manquer un événement, comme cette exposition intérieur/extérieur intitulée Jardins. La Belle Époque !

NEIGE

STATION DES 7 LAUX

Centre des Cortillets
✆ 04 76 08 17 86
www.les7laux.com

Une station constituée de trois stations connectées entre elles : Le Pleynet côté soleil levant, Prapoutel et Pipay côté soleil couchant. Une station qui a connu bien des difficultés dans le passé liées aux problèmes d'enneigement. Une station qui a fait le choix de la modernisation et qui profite aujourd'hui d'un superbe parc d'équipement. Ces dix dernières années, 90 % des remontées mécaniques ont été changées, la station se classant au 2e rang national pour l'âge de ses remontées, les pistes ont été repensées et elle abrite l'un des meilleurs snowparks de France (premier parc alpin designé par Oakley pour les amateurs de freestyle). Plusieurs espaces pour le ski nordique.

RÉSIDENCE DE VACANCES

RÉSIDENCE LES GRANGES

Prapoutel ✆ 04 76 78 31 55
www.les7lauximmobilierservices.com

Appartement pour 4 personnes à partir de 595 €/semaine. Garage couvert. Animaux acceptés (50 €/réservation).

Une résidence haut de gamme, composée de chalets traditionnels construits dans un style authentique, bois et pierres apparentes, dans le respect de ce magnifique environnement de montagne. Les chalets sont situés directement sur les pistes et l'on peut partir idéalement « skis aux pieds » de la résidence. Pour rejoindre le centre de la station, pas plus de 3 minutes à pied suffisent. Les appartements, de 2 à 12 couchages, offrent tout le confort nécessaire à votre séjour. S'ajoutent d'autres prestations pour votre confort, des garages couverts, un casier à ski, ainsi que la possibilité d'une pension en partenariat avec La Sierra. Pour vos prochaines vacances été comme hiver.

GASTRONOMIQUE

LA TOUR DES SENS

Route de Theys - **TENCIN** ✆ 04 76 04 79 67
www.latourdessens.fr

Maître Restaurateur. Ouvert du mardi au samedi midi et soir. Menus de 59 à 99 €.

La gastronomie au naturel. Dans sa Tour des Sens, Jérémie Izarn - Top Chef 2017 - n'a pas besoin d'afficher une étoile pour s'affirmer, année après année, comme l'un des meilleurs chefs de sa génération. Le lieu est magique avec sa terrasse panoramique ouverte sur la Chartreuse. Une ancienne tour du XIe siècle qui a su conserver son caractère pour nous accueillir dans une salle élégante afin de savourer une cuisine contemporaine faite de technicité et surtout de bons produits travaillés avec passion. Sensations d'un « Poisson d'eau douce cuit lentement » et d'un « Coquelet savoureux avec ses quartiers de pêche à la sarriette », avant un dessert digne d'une finale... Jérémie ravit tous nos sens.

L'AUBERGERIE

152, chemin de la Catin - **LA FERRIÈRE**
✆ 04 76 97 59 02
www.aubergerie.com

Ouvert toute l'année, tous les jours. Idée du jour 18 €. Carte. Wifi gratuit.

Il y a des « bouts du monde » qui enchantent notre vie. Dans un cadre splendide, dans un lieu sauvage de nature préservée, à 5 min de la station des 7 Laux, voici l'Aubergerie. Une authentique ferme de montagne parfaitement reconvertie en restaurant et chambres d'hôtes. Un véritable petit coin de paradis et une adresse de charme tenue par des gens adorables, qui ont le sens de l'accueil autant que le respect des bons produits. La spécialité maison, c'est l'agneau que l'on retrouve même en méchoui (sur commande à partir de 25 personnes) ou en tajines. Fondues aux fromages, tartiflettes et croziflettes. Des chambres permettent de prolonger le bonheur d'être à l'Aubergerie.

OFFICE DE TOURISME

BUREAU D'INFORMATION TOURISTIQUE VIZILLE

19, place du Château ✆ 04 76 68 15 16
www.grenoble-tourisme.com
Ouvert du mardi au samedi 10h-13h et 14h30-17h30. Se renseigner hors période.

Vizille est connue pour son domaine avec le château abritant le musée de la Révolution française et un parc majestueux. Le *Petit Futé* vous invite à découvrir d'autres facettes de la ville à travers une visite guidée de ville qui vous conduira à la statue de la Liberté locale, la fameuse Marianne, vers les ruines du château du Roy sur un éperon rocheux avec son belvédère donnant vue sur le massif de Belledonne. Autres découvertes : le prieuré de Vizille, dont il ne reste que le portail remarquable, l'église de Vizille et l'hôtel de ville, pour revenir au Domaine de Vizille.

CHÂTEAU

DOMAINE DE VIZILLE

Place du Château
✆ 04 76 68 07 35
www.domaine-vizille.fr
Tous les jours sauf le mardi de 10h à 12h30 et de 13h30 à 17h. Gratuit. Visite guidée les premiers dimanches du mois.

Plutôt que d'apprendre à distance, promenons-nous dans l'histoire. Un héritage historique, culturel et naturel qu'il faut découvrir, transmettre, et pas seulement parce qu'il est gratuit – l'accès au domaine et au musée est entièrement gratuit –, mais parce qu'il porte des valeurs essentielles pour notre société contemporaine. À proximité immédiate de Grenoble, au pied du massif de l'Oisans, le Domaine de Vizille offre un site exceptionnel. À première vue, c'est un site de détente merveilleux, avec son parc et ses jardins labellisés « Jardin remarquable », où toute la famille et les amoureux aiment à se promener le long des allées. Parterres à la française, jardins architecturés et parc champêtre pour aller à la rencontre de la flore et de la faune, avec une réserve animalière et ses 200 cervidés. Rencontre avec la nature façonnée par la main de l'homme, rencontre aussi avec l'histoire et la culture. Ancienne demeure des ducs de Lesdiguières au XVIIe siècle, de la famille Perrier au XIXe siècle, résidence présidentielle de 1925 à 1960, le Domaine de Vizille - propriété depuis 1972 du Conseil général de l'Isère - a abrité une page de l'histoire de France en accueillant le 21 juillet 1788 l'Assemblée des trois ordres du Dauphiné, prémices des événements révolutionnaires de 1789. Le château accueille depuis 1983 le Musée de la Révolution française, avec une collection unique d'œuvres d'art et d'objets évoquant cette période. Créé à la même période que le musée, un centre de documentation-bibliothèque abrite la plus importante documentation (27 000 ouvrages, dont 6 000 sont antérieurs à 1 800) consacrée à la Révolution française. Pour couronner le tout, ajoutons que l'accueil et les services sont eux aussi remarquables de gentillesse et d'efficacité. Un domaine qui est notre bien commun et qui agit à la fois pour notre bien-être en particulier et notre bien-vivre en société.

MUSÉE DÉPARTEMENTAL

MUSÉE DE LA RÉVOLUTION FRANÇAISE

Place du Château ✆ 04 76 68 07 35
www.domaine-vizille.fr
Ouvert tous les jours, sauf le mardi. Horaires selon périodes. Gratuit.

Au musée citoyens ! Le musée de la Révolution française se trouve dans le cadre exceptionnel du Domaine de Vizille. Magnifique parc, jardins labellisés, environnement de montagnes, le cadre naturel est fantastique mais il ne doit pas faire oublier le cadre historique. C'est au château de Vizille que s'est déroulé un épisode important de la Révolution française : la réunion des trois ordres du Dauphiné en 1788. Pour mieux comprendre la Révolution française, le musée retrace de manière ludique et pédagogique la période. Visites guidées, contées et ateliers pour les scolaires.

PARC ANIMALIER / FERME

PARC DU DOMAINE DE VIZILLE

Place du Château
✆ 04 76 68 07 35
www.domaine-vizille.fr
Ouvert toute l'année. Haute saison ouvert tous les jours de 9h à 20h. Accès libre pour le parc.

Les plus belles journées se vivent au Domaine de Vizille. Ce parc labellisé Jardin remarquable est fantastique. Le grand canal bordé d'un tapis de pelouse verdoyante traverse le domaine. Jardins à la française, roseraies, bosquets d'arbres ornementaux... Toutes les saisons sont propices à la visite du parc, mais le printemps offre une incroyable palette de parfums et de couleurs. Un parc abritant de nombreux animaux, dont 200 cervidés – cerfs, daims, biches... – à observer du haut d'une tour. La visite du Musée de la Révolution française complète une journée inoubliable.

LE FLORÉAL

Place de la Libération
✆ 06 15 90 52 84
www.lefloreal.net
Ouvert toute l'année. De juin à août ouvert tous les jours de 9h à 20h. Formule complète : 22 €

Installé dans le parc du Domaine de Vizille, dans un ancien moulin avec sa roue à aubes, Le Floréal mêle beauté d'un site exceptionnel et élégance d'une rénovation splendide. Grande terrasse pour les beaux jours et salle chaleureuse à l'image de l'accueil de Christelle Todeschini, la maîtresse de maison. En cuisine, des assiettes savoureuses de saison réalisées à partir de produits locaux labellisés IsHere. Service non-stop en journée pour se régaler de belles salades, d'un tartare coupé au couteau, de délicieuses suggestions du moment, des tartines froides et chaudes et de succulents desserts maison. Glacier en été, salon de thé en hiver. Une nouveauté qui nous enchante.

Domaine de Vizille.

CASINO

CASINO D'ALLEVARD

14, avenue des Bains ✆ 04 76 45 88 29
www.circuscasino.fr
Ouvert tous les jours de 10h à 2h. Ouvert jusqu'à 3h vendredis et samedis.

Un casino Circus au décor original qui pourrait presque passer inaperçu. En effet, l'extérieur n'a rien d'un casino, mais tout d'une belle bâtisse bourgeoise ravivée d'un bleu roi. L'intérieur ressemble à un extérieur, puisqu'on se retrouve dans une reconstitution réaliste d'un petit quartier de belle époque. On peut aller manger sur une superbe terrasse ou dans une ravissante salle contemporaine ou faire une pause de jeux au bar en sirotant un cocktail. Cet endroit sympathique, avant tout casino, dispose bien sûr d'une table de black-jack, d'une roulette anglaise électronique et de 50 machines à sous, mais propose également une dizaine de chambres pour prolonger son séjour.

HÔTEL

LES ALPES***

1, place du Temple ✆ 04 76 45 94 10
http://lesalpesallevard.fr
Fermé en mars et novembre. Chambre double à partir de 85 €. Wifi gratuit. Restauration.

Sur une place discrète au cœur d'Allevard, à 200 mètres des thermes, une belle maison d'angle qu'il ne faut pas manquer pour s'assurer un bon séjour au pied du massif de Belledonne. Les Alpes comptent parmi les adresses qui font notre bonheur pour le confort de leurs chambres décorées avec soin et pour les saveurs d'une table raffinée tournée vers la gastronomie. On se détend au bord de la piscine chauffée, on se relaxe dans sa chambre après une journée d'activités de pleine nature et on profite de son repas. Derrière les fourneaux, Thierry Blondeau perpétue une cuisine raffinée de grande tradition respectant le produit et les saveurs. Une adresse qui nous amène vers les sommets.

MUSÉE

LE MUSÉE D'ALLEVARD

1, rue de la Libération ✆ 04 76 45 16 40
https://musees.le-gresivaudan.fr
Musée en cours de rénovation. Réouverture prévue au printemps 2023.

Ce musée initialement situé dans l'ancienne Maison des Forges est transféré dans l'ancien casino du Parc Thermal d'Allevard. Aménagement retardé par la crise sanitaire et déménagement des collections pour une réouverture... quand les travaux seront terminés (on l'espère bientôt). Des collections qui permettront toujours de mieux comprendre le territoire du Grésivaudan et ses différentes activités : agriculture en vallée et montagne, thermalisme, tourisme et aussi industrie. Un musée qui nous réserve de futures belles découvertes. En attendant, balades sur le sentier du fer, découverte de l'histoire des stations de ski : les musées du Grésivaudan proposent des activités hors les murs.

OFFICE DE TOURISME

BUREAU INFORMATION TOURISTIQUE ALLEVARD-LES-BAINS

11, place de la Résistance ✆ 04 76 45 10 11
www.allevard-les-bains.com
Ouverture selon saison, se renseigner. Tous les jours en juillet et août.

Allevard-les-Bains est une ville charmante qui dispose de thermes traitant les voies respiratoires et la rhumatologie. Mais Allevard-les-Bains offre de nombreux autres raisons de faire une escapade dans sa direction. Il ne faut pas manquer de profiter d'un cadre naturel exceptionnel parfaitement préservé avec 240 km de sentiers de randonnée balisés, la possibilité de faire du parapente, un plan d'eau et deux stations de sports d'hiver : le Collet d'Allevard et Le Pleynet-Les 7 Laux, ainsi qu'un espace alpin (Grand Plan) et de ski nordique au Barlioz.

TABLE D'HÔTES - FERME-AUBERGE

FERME AUBERGE DU BESSARD

Le Bessard
✆ 04 76 97 54 82
www.au-bessard.com
Nuitée avec petit-déjeuner. 2 personnes 69 €. Restauration.

Un refuge au cœur d'une nature préservée sur les hauteurs d'Allevard. Selon nos lecteurs, et nous les croyons, un séjour à la ferme auberge du Bessard avec Pascale et Michel est un moment exceptionnel à partager à deux ou en famille. Une ferme auberge pour faire provision de tous les bons produits du terroir avec des foies gras maison, du miel, des rillettes, des pains d'épices ou des noix à savourer sur place ou à rapporter dans son panier. Visites possibles de l'élevage. À la ferme, on trouve aussi quatre chambres d'hôtes (dont une suite) et une table forcément gourmande où l'on sert les produits de l'exploitation. Une autre façon, gourmande, de découvrir la région.

THERMALISME

LES THERMES D'ALLEVARD

8, rue Bernard-Niepce
✆ 04 76 97 56 22
Accès par l'A41, Grenoble-Chambéry.
www.thermes-allevard.com

Dans cette station à taille humaine, les Thermes d'Allevard proposent un environnement privilégié de moyenne montagne idéal pour la détente, avec un air particulièrement pur, mais encore une eau soufrée unique, parmi les plus sulfureuses au monde, agissant directement sur le renforcement des cartilages et sur l'ensemble de la muqueuse respiratoire. Tout le savoir-faire et l'expérience de Thermes conjuguant depuis 1849 tradition et innovation. Les Thermes d'Allevard disposent d'un Espace Forme et d'un Espace Bien-être. L'expérience des Thermes d'Allevard alliée à la modernité de thermes rénovés après de grands travaux font la différence pour notre bien-être et notre santé.

ESCAPADES

LA CHARTREUSE

Chartreuse : un nom que l'on associe dans le monde entier à une délicieuse liqueur verte ou jaune avant même de penser qu'il s'agit d'un massif montagneux. Et pourtant, c'est le calme absolu du « désert de Chartreuse » qui sera à l'origine de l'installation de saint Bruno et de ses compagnons.

Les fondateurs du monastère de la Grande Chartreuse ne se doutaient pas au XIe siècle que leur ordre essaimerait tout autour du globe et que leur fameuse liqueur s'exporterait dans tous les pays. Si le monastère ne se visite pas, le musée de la Grande Chartreuse fait partie des visites incontournables de la région. Lieu de haute spiritualité, il permet d'approcher au plus près la vie des moines et des œuvres splendides. Bien sûr, dégustation de chartreuse et promenade au milieu de l'une des plus belles forêts de France.

Au cœur de la Chartreuse, on fait aussi du sport avec une pratique qui se répand de plus en plus sur les sentiers de nos montagnes : le trail. À Saint-Pierre-de-Chartreuse, la station de trail de Chartreuse a été la toute première créée et reste une référence en la matière.

Sur le plateau des Petites Roches, la station de ski de Saint-Hilaire-du-Touvet nous rappelle que nous sommes bien en montagne : station familiale à taille humaine (ski alpin, ski de fond, luge...) posée sur un plateau ouvrant un panorama grandiose vers la vallée du Grésivaudan. Pour monter depuis la vallée, proche de Grenoble, le funiculaire reste un moyen sûr et... sensationnel, puisqu'il offre une ascension quasi verticale le long de la falaise (plus forte pente d'Europe !). Le site est aussi connu dans le monde entier pour accueillir le plus grand événement de vol libre : la coupe Icare.

Immenses forêts de sapins verts, pistes de ski alpin et nordique, balades en raquettes ou randonnées sur les chemins, **Le Sappey-en-Chartreuse** est l'une des portes du parc régional de Chartreuse à fréquenter en toutes saisons.

Enfin, **Voiron** et son pays s'étendent sur les contreforts de la Chartreuse. Mais le lien est rapidement établi avec la Chartreuse dont les anciennes caves abriteront bientôt un musée. Les gourmandises ne manquent pas dans cette ville abritant de bons restaurants, mais aussi les fameux chocolats Bonnat.

EDIFICE RELIGIEUX

MONASTÈRE DE LA GRANDE CHARTREUSE

Couvent de Grande Chartreuse
SAINT-PIERRE-DE-CHARTREUSE
A 6 km au nord-ouest de Saint-Pierre.
Ne se visite pas. Visite du musée, proche du monastère (1,8 km).

Lieu de prières et de recueillement, le monastère de la Grande Chartreuse ne se visite pas (musée en contrebas). Tout a commencé en l'an 1084. Hugues, évêque de Grenoble, reçoit un jour la visite de 7 voyageurs en quête d'un lieu retiré où ils pourront mener une vie faite de prières, de travaux intellectuels et manuels. Hugues les conduit dans le « Désert de Chartreuse ». Le premier monastère de la Grande Chartreuse naissait et saint Bruno créait un nouvel ordre monastique : les chartreux. D'autres chartreuses seront bâties dans le monde (24 toujours en activité).

MUSÉE DÉPARTEMENTAL

MUSÉE ARCABAS EN CHARTREUSE

Église de Saint-Hugues-de-Chartreuse
SAINT-PIERRE-DE-CHARTREUSE ✆ 04 76 88 65 01
www.saint-hugues-arcabas.fr
Ouvert tous les jours, sauf le mardi, le 1er janvier et le 1er mai, de 10h à 13h et de 14h à 18h. Gratuit.

L'église de Saint-Hugues-en-Chartreuse abrite un trésor : l'œuvre monumentale du peintre et sculpteur Arcabas. Un fleuron de l'art sacré, un trésor éblouissant de tendresse et de vitalité. Le visiteur est ébloui par le foisonnement des œuvres qui ceinturent en trois bandeaux superposés l'intérieur de l'édifice. Peintures chatoyantes, prédominance des ors et des rouges, sculptures, vitraux déroulant une multitude de petites histoires bibliques. Flamboyant et réjouissant. Les enfants apprécient particulièrement les nombreux tableaux avec des animaux.

MUSÉE

MUSÉE DE LA GRANDE CHARTREUSE

La Correrie - **SAINT-PIERRE-DE-CHARTREUSE** ✆ 04 76 88 60 45
Entre Saint-Pierre-de-Chartreuse et le monastère.
www.musee-grande-chartreuse.fr
Ouvert tous les jours, sauf jeudi, du 9/04 au 6/11. Juillet-août : tous les jours sauf dimanche matin. Adulte 10 €.

Levez une partie du mystère qui enveloppe depuis plus de neuf siècles le monastère de la Grande Chartreuse, site interdit aux visiteurs. Installé à la Correrie, le Musée de la Grande Chartreuse permet de découvrir l'histoire de l'Ordre et de partager le mode de vie des Chartreux. Dans le calme, on écoute avec attention les témoignages des pères et des frères racontant leur vie quotidienne au sein du monastère. A découvrir également : la première exposition consacrée à Antoine Sublet, peintre religieux lyonnais qui a travaillé pour les Chartreux.

OFFICE DE TOURISME

OFFICE DE TOURISME - CŒUR DE CHARTREUSE

Place de la Mairie - **SAINT-PIERRE-DE-CHARTREUSE**
✆ 04 76 88 62 08 - www.chartreuse-tourisme.com
Haute saison du lundi au samedi de 9h à 12h et de 14h à 18h, le dimanche de 9h à 12h30. Hors saison, se renseigner.

Un territoire au cœur du massif de la Chartreuse et de son Parc naturel régional. Un territoire au caractère montagneux et rural qui s'étend au-delà des limites de l'Isère, puisqu'il comprend 17 communes, 7 en Isère et 10 en Savoie. Découvrez l'espace découverte du Guiers et le relais du Parc naturel de Chartreuse en accès libre. Sur place, il est possible d'acheter son permis de pêche, des billets pour les festivals des alentours, connaître les activités culturelles, acquérir des cartes et des topo-guides de randonnée. Accueil souriant, sympathique et compétent.

RANDONNÉE PÉDESTRE

STATION DE TRAIL DE CHARTREUSE

Chemin de Perquelin - **SAINT-PIERRE-DE-CHARTREUSE**
✆ 04 76 53 35 65 - www.stationdetrail.com
Station de trail 7j/7. Accès au parcours de trail et test de matériel : gratuit.

Le meilleur terrain pour courir, c'est au milieu de la nature. Créée par Benoît Laval, voici la première Station de Trail, modèle pour la trentaine de stations ouvertes en France et dans le monde. Vous voici partis sur les chemins et les sentiers de Chartreuse avec 19 parcours adaptés à tous les niveaux : du Kilomètre Vertical aux parcours ateliers avant d'attaquer le Grenoble/Saint-Pierre-de-Chartreuse. Sur place : stade de trail, salle running-fitness, espace test de matériel Raidlight et Vertical, ski de randonnée en hiver et pratique de la marche nordique.

SPORT

RAIDLIGHT

Chemin de Perquelin - **SAINT-PIERRE-DE-CHARTREUSE**
✆ 04 76 53 35 55 - www.raidlight.com
Ouvert du lundi au samedi 9h-12h30 et 14h30-18h, dimanche 9h30-12h30 et 14h-18h. Magasin d'usine ouvert 7j/7.

Défiez la nature et dépassez vos limites avec Raidlight. La pratique du trail, c'est la tendance depuis quelques années maintenant. Benoît Laval, créateur des stations de Trail et de Raidlight, avait donc de l'avance sur tous ses concurrents. Redevenu indépendant en 2020, Raidlight conserve son avance et continue en proposant une gamme de vêtements et de matériel 100 % adaptés à la pratique du trail. Des produits vraiment conçus pour la performance et le bien-être des sportifs. Du « made in France » de très haute qualité, comme cette collection de chaussures de trail Responsiv, mais également des sacs à dos ultra légers avec ou sans poche à eau, des bâtons de trail ou des masques barrière.

CABANE DANS LES ARBRES

CABANES CHARTREUSE INSOLITE

Les Essarts - **SAINT-PIERRE-DE-CHARTREUSE**
✆ 07 71 17 07 43 - www.cabaneschartreuse-insolite.fr
Ouvert toute l'année. 2 cabanes. Chambres doubles à partir de 160 €.

C'est là que l'on veut se retrouver en famille ou en amoureux : dormir au cœur de la forêt, des pistes de ski en hiver, sur le domaine Cœur de Chartreuse dans des cabanes perchées. Goûtez au silence, à la beauté du site, retrouvez-vous en pleine nature pour vivre des moments uniques à partager dans l'une des deux cabanes. Des cabanes en bois tout confort pour des nuits rythmées par les sons de la nature. Autre bonheur, celui de chausser les skis en descendant de la cabane et de partir directement sur les pistes du domaine ! Coup de cœur pour ces hébergements insolites.

HÔTEL

HÔTEL-RESTAURANT BEAU SITE***

Place de l'Église - **SAINT-PIERRE-DE-CHARTREUSE**
✆ 04 38 02 10 12 - beausitehotel.fr
26 chambres. Chambre double à partir de 78 €. Wifi gratuit. Restauration.

Au centre de Saint-Pierre-de-Chartreuse, cet hôtel dispose d'une superbe terrasse panoramique abritant une piscine extérieure, idéal pour profiter d'un environnement naturel absolument exceptionnel. Certaines chambres ont été refaites avec goût et s'ouvrent vers les montagnes. On profite des nombreux sites à proximité (Grande Chartreuse notamment) pour sortir au grand air (randonnée, trail, ski...). Décor de rêve, accueil adorable par un hôtelier perpétuant une longue tradition, voilà de quoi fidéliser les amoureux de la Chartreuse et attirer tous les autres.

TABLE D'HÔTES - FERME-AUBERGE

LA FERME DE BRÉVARDIÈRE

Brévardière - **SAINT-PIERRE-DE-CHARTREUSE** ✆ 04 76 88 60 49
www.brevardiere.fr
Ouvert du jeudi au dimanche et jours fériés le midi. Sur réservation. Menus de 25 € à 26 €. CB non acceptée.

À proximité du monastère de la Grande-Chartreuse, il est un lieu où l'on aime venir se recueillir d'une tout autre manière. Un havre de paix où l'on vient autant pour profiter d'un environnement exceptionnel, entouré par les sommets de Chartreuse, que pour savourer une cuisine maison réalisée à partir des produits du terroir local. A commencer par le safran cultivé sur place. Céline et Philippe nous régalent de viandes de Chartreuse, de spécialités safranées, comme ce sauté de porc au safran, de fromages de Chartreuse et de desserts maison. Visite de la safranière et produits maison (safran pur, confiture, sirop, sel aromatisé…). Gîte de qualité à l'Auberge pour ne plus repartir.

RESTAURANT

AUBERGE DU CHARMANT SOM

Col de Porte - **SAINT-PIERRE-DE-CHARTREUSE**
✆ 04 76 88 83 38 - www.aubergeducharmantsom.com
De juin à septembre, tous les jours midi et soir, sauf dimanche soir. Altitude 15,80 €. Fondue soir 21,50 €.

(Re) prendre de la hauteur à 1 670 m d'altitude, au milieu des alpages de Chartreuse, pour se régaler d'une cuisine maison tout ce qu'il y a d'authentique. Direction L'Auberge du Charmant Som, une adresse comme on en rêve en plein été pour se détendre et bien manger. Terrasse plein sud pour profiter de ce paradis de nature, salle chaleureuse, gentillesse de Sébastien Roux et de son équipe qui prolonge le plaisir d'être autour d'une table pleine de bons produits du terroir cuisinés maison. Savoureuse charcuterie et tomme de Chartreuse, fondue savoyarde et tarte aux myrtilles maison pour atteindre des sommets de gourmandise. Réservation conseillée pour partager ce plaisir unique.

RELAIS DAUPHINÉ SAVOIE - MAISON FORCELLA

Le Bourg
SAINT-JOSEPH-DE-RIVIÈRE
✆ 04 76 55 21 71
Ouvert midi et soir du lundi au vendredi et dimanche midi. Menu du jour. Menus. Plats à emporter. 8 chambres.

Entre Dauphiné et Savoie, la Chartreuse a son ambassade gourmande : la Maison Forcella. Depuis plusieurs générations, une même passion pour les produits du terroir anime les propriétaires de cette charmante maison, salle avec un nouveau décor, où il fait bon s'arrêter en toute saison. Savoir-faire et gentillesse de toute l'équipe, Jean Franck en tête. Saveurs des produits locaux de saison : légumes de Crossey, entrecôtes de Chartreuse, ravioles dauphinoises et liqueur locale. Tête de veau d'octobre à avril. La tradition faite avec amour. Chambres pour prolonger le plaisir.

CAMPING

CAMPING SITES ET PAYSAGES DE MARTINIÈRE***

1941, route du Col de Porte - **SAINT-PIERRE-DE-CHARTREUSE**
✆ 04 76 88 60 36 - https://camping-de-martiniere.com
Ouvert de mai à mi-septembre. Emplacement + véhicules + 2 personnes de 19 à 38 €. Services pour camping-cars.

Quand un terrain de camping offre bien plus que du terrain à disposition pour y mettre tentes et locatifs. Ce qui fait l'une des grandes qualités de ce camping 3-étoiles, c'est son environnement. La nature à l'état pur du massif de Chartreuse. De nombreux forfaits et possibilités d'hébergement, de la tente au chalet, et des services pour passer des vacances l'esprit tranquille. Loisirs et activités, de la piscine chauffée aux jeux pour les enfants, sans oublier les randonnées et tous les autres sports à pratiquer tout à côté de ce camping idéal pour toute la famille.

VISITE GUIDÉE

LE FUNICULAIRE DE SAINT-HILAIRE

✆ 04 76 08 00 02
www.funiculaire.fr
Ouvert en 2023 de fin mars à fin novembre.

© SAINT-HILAIRE-DU-TOUVET

Après une saison 2022 marquée par une fermeture liée aux dégâts causés par d'importantes intempéries, le Funiculaire du Touvet, créé en 1924, s'élancera de nouveau sur la plus forte pente d'Europe (83 % d'inclinaison par endroits !) pour nous conduire en 20 minutes d'un trajet inoubliable de la vallée du Grésivaudan aux hauteurs de la Chartreuse, sur le plateau des Petites Roches à 1 000 m d'altitude. Site naturel exceptionnel et visite du Laboratoire d'Icare autour du vol. Dès le printemps prochain, un merveilleux et vertigineux voyage à faire en famille.

DELTAPLANE

ÉCOLE PRÉVOL

14, chemin du Funiculaire ✆ 04 76 08 38 71 - Grenoble-St-Hilaire : ligne de bus Transisère 3550 / 30 min en voiture
www.prevol.com
Ouvert toute l'année. Vol biplace découverte : 80 €.

La grande attraction à Saint-Hilaire-du-Touvet depuis le début des années 1980, c'est le deltaplane et maintenant le parapente. La qualité aérologique exceptionnelle du site et le professionnalisme des professeurs confèrent à cette école une réputation sans faille. Prévol, outre l'initiation et le perfectionnement, propose depuis 1986 (35 ans d'expérience, ça compte), la découverte, des vols biplaces parapente – en handi-fauteuil également – pour un baptême de l'air tout en douceur. Le cadre est fantastique pour votre premier décollage entre les falaises de calcaire de Chartreuse et la chaîne de Belledonne au loin. Une école ouverte toute l'année pour voler dès que possible.

SKI

STATION DU PLATEAU DES PETITES ROCHES

1, chemin des Pistes
www.station-ski-saint-hilaire.fr

Station accessible par le funiculaire qui vous monte de la vallée du Grésivaudan directement sur le plateau des Petites Roches. C'est surtout vrai en été, quand la station accueille La Récré des Mômes avec parc de jeux, activités sportives, ateliers, spectacles... En hiver, il faut venir en voiture – le funiculaire est au repos sous la neige – pour profiter d'une station de ski à taille humaine. 5 téléskis, une dizaine de pistes – dont 5 rouges très agréables dans la forêt – permettent de s'amuser en famille sur les pentes de la Chartreuse. Espace ludique au col de Marcieu.

OFFICE DE TOURISME

OFFICE DE TOURISME DU PLATEAU DES PETITES ROCHES

102, route des Trois-Villages
✆ 04 76 08 33 99
www.chartreuse-tourisme.com
Horaires variables selon les saisons. Se renseigner.

Retour à la liberté, au grand air, sur le plateau des Petites Roches. Partie orientale du parc naturel régional de la Chartreuse, ce plateau de moyenne montagne est simple d'accès par le funiculaire de Saint-Hilaire ou par les routes pittoresques depuis la vallée du Grésivaudan. Panorama fantastique sur les Alpes assuré. Possibilités d'hébergement, de restauration et d'activités de toute nature : vol libre, randonnées, ski alpin dans une ambiance familiale et détendue, ski nordique, raquettes, via ferrata... Un plateau des Petites Roches où l'on vit tout en grand !

OFFICE DE TOURISME

BUREAU D'INFORMATION TOURISTIQUE

Le Bourg ✆ 04 76 88 84 05
www.grenoble-tourisme.com

Ouvert du mercredi au dimanche de 9h à 12h. Vacances scolaires de la zone A : du mercredi au dimanche de 13h à 16h.

Petit village situé en altitude au pied du sommet de Chamechaude, point culminant du massif de Chartreuse, Le Sappey-en-Chartreuse fait partie de la Métropole Grenoble-Alpes. Tous les plaisirs de la montagne à proximité d'un grand centre urbain avec de nombreuses activités sportives et culturelles, notamment pour les familles et les amoureux du grand air. Randonnées et raquettes, parcours d'orientation, parc acrobatique forestier, VTT, ski alpin et nordique ou la luge avec le col de Porte. Un village, une station intégrée au Parc naturel régional de Chartreuse.

CAMPING

CAMPING LA VIRETTE

La Virette ✆ 06 33 41 41 56
www.camping-gite-chartreuse.fr

25 emplacements. Emplacement, véhicule, 2 pers à partir de 16 €. 4 pods à partir de 180 € le week-end. Wifi gratuit.

La Chartreuse a un goût de liberté et d'originalité. A 12 km de Grenoble, ouvrez vos yeux et vos poumons pour profiter d'un camp de base merveilleux. A proximité du village avec vue sur les montagnes environnantes, un camping municipal, où les camping-caristes sont les bienvenus, qui propose aux campeurs de s'installer librement sur une pelouse semi-ombragée (avec bornes électriques sur tout le terrain), un bloc sanitaire complet, une aire de jeux communale (et bien d'autres aménagements), mais encore avec 4 tout nouveaux hébergements insolites, des « pods » en bois massif d'épicéa, dont 2 confortables adaptés aux familles et 2 autres plus succincts parfaits pour randonneurs et cyclotouristes.

EDIFICE RELIGIEUX

L'ÉGLISE DU SAPPEY-EN-CHARTREUSE

✆ 04 76 88 84 05

Ouvert tous les jours. Accès libre en journée.

Cette église de montagne possède un charme simple et sert de « phare » à ce massif marqué par la spiritualité depuis près de neuf siècles. Cette église du XIIe siècle, qui borde la route qui grimpe au col de Porte, a été remaniée à deux reprises, notamment au XIXe siècle avec l'aide des moines de la Grande Chartreuse. À voir : un petit vitrail du XVIe siècle portant le symbole de l'ordre des chartreux (la croix sur le globe), un élément d'un autel en bois doré du XVIIe siècle, une Vierge en bois du XVIIIe siècle, et les huit vitraux créés récemment par le peintre Arcabas.

CHAMBRE D'HÔTE

LE CHANT DE L'EAU

Mollard Giroud ✆ 04 76 88 83 16 - A 12 km au nord de Grenoble par la route de Chartreuse (RD 512). Dans le village du Sappey en Chartreuse, situé entre le foyer de ski de fond et les téléskis, au hameau de Mollard Giroud. - www.gitechantdeleau.com

5 chambres. Chambre double de 67 à 77 €. Petit déjeuner inclus. Wifi gratuit. Restauration.

Toutes les raisons sont bonnes pour faire un séjour au Chant de l'Eau. Pour échapper à la pollution et au tumulte de Grenoble dans un cadre de nature préservée. Pour profiter des activités de randonnées pédestres en été, de raquettes en hiver ou de ski de fond, mais encore pour goûter à la convivialité d'un accueil chaleureux dans une maison où les enfants sont les bienvenus. En bordure de forêt, face aux montagnes, c'est dans une ancienne grange chartroussine de caractère que vous trouverez un repos bien mérité dans des chambres parfaitement aménagées. La table d'hôtes de fin de semaine est 100 % locale, puisque auto-produite au Chant de l'Eau ! Une adresse idéale pour se ressourcer.

SITE DE DÉCOUVERTE

LE MARAIS DES SAGNES

Le Bourg
✆ 04 76 88 84 05

Accès toute l'année. Gratuit. Pas d'animaux.

À quelques minutes du centre-ville de Grenoble, un peu à l'écart du bourg du Sappey-en-Chartreuse, le marais des Sagnes offre un parcours thématique de découverte de la faune et de la flore. Ce site magnifique, fragile et qu'il faut penser à protéger lors de sa balade en restant bien sur le sentier, offre une mosaïque de milieux humides. Plus grand marais d'altitude du parc de Chartreuse, il se compose de prairies humides à orchidées (interdit de les cueillir) – notamment l'orchis de Traunsteiner –, de hautes herbes refuges roselières et des boisements de saules cendrés. C'est le refuge naturel de nombreuses espèces animales comme le chevreuil ou la bécassine des marais.

HÔTEL

LES SKIEURS

Route du Sappey ✆ 04 76 88 82 76
www.lesskieurs.com

4 appartements en B&B à partir de 140 €. Wifi gratuit. Restauration.

Avec un nom pareil, on comprend bien que cet établissement s'adresse aux skieurs en hiver, mais il ne faudrait pas oublier la saison d'été. Les Skieurs, c'est une maison qui se trouve dans un magnifique parc boisé et de quatre appartements en B&B – ainsi qu'un autre petit chalet –, décorés dans un style montagnard, offrent une quiétude absolue. Le plus de cette adresse de tradition, c'est son restaurant au coin d'une grande cheminée, refuge pour les gourmands depuis 1937 ! Là, on vient savourer l'incontournable magret de canard rôti et son escalope de foie gras jus au cassis acidulé. Direction les montagnes ou le bord de la piscine pour faire descendre tout ça.

CUISINE RÉGIONALE

AUBERGE DU CHARMANT SOM

Bergerie Charman Som © 04 76 88 83 38
www.aubergeducharmantsom.com
Ouvert de juin à septembre, tous les jours midi et soir (sauf dimanche soir). Formule midi 15,80 €.

Une fois que vous saurez y aller (direction Col de Porte, puis Charmant Som), vous n'en reviendrez plus. Parce que là-haut, à 1 670 m d'altitude, au milieu des alpages, c'est le paradis ! Nature préservée pour faire les plus belles randonnées et une équipe au top pendant toute la saison estivale pour vous garder au chaud, au soleil, sur la terrasse verdoyante. Sébastien Roux et ses joyeux compagnons d'altitude savent mettre de l'ambiance dans ce lieu totalement unique. Côté cuisine, des bons produits locaux de Chartreuse. Le soir, c'est fondue savoyarde. La tarte aux myrtilles maison avec sa pâte briochée fait partie des incontournables. Une adresse qui nous rapproche du bonheur.

LA GRANGE

166, chemin des Charmette
© 04 76 88 83 13
Ouvert du mercredi au dimanche de septembre à juin. Ouvert tous les jours en juillet et août. Carte : 28 €.

L'hiver, cette authentique et magnifique Grange construite en 1812 se trouve au milieu des pistes de ski et propose une halte idéale pour se réchauffer. C'est le moment de savourer un chocolat chaud et une bonne crêpe, une tartiflette ou un Mont d'Or au coin de la cheminée. L'été, la montagne s'offre d'une autre manière. On s'installe en terrasse, face à Chamechaude et au village du Sappey. Et notre bonheur est encore plus complet quand on découvre que les enfants peuvent jouer en toute sécurité dans un espace dédié. Attention à la digestion, car la Grange propose une cuisine généreuse. Balade obligatoire ! Superbe décor pour une adresse à ne pas manquer en toute saison.

PANORAMIQUE

RESTAURANT FORT DU SAINT-EYNARD

Fort Saint-Eynard © 04 76 85 25 24
https://restaurantfortsteynard.fr
Mai, juin, sept, oct, jeudi-dimanche (12h-18h). Juillet et août, mardi-dimanche (12h-18h). Réservation 24h à l'avance.

Voilà un restaurant atypique, situé à 1 338 m d'altitude dans un fort bâti en 1870 pour protéger Grenoble ! Dans une salle rustique chauffée par une cheminée, vous savourerez une cuisine typiquement montagnarde concoctée par Delphine. Ne manquez pas sa spécialité : le gratin dauphinois (qui peut se décliner aux cèpes). On termine le repas, avant une bonne marche en altitude, avec une glace à la Chartreuse. Le balcon offre une vue panoramique d'exception sur l'agglomération grenobloise et les montagnes environnantes. Accueil de séminaires et conférences.

MICRO-BRASSERIE

LA BONNE FABRIQUE

Place de l'Eglise
© 04 76 43 73 15
www.labonnefabrique.fr
Ouvert du lundi au vendredi. Se renseigner pour les horaires.

S'il faut mettre l'église au centre du village, ce qui est bien fait au Sappey-en-Chartreuse, il faut trouver une place pour les habitants. La Bonne Fabrique, c'est bien plus qu'une brasserie artisanale, c'est ce que l'on appelle un « tiers-lieu », un lieu de vie où chacun peut se retrouver pour travailler (espace de travail partagé), pour se détendre et pour apprendre (atelier créatif, notamment autour du travail du bois) et, simplement, pour se rencontrer pendant des ateliers ou des soirées thématiques. Côté brasserie, les mercredis et vendredis, il est possible de déguster la bière LBF de saison, avec de nouvelles recettes tous les mois, et de découvrir l'art du brassage.

PARCOURS DANS LES ARBRES

INDIAN FOREST CHARTREUSE

Le Plat © 04 38 86 41 73
www.if38.com
Haute saison, tous les jours de 10h à 19h. Basse saison : se renseigner. Entrée adulte 24 €, étudiant 22 €.

Une activité dans l'air du temps et dans l'air tout court, puisque l'on franchit des parcours en se promenant dans les airs d'arbre en arbre. Le Parc Acrobatique Forestier Indian Forest Chartreuse, avec ses 15 parcours, propose plus de 150 ateliers, avec plus de 1 km de tyrolienne ou un gigantesque saut de Tarzan. A partir de 2 ans, on évolue dans les arbres sur des parcours adaptés. Parcours évolutifs pour les plus grands et les adultes, allant jusqu'à des parcours hyper sportifs comme la « Super Noire » culminant à 25 mètres de haut. Il est préférable de réserver. Sur place aire de pique-nique et chapiteau pour passer une journée entre la terre et les arbres.

NEIGE

SKI NORDIQUE

© 04 76 88 80 34
www.chamechaude.fr

C'est un véritable domaine nordique qui nous est proposé au Sappey. D'ailleurs il s'appelle le Domaine nordique de Chamechaude, comprenant les sites du Sappey-en-Chartreuse, du Col de Porte et de Saint-Hugues-de-Chartreuse. Ce domaine totalise plus de 60 km de pistes interconnectées (42 km au départ du Sappey pour tous les niveaux à 15 min du centre de Grenoble) autour du sommet de Chamechaude pour pratiquer le pas alternatif ou le skating. Trois foyers proposent la vente des forfaits, des cours de ski nordique et des locations de skis et de raquettes. L'été, au Col de Porte, une piste de ski-roues vous permet de continuer votre entraînement. Stade de biathlon également.

MUSÉE

MUSÉE MAINSSIEUX

7, place Léon-Chaloin
✆ 04 76 65 67 17
Ouvert du mardi au dimanche de 14h à 18h. Gratuit.

Attention, ce n'est pas parce qu'un musée est gratuit qu'il ne vaut rien. Bien au contraire. Voici une découverte à faire en pays voironnais. D'autant plus qu'à l'occasion des 60 ans du legs de la collection, le parcours muséographique a été modifié, plus lisible dans les 4 salles. Lucien Mainssieux est un collectionneur des peintres de la fin du XIXe siècle, mais c'est aussi un peintre et un illustrateur de talent qui aimait revenir dans sa ville natale, Voiron. Autour de la vie et des œuvres de l'artiste, ce musée est donc consacré aux peintures des XIXe et XXe siècles avec les peintres régionaux les plus marquants. Des expositions temporaires sont régulièrement mises en place.

HÔTEL

PALLADIOR VOIRON***

4, rue Alphonse-Bouffard-Roupé ✆ 04 76 06 47 47
www.hotel-voiron.fr
82 chambres. Chambre double à partir de 75,60 €. Restauration. Bain bouillonnant, sauna.

Impossible de manquer le Palladior Voiron. Il s'impose dès le premier rond-point après la sortie de l'autoroute A48. Affilié à la chaîne Best Western, gage de qualité, le Palladior est un véritable complexe hôtelier, on pourrait dire un « resort » à l'architecture ultra contemporaine où l'on redécouvre le sens du mot confort. Au total 82 chambres parfaitement équipées, dont certaines chambres familiales pouvant accueillir jusqu'à 6 personnes (2 adultes et 4 enfants), sans oublier les superbes espaces de loisirs : parc, piscine chauffée, spa, sauna, salle de fitness, bar lounge, espace VIP… La salle de restaurant ne manque pas de goût à l'image des plats qui nous sont servis.

BISTROT - BRASSERIE

BRASSERIE CHAVANT

72, avenue Léon et Joanny Tardy ✆ 06 48 38 08 92
www.brasserie-chavant.fr
Ouvert tous les jours midi et soir. Formule midi 19,90 €. Menu 32 €.

Depuis la maison de Bresson jusqu'à cette maison de Voiron, que de chemin parcouru par la famille Chavant ! Un grand nom de la restauration qui, après avoir ouvert une brasserie à Grenoble et à Lyon, s'installe dans une élégante maison de maître du XIXe siècle à deux pas des Caves de la Chartreuse. Beauté des lieux rénovés avec goût, du parc extérieur sur lequel s'ouvre la terrasse estivale – forcément superbe – à l'incontournable escalier central. À table, cuisine bistronomique accessible avec de savoureux classiques – sole meunière, caille « Emile Chavant », ravioles de langoustines – ainsi que des plats du jour. 9 chambres d'hôtel dans le même esprit. Un coup de maître.

L'ESCAPADE

Le Parvis
✆ 04 76 06 54 59
https://lescapade-voiron.eatbu.com
Ouvert du lundi au vendredi le midi, vendredi et samedi le soir. Formule midi 18 €.

© DR

© DR

Il faut suivre cette Escapade, parce qu'elle offre une vraie alternative à notre routine urbaine. L'Escapade est un restaurant festif garanti 100 % « good time » pour bien manger, s'amuser entre amis et danser… Animé par l'adorable Fred et son équipe, l'Escapade nous propose un bar extérieur avec terrasse, paillote, bambous, des terrains de pétanque et une spacieuse salle où l'on peut danser la salsa (et autres avec des DJ sets de folie…). Le chef propose des plats traditionnels à l'ardoise avec un foie gras du chef, des ravioles ou un magret de canard. Formules groupes et lieu idéal pour organiser un mariage ou tout autre événement privé. Une belle Escapade à Voiron.

LA BELLE HISTOIRE

3, rue Lazare-Carnot
✆ 04 76 05 37 44
www.restaurantlabellehistoire.fr
Ouvert du mardi au dimanche le midi et du mardi au samedi le soir. Menu 31 €.

Le propre d'une Belle Histoire, c'est de continuer l'aventure après qu'une page s'est tournée. Et c'est le cas à cette adresse au cœur de Voiron avec l'arrivée de Kim et Charly qui s'inscrivent dans une belle continuité en travaillant de préférence des produits issus du terroir local, frais et de saison. Dans une salle végétalisée, il faut donc (re) découvrir la Belle Histoire avec, ce printemps, un étonnant porcelet cuit à basse température fumé au CBD, jus corsé, et cet été une belle carte à salades disponible le midi. Foie gras maison, compotée de fruits, sébaste à la plancha, sauce aux agrumes et un burger de canard absolument délicieux. Carte de cocktails maison.

LE PETIT CHARLOT

325, rue du Grand-Arbre - **LA MURETTE**
✆ 04 76 05 90 90
www.lepetitcharlot.fr
Ouvert du lundi au vendredi le midi, vendredi soir. Plat du jour 13 €. Formules 19 € et 26 €. Plats à emporter.

Au cœur du village de La Murette, « Un p'tit restau à vivre ! » où il fait bon se faire du bien en mangeant un excellent plat du jour ou un burger maison. Hommage à Chaplin et au cinéma dans un décor refait, une terrasse et aux commandes Agnès et Nathalie. En cuisine, le nom d'Agnès Chotin vous dit sans doute quelque chose... Oui, l'Auberge Napoléon à Grenoble ! Cuisine de qualité d'une cheffe au grand savoir-faire inspirée par les produits de saison et quelques classiques qui nous font du bien : truite aux amandes sur un écrasé de pomme de terre, le burger frites de Charlie au canard ou le faux-filet, ravioles, salade, sauce aux morilles... Café gourmand surprise. Concerts.

LE RÉGENCE

36, route de Lyon - **APPRIEU**
✆ 04 76 65 11 64
www.restaurant-voiron.com
Ouvert tous les jours, sauf dimanche soir, lundi soir, mardi soir, mercredi. Menus 28 à 49,50 €. Formule midi 16,50 €.

Indétrônable chef Thierry Llorca, gardien de la tradition au Régence. Une maison de caractère pour une cuisine tout ce qu'il y a de plus authentique réalisée par un Maître Restaurateur sachant marier plats du terroir et spécialités du Sud-Ouest, son pays d'origine. Parking facile dans le village d'Apprieu à 15 minutes de Voiron, salle où les gourmands s'installent avec plaisir pour savourer un foie gras de canard poêlé aux pommes, un magret de canard cuit sur la braise, une entrecôte de bœuf d'un éleveur local, une truite de chez Murgat, des légumes de saison. Fameux cassoulet aux haricots fondants. Une adresse de tradition où il fait bon trouver un repaire gourmand.

PRODUITS DU TERROIR

ANTÉSITE

960, route de Grenoble - **COUBLEVIE**
✆ 04 76 05 31 09
www.antesite.com
Ouvert du lundi au vendredi de 8h à 12h et de 14h à 17h.

Depuis 120 ans, la meilleure façon de boire de l'eau aromatisée naturellement (sans alcool, 0 % sucre, 0 % édulcorant, 0 % conservateur, 0 % colorant). Une authentique boisson naturelle et vraiment rafraîchissante à base de concentré de réglisse, voilà le secret des boissons Antésite depuis des générations. La gamme Antésite, toujours à base de plantes, nous offre de la fraîcheur dans un flacon original et très pratique, puisqu'avec un simple flacon il est possible de réaliser des litres et des litres de boisson à la réglisse parfumée à l'anis, à la menthe, au citron, à l'orange, au cola ou au thé. Toutes les boissons (gammes Thésite et Fruisite) se retrouvent à la boutique.

ALCOOL

CAVES DE LA CHARTREUSE

10, boulevard Edgar-Kofler ✆ 04 76 05 81 77
www.chartreuse.fr
Visites guidées uniquement. Visite classique 12 €. Boutique dégustation. Juillet et août : lun-sam 10h-18h, dim 14h-18h.

Le site touristique de la Chartreuse a été repensé pour vous faire découvrir la célèbre liqueur selon de nouveaux parcours de visites guidées. Les visites classiques, d'une durée d'1h15, vous invitent à découvrir l'univers de la liqueur à travers des espaces muséographiques allant de 1084 à nos jours, pour se conclure par une dégustation des célèbres liqueurs. Si vous voulez aller plus loin dans la découverte du savoir-faire de la fabrication de la Chartreuse, optez pour la visite d'exception, d'une durée de 2h, cette fois-ci en comité restreint de 8 personnes. Enfin, l'atelier cocktails, axé sur la mixologie, ravira aussi les curieux... tout comme l'espace boutique !

CHOCOLATIER

BONNAT CHOCOLATIER

8, cours Sénozan
✆ 04 76 05 28 09
https://bonnat-chocolatier.com
Ouvert du mardi au samedi de 9h à 12h et de 14h à 19h.

Bonnat, c'est le bonheur. Au cœur de Voiron, voici la demeure du chocolat artisanal fabriqué avec la même passion depuis 1884 par la famille Bonnat. Stéphane Bonnat, chocolatier torréfacteur d'exception, réalise des merveilles de gourmandises en torréfiant les meilleurs crus de cacao. Parmi les succès de la maison édités à base de produits régionaux, le chocolat à la liqueur de Chartreuse et celui à la noix de Grenoble. Autres délices avec le Chardon bleu et le Pavé de Voiron, sans oublier tous les merveilleux gâteau. Cette maison d'exception est une boutique des plus agréables pour savourer et rapporter les meilleurs chocolats. Une visite à Voiron passe par Bonnat !

INDEX

© BRASIL2 - ISTOCKPHOTO.COM

Vue sur Grenoble.